집단상담

이론과 실제

| **노안영** 저 |

학지사

머리말

인간행동 이해를 위한 지식과 경험은 끝이 없다. 오랫동안 꿈꾸어 왔던 미해결 과제를 마무리하면서 지금 이 순간에 느끼는 세 가지 감정은 오묘한 희열감, 전문가로서의 책임감, 그리고 다소의 걱정이 깃든 기대감이다.

먼저 느끼는 감정은 형언할 수 없는 오묘한 희열감이다. 이 책의 제목인 '집단상담: 이론과 실제'라는 말은 몇 년 동안 미해결된 게슈탈트로서 내 머리 언저리에서 맴돌면서 때론 전경으로 나타났다가 배경으로 사라지곤 해 왔다. 그러다가 이제 나의 브레인 베이비(brain baby: 저자의 조어이며 '어떤 사상의 단초가 되는 개념 또는 아이디어'를 뜻함)가 충분히 성장해서 새로운 세상으로 태어날 시점에 있다. 그동안 책을 쓰면서 경험했던 나름대로의 노력이 결실을 맺게 됐다는 점에서 비롯된 다양한 감정과 함께 미묘한 희열감을 느낀다. 두 번째는 상담심리학자로서 상담심리학이란 전문 분야에 몸담고 있는 동학도들에게 느끼는 책임감이다. 이 책이 집단상담에 관한 전문서적이기 때문에 대부분의 독자가 상담을 공부하는 사람이라고 미루어 생각해 볼 때 책의 내용에 대한 책임감을 절실하게 느낀다. 상담심리전문가로서 이러한 책임감을 느끼면서 집단상담을 통해 집단구성원의 삶의 질을 높이기 위해 노력하는 수많은 조력전문가에게 도움이 됐으면 하는 바람이다.

마지막으로, 이 책을 읽고 공부하는 사람들이 내릴 평가와 관련하여 저자로서 다소의 걱정이 깃든 기대감을 느낀다. 펄스는 "불안은 현재와 미래의 간극(gap)이다."라고 했다. 그리고 삶은 영원한 현재다. 하지만 현재 이 시점에서 나의 브레인 베이비의 미래에 대해서는 여느 때 강의를 시작하기 전처럼 걱정 어린 긍정적 기대감을 느낀다.

이 책은 총 3부 15개 장으로 구성되어 있다. 책의 전체를 조망하는 입장에서 살펴보면, 제1부에서는 '집단상담의 기본개념과 과정'이라는 제목하에 네 개의 장으로 나누어 집단상담의 개관, 집단상담자의 집단지도력, 집단상담의 원리, 집단상담의 과정을 다루었다. 제2부인 '상담이론에 따른 집단상담'에서는 아홉 개의 장으로 나누어 상담이론에 근거한 집단상담을 살펴보았다. 각 장에서 다루는 아홉 가지 상담이론은 심리극, 개인심리학, 행동치료, 인간중심치료, 게슈탈트치료, 실존주의적 치료, 교류분석, 현실치료 그리고 인지·정서·행동치료다. 제3부인 '집단상담의 실제'에서는 두 개의 장으로 나누어 '초보상담자의 집단상담 진행경험'과 '게슈탈트치료와 禪에 근거한 집단상담 프로그램'을 다루었다. 책의 전반적 체계는 일관성 있게 구성했으며, 각 장 마지막에는 요약과 더불어 '효과적 조력을 위한 집단상담 연습'을 제시하여 실제 연습을 해 보도록 하였다.

각 장의 핵심적인 내용을 전달하는 모두(冒頭) 글을 영어로 소개했다. 독자들이 각 장을 공부한 후 내용을 정리하면서 가능한 한 제시된 모두 글을 되뇌었으면 하는 바람이다. 집단상담에 대한 전반적 이해를 돕기 위해 각 장의 주요내용을 반영하는 열다섯 구절의 모두 글을 번역하여 소개하면 다음과 같다.

- 집단상담은, 전문적 훈련을 받는 집단지도자로서의 상담자(들)와 조력을 필요로 하는 두 명 이상의 집단구성원이 집단상담 활동의 공동주체로서 집단역동을 이해하고 적용함으로써 집단구성원들의 자기자각 확장을 이끌어 내고 그들의 삶의 질을 향상하기 위해 함께 노력하는 집단과정이다.
- 집단상담자의 세 가지 기본적 과제는 집단의 창조와 유지, 집단문화 형성 그리고 지금-여기에서 이루어지는 활동과 깨달음이다.
- 누구나 화를 낼 수 있다. 그것은 쉬운 일이다. 그러나 적절한 사람에게, 적절한 정도로, 적절한 시간에, 적절한 목적을 위해 그리고 적절한 방식으로

화를 내는 것은 쉬운 일이 아니다.

• 집단상담자는 실습을 통해 변화하며 지식과 경험의 지평을 확장시킨다.

• 둘의 만남: 눈 대 눈, 얼굴 대 얼굴. 그리고 당신이 가까이 있을 때 나는 당신의 눈을 떼어 내어 나의 눈과 대체시키고, 당신은 나의 눈을 떼어 내어 당신의 눈과 대체시킬 것이다. 그러면 나는 당신의 눈으로 당신을 볼 것이며 당신은 나의 눈으로 나를 볼 것이다.

• 사회적 관심은 '다른 사람의 눈으로 보고, 다른 사람의 귀로 듣고, 다른 사람의 마음으로 느끼는 것'을 의미한다.

• 당신이 '아니요'라고 말하기를 원할 때 '예'라고 말하지 말라. 자기표현을 못하는 소극적인 사람은 누군가가 그의 권리를 침해하도록 허용하는 사람이다.

• 만약 개인 혹은 집단이 어떤 문제에 직면해 있다면, 만약 집단상담자가 허용적 분위기를 제공한다면, 만약 책임감이 그러한 개인 혹은 집단에 진솔하게 주어진다면, 만약 그러한 개인 혹은 집단의 잠재력에 대한 기본적 존경이 있다면, 그러면 그러한 문제에 대한 책임 있고 적절한 분석이 이루어지고, 책임 있는 자기방향성이 나타나고, 창조성과 생산성, 그리고 나타난 결과의 질은 다른 비교할 수 있는 방법보다 우수하고, 개인 및 집단의 사기와 자신감이 발달된다.

• 게슈탈트치료를 지탱하는 두 다리가 있는데 이것은 '지금'과 '어떻게'다. '지금'은 존재하는 모든 것을 아우른다. 과거는 더는 존재하지 않고 미래는 아직 오지 않았다. '지금'은 여기에 존재하는 것의 균형을 포함하며, 현재 경험되고 있고, 참여, 현상, 자각을 포함한다. '어떻게'는 구조, 행동으로 있는 모든 것, 실제로 진행되는 모든 것, 즉 진행되는 과정을 아우른다.

• 분열의 자연적 경계선에 따라 치료적 경험은 열한 가지 요인인 희망의 주입, 보편성, 정보 공유, 애타주의, 일차가족집단의 교정적 개괄, 사회화 기술의 개발, 모방행동, 대인관계 학습, 집단응집력, 감정 정화 그리고 실존적 요인으로 구분된다.

- 승리자는 모든 일에 적절한 시기가 있고 모든 활동에 적절한 시간이 있다는 것을 안다. 공격할 시간과 수동적으로 있을 시간, 함께할 시간과 홀로 있을 시간, 싸울 시간과 사랑할 시간, 울 시간과 웃을 시간, 직면할 시간과 철회할 시간, 말할 시간과 침묵할 시간, 서둘러야 할 시간과 기다릴 시간.
- 현실치료의 지도 원리는 적절한 참여, 즉 완전히 정직한 인간관계를 달성하는 것을 지향하고 있다. 이러한 인간관계에서 환자는 그의 인생에서 아마도 처음으로 누군가가 그를 수용할 뿐만 아니라 현실세계에서 그의 욕구를 충족하도록 조력하기 위해 그를 충분히 돌본다는 것을 깨닫게 된다.
- 당신이 많은 실패를 했다 할지라도 무조건적으로 당신 자신을 수용하는 것. 결함을 가진 다른 사람을 무조건적으로 수용하는 것. 죄가 아니라 죄지은 사람을 수용하는 것. 삶의 가혹한 조건이 변화될 수 없을 때 그러한 조건을 수용하는 것. 당신이 자신의 역기능적인 감정을 바꿀 수 없을 때 그러한 감정을 수용하는 것. 현재의 제약과 고통이 미래에 도움이 될 때 그러한 제약과 고통을 수용하는 것. 당신의 과거사가 변화될 수 없지만 그것에 대한 당신의 현재 반응은 변화될 수 있다는 사실을 수용하는 것. 생물학적, 사회적으로 학습된 당신의 한계를 수용하고 그러한 것이 존재하지 않기를 요구하지 않는 것. 당신이 영원히 살고 싶다 할지라도 당신이 결국 죽는다는 것을 수용하는 것. 보통 많은 노력과 실천이 요구되지만 당신이 자신의 생각, 감정 그리고 행동을 변화시킬 수 있다는 것을 수용하는 것. 완전히 선하거나 악한 것은 거의 없다는 것을 수용하는 것. 당신과 다른 사람들이 흔히 쉽게 혼란에 빠질 수 있고 어떤 문제를 야기하지 않아도 아주 비이성적으로 그리고 당황스럽게 행동할 수 있다는 것을 수용하는 것.
- 모든 사람은 용기와 아름다움을 가지고 태어났다. 당신은 용감한 미인의 자격사(certifier of the courageous and beautiful person: 용기와 아름다움을 겸비한 이에게 걸맞은 자격을 부여하는 사람)가 되는 것이 필요하다. 용서하면서, 감사하면서, 미소지으면서, 인사하면서, 자신감을 갖고, 격려하면서 그리고 사랑하면서 생활하자.

• 禪師가 十牛圖의 尋牛(심우), 見跡(견적), 見牛(견우), 得牛(득우), 牧牛(목우), 騎牛歸家(기우귀가), 忘牛存人(망우존인), 人牛俱忘(인우구망), 返本還源(반본환원) 그리고 入鄽垂手(입전수수)의 과정을 통해 깨달음에 이르는 것처럼, 우리에게는 자신을 이해하고 자신의 문제를 해결하는 지혜가 필요하다.

이 책이 나오기까지 많은 사람의 도움이 있었다. 먼저 그동안 다양한 집단에서 나와 함께했던 집단구성원들에게 고마운 마음을 전한다. 그들과의 경험 덕분에 나의 식견은 조금씩 높아졌다. 그들이 집단에서 보여 주었던 용기를 통해 집단상담자로서 자신감과 책임감을 갖게 되었다. 그리고 상담심리학을 공부하도록 이끌어 주고 가르쳐 주신 홍경자, 이장호 선생님께 깊은 감사를 드린다. 또한 가장 가까이서 격려해 준 전남대학교 심리학과 교수님들과 정민, 정은의, 임수진, 강영신 박사, 그리고 장안나, 김천수를 비롯한 상담교실 대학원생들에게도 고마움을 전한다. 역시 동학도로서 나에게 따뜻한 온정을 전달하며 책임감을 느끼게 해 준 목포대학교 강만철 교수, 광주교육대학교 오익수 교수, 광주보건대학 김광운 교수, 전남대학교 송현종 교수에게도 감사의 마음을 전한다. 남편과 아버지로서 충분히 돌보지 못했음에도 변함없는 지지를 보내 준 아내와 자신의 꿈을 펼치기 위해 힘든 길을 택해 열심히 살고 있는 딸 다예, 그리고 미국에서 성실하게 생활하고 있는 아들 병우에게 고마움을 느낀다. 마지막으로, 매번 격려와 함께 시간의 소중함을 일깨워 준 학지사 정승철 부장, 이 책의 편집을 맡아 수고해 온 이현구 대리, 더불어 좋은 책을 만들기 위해 동분서주하며 노력하는 김진환 사장님과 직원들의 노고에 감사드린다.

2011년 6월

無等山이 보이는 연구실에서

저자 노안영

차 례

제3부 집단상담의 실제

제1부
집단상담의 기본개념과 과정

인간은 사회적 동물이다. 누구나 삶의 과정에서 집단생활을 하면서 어떤 형태로든 다른 사람과 도움을 주거나 받으며 삶을 영위한다. 집단상담을 위해 구성된 소집단은 사회의 축소판이다. 집단상담자는 조력을 필요로 하는 구성원들이 원하는 목표를 달성할 수 있도록 돕는 역할을 수행한다. 개인이 자신의 심리적인 문제의 해결을 위한 전문적인 도움을 받고자 상담자와 일대일로 이루어지는 개인상담을 선뜻 하기는 용이하지 않은 것이 현실이다. 이러한 맥락에서 일반적으로 비슷한 문제를 가진 집단구성원들이 함께 문제해결을 위해 노력하는 집단상담이 효과적으로 사용될 수 있다.

집단상담자는 집단역동에 대한 이해가 필요하다. 집단역동에 영향을 미치는 주요한 요인으로 집단상담자 변인, 집단구조, 목표설정, 집단응집력, 집단규범, 집단구성원의 역할, 다문화적 역동성, 치료적 요인 그리고 집단발달단계 등이 있다. 집단상담자가 이러한 모든 요인에 세심한 주의를 기울이면서 집단응집력을 고양하여 집단을 효과적으로 이끌기 위해서는 지식과 경험의 축적이 필요하다. 효과적 집단상담 운영을 위해 집단상담자는 먼저 집단지도력의 기본적 기술을 철저히 익힘은 물론 효과증진을 위한 기술 및 활동도 능숙하게 사용할 수 있어야 한다.

집단상담자는 집단상담의 원리를 잘 파악하여 적용하는 것이 필요하다. 집단상담의 원리로서 이 책에서 크게 네 부분으로 나누어 제시한 집단상담자의 신념과 태도, 집단구성원 및 집단 성장잠재력에 대한 태도, 집단구성원의 이해와 문제파악 그리고 집단구성원의 변화를 위한 조력활동에 대한 철저한 이해가 요구된다. 집단상담자는 이러한 지식을 바탕으로 집단상담의 과정에 적극적으로 참여하여 경험을 통한 체득을 하는 것이 필요하다. 지혜로운 집단상담자는 지식과 경험을 바탕으로 끊임없이 탐구하고 적용하면서 집단구성원들과 함께 변화와 창조의 경이로움을 느끼리라 본다.

제1장

집단상담의 개관

Group counseling is the group process that a counselor(s) as group leader with professional training and two or more clients as the co-subjects of group counseling activities together make efforts in order to improve clients' well-being by extending their self-awareness based on the understanding and application of group dynamics.

제1장의 목차

제1장
집단상담의 개관

집단상담은 집단상담자가 집단역동에 근거하여 내담자들을 돕는 촉진적 집단과정이다. 좀 더 구체적으로 언급하면 집단상담은 전문적 훈련을 받은 집단상담자가 집단에 참여한 구성원들의 자각확장을 통해 그들의 문제예방, 발달과 성장, 문제해결을 돕는 집단과정이다. 일반적으로 집단상담은 집단구성원들의 구체적 욕구 충족을 위해 실시된다. 즉 집단구성원들이 요구하는 교육적, 직업적, 사회적 혹은 개인적 문제에 초점을 맞추어 수행된다. 집단상담은 구성원들의 의식적인 사고 · 느낌 · 행동의 교류과정인 대인관계 과정을 통한 학습을 강조한다. 집단상담자는 구조화된 활동뿐만 아니라 다양한 언어적 기법과 비언어적 기법을 사용하여 집단에 참여한 집단구성원들을 조력한다.

집단상담은 사람들이 자신의 태도, 자신과 타인에 대한 신념, 느낌, 행동 등을 변화시키도록 도와주는 수단으로서 많은 장점을 지닌다. 집단에 참여한 구성원들은 특히 자신의 대인관계 양식을 탐색하고 좀 더 효과적인 사회적 기술을 학습할 수 있다. 또한 집단구성원들은 서로에 대해 자신이 지각한 것을 논의하고 집단에서 자신이 어떻게 지각되는지에 관한 가치 있는 피드백을 받을 수 있다.

집단상담을 실시하는 집단상담자는 다양한 의도나 목적을 가지고 집단을 구성하여 실시하지만, 집단구성원들의 목표를 고려하여 그것을 성취하도록 조력하는 것이 중요하다. 집단구성원들이 공유하는 일반적인 목표의 예로 코리(Corey, 2008)가 제시한 것은 다음과 같다.

- 자신과 다른 사람에 대한 신뢰를 배운다.
- 자기자각을 증가시키고 자신의 독특한 정체감을 발달시킨다.
- 구성원들의 요구와 문제의 공통성을 인식하고 연대감을 발달시킨다.
- 구성원들이 의미 있고 친밀한 관계를 형성하는 방법을 배우도록 조력한다.
- 구성원들이 자신의 문제를 다루는 방식으로 자신의 확장된 가족과 지역사회 내에 있는 자원을 발견하도록 돕는다.
- 자기수용, 자기신뢰, 자기존중을 높이고 자신과 타인에 대한 새로운 관점을 달성한다.
- 건강하고 건설적인 방식으로 자신의 정서를 표현하는 방법을 배운다.
- 타인을 위한 관심과 연민을 발달시킨다.
- 정상적인 발달주제를 다루고 갈등을 해결하는 대안적 방법을 발견한다.
- 자기방향성, 상호의존성, 자신과 타인에 대한 책임감을 증가시킨다.
- 자신의 선택을 인식하고 현명하게 선택한다.
- 어떤 행동을 변화시키기 위해 구체적 계획을 세우고 계획을 달성하기 위해 전념한다.
- 좀 더 효과적인 사회기술을 학습한다.
- 다른 사람들의 요구와 느낌에 좀 더 민감해진다.
- 돌봄, 관심, 정직성, 솔직함으로 다른 사람들에게 도전하는 방법을 학습한다.
- 자신의 가치를 명료화하고 이것을 변화시킬 것인지, 변화시킨다면 어떻게 변화시킬 것인가를 결정한다(pp. 5-6).

그러면 지금부터 도움을 필요로 하는 사람들이 집단상담에 참여함으로써 이러한 다양한 목표를 달성하여 삶의 질을 높이는 데 기여하는 역동적이며 매력적인 활동인 집단상담에 대한 탐구를 시작해 보자.

1. 집단상담의 정의

인간은 태어나면서 가족이라는 집단에 소속된다. 개인심리학을 개발한 아들러(Alfred Adler, 1870~1937)가 지적한 것처럼 인간은 사회적 존재로서, 사회라는 집단에 소속되어 사회적 이익을 위해 헌신적 노력을 기울여야 한다. 사람들의 적응을 돕기 위한 상담은 상담에 참여한 내담자 수에 따라 개인상담과 집단상담으로 나눌 수 있다. 집단상담자는 내담자의 수가 최소 2명 이상으로 구성된 집단에 참여하여 집단상담을 수행할 수 있다.

집단상담(group counseling)의 의미를 정확히 파악하기 위해서 먼저 집단상담이 집단생활지도(group guidance) 및 집단심리치료(group psychotherapy)와 어떻게 다른지를 이해하는 게 필요하다. 집단상담이란 용어의 어원은 다소 애매하지만 일반적으로 학생들을 집단으로 지도하는 방식인 집단생활지도와 유사한 것으로 사용되었다. 즉 집단상담이란 용어는 1931년 앨런(Dr. Richard D. Allen)이 「고등학교에서 집단생활지도 과정(A Group Guidance Curriculum in the Senior High School)」이란 제목의 논문에서 집단생활지도라는 의미로 사용한 것이 처음이었다. 지금은 집단심리치료와 집단상담이라는 용어가 개인들의 적응을 돕는 데 다소 중복적으로 사용된다. 하지만 집단심리치료는 내담자들이 가진 심리적 문제를 치료하는 데 중점을 두어 사용되지만 집단상담은 예방, 발달과 성장, 치료를 모두 포괄하는 의미로 사용된다.

지금까지 가장 보편적으로 인용되고 받아들여지고 있는 집단상담의 정의는 가즈다 등(Gazda, Duncan, & Meadows, 1967)이 제안한 내용이다. 그들이 집단상담이란 용어를 선호했던 43명의 반응자들에게 집단상담을 정의하도록 요청하여 내려진 내용은 다음과 같다.

> 집단상담은 의식적 사고에 초점을 두는, 그리고 허용, 현실 지향, 정화, 상호신뢰, 돌봄, 이해, 수용, 지지의 치료기능을 수반하는 역동적 대인관계 과정이다. 치료기능은 내담자의 동료들과 상담자(들)의 사적 문제들의 공유를 통해 작은 집단에서 창조되고 양성된다. 집단에 참여한 내담자들은 포괄적 성격변화를 요구할 정도로 심각하지 않는 다양한 문제를 가진, 비교적 정상적인 개인들이다. 집단의 내담자들은 가치와 목표의 이해와 수용을 증가시키고 어떤 태도와 행동을 학습하거나 잘못된 학습을 바꾸기 위해 집단 상호작용을 활용한다(Gazda, Duncan, & Meadows, 1967, p. 305).

딩크마이어와 머로(Dinkmeyer & Muro, 1979)는 집단상담을 "전문적 훈련을 받은 상담자가 이끌고 전형적인 발달적 문제들에 적응해 가는 개인들과 함께 생성하는 대인관계과정이다." (p. 4)라고 간단명료하게 정의하였다.

국내에서 윤관현, 이장호 그리고 최송미(2006)는 집단상담을 "생활과정의 문제를 해결하고 보다 바람직한 성장발달을 위하여, 전문적으로 훈련된 상담자의 지도와 집단원들과의 역동적인 상호 교류를 통해 각자의 감정, 태도, 생각 및 행동양식 등을 탐색, 이해하고 보다 성숙된 수준으로 향상시키는 과정" (p. 4)이라고 정의하였다. 또한 천성문 등(2009)은 집단상담을 "심리적 문제가 심각하지 않은 사람들이 모여 집단을 형성하고, 그들이 전문적인 상담자와 함께 서로를 신뢰하고 허용적인 분위기 속에서 자기 이해와 수용 및 개방을 촉진하는 상호작용을 함으로써 개인의 태도와 행동을 변화시키고, 문제를 해결하며, 나아가 잠재 능력의 개발을 꾀하는 활동" (p. 338)이라고 정의하였다.

역시 이형득 등(2002)은 다양한 집단상담의 정의를 개관한 뒤 집단상담 과정에 포함되어야 할 네 가지 내용을 제안하였다. 이러한 내용은 다음과 같다. 첫째, 집단상담의 대상은 비교적 정상범위의 적응 수준에 속하는 사람들이다. 둘째, 상담자는 훈련받은 전문가다. 셋째, 상담집단의 분위기는 신뢰롭고 수용적이어야 한다. 넷째, 집단상담은 하나의 역동적인 대인관계의 과정이다(pp. 18-19). 이들은 이러한 네 가지 내용을 포함하여 집단상담을 "적은 수의 비교적 정상인 사람들이 한두 사람의 전문가의 지도 아래 집단 혹은 상호관계의 역동을 토대로 하여 신뢰롭고 수용적인 분위기 속에서 개인의 태도와 행동의 변화 혹은 한층 높은 수준의 개인의 성장발달 및 인간관계 능력을 촉진시키려는 의도에서 이루어지는 하나의 역동적인 대인관계 과정"(p. 19)이라고 정의하였다.

집단상담에 대한 이러한 정의와 저자가 이전에 내린 상담의 정의를 바탕으로 집단상담에 대한 정의를 내리면 다음과 같다.

> 집단상담은 전문적 훈련을 받는 집단지도자로서 상담자(들)와 조력을 필요로 하는 2명 이상의 집단구성원들이 집단상담 활동의 공동 주체로서 집단역동의 이해 및 적용을 바탕으로 집단구성원들의 자기자각 확장을 통해 문제예방, 발달과 성장, 문제해결을 달성함으로써 그들의 삶의 질을 향상하기 위해 함께 노력하는 집단과정이다〔Group counseling is the group process that a counselor(s) as group leader with professional training and two or more group participants with necessity of helping as the co-subjects of group counseling activities together make efforts in order to improve their well-being by achieving their problem prevention, development and growth, and problem solution through extending their self-awareness based on the understanding and application of group dynamics.〕.

위에서 내린 집단상담의 정의가 포함하고 있는 주요한 내용을 일곱 가지 측면에서 설명하면 다음과 같다.

첫째, 집단상담자는 전문적 훈련을 받는 사람이다. 집단상담자는 집단구성원을 조력하기 위한 전문적 훈련의 중요성을 인식하고 자신의 전문성 향상을 위해 노력한다. 집단구성원을 조력하기 위해 집단상담자는 상담이론과 기법, 상담관계, 인간발달, 집단과정, 진로발달이론, 윤리적 및 법적 문제 등에 관한 지식과 기술을 습득함은 물론 부단한 훈련을 해야 한다. 집단상담자들은 대부분 자신의 역할을 정의하는 데 과학자-실천가(scientist-practitioner) 모델을 수용한다. 즉 집단상담자는 인간행동을 이해하기 위해 끊임없이 연구하는 과학자이면서 연구를 통해 발견한 지식을 활용하여 인간 변화를 위해 행동하는 실천가다.

둘째, 집단상담 활동의 공동 주체는 집단상담자(들)와 집단구성원들이다. 집단상담은 집단상담자가 집단구성원에게 일방적으로 전문적 집단지도력 기술을 적용하는 활동이 아니라 함께 노력하는 과정이다. 성공적인 집단상담 효과를 도출하기 위해 먼저 집단상담자와 집단구성원들이 모두 집단상담 활동의 주체로서 책임감을 갖고 변화를 위해 노력하는 것이 무엇보다 중요하다. 집단상담자는 인간의 변화에 대한 믿음을 갖고 집단구성원들을 조력하기 위해 최선을 다하는 집단상담의 주체다. 집단상담자는 변화에 대한 믿음을 갖고 자신의 변화모델을 바탕으로 집단구성원의 변화를 위해 실천하는 사람이다. 집단상담자의 변화모델은 그가 취하는 상담이론 접근방식에 근거한다. 집단상담자들은 자신의 이론적 입장에 따라 내담자의 생각 · 감정 · 행동을 변화시키려고 노력한다.

셋째, 집단에 참여한 구성원들은 조력을 필요로 하는 사람들이다. 조력을 필요로 하지 않는 사람은 없다. 따라서 우리 모두가 잠재적 내담자라고 할 수 있다. 이런 점에서 내담자라는 용어가 어떤 심각한 문제를 가진 사람을 함축하는 것은 아니다. 집단상담 활동에 참여하게 되는 집단구성원들의 유형은 다양하다. 실제로 집단구성원 자신이 조력을 필요로 해서 자발적으로 집단상담에 참여하게 되는 경우는 그렇게 많지 않다. 처음 집단상담에 오게 되는 집단구성원들은 비자발적인 경우가 대부분이다. 즉 부모, 교사, 친구, 직장 동료 등의 권유나 법적 기관의 강제명령으로 집단상담에 참여하는 경우가 많다. 그러나 집단구성원이 자발적이든 비자발적이든 그는 조력을 필요로 하는 사람이다.

넷째, 집단상담은 집단구성원들의 자기자각 확장을 이루도록 조력하는 활동이다. 대부분의 집단구성원들은 자신에 대한 이해의 부족, 즉 자신이 갖고 있거나 행하는 것을 알아차리지 못함으로써 고통을 받는다. 집단상담은 집단구성원으로 하여금 자신의 장점과 단점이 무엇인지를 알아차리도록 하는 활동이라고 할 수 있다. 참여적 촉진자로서 집단상담자는 집단구성원들이 자신에 대한 정확한 자각을 통해 자신의 부적절한 행동을 줄이도록 하며 새롭게 발견한 자신의 잠재력을 발현하도록 촉진적 기능을 수행한다. 집단상담자는 집단구성원이 자기탐색과 자기이해를 통해 문제해결을 할 수 있도록 조력한다. 이런 점에서 집단상담의 일차적 목적은 집단구성원들이 자신의 감정 · 생각 · 행동에 대한 자각을 확장하도록 조력하는 것이다.

다섯째, 집단상담은 집단구성원들의 문제예방, 발달과 성장, 문제해결을 달성하는 것이다. 이 내용은 포괄적인 세 가지 영역으로 집단상담의 목적을 잘 설명하고 있다. 집단구성원들은 분명히 나름대로의 목적을 가지고 도움을 받기 위해 상담집단에 참여한다. 집단상담자가 일차적으로 고려하는 가장 중요한 사항은 집단구성원들이 현재보다 나은 상태의 삶을 영위할 수 있도록 조력하는 것이다. 힐(Hill, 1993)이 지적한 것처럼 집단상담자는 세 가지 주요한 역할인 치료적(문제해결을 위해 조력하는) 역할, 예방적(미래에 일어날 수 있는 일을 기대하고, 계획을 세우고, 방지하는) 역할, 교육적 및 발달적(잠재력을 발견하고 발달시키는) 역할을 실천하는 사람이다.

여섯째, 집단상담은 집단구성원들의 삶의 질을 향상하기 위해 노력하는 활동이다. 집단구성원들이 집단상담을 통해 달성하고자 하는 궁극적 목적은 행복이나 성공이라고 할 수 있다. 21세기의 심리학의 주요한 추세는 인간의 최적 기능과 긍정적 측면을 강조하는 긍정심리학이다. 긍정심리학은 사람들이 자신, 가족, 사회를 위해 할 수 있는 일은 무엇인가, 그리고 어떻게 그러한 일을 할 수 있는가를 연구한다. 또한 긍정심리학은 사람들이 자신과 타인을 위해 보다 큰 충만으로 이끄는 자질을 개발하도록 조력한다(Compton, 2005, pp. 3-4). 집단상담자는 집단상담을 통해 단순히 집단구성원들의 부적절한 문제를 없애거나 바람직한 방향으로 변화시키는 것 이상으로 그가 최적의 기능을 수행하도록 조력해야 한다. 저자는 긍정심리학이 추구하는 바를 반영하는 측면에서 '삶의 질 향상' 이란 말을 집단상담의 정의에 포함시켰다.

일곱째, 집단상담은 집단역동의 이해 및 적용에 근거한 집단과정이다. 집단상담은 집단역동에 근거한 집단과정에 의해 집단구성원들을 조력하는 활동이다.

따라서 집단상담자가 효과적으로 기능하기 위해서는 집단역동에 대한 철저한 이해를 바탕으로 능숙한 집단지도력 기술을 발휘할 수 있어야 한다. 집단상담자가 이끄는 집단과정의 질은 집단상담의 결과를 결정한다. 집단상담자는 집단구성원에게 영향을 미치는 과거와 미래의 일을 현재로 가져와 그 일이 집단상담이 행해지는 시점에서 그에게 어떻게 영향을 미치는가를 다룬다. 누구나 삶의 과정에서 크고 작은 문제를 지니고 살아가고 있는 것처럼, 집단상담자는 집단역동에 대한 이해 및 적용을 바탕으로 집단구성원의 문제예방, 발달 및 성숙, 문제해결을 위한 힘과 기술을 증진시키기 위해 노력한다.

집단상담자는 집단상담의 정의에 함축된 이상의 일곱 가지 내용을 유념하면서 집단을 슬기롭게 이끌 수 있는 다양한 자질이 필요하다. 지적한 것처럼 집단상담의 주체는 집단지도자인 집단상담자와 집단구성원들이다. 그러면 효과적인 조력을 위해 집단상담자가 인간으로서 어떤 자질과 특성을 가져야 하는지와 전문가로서 어떤 역할을 수행해야 하는지를 알아보자.

2. 집단상담자의 자질과 역할

집단을 이끄는 지도자로서 집단상담자는 효과적으로 집단구성원들을 조력하기 위해 필요한 인간적 자질과 전문가로서 수행해야 할 역할이 있다. 여기에서는 이러한 집단상담자의 인간적 자질과 전문가로서 전문적 역할을 구분하여 살펴보고자 한다.

인간적 자질

강진령(2005)은 유능한 집단상담자의 인간적 자질로 아홉 가지를 제안하였다. 이러한 아홉 가지 내용은 자기수용, 개방적 태도, 타인의 복지에 대한 관심, 유머 감각, 자발적인 모범, 공감적 이해 능력, 심리적 에너지, 새로운 경험의 추구 그리고 창의성이다(pp. 91-99). 또한 이형득 등(2002)이 효과적인 집단상담자의 인간적 특성으로 제안한 열 가지는 집단원에 대한 선의와 관심, 용기와 끈기, 자신감, 융통성과 포용력, 진실성과 개방성, 자각력과 수용력, 지각력과 민감성, 창조성 또는 독창성, 유머 감각 그리고 지혜다. 더불어 이들은 인간적 특성을 바탕으로 집단상담자가 직접 집단상담을 수행할 때 필수적인 인간적 자질로서 집단원의 기능성을 믿는 확신감, 집단원에 대한 사랑의 느낌, 내담자의 자율성을 촉진하는 허용적 태도, 상담자의 기능화에 필수적인 직관적 반응 그리고 상담의 효율성에 필수적인 조화적 행동 등 다섯 가지를 제시하였다(pp. 254-283).

제이콥스 등(Jacobs, Masson, & Harvill, 2009)은 효과적인 집단상담자가 되게 하는 여섯 가지 특성으로 개인과의 다양한 경험, 다양한 집단 경험, 계획 및 조직하기 기술, 주제에 대한 지식, 기본적인 인간 갈등과 딜레마에 대한 충분한 이해 그리고 상담이론에 대한 충분한 이해 등을 지적하였다(pp. 25-27).

폭넓게 인용되고 있는 효과적인 집단상담자의 개인적 특성으로 코리 등(Corey, Corey, & Corey, 2010)이 최근에 제안한 열여섯 가지 내용은 다음과 같다(pp. 30-38).

- 용기
- 현존(presence)
- 집단과정에 대한 믿음
- 비판의 대처에 비방어성
- 내담자의 고통을 확인할 능력
- 활력
- 자기자각
- 창의성
- 기꺼이 본보기를 보일 의지
- 선의, 진솔성 그리고 배려
- 개방성
- 미세한 문화적 주제 인식하기
- 개인적 힘
- 자기돌봄에 몰두
- 유머감각
- 개인적 헌신과 전념

상기한 내용들과 저자의 경험과 지식을 근거로 정말 필요한 집단상담자의 개인적 자질 및 특성으로서 여덟 가지를 제안하고자 한다. 이러한 내용은 호기심,

용기, 긍정적 변화에 대한 믿음, 자기자각의 확장, 기꺼이 돌봄을 보일 의지, 본보기 행동 솔선하기, 문화적 민감성 그리고 지혜 추구다. 그러면 이러한 여덟 가지 내용에 대해 간략하게 살펴보자.

호기심 호기심(curiosity)은 탐구와 연구를 위한 과학자의 동기를 야기하는 초심이다. 집단상담자에게 상담자 훈련모델로서 강조되어 온 과학자-실천가의 모델에 근거해서 조력을 위한 연구와 실천을 위해 무엇보다 필요한 것이 호기심이다. 세계적인 물리학자인 호킹 박사(Dr. Steven Hawking)는 과학자로서 자신을 있게 한 것이 자연현상에 대한 호기심 때문이라고 지적하였다. 이처럼 집단상담자에게 호기심은 집단과정에서 표현된 내담자들의 행동에 대해 의구심을 갖고 탐구하려는 강한 동기로 과학자의 기본자세다. 개인구성개념 이론에 근거하여 고정역할치료를 개발한 켈리(George Kelly)는 '과학자로서 인간'을 강조하였다. 집단상담자는 내담자의 언어적 표현 혹은 비언어적 행동을 호기심을 가지고 진지하게 관찰하고, 의문을 던지고, 탐구할 때 그 의미를 정확히 파악하고 이해할 수 있게 된다.

용기 용기(courage)는 개인이 어려운 상황에서 자신과 타인의 이익을 지향해서 행동하도록 하는, 개인 내부와 외부에서 비롯된 창조적 생명력이다. 우리 모두는 삶의 과정에서 정말 어렵고 힘든 상황에 처하곤 한다. 용기는 어렵고 힘든 상황에서 포기하거나 좌절하지 않고 삶을 슬기롭게 지속하도록 만드는 삶의 원동력이다. 또한 개인이 자신의 삶에 대한 모든 책임을 지고 자신감을 갖게 하는 동력이기도 하다. 아들러식 상담자인 드레이커스(Rudolf Dreikurs)는 '불완전할 용기(courage to be imperfect)'를 강조하였다. 불완전할 용기는 우리 모두가 인간 본연의 모습을 회복하는 데 가장 필요한 요인이다. 많은 인본주의 심리학자들이 '진정한 변화는 있는 그대로 내가 되려고 할 때 일어난다.'고 지적하는 것처럼 불완전할 용기는 있는 그대로 내가 되는 것을 의미한다고 볼 수 있다. 특히 집단상담자는 자기격려(self-encouragement)를 통해 끊임없이 자신에게 용기를 불어넣으면서 자연스럽게 타인을 격려할 수 있는 습관을 형성하는 것이 필요하다.

긍정적 변화에 대한 믿음 삶 자체는 끊임없이 변화한다. 모든 상담자에게 무엇보다 중요한 것이 '긍정적 변화에 대한 믿음(belief in positive change)'이다. 상담자들은 변화모델인 다양한 상담이론에 근거하여 내담자들을 조력하여 왔다. 집단상담자는 집단역동에 대한 이해를 바탕으로 내담자들을 지금보다 더 나은 상태로 바꾸는 긍정적 변화를 이룰 수 있다는 확고한 신념을 가지고 집단을 이끌어야 한다. 집단상담자는 구성원들의 변화에 대한 그의 믿음이 그들에게 자연스럽게 전달되어 변화의 원동력이 된다는 점을 명심해야 한다. 현재 심리학의 추세로 강조되는 긍정심리학처럼, 집단상담자는 인간의 긍정적 변화에 대한 믿음을 바탕으로 구성원들의 부정적인 변화나 불변에 대한 믿음을 바꾸는 노력을 기울이는 게 필요하다.

자기자각의 확장 성숙한 숙련된 집단상담자가 되기 위해서는 자신의 장점과 단점을 정확히 이해하는 것이 필요하다. 정신분석적인 입장에서 보면 집단상담자의 '자기자각의 확장(extension of self-awareness)'은 집단과정에서 집단구성원들에게 개입하는 데 있어 나타날 수 있는 그의 역전이를 이해하게 도울 것이다. 사람들은 흔히 자신의 단점이나 열등감을 보지 못하거나 의도적으로 보지 않으려는 경향이 있다. 우리가 있는 그대로 정확히 우리 자신을 이해하는 일이 쉽지는 않다. 때문에 철학자 소크라테스(Socrates)는 "너 자신을 알라."고 강조하였다. 집단상담의 정의에서 내담자의 자기자각의 확장을 넓은 의미에서 집단상담의 일차적 목표로 설명하였다. 이처럼 집단상담자의 자기자각 확장은 효과적인 상담성과를 거두는 데 중요한 요소다.

기꺼이 돌봄을 보일 의지 집단상담자는 집단상담을 통해 집단에 참여한 내담자들을 돌본다. 집단상담자의 개인적 자질로서 '기꺼이 돌봄을 보일 의지

(willingness to display for caring)'는 무엇보다 중요하다. 따라서 집단상담자는 진정한 '돌봄(caring)'의 의미가 무엇인지를 분명하게 이해하는 것이 필요하다. 모든 상담은 성숙을 위한 돌봄의 관계라고 할 수 있다. 인간은 태어날 때부터 돌봄을 필요로 하는 존재다. 자신과 누군가를 돌보는 일이 날마다의 삶과 만남에서 일어나고 있다. 중요한 것은 어떻게 돌보느냐다. 집단상담자가 구성원들을 돌본다고 할 때 그것은 그들의 현재 입장을 바탕으로 성장과 성숙이 이루어지도록 행해져야 한다. 메이어오프(Mayeroff, 1990)는 돌봄이란 돌보는 대상이 성숙하고 자기실현을 하도록 돕는 것이라고 정의하였다. 그는 다른 사람의 성숙과 실현을 돕기 위한 돌봄의 주요한 여덟 가지 구성요소로 지식, 리듬의 변화, 인내, 정직성, 신뢰, 겸손, 희망, 용기 등을 제시했다. 따라서 집단상담자는 이러한 돌봄의 구성요소를 바탕으로 기꺼이 집단구성원들을 돌보는 데 최선을 다해야 한다.

본보기 행동 솔선하기 흔히 '백 번 듣는 것보다 한 번 보는 것이 낫다.'고 말한다. 사람들은 타인이 하는 행동을 관찰함으로써 배운다. 집단상담자는 집단에 참여한 구성원들이 따라 배울 수 있는 행동을 솔선해서 하는 본보기 역할을 수행하는 것이 필요하다. 따라서 집단상담자는 '본보기 행동 솔선하기'를 통해 집단구성원들을 지도한다는 것을 명심해야 한다. 즉 집단상담자는 그가 하는 모든 행동이 구성원들에게 본보기가 된다는 점을 명심하고 매사에 본보기 행동을 솔선하는 것이 요구된다. 대중매체가 지배하는 현대사회에서 가장 영향력 있는 심리학자 중의 한 사람으로 여겨지는 반두라(Bandura, 1997)는 자기효능감 신념의 네 가지 원천으로 '자기주도적인 성취경험(enactive mastery experiences)' '대리적 경험(vicarious experiences)' '언어적 설득(verbal persuasion)' 그리고 '생리적 및 정서적 상태(physiological and affective states)'를 제안하였다(p. 79). 그가 지적한 것처럼 집단구성원들은 집단상담자가 보이는 다양한 행동을 모방함으로써 새로운 행동을 학습할 뿐만 아니라 다른 구성원들이 하는 행동을 관찰함으로써 자기효능감을 높일 수 있게 된다. 예를 들면, 집단상담자가 흔히 주요하게 사용하는 기법인 역할연기를 통해 구성원들이 새로운 행동을 학습하게 할 수 있다. 이 경우에 집단상담자는 본보기 행동을 솔선해서 수행함으로써 구성원들이 그를 본받게 한다.

문화적 민감성 인간을 문화적 동물이라 한다. 시대적 조류에 부응하여 집단상담자의 '문화적 민감성(cultural sensitivity)'은 중요한 자질로 부각되고 있다. 세계화의 물결 속에서 우리는 지금 작아진 지구촌에서 살고 있다. 즉 우리는 21세기의 시대정신(zeitgeist)이라 할 수 있는 '문화상대주의(cultural relativism)'가 강조되는 사회인 작아진 지구촌에서 생활하고 있다. 그러므로 우리 모두는 나의 문화가 소중한 것처럼 나와 다른 사람의 문화를 인정하고 존중해야 하는 시대적 조류 속에서 생활하고 있다고 할 수 있다. 아무튼 상담심리학자인 페더슨(Pederson)이 1980년대에 심리학의 제4세력으로 다문화주의(multiculturalism)를 주창한 지 벌써 20년 이상이 지났다. 지금은 다문화적 관점에 적절하게 적용되는지 여부에 따라 주요한 상담이론에 대한 평가가 이루어지고 있다. 따라서 집단상담자들은 자신의 이론적 관점에 관계없이 집단구성원에 대한 이해와 변화 및 그의 발달과 성숙에 미친 문화의 중요성을 인식하는 것이 필요하다. 집단상담자는 다문화주의에 대한 지식과 이해를 바탕으로 높은 문화적 민감성을 가지고 집단구성원들의 문제를 이해하고 해결할 수 있어야 한다.

지혜 추구 집단상담자는 먼저 집단상담에 대한 지식과 경험을 확립한 후, 효과적인 조력자의 역할이 무엇인가에 대한 끊임없는 탐구자이자 '지혜 추구자(wisdom seeker)'가 되어야 한다. 지혜를 가진 자는 자신보다는 상대방의 관점에서 문제를 이해하려고 노력한다. 이런 점에서 지혜를 가진 집단상담자는 적극적 경청과 공감을 바탕으로 내담자들을 이해하려고 노력하는 사람이다. 상담자로서 내담자의 문제해결을 위해 조력하는 데 참여한 상담자들이 강조하는 지혜와 잠재적 내담자들이 상담자가 가져야 할 지혜라고 보는 것을 비교하여 생각해 볼 필요가 있다. 저자의 미출간 논문(No, 1993)에 따르면, 미국의 상담심리학 교수 및 상담심리학자들이 정의하고 강조하는 상담자의 지혜는 아홉 가지 다중 차원적인 영역으로 구성되어 있다. 이러한 아홉 가지 영역은 성격, 윤리적 책임감, 태도, 인지적 지식과 지적 기술, 경험에 근거한 지식, 훈련, 인간관계 스타일, 인간 차이에 대한 이해 그리고 인간성에 대한 이해다. 지혜(智慧)라는 한자어를 어원적으로 살펴보면 '지식(知)과 경험(日)을 바탕으로 깨달음에 이르는 길을 계속해서 숙고하다 보면 혜성(彗)이 마음(心)을 때려서 갑자기 깨닫는 상태'라고 풀이할 수 있다. 따라서 지혜로운 집단상담자가 되기 위해서는 먼저 집단상담과 관련한 많은 지식과 경험을 쌓는 것이 필요하다. 그런 다음 그러한 지식과 경험을 바탕으로 효과적인 조력방식에 대한 끊임없는 숙고를 통해 깨달음에 이르는 상태가 지혜다.

전문적 기능과 역할

집단상남의 효과는 집단을 이끄는 집단상담자의 기능과 역할에 크게 의존한다. 집단상담자가 상담효과를 향상시키기 위해 어떤 기능과 역할을 해야 하는지 살펴보자. 다양한 경우에 집단상담자가 보여 주는 네 가지 주요한 기능은 안내와 지도 역할, 적절한 행동의 본보기 역할, 상호작용 촉매 역할, 의사소통 촉진자 역할이다(Bates et al., 1982). 집단상담자의 이러한 네 가지 기능을 간략하게 설명하면 다음과 같다.

안내와 지도 역할 집단상담자는 교통경찰처럼 안내와 지도 역할을 통해 집단구성원들이 해야 하거나 하지 말아야 할 언어적 및 비언어적 행동을 자각하도록 조력한다. 예를 들면 집단상담자가 구성원들이 '왜'라는 질문, 과거에 초점 두기, 험담하기 등을 사용하지 않도록 차단함으로써 집단과정이 과정중심, 현재중심, 타인지지로 진행되도록 한다.

적절한 행동의 본보기 역할 집단상담자는 적절한 행동의 본보기 역할을 통해 집단구성원들이 배워야 할 행동을 의식적으로 수행한다. 집단과정에서 집단상담자의 본보기 역할은 자기노출, 역할연기, 말하기 패턴, 창조성의 표현 등 다양한 방식으로 신중하게 행해진다. 예를 들면 집단상담자들이 행복이나 슬픔을 전달하는 음조를 이용할 때, 그들은 직접적 및 간접적으로 집단구성원들이 자신의 감정을 표현하는 방식을 학습하도록 조력한다.

상호작용 촉매 역할 집단상담자는 상호작용 촉매 역할을 통해 집단구성원들 간에 상호작용을 증진시키는 역할을 자연스럽게 수행한다. 집단이 진행되는 과정에서 집단상담자는 구성원들이 서로에게 표현할 어떤 것이 있는가를 질문하기, 집단에서 일어나고 있는 것을 관찰하도록 침묵하기 등과 같은 다양한 유형의 기능적 과정을 취할 수 있다.

의사소통 촉진자 역할 마지막으로 집단상담자는 의사소통 촉진자 역할을 수행한다. 집단상담자는 구성원들의 감정과 내용의 반영을 통해 공감적 대화를 보여 주면서 그러한 방법을 그들에게 가르친다. 집단상담자는 이러한 과정을 언어적 표현과 의사소통 이면에 있는 감정에 초점을 두고 수행한다. 더불어 진솔한 표현의 중요성이 강조된다. 예를 들면 집단상담자는 구성원들에게 '나-전달법'을 사용해서 자신이 원하거나 생각하는 것을 진술하도록 한다(Gladding, 2003, p. 91).

제이콥스 등(Jacobs, Masson, & Harvill, 2009)은 집단상담자가 집단 내에서 변화의 총괄 책임자라는 점을 지적하면서 그의 역할과 책임으로 여섯 가지 내용을 제안하였다(pp. 326-328). 이러한 내용은 주제에 대한 지식, 건전한 분위기 제공하기, 초점 이끌기, 개별 구성원에 대해 인식하기, 시간관리, 발언 시간 배분하기 등이다.

이형득 등(2002)은 다양한 집단상담 모형에 모두 적용되는 집단상담자의 역할로 다음과 같은 일곱 가지를 제안하였다.

• 집단 활동의 시작을 돕는다.

- 집단의 방향을 제시하고 집단 규준의 발달을 돕는다.
- 집단 분위기의 조성을 돕는다.
- 행동의 모범을 보인다.
- 의사소통 및 상호작용을 촉진시킨다.
- 집단구성원을 보호한다.
- 집단 활동의 종결을 돕는다(pp. 164-171).

집단상담자의 역할이 집단상담의 효과에 막대한 영향을 끼친다는 것은 집단상담 및 집단심리치료에 관한 많은 연구에서 밝혀져 왔다. 집단상담자가 치료적 효율성을 성취하기 위한 방식은 다양한 유형을 취할 수 있다. 가즈다 등(Gazda, Ginter, & Horne, 2001)이 효과적인 집단상담자가 보이는 역할에 대해 기술한 열두 가지 내용을 기술하면 다음과 같다(pp. 36-37).

첫째, 효과적인 집단상담자는 높은 정도의 돌봄과 온화함의 태도를 집단구성원들에게 표현한다. 즉 집단상담자는 자신이 사용하는 이론적 접근방식과 관계없이 지지, 격려, 보호, 비공격, 비권위적 태도를 보이며 집단구성원들의 욕구에 민감하게 반응한다.

둘째, 효과적인 집단상담자는 집단자료를 새롭게 구성하고 처리한다. 즉 집단자료는 집단구성원들이 자신의 행동과 사고를 이해하고 명료하게 할 능력을 향상시키거나 집단상담자의 도움 없이도 대인관계 및 개인 내적 상호작용을 해석할 능력을 개발하는 방식으로 구성되고 처리된다.

셋째, 효과적인 집단상담자는 설정된 집단규칙, 집단한계, 시간관리기법 등을 적절한 수준에서 유용하게 사용한다. 어떤 정책을 엄격히 따르는 것이 일반적으로 정당하지만, 효과적인 집단상담자는 치료적 이득을 차단해 왔던 어떤 정책을 고집하기보다 치료적 이익을 우선시한다. 예를 들면, 집단상담자는 한 회기를 위해 사전에 정해진 시간제한을 엄격히 지키기보다 필요한 경우에 집단구성원들의 양해를 얻어 연장해서 집단상담을 진행할 수 있다.

넷째, 효과적인 집단상담자는 구성원들에게 적정 수준의 정서적 자극을 주어 자신의 생각이나 감정을 노출하도록 한다. 집단상담자는 구성원들의 행동이나 의견에 도전하기, 구성원들에게 직면하기 등의 방법을 이용해서 그들이 성숙하도록 조력한다.

다섯째, 효과적인 집단상담자는 자기수용, 자기통합된 모습을 보이고, 비방어적인 방식으로 집단구성원들과 상호작용할 능력을 보이며, 그러한 능력을 본보기로 보여 준다. 예를 들면 집단상담자는 구성원들의 비판을 개인적 공격으로서가 아니라 치료적인 표현으로 이해한다.

여섯째, 효과적인 집단상담자는 단일 집단구성원이 아닌 집단 전체에게 지향된 적정 수준의 자기노출을 한다. 그러한 노출이 어떤 구성원의 논평 때문에 야기되었을 때조차 집단상담자의 노출은 모든 구성원들에게 어떤 메시지를 전달하는 의미 있는 내용을 가져야 한다. 즉 자기노출은 개별 구성원뿐만 아니라 전체 구성원들에게 미치는 효과에 따라 평가되어야 한다. 따라서 개인상담 상황에서 효과가 입증될 수 있는 자기노출이 집단상담 상황에서는 부적절한 노출일 수 있다.

일곱째, 효과적인 집단상담자는 자신의 욕구를 거의 내보이지 않는다. 집단상담자는 집단구성원들을 위해 집단에 존재한다. 따라서 집단상담자는 집단구성원들을 이용하여 자신의 관점을 주입시키거나 따르게 해서는 안 된다.

여덟째, 효과적인 집단상담자는 중재할 시기를 결정하는 훌륭한 판단자다. 집단상담자는 현재 진행되는 것에 치료적 개입을 한다. 그러므로 효과적 집단상담자의 주요한 역할은 그가 기법을 적절한 시점에 사용하는 것이다.

아홉째, 효과적인 집단상담자는 집단구성원들이 자신들의 진행 속도에 따라 나아갈 수 있도록 허용하면서 보조를 맞출 수 있는 역할을 수행한다. 개별 구성원과 집단 전체를 위한 목표를 달성하기 위해 집단 내에 적절한 정도의 치료적 불안이 유지된다.

열째, 효과적인 집단상담자는 집단에서 언어적이거나 행동적으로 표현된 것에 진솔하게 반응한다. 집단상담자는 일치된 표현을 하며 집단구성원들도 그의 표현을 그렇게 지각한다. 예를 들면, 집단상담자의 신체적 표현은 언어적 표현과 일치한다.

열한째, 효과적인 집단상담자는 집단상담의 첫 회기부터 종결 때까지인 집단작업의 모든 단계에서 공감적 이해를 통해 집단구성원들을 이해하고 조력한다. 집단구성원의 지적·정서적 이해는 정확한 지각인 공감적 이해의 토대에 의존한다.

열두째, 집단구성원들은 그들의 욕구와 일치하는 집단상담자의 집단지도력에 의해 도움을 받는다. 집단구성원들의 일반적인 학습 스타일이 집단상담자가 수행하는 것에 일치해야 한다. 예를 들면 주로 시각적 방식으로 정보를 처리하는 집단구성원들은 단지 언어적 교류에 초점을 맞추는 집단상담자와 어려움을 경험할 수 있다.

이상에서 개괄한 집단상담자의 역할을 바탕으로 그의 주요한 역할을 포괄적으로 여섯 가지로 구분할 수 있다. 이러한 여섯 가지 역할은 집단상담 프로그램을 구성하거나 개발하는 역할, 집단구성원들을 모집하고 집단을 조직하는 역할, 집단상담 과정의 전반적 이해 및 진행 역할, 집단구성원들의 성숙과 변화를 촉진하는 역할, 집단구성원들을 보호하는 역할, 그리고 집단지도자로서 자기를 보호하는 역할이다. 다음에서는 이러한 여섯 가지 역할을 살펴보고자 한다.

집단상담 프로그램을 구성하거나 개발하는 역할 집단상담 프로그램은 기본적으로 다양한 상담이론에 근거하여 집단구성원들을 조력하기 위한 다양한 기법으로 구성된다. 따라서 집단상담자는 효과적으로 집단구성원들을 조력하기 위해 자신의 성격이나 인간관에 부합하는 상담이론에 근거하여 집단상담 프로그램을 개발하는 것이 요구된다. 집단상담자는 자신이 쌓아 온 전문적 지식과 경험을 바탕으로 집단상담에 참여한 구성원들의 욕구가 충족되고 그들이 추구하는 목적이 달성될 수 있도록 유연성을 가지고 프로그램을 구성하고 개발할 책무가 있다.

집단구성원들을 모집하고 집단을 조직하는 역할 집단상담이 이루어지기 위해서는, 우선 집단에 참여하고자 하는 내담자들이 있어야 하고, 이들을 집단으로 조직하는 것이 필요하다. 집단상담자가 집단구성원들을 모집하고 집단을 조직하기 위한 역할을 효과적으로 수행하기 위해서는 사전에 지식과 경험을 갖출 필요가 있다. 예를 들면, 대학의 카운슬링센터에서 집단구성원들을 모집하기 위한 안내문을 작성할 경우에 집단상담 명칭, 목적, 참가자격, 실시 장소 및 시간, 집단상담을 위한 최소 혹은 최대 인원 등을 명확히 하여 잠재적 내담자들이 참여하고자 하는 동기를 유발할 수 있게 작성해야 한다.

집단상담 과정의 전반적 이해 및 진행 역할 집단상담자는 집단역동성 및 집단지도력에 대한 지식과 기술을 바탕으로 집단을 이끌어 갈 책임을 진다. 따라서 집단상담자는 집단상담이 시작해서 종결할 때까지의 전 과정에 대한 철저한 이해를 바탕으로 효과적으로 집단을 진행하는 막중한 역할을 수행해야 한다.

집단구성원들의 성숙과 변화를 촉진하는 역할 집단상담자는 집단에 목적을 갖고 참여한 내담자들이 자신의 문제를 해결할 수 있도록 그들이 성숙하고 변화하도록 촉진적 역할을 수행할 책무가 있다. 구체적으로 지적하면, 집단구성원들이 가지고 있는 비합리적 신념을 합리적 신념으로 바꿀 수 있도록, 부적절한 감정이나 정서를 적절한 감정으로 바꾸도록, 자기파괴적인 행동을 건설적인 행동으로 바꾸도록 하는 촉진적 역할을 수행한다.

집단구성원들을 보호하는 역할 사람들이 집단상담에 참여한 주요한 목적은 자신들의 문제예방, 변화와 성숙, 그리고 문제해결을 위해서다. 집단상담자는 구성원들이 집단상담에 참여하여 얻고자 원하는 것을 달성하도록 조력하는 것은 물론, 다른 집단구성원들의 부적절한 반응에 의해 피해를 받지 않도록 구성원들을 보호해야 할 중요한 책임을 가진다.

집단상담자로서 자기를 보호하는 역할 집단상담자들은 구성원들이 집단에 가져온 다양한 문제에 대해 조력하는 데 많은 에너지를 쏟는 과정에서 심리적 갈등을 겪을 수 있다. 많은 연구에서 지적된 것처럼 집단상담자는 자신의 전문적 역할수행과 관련해서 비롯될 수 있는 소진(burnout) 현상을 겪지 않도록 노력하는 것이 필요하다. 또한 집단상담자로서 기본적으로 지켜야 할 윤리적 지침에 위배된 행동을 함으로써 비롯되는 결과로 피해를 입지 않도록 사전에 부적절한 행동을 하지 않는 것이 요구된다. 특히 집단상담자는 구성원들과의 부적절한 관계에서 비롯된 결과로, 전문가에 대한 윤리적 · 법적 규범에 따라 치명적인 피해를 볼 수 있다는 것을 유념하고 올바른 행동을 해야 한다.

3. 집단상담의 이점

집단구성원들의 집단역동을 바탕으로 수행되는 집단상담은 한 명의 내담자와 일대일로 이루어지는 개인상담과 비교해 볼 때 나름대로의 다양한 이점이 있다. 즉 개인상담을 통해서는 달성할 수 없는, 집단상담만의 고유한 장점이 많다. 여기서는 상담자들이 다양한 집단상담을 선호해서 실시하는 이유, 즉 집단상담의 장점에 대해 살펴보자.

코리(Corey, 2008)는 집단상담의 필요성에 대해 다음과 같이 언급하였다. "비록 지역사회 센터에 여전히 개인상담을 위한 공간이 있지만, 서비스 제공을 개인상담에 제한하는 것은 더 이상 실제적이지 않다. 집단상담은 오늘날의 도전을 충족시킬 실제적 가능성을 제공한다. 집단상담의 결정적 장점은 상담자들이 더 많은 내담자들을 도울 수 있다는 점이다. 더불어 집단과정은 독특한 학습 이점을 가진다." (p. 3)

이형득 등(2002)이 몇몇 학자의 의견을 종합하여 제안한 일곱 가지 집단상담의 가치 혹은 이점은 다음과 같다.

첫째, 집단상담 관계는 성인 상담자와의 일대일의 관계보다 여러 가지 문제를 더욱 용이하게 취급할 수 있게 한다.

둘째, 집단상담 장면은 개인으로 하여금 어떤 외적인 비난이나 징벌에 대한 두려움 없이 새로운 행동에 대하여 현실검증을 해 볼 수 있는 기회를 제공한다.

셋째, 집단상담에서는 동료들 간에 서로의 관심사나 감정을 터놓고 이야기할 수 있기 때문에 쉽사리 소속감과 동료의식을 발전시킬 수 있다.

넷째, 집단상담은 집단구성원들에게 넓은 범위의 다양한 성격의 소유자들과 접할 수 있는 기회를 부여해 준다.

다섯째, 지도성의 측면에서 볼 때 집단상담은 개인상담의 경우보다 훨씬 유리하다.

여섯째, 집단상담에서는 개인이 한편으로는 계속 참여하면서도 다른 한편으로는 물러서서 관망할 수도 있다.

일곱째, 집단상담은 또한 개인으로 하여금 개인상담에 응할 수도 있도록 도와준다.

강진령(2005)은 집단상담의 장점으로 경제성, 다양한 자원 획득, 인간적 성장 환경 제공, 실생활의 축소판, 문제 예방, 상담에 대한 긍정적 인식 확대 등 여섯 가지를 제안하였다.

또한 윤관현, 이장호 그리고 최송미(2006)가 집단상담에서의 이해와 수용의 분위기가 형성되고, 상담과정이 바람직하게 진행되는 경우에 해당되는 집단상담의 장점으로 제안한 여덟 가지 내용은 다음과 같다(pp. 8-11).

첫째, 집단상담을 통해 상담자는 보다 많은 내담자들과 접촉할 수 있다.

둘째, 내담자들은 개인상담보다는 집단상담을 더 쉽게 받아들인다.

셋째, 특히 청소년들은 집단상담에 참여함으로써 타인과의 상호교류능력을 개발할 수 있다.

넷째, 집단상담은 시간, 에너지 및 경제적인 면에서도 효과적이다.

다섯째, 집단상담은 현실적이고 실제생활에 근접한 사회장면을 제공한다.

여섯째, 집단상담의 참여자들은 같은 내용이라도 개인적인 조언은 거부하거나 저항하지만, 동료들의 집단적인 공통 의견은 잘 받아들이는 경향이 있다.

일곱째, 집단상담은 문제해결적 행동을 보다 구체적으로 실천할 수 있게 한다.

여덟째, 집단상담에서는 상담자의 지시나 조언이 없이도 참여자들이 상호 간의 깊은 사회적 교류 경험을 가질 수 있다.

코리(Corey, 2008, p. 7)가 좀 더 구체적으로 언급한 집단상담의 이점을 개괄적으로 요약하면 다음과 같다.

첫째, 다양한 배경을 가진 집단구성원들이 경험하는 일상생활의 재창조를 제공해 준다.

둘째, 사회의 축소판으로서 구성원들은 다양한 유사 경험을 공유한다.

셋째, 다양한 경험을 가진 집단구성원들로부터 다양한 관점에서 비롯된 풍부한 피드백을 받을 수 있다.

넷째, 집단구성원들이 보이는 이해와 지지를 바탕으로 자신의 문제를 기꺼이 탐색하게 한다.

다섯째, 집단구성원들은 소속감을 갖게 되며 형성된 집단응집력을 통해 친밀감, 돌봄, 도전의 방법을 학습한다.

여섯째, 집단구성원들은 지지 집단분위기에서 새로운 행동을 실험해 볼 수 있다.

일곱째, 집단구성원들이 보이는 격려를 바탕으로 그들이 획득한 통찰을 실생활에 적용할 방법을 배운다.

제이콥스 등(Jacobs, Masson, & Harvill, 2009)은 상담자들이 집단상담을 이끄는 이유로 효율성, 공통성의 경험, 다양한 자원과 관점, 소속감, 기술연습, 피드백, 대리적 학습, 실제 생활에 접근, 서약/언약 등과 같은 아홉 가지 이유를 제안하였다(pp. 2-5).

이상에서 언급한 내용과 집단상담에 대한 저자의 경험을 바탕으로, 실생활의 축소판, 효율성, 대리적 학습, 풍부한 피드백, 지지와 이해를 통한 격려, 다양한 자원과 관점, 역할연기를 통한 학습 등 집단상담의 장점 일곱 가지를 제안하고자 한다. 그러면 집단상담의 일곱 가지 이점을 좀 더 구체적으로 살펴보자.

실생활의 축소판 집단을 흔히 소우주(microcosmos) 혹은 사회의 반영인 소사회(Trotzer, 1999)라고 부른다. 다양한 인구학적 배경을 가진 구성원들로 진행되는 집단상담에서는 실생활에 가까운 상호작용이 이루어진다. 다양한 목적을 갖고 형성된 집단은 가정, 지역사회, 직장, 조직의 일시적인 대체물이 된다. 실생활에서처럼 집단구성원들은 비교적 안전한 집단분위기 속에서 자신의 감정, 생각, 행동을 노출하고 다른 구성원들로부터 피드백을 받으므로 집단은 사회의 축소판이라 할 수 있다. 집단구성원들은 집단 내에서 다른 구성원들과의 교류를 통해 자신의 감정, 행동, 태도를 노출하고 피드백을 받으면서 일상생활에서 관계하고 어울리는 방법을 배운다. 따라서 집단상담에 참여한 구성원들은 집단 내에서 개인상담을 통해서는 경험할 수 없는 다양한 실제적 경험을 통해 집단상담의 목표인 문제예방, 성장 및 발달, 문제해결을 도모할 수 있다.

효율성　집단상담은 개인상담에 비해 동시에 여러 명의 내담자들에게 서비스를 제공할 수 있다는 점에서 시간 및 경제적인 면에서 매우 효율적이다. 특히 구성원들이 집단을 통해 추구하는 목적이 같은 경우에 상담자는 많은 내담자들을 동시에 만남으로써 상당한 시간과 노력을 절약할 수 있다. 예를 들어 학교상담자가 학생들의 진로지도, 가치관 명료화, 자기표현, 자기성장, 발표불안 감소, 집중력 향상 등과 같은 성장 및 문제해결을 위한 집단상담을 통해 많은 학생들의 요구를 충족시킬 수 있다. 이처럼 학교 및 교육기관, 정부기관, 공공단체, 기업체 등에서 집단상담은 효율적인 시간 사용으로 동시에 많은 사람들에게 서비스를 제공하게 된다.

집단구성원들이 보이는 공통성의 경험도 집단의 효율성에 기여한다. 많은 사람들은 자신의 문제가 아주 독특한 것이라고 믿는다. 그러나 사람들이 집단에서 함께 작업하다 보면 자신 혼자만의 문제가 아니라 다른 사람들도 유사하게 지니는 사고나 감정이라는 것을 발견하게 된다. 집단구성원들이 개인적인 고민, 사고, 감정을 나누면서, 다른 구성원도 유사한 고민거리를 가지고 있음에 놀라움을 느끼게 된다. 역시 유사한 문제로 그 정도가 다소 심각한 사람들을 집단으로 지도하고 상담하는 것도 매우 효율적이다. 예를 들면 집단상담을 통해 알코올중독, 니코틴중독, 약물중독과 같은 물질남용환자들이나 게임중독과 같은 활동중

독자들을 충분히 도울 수 있다.

대리적 학습 최근 세계에서 가장 영향력 있는 심리학자 가운데 한 사람으로 대리적 학습 혹은 관찰학습을 제안했던 반두라(Albert Bandura)를 꼽을 수 있다. 집단에서 대리적 학습의 긍정적인 가치에 대해서는 많은 논의가 이루어져 왔다(Kottler, 1994; Posthuma, 2002). 유사한 문제해결을 위해 모인 집단상담에서 구성원들은 다른 집단구성원이 표현하는 고민과 갈등, 좌절, 문제해결을 위한 노력 등을 듣고 관찰하면서 자신의 문제에 대한 통찰을 얻는 경우가 많다. 집단구성원들은 관찰을 통해 유사한 문제를 해결한 다른 구성원을 자신과 비교해 봄으로써 주어진 어떤 일을 잘 수행할 수 있는 능력이 자신들에게 있다는 믿음인 자기효능감을 높일 수 있다.

풍부한 피드백 개인상담에서 내담자는 단지 상담자로부터만 피드백을 받을 수 있지만 집단상담에서는 참석한 모든 구성원들로부터 풍부한 피드백을 받을 수 있다. 어떤 집단구성원이 자신의 문제를 노출한 후에 여러 사람으로부터 유사한 피드백을 받을 때의 영향은, 오직 한두 사람으로부터 피드백을 받는 것보다 훨씬 강력하다. 예를 들면, 어떤 집단구성원이 표현하는 일상적 말투에 대해 모든 구성원들이 공격적으로 느꼈다는 것을 그 구성원에게 피드백해 줄 때의 영향력은 매우 강력하다. 즉 집단구성원들 모두가 유사한 피드백을 할 때, 피드백을 받는 사람은 피드백의 정확성을 부인하기 어렵게 된다. 집단구성원이 역할연기나 행동시연을 한 후에 다른 구성원들이 하는 제언, 반응, 지각 등의 피드백은 매우 가치가 있다.

지지와 이해를 통한 격려 집단지도력에 의해 형성된 끈끈한 집단응집력을 바탕으로 집단구성원들은 서로에게 지지와 이해를 통한 격려를 주고받는다. 개인심리학을 개발한 아들러(Alfred Adler)는 사회적 존재인 인간은 집단 속에서 서로에게 사회적 관심을 가져야 함을 강조하였다. 특히 그는 상담자가 낙담한 내담자를 격려해 줌으로써 문제를 해결할 수 있다고 믿었다. 이런 점에서 아들러식 접근방식을 사용하는 집단상담자는 지지와 이해를 통해 격려하는 집단분위기를 유지하는 것을 매우 중요하게 생각한다. 코리(Corey, 2008, p. 7)가 지적한 것처럼 집단구성원은 다른 구성원들이 보이는 이해와 지지를 바탕으로 자신의 문제를 기꺼이 탐색한다. 집단구성원들은 지지적인 집단분위기에서 새로운 행동을 실험해 볼 수 있다. 또한 집단구성원들이 보이는 격려를 바탕으로 그들이 획득한 통찰을 실생활에서 적용할 방법을 배운다.

다양한 자원과 관점 집단상담에 참여한 구성원들 각자는 독립된 주체로서 서로에게 다양한 자원과 관점의 원천으로 작동한다. 따라서 집단구성원들은 정보를 공유하고, 문제를 해결하고, 개인적 가치를 탐구하고, 공감대를 형성하는 과정에서 더 많은 관점과 자원을 제공할 수 있다. 슐만(Shulman, 1984)은 집단 내에 존재하는 다양한 자원의 상호작용을 '자료 공유하기(sharing data)'라고 묘사하였다. 집단구성원은 집단에서 표현되고 논의된 다양한 관점 중에서 자신에게 가장 도움이 될 만한 관점을 가진 구성원과 관계를 맺는다. 집단구성원들은 제안된 문제의 해결을 위한 다양한 의견과 생각을 가질 수 있다. 집단구성원들이 격려적인 집단분위기에서 자신의 의견을 스스럼없이 표현하면서 흥미롭고 가치 있는 경험을 할 수 있다.

역할연기를 통한 학습 집단상담 혹은 집단심리치료의 창시자라 할 수 있는 모레노(J. L. Moreno)가 개발한 심리극(psychodrama)의 핵심기법은 역할연기(role-playing)다(Blatner & Blatner, 1988, pp. 11-12). 집단은 안전하게 역할연기를 통해 새로운 것을 학습할 수 있는 분위기를 제공한다. 집단구성원들은 실제 환경에서 새로운 기술이나 행동을 시도하기 전에 집단의 지지적인 환경에서 새로운 기술과 행동을 연습할 수 있다. 집단구성원들이 역할연기를 통해 실습해 볼 수 있는 행동의 범위는 거의 무한하다. 집단구성원은 모의 취업면접, 친구 사귀기, 자기표현하기, 이의 제기하는 법, 중요한 타인과 대화하기 등을 역할연기해 볼 수 있다. 집단구성원은 자신에 대한 개인적인 정보를 나누고, 다른 구성원과 직면하고, 다른 사람들에게 쉽게 이야기할 수 없었던 어려운 주제에 관해 이야기하고, 자신이 이야기하고 있을 때 다른 사람들을 관찰하고, 다른 사람들 앞에서 울고, 웃고, 노래하고, 다른 사람에 동의하지 않기 등의 행동을 할지도 모른다. 집단에서 역할연기를 통해 대인관계 기술을 학습함으로써 집단구성원들은 실생활에서 훨씬 효율적인 삶을 영위할 수 있다.

4. 집단상담자를 위한 윤리적 지침

집단을 구성해서 진행하는 데 전반적 책임을 지고 있는 집단상담자는 자신과 집단구성원들을 보호하고 돌볼 윤리적 및 법적 규범에 맞게 행동하는 것이 필요하다. 집단상담자는 전문가로서 윤리적 책임이 중요하다는 것을 인식하고 '집단상담전문가협회(Association for Specialists in Group Work)'에서 제시하는 윤리적 지침에 부합하는 집단상담 서비스를 구성원들에게 제공해야 한다. 여기서는 집단상담전문가협회에서 정한 윤리적 지침의 열다섯 영역에 대한 개관만을 제시하고자 한다(American Counseling Association, 1990).

- **오리엔테이션과 정보 제공**: 집단상담자는 기존 집단이나 새로 구성된 집단에 필요한 많은 정보를 제공함으로써, 예견된 혹은 새로운 집단구성원들을 적절하게 준비시켜야 한다.
- **집단구성원 선별**: 집단상담자는 예견되는 집단구성원들(그들의 이론적 지향이 적절할 때)을 선발한다. 집단상담자는 가능한 한 집단의 목표와 부합하는 욕구와 목표를 갖고 있으며, 집단과정을 방해하지 않을, 그리고 그들의 안녕이 집단경험에 의해 위험에 처하지 않을 집단구성원들을 선발한다.
- **비밀보장**: 집단상담자들은 비밀보장이 의미하는 것, 그것이 중요한 이유, 그리고 시행에 수반된 어려움을 명확히 정의해서 집단구성원들을 보호해

야 한다.

- **자발적/비자발적 참여**: 집단상담자들은 참여가 자발적 혹은 비자발적인지 여부를 집단구성원들에게 알려야 한다.
- **집단 떠나기**: 집단구성원이 효과적 방식으로 종결하는 것을 돕기 위한 규정이 만들어져야 한다.
- **강압과 압력**: 집단상담자들은 신체적 위협, 협박, 강압 그리고 일어날 수 있는 부당한 동료의 압력으로부터 집단구성원들을 보호해야 한다.
- **집단상담자의 가치 강요**: 집단상담자들은 자신의 가치와 욕구 및 그것들이 중재에 미칠 수 있는 잠재적 영향에 대한 인식을 발달시켜야 한다.
- **공정한 대우**: 집단상담자들은 집단구성원 각각을 개인적으로 그리고 동등하게 다루기 위해 모든 합리적 노력을 경주해야 한다.
- **이중관계**: 집단상담자들은 집단구성원이 집단에 전력해서 참여할 능력을 위협하거나 그들의 목표와 전문적 판단을 해칠 수 있는 집단구성원과의 이중관계를 피해야 한다.
- **기법의 사용**: 집단상담자들은 기법 사용의 훈련을 받지 않았거나 중재방법에 익숙한 상담자의 지도감독이 없다면 그러한 기법을 사용해서는 안 된다.
- **목표 진전**: 집단상담자들은 구성원들이 자신의 개인적 목표를 진전시키도록 조력하는 데 최선을 다해야 한다.
- **자문**: 집단상담자들은 집단회기 동안 집단구성원들에게 주게 될 자문에 대한 정책을 개발하고 설명해야 한다.
- **집단종료**: 집단상담자들은 집단 참여의 목적에 의존해서, 가장 효율적인 시간에 집단구성원들이 집단을 종료하도록 장려해야 한다.
- **평가와 후속조치**: 집단상담자들은 그들이 맡은 집단을 위해 지속적인 평가에 참여하고 후속조치를 설계하는 데 필요한 모든 시도를 해야 한다.
- **의뢰**: 만약 특별한 집단구성원의 욕구가 진행되고 있는 집단의 유형 내에서 충족될 수 없으면, 집단상담자는 그에게 다른 적절한 전문적 의뢰를 제안해야 한다.

5. 요약

▶ 이 책에서 내려진 집단상담에 대한 정의는 다음과 같다.

집단상담은, 전문적 훈련을 받는 집단지도자로서 상담자(들)와 조력을 필요로 하는 2명 이상의 내담자들이 집단상담 활동의 공동 주체로서 집단역동의 이해 및 적용을 바탕으로 내담자들의 자기자각 확장을 통해 문제예방, 발달과 성장, 문제해결을 달성함으로써 그들의 삶의 질을 향상하기 위해 함께 노력하는 집단과정이다.

▶ 집단상담의 효과는 집단상담자의 인간적 자질과 전문적 기능 및 역할과 밀접하게 관련되어 있다.

▶ 집단상담자의 인간적 자질로서 호기심, 용기, 긍정적 변화에 대한 믿음, 자기자각의 확장, 기꺼이 돌봄을 보일 의지, 본보기 행동 솔선하기, 문화적 민감성, 지혜 추구 등이 강조되었다.

▶ 집단상담자의 네 가지 전문적 기능은 안내와 지도 역할, 적절한 행동의 본보기 역할, 상호작용 촉매 역할 그리고 의사소통 촉진자 역할 등이다.

▶ 제이콥스 등(Jacobs, Masson, & Harvill, 2006)은 집단상담자의 역할과 책임으로 주제에 대한 지식, 건전한 분위기 제공하기, 초점 이끌기, 개별 구성원에 대해 인식하기, 시간관리, 발언시간 배분하기 등 여섯 가지를 제안하였다.

▶ 집단상담자의 주요한 역할을 포괄적으로 여섯 가지로 구분할 수 있다. 이러한 여섯 가지 역할은 집단상담 프로그램을 구성하거나 개발하는 역할, 집단 구성원들을 모집하고 집단을 조직하는 역할, 집단상담 과정의 전반적 이해

및 진행 역할, 집단구성원들의 성숙과 변화를 촉진하는 역할, 집단구성원을 보호하는 역할 그리고 집단지도자로서 자기를 보호하는 역할이다.

- 집단상담의 이점으로 실생활의 축소판, 효율성, 대리적 학습, 풍부한 피드백, 지지와 이해를 통한 격려, 다양한 자원과 관점, 역할연기를 통한 학습 등 일곱 가지가 언급되었다.

- 집단상담자로서 자신과 집단구성원들을 보호하기 위해 지켜야 할 윤리적 지침으로 비밀보장, 집단상담자 가치 강요, 이중관계, 의뢰 등 열다섯 가지가 언급되었다.

효과적 조력을 위한

〈집단상담 연습 1〉: 효과적 집단상담자의 특성과 집단상담의 이점 찾기

연습 1

다음은 효과적인 집단지도자의 개인적 특성으로, 코리 등(Corey, Corey, & Corey, 2010)이 제안한 열여섯 가지 내용이다. 만약 당신이 초보상담자라면 먼저 이러한 개인적 특성이 자신에게 얼마나 있는지를 탐색해 보라. 그런 다음 자신이 부족하게 여기는 특성을 앞으로 어떻게 개발할 것인가를 탐구하여 실천하라.

- 용기
- 현존(presence)
- 집단과정에 대한 믿음
- 비판의 대처에 비방어성
- 내담자의 고통을 확인할 능력
- 활력
- 자기자각
- 창의성
- 기꺼이 본보기 보일 의지
- 선의, 진솔성 그리고 배려
- 개방성
- 미세한 문화적 주제들을 인식하기
- 개인적 힘
- 자기돌봄에 대한 다짐
- 유머 감각
- 개인적 헌신과 다짐

연습 2

먼저 다섯 명씩 집단을 만들고 한 명의 기록자를 선정하여 브레인스토밍을 하라. 브레인스토밍의 주제는 '집단상담의 이점 찾기'다. 즉 집단상담이 개인상담에 비해 어떤 이점이 있는가를 각자가 다섯 가지씩 돌아가면서 이야기하면 기록자는 모두 기록을 하라. 서로 비슷한 내용끼리 묶은 다음에 이 장에서 집단상담의 이점으로 제시한 실생활의 축소판, 효율성, 관찰학습, 풍부한 피드백, 지지와 이해를 통한 격려, 다양한 자원과 관점, 역할연기를 통한 학습 등 일곱 가지와 관련해서 서로 논의해 보라.

연습 3

당신이 집단상담을 실시하려고 계획하고 있는 초보집단상담자라고 가정하고 집단상담자의 전문적 기능과 역할이 무엇인지를 열 가지를 찾아보도록 하라.

연습 4

집단상담의 목표, 집단상담의 주체인 집단상담자 및 집단구성원의 역할을 바탕으로 집단상담의 정의를 내려 보라.

연습 5

조력전문가로서 집단상담자는 집단구성원이 원하는 목적달성을 위해 윤리적 책임감을 갖고 집단을 운영하는 것이 필요하다. 집단상담자로서 당신이 미국상담학회(American Counseling Association, 1990)의 집단상담전문가협회에서 정한 '집단상담자를 위한 윤리적 지침'에서 제안한 열다섯 가지 내용의 목록을 작성하여 집단상담을 진행할 때마다 확인하라.

제2장

집단상담자의 집단지도력

The three fundamental tasks of the group counselor are creation and maintenance of the group, culture building, and activation and illumination of the here-and-now.

- Irvin Yalom(1985, p. 113) -

제2장의 목차

제2장
집단상담자의 집단지도력

집단상담은 한 명의 내담자를 조력하는 개인상담과 달리, 동시에 다양한 목적을 지니고 참석한 집단구성원들의 개인적인 목적달성을 위해 노력하는 학습활동이다. 따라서 집단상담자는 구성원들 각자가 원하는 목적을 달성할 수 있도록, 집단이 작동하는 원리에 대한 이해를 바탕으로 집단지도력을 발휘할 필요가 있다. 집단은 다양한 요인의 작용에 의해 살아 숨쉬는 역동적 조직이다. 역동적 조직인 집단은 끊임없이 집단역동에 의해 작동한다. 집단역동이 얼마나 다양하고 복잡하게 작동하는가에 대한 많은 연구가 이루어져 하나의 전문 영역으로 자리를 잡아 발달해 왔다(Forsyth, 1990). 이런 점에서 집단상담자는 집단역동에 대한 지식과 이해는 물론 경험을 통해 집단상담자로서 자기계발을 위해 노력하는 것이 필요하다.

이 장에서는 먼저 집단상담자가 효과적으로 상담집단을 이끌기 위해 필요한 집단역동에 미치는 다양한 요인에 대해 살펴보고자 한다. 그리고 집단지도력을 위한 기본적 기술, 집단상담 효과를 극대화하기 위한 기법과 활동 등을 알아보고자 한다.

1. 집단역동에 영향을 미치는 요인

상담집단은 때론 상호작용이 미묘하고 정체될 수도 있지만 집단구성원들 간에 계속적인 상호작용이 현저하게 나타나는 집단이다. 대글리 등(Dagley, Gazda, & Pistole, 1986)은 "집단역동은 집단진화의 생명력을 펼치는 상담 결과와 과정에 영향을 미치는 내적 및 외적 힘을 의미한다."고 지적하였다. 집단역동을 구성하는 내적 · 외적 힘을 인식하는 집단상담자는 그러한 힘을 가짐으로써 집단역동에 영향을 미치고, 집단역동을 해석하고, 집단상담 과정 중에 다음에 무엇이 일어날 것인지를 예견하는 일을 훨씬 더 잘 수행하게 된다(Gazda, Ginter, & Horne, 2001, pp. 33-35).

대글리 등(Dagley, Gazda, & Pistole, 1986)이 제안했던 집단역동에 대한 정의를 근거로, 가즈다 등(Gazda, Ginter, & Horne, 2001)은 집단상담에서 집단역동에 기여하는 아홉 가지 요인을 제시하였다. 이러한 아홉 가지 요인은 집단상담자 변인, 집단구조, 목표설정, 집단응집력, 집단규범, 집단구성원의 역할, 다문화적 역동성, 치료적 요인 그리고 집단발달단계 등이다(pp. 36-52). 여기서는 이러한 요인들에 대해 저자의 집단상담 경험을 바탕으로 간략하게 살펴보고자 한다.

집단상담자 변인 집단과정에서 집단상담자는 치료적 받침대다. 집단상담자가 치료적 효능감을 성취하는 방식은 여러 가지 형태를 취할 수 있다. 예를 들면, 집단지도력 역할에서 능동적 자세 혹은 수동적 자세, 자기에 대한 투명성 혹은 불투명성, 집단구성원들을 촉진하는 데 있어 과거에 초점을 두거나 현재에 초점을 두는 것, 정서지향 혹은 인지지향, 과정에 초점을 맞추거나 내용에 초점을 맞추는 것 등이다. 효과적인 집단상담자의 열두 가지 역할에 대해서는 제1장을 참조하기 바란다.

집단구조 집단구조를 창조하는 것은 집단상담자의 피할 수 없는 과업이다.

집단상담자는 집단구조를 발달시키는 데 있어 중심적 역할을 취한다. 전형적으로, 집단구조는 집단의 초기단계에서 집단상담자에게 특별한 관심사다. 비지시적 집단상담자가 의도하는 비구조화된 집단상담도 집단구조의 한 형태다. 그리고 집단상담에서 집단상담자가 어떤 목적을 달성하기 위해 사용하는 모든 집단활동은 집단구조의 한 측면이라 할 수 있다.

목표설정 모든 집단상담은 집단구성원들이 원하는 어떤 목표를 달성하기 위한 활동이다. 따라서 집단상담자는 집단상담을 통해 이루고자 하는 분명한 목표를 설정해서 집단구성원들이 달성하도록 조력해야 한다. 또한 애매한 목적을 갖고 참석한 집단구성원에게는 구체적인 행동목표를 설정해서 이룰 수 있도록 조력하는 것이 필요하다. 집단 목표는 배의 나침판과 같다. 집단상담자는 첫 집단회기에서 모든 집단구성원들이 집단에 참여하게 된 동기와 목표가 무엇인지를 언급하도록 할 필요가 있다. 만약 집단구성원의 목표에 구체성이 결여되어 있으면, 집단상담자는 그로 하여금 그의 목표를 명료화시키고 구체적으로 진술하게 해야 한다. 집단상담자의 목표는 집단 내에 있는 사람에게 맞추어지며, 상호작용 목표는 전체로서 집단에 초점이 맞추어진다. 집단상담자는 집단회기 목표, 단기목표, 장기목표 등을 구체적으로 설정하여 집단구성원이 그러한 목표를 달성하도록 조력한다.

집단응집력 우리가 흔히 언급하는 "뭉치면 살고 흩어지면 죽는다."나 "사공이 많으면 배가 산으로 간다."는 말은 집단응집력과 관련한 표현이다. 상담집단이 설정한 목표를 달성하기 위해서 무엇보다 필요한 것이 집단응집력이다. 집단상담자는 집단상담 초기에 집단구성원들이 서로 간의 신뢰를 바탕으로 끈끈한 관계를 형성하도록 돕는 것이 필요하다. 집단상담자는, 집단응집력을 통해 구성원들이 '나' 혹은 '너'라는 의식에서 벗어나 '우리'라는 의식을 갖고 상담집단의 목표달성을 위해 서로 지지하고 협조하는 분위기를 조성할 필요가 있다. 집단구성원들이 다른 구성원들을 돌보면서 서로에게 교정적 피드백을 할 수 있는 분위기는 집단응집력에서 비롯된다. 집단상담자는 구성원들 각자가 신뢰를 바탕으로 자기노출과 피드백을 통해 스스로 설정한 목표를 달성하도록 집단응집력을 높여야 한다.

집단규범 모든 집단에는 나름대로 규범이 있다. 집단상담자는 집단구성원들이 기본적으로 지켜야 할 규칙을 집단상담 초기에 제안하고 적절한 토의를 거쳐 집단규범을 형성하는 것이 필요하다. 예를 들면, 집단상담자는 집단상담의 목표를 달성하기 위해 기본적으로 지켜야 할 규칙으로 비밀유지, 결석하지 않기, 목표달성을 위해 적극적으로 참여하기, 집단을 떠날 권리, 자신의 문제를 다룰 권리, 다른 집단구성원 공격하지 않기, 나-전달법으로 피드백하기, '왜'라는 질문 하지 않기 등과 같은 것을 제안하여 다루는 것이 필요하다.

집단구성원의 역할 집단구성원은 일반적으로 자신이 일상생활에서 하는 역할을 집단에서도 수행하기 마련이다. 사람들이 일반적으로 하는 역할은 크게 세 가지, 즉 '과업지향 역할' '성장/활력지향 역할' '집단에 역행하는 역할'로 기술할 수 있다(Kottler, 1994; Moxnes, 1999). 집단상담자는 집단에 역행하는 역할을 하는 집단구성원을 적절하게 중재해서 그러한 역할을 차단시키는 것이 필요하다. 더 나아가 집단상담자는 집단에 반하는 역할을 하는 집단구성원이 정보제공자나 조정자 같은 과업지향 역할이나 격려자나 훌륭한 관찰자 같은 성장/활력지향 역할을 할 수 있도록 조력한다. 집단상담자의 가장 중요한 역할은 집단에 역행하는 역할을 하고 있는 집단구성원을 적절하게 다루는 일이다.

다문화적 역동성 모든 개인은 문화의 산물이다. 왜냐하면 개인의 행동은 문화라는 환경과의 상호작용에서 비롯되기 때문이다. 이런 이유로 모든 집단은 '다문화적 역동성(multicultural dynamics)'에 의해 작동한다. 특히 개인의 행동에 미치는 문화의 중요성에 대한 인식 때문에 상담심리학 전문성에서는 1980년대부터 다문화주의(multiculturalism)를 심리학의 제4세력으로 여기기 시작하였다. 집단상담에 참여한 구성원들은 각기 다양한 문화적 배경에서 성장해 왔기 때문에 그들이 표현하는 행동도 각기 다양하다. 효과적인 상담집단을 운영하기 위해 집단상담자는 '문화적 민감성'을 갖는 것이 필요하다.

치료적 요인 집단상담자는 효과적인 집단운영을 위해 지금까지 연구되어 밝혀진 '치료적 요인(curative factors)'을 인식하고 적용하는 것이 요구된다. 집단심리치료에 관한 연구를 통해 얄롬(Yalom, 1995, 2005)은 집단 내에서 구성원들에게 긍정적인 영향을 미치는 열한 가지 치료적 요인으로 희망 주입, 보편성, 정보 공유, 애타주의, 일차가족집단의 교정적 개괄, 사회화 기술의 개발, 모방행동, 대인관계 학습, 집단응집력, 감정 정화 그리고 실존적 요인을 제시하였다. 다양한 집단상담은 구성원들의 집단역동에 의해 작동하기 때문에 집단상담자는 운영하는 집단상담에 적절한 치료적 요인을 효과적으로 사용하는 것이 필요하다.

집단발달단계 모든 집단은 살아 움직이는 유기체처럼 어떤 목적을 갖고 시작하여 일정한 과정을 거쳐 설정한 목적이 달성되면 종결된다. 상담이 과정을 강조하는 전문성인 것처럼 '집단 발달단계'는 일정한 집단과정으로 구성된다. 가즈다(Gazda)가 제시한 상담집단의 발달단계가 일반적으로 사용되고 있다. 그가 제시한 집단발달의 네 단계는 탐색단계(exploratory stage), 전환단계(transition stage), 작업단계(action stage) 그리고 종결단계(termination stage)다(Gazda, Ginter, & Horne, 2001, pp. 50-52). 집단상담자는 집단상담의 목표를 달성하기 위해 자신의 이론적 접근방식을 검토하여 어떤 상담과정을 거칠 것인가를 정립하는 것이 필요하다.

2. 기본적 집단지도력 기술

집단상담자가 집단을 성공적으로 이끌기 위해 가져야 할 핵심적 집단지도력 기술이 있다. 집단작업전문가학회(Association for Specialists in Group Work, 1991)의 '집단지도자들의 훈련을 위한 전문적 기준'(p. 14)에서 열거한 열여섯 가지 핵심적 집단지도력 기술은 다음과 같다(Gladding, 2003, p. 86).

- 집단구성원들의 참여를 격려한다.
- 집단과정에서 일어나는 일들을 관찰하고 확인한다.
- 집단구성원의 행동에 주의를 기울여 파악하고 인식한다.
- 집단구성원의 진술을 명료화하고 요약한다.
- 집단회기를 시작하고 종결한다.
- 필요한 경우 집단구성원들에게 정보를 제공한다.
- 효과적인 집단지도자의 행동을 모방한다.
- 적절한 자기노출을 하며 집단에 참여한다.
- 집단에서 피드백을 주고받는다.
- 집단에서 개방형 질문을 사용한다.
- 집단구성원들을 공감한다.
- 집단구성원들의 행동을 직면한다.
- 집단구성원들이 경험에 의미를 부여하도록 조력한다.
- 집단구성원들이 학습을 통합해서 적용하도록 조력한다.
- 집단을 실제 운용하는 데 필요한 윤리적 및 전문적 기준에 따라 행동한다.
- 집단이 목표를 달성하도록 집단에게 과제를 부여한다.

집단상담자는 이러한 핵심적 집단지도력 기술을 개발하여 집단상담의 목표를 달성하기 위해 효과적으로 적용하는 것이 요구된다. 글래딩(Gladding, 2003)은 집단지도력에 대한 놀런(Nolan, 1978)의 아이디어를 근거로 코리(Corey, 2000)가 구체적 집단지도력 기술들에 대한 차트를 작성하였다고 지적하였다(p. 87). 여기서는 이러한 자료와 코리(Corey, 2004, 2008)가 제안했던 집단지도력 기술을 바탕으로 구체적 집단기술에 대해 살펴보고자 한다. 특히 여기서 기술하는 모든 구체적 집단기술을 동명사로 표현하였다. 이렇게 한 이유는 초보집단상담자들이 이러한 구체적 집단기술의 적용에 따른 집단상담 과정이 정적인 상태가 아니라 끊임없이 살아 움직이는 동적인 과정임을 유념했으면 하는 바람에서다.

적극적 경청하기 '적극적 경청하기(active listening)'는 집단구성원이 표현하는 신체언어를 잘 관찰하고 음성언어를 잘 경청해서 표현된 행동의 의미를 이해하는 것을 말한다. 즉 적극적 경청하기란 집단상담자가 판단하거나 평가하지 않고 구성원들이 표현하는 언어적 및 비언어적 내용을 정확히 이해하기 위해 주의집중해서 눈으로 관찰하고 귀로 경청하는 것을 말한다. 따라서 집단상담자가 모든 구성원의 표현을 적극적으로 경청하는 것은 쉬운 일이 아니며 정말 많은 에너지가 소비되는 활동이다. 능숙한 집단상담자는 이야기하고 있는 단지 한 명의 구성원의 표현뿐 아니라 구성원들 모두가 표현하고 있는 것을 적극적 경청하기를 통해 이해하려고 노력한다. 집단상담자의 적극적 경청하기는 구성원들의 신뢰, 자기노출하기, 탐색하기를 촉진시킨다.

연결하기 집단구성원들의 연대를 촉진하기 위해 구성원들을 연결하는 과정이 '연결하기(linking)'다. 연결하기는 집단구성원들을 함께 묶어 준다는 점에서 '함께 묶기'라 부르기도 한다. 집단상담자는 한 구성원의 고민을 다른 구성원들이 공유할 수 있도록 지적함으로써 연대감을 형성하도록 한다. 연결하기는, 특히 집단초기에 구성원들이 서로 서먹한 관계에 있을 때 공통의 관심사를 서로 공유함으로써 집단응집력을 촉진시키는 가치 있는 기술이다. 연결하기를 통해 집단 내에서 구성원들 간의 상호작용이 향상된다. 집단 내에서 대인관계 의사소통을 강조하는 집단상담자는 연결하기를 사용해서 그러한 의사소통을 촉진시킨다. 예를 들면 집단상담자는 한 구성원이 발표불안과 관련하여 고민하는 문제인 '무대공포'를 다른 구성원들도 유사하게 갖고 있다는 것을 지적함으로써 집단 내에서 서로 동류의식 및 공감대를 형성시킬 수 있다.

진단하기 집단상담자는 '진단하기(diagnosing)'를 통해 집단이나 구성원 각각의 행동을 확인하고 그러한 행동이 어떤 범주에 속하는지 정확하게 진단해서 조력할 수 있는 방법을 제안한다. 집단에서 진단하기는 보통 심리적 도구를 사용하지 않고 집단상담자의 관찰에 근거해서 이루어진다. 집단이 성장하도록 조력하기 위해, 집단상담자는 구성원들의 주의분산 혹은 파괴 행동을 파악하는 것은 물론 극복하는 방법을 아는 훌륭한 관찰자여야 한다. 단순히 내담자들의 어떤 행동을 추측해서 범주화하거나 잘못된 명명을 하는 '부정확한 진단하기'를 피하기 위해 집단상담자는 많은 심리상담 경험과 전문지식을 갖출 필요가 있다. 능숙한 집단상담자는 자신의 내담자들과의 많은 상담경험에 근거한 육감(hunch)을 가설로 설정하여 정확한 진단하기를 추구한다. 즉 효과적인 집단상담자는 많은 경험에 근거한 자신의 육감이 맞는가를 확인하기 위해 평가에 필요한 객관적 준거를 찾는 노력을 게을리하지 않는다.

현실검증하기 집단구성원이 직업 전환 혹은 모험하기(예를 들면 청소년인 경우에 학교 중퇴)와 같은 어떤 중요한 결정을 할 때 그러한 결정이 현실성이 있는지를 집단에서 확인하는 과정이 '현실검증하기(reality testing)'다. 즉 현실검증하기는 집단상담자가 한 집단구성원의 결정에 대해 다른 구성원들로 하여금 피드백하게 하여 그러한 결정이 얼마나 현실성이 있는지를 확인하게 하는 과정을 통해 이루어진다. 능숙한 집단상담자는 구성원이 제안한 중요한 사안에 대해 체계적으로 현실성을 검토하고, 다른 집단구성원들이 실제적인 다양한 피드백을 하도록 유도하여 제안을 한 구성원이 그 제안의 실현가능성에 따라 현명한 판단을 내릴수 있도록 돕는다.

반영하기 집단상담자가 구성원이 이야기한 내용 및 표현된 감정을 파악하여 그가 이해할 수 있도록 다시 진술하는 것이 '반영하기(reflecting)'다. 다시 말하면 반영하기는 말 그대로 집단구성원이 표현한 내용과 감정을 그가 다시 정확히 볼 수 있도록 거울에 비추어 주는 것이다. 반영하기는 '내용에 대한 반영하기'와

'감정에 대한 반영하기'로 구분된다. 상담면접기술로서 흔히 설명되는 재진술하기(restating) 혹은 '바꾸어 말하기(paraphrasing)'가 내용에 대한 반영하기다. 효과적인 집단상담자는 먼저 반영하기를 잘 하기 위한 선행조건인 적극적 경청하기를 통해 구성원을 보다 잘 이해할 수 있다. 또한 집단구성원이 전달하는 내용과 감정 모두에 반영해 줌으로써 그가 스스로를 객관적으로 이해하도록 조력한다.

명료화하기　집단구성원이 혼란스러운 생각이나 감정을 명확히 파악하고 이해하도록 지적해 주는 반응이 '명료화하기(clarifying)'다. 즉 명료화하기는 집단상담자가 적극적 경청하기에 근거해서 구성원의 문제를 이해하고, 이를 바탕으로 그가 경험하는 갈등, 혼란, 양가감정 등을 명확히 이해할 수 있도록 내용이나 감정에 초점을 맞추어 정확한 원인을 지적하고 분류하는 반응이다. 명료화하기는 주로 집단의 초기단계에 효율적으로 적용할 수 있는 기술로, 구성원으로 하여금 핵심이 되는 주제에 초점을 맞추게 하거나 혼란스럽고 갈등적인 감정을 분명하게 정리하게 하는 반응이다. 명료화하기를 통해 집단상담자는 구성원이 표현하는 감정과 사고의 수준에서 메시지의 핵심을 파악하게 하고 그러한 메시지의 핵심에 초점을 두게 함으로써 그의 진술들을 단순화시킨다.

요약하기　집단상담 과정에서 구성원들이 표현했던 주요한 주제를 집단상담자가 정리해서 그들에게 전달하는 반응이 '요약하기(summarizing)'다. 집단상담자는 신중하고 간결한 요약하기를 통해 구성원들이 집단에서 논의된 내용을 이해해서 집단과정의 방향감을 잃지 않고 적극적으로 참여하도록 촉진시킨다. 요약하기는 집단상담 회기의 일부, 회기의 전부 혹은 전체적인 집단상담 진행에 대한 내용을 다룰 수 있다. 집단상담자의 요약하기는 구성원들이 미처 의식하지 못한 면을 학습시키고 문제해결 과정을 제공하고 자신의 생각과 느낌을 탐색하도록 돕는다. 집단상담자는 집단상담 회기가 시작할 때 이전 회기에 다루어졌던 주제나 중요 사안에 대한 요약하기를 통해 부족한 점이나 보충할 점 등을 확인한다. 때론 집단상담 회기가 시작할 때 요약하기를 통해 새롭게 다룰 내용을 간략하게 언급함으로써 구성원들의 동기유발을 촉진한다. 또한 요약하기를 통해 매 집단상담 회기의 종결을 자연스럽게 유도하며 구성원들로 하여금 다루어진 많은 생각을 정리·통합하고 새로운 해결책을 강구하게 한다. 집단상담자는 구성원의 이야기를 요약함으로써 그의 말에 주목하고 그를 이해하고 있음을 확신시킨다.

질문하기 초보집단상담자들이 대체로 지나치게 많이 사용하는 기법이 '질문하기(questioning)'다. 집단상담자가 질문을 과다하게 사용하면 구성원들의 상호작용에 부정적 영향을 미칠 수 있다. 집단상담자가 질문하기를 사용하는 데는 세 가지 목표가 있다. 이러한 목적은 첫째, 집단구성원이 더 많은 자기노출을 하도록 격려하기 위해서, 둘째, 집단구성원이 더 상세하거나 구체적이 되도록 돕기 위해서, 셋째, 집단상담자가 구성원의 상황을 더 명확히 이해하기 위해서다. 하지만 대부분의 집단상담에서 질문하기는 필수적인 것이 아니다. 만약 집단상담자가 적극적으로 구성원의 말을 경청하고, 이미 배운 기술들을 사용하고, 구성원이 말한 내용과 느낌을 능숙하게 반영해 준다면, 질문하기를 하지 않아도 집단상담자가 알고자 하는 대부분의 정보는 자연스럽게 드러나게 된다.

상담경험이 적은 집단상담자들은 많은 질문을 하는 유혹에 빠진다. 만약 자신이 반복해서 질문하고 있다는 것을 발견한다면, 이런 질문을 하는 자신의 목표가 무엇인지를 스스로에게 물어야 한다.

질문에는 개방형 질문과 폐쇄형 질문이 있다. 서로 다른 목적과 효과를 가진 이러한 두 가지 질문에 대해 살펴보자.

폐쇄형 질문은 구체적인 답변을 유도하는 질문으로 답변은 매우 짧다. 집단상담자가 자료를 모으는 데 사용되며 특정한 대답을 이끌어 내는 질문이다. 폐쇄형 질문에 대한 구성원의 대답은 매우 짧아서, 전형적으로 한두 마디의 대답, 즉 '예'나 '아니요'로 끝나는 한정된 반응으로 이끈다.

폐쇄형 질문은 집단상담자가 짧은 시간 동안 구성원으로부터 정확하고 구체적인 정보를 끌어내는 데 유용하게 사용할 수 있다. 폐쇄형 질문의 단점은 집단구성원이 대답을 하는 데 자신의 창의력을 사용하지 못하게 하는 점이다. 따라서 구성원이 창의적이 되도록 격려해 주지 못하고, 그에게 제한된 반응만 하도록 하기 때문에 새로운 정보를 공유할 수 없다.

개방형 질문은 집단구성원의 반응에 한계를 정하는 것보다 오히려 그에게 많은 여지를 주며 연관된 영역을 탐색하고 명료화하도록 하는 질문이다. 집단상담자는 개방형 질문을 할 때 보통 구체적이고 짧은 대답을 기대하지 않는다. 집단상담자는 개방형 질문을 통해 구성원으로부터 다양한 대답과 예기치 않았던 부가적인 정보를 얻을 수 있다. 따라서 일반적으로 집단구성원으로부터 구체적인 정보를 구할 때를 제외하고는 폐쇄형 질문보다 개방형 질문을 사용하는 것이 보다 바람직하다.

집단상담자들은 일반적으로 '왜'로 시작하는 질문을 피하려고 노력한다. 왜냐하면 집단상담자가 '왜'로 질문을 할 때, 흔히 구성원이 대답하는 데에 있어 지적으로 심사숙고해서 다양한 이유를 찾는 경향이 있고, 내부에서 일어나는 감정과 과정에 초점을 두지 않기 때문이다. '왜' 유형의 질문에 대한 대답은 집단구성원의 내부에서부터 오는 것이 아니고 흔히 변명이나 합리화라고 부르는 범주에 해당되는 경우가 많다.

질문하기에 대한 지침을 요약하면 다음과 같다(Brammer & MacDonald, 1999, pp. 77-78).

첫째, 가능하면 '예'나 '아니요'로 대답하지 않도록 개방형 질문을 사용하라.

둘째, 집단구성원의 자기탐색으로 이끄는 질문을 사용하라.

셋째, 너무 많은 질문을 하지 말라.

촉진하기 집단상담자는 '촉진하기(facilitating)'를 통해 구성원들 간의 효과적인 의사소통과 집단경험을 향상시키고 자신들의 목표를 달성하도록 조력한다. 코리 등(Corey, Corey, & Corey, 2010, p. 41)은 집단상담자가 다음과 같은 일곱 가지 방식으로 집단과정을 촉진할 수 있다고 하였다.

• 집단구성원들이 자신의 두려움과 기대를 개방적으로 표현하도록 도와줌으

로써

- 집단구성원들이 서로를 신뢰하고 생산적인 교류에 참여할 수 있는 안전과 수용의 분위기를 창조하려고 적극적으로 일함으로써
- 집단구성원들이 자신의 사적 자료를 심도 있게 탐색하고 새로운 행동을 시도하도록 격려와 지지를 제공함으로써
- 집단구성원들이 참여하도록 초대하기와 도전하기를 통해 가능한 한 많은 구성원들이 집단 상호작용에 포함되게 함으로써
- 집단구성원들이 서로에게 직접적으로 말하도록 격려함으로써 집단상담자에 대한 의존성을 감소시키는 방향으로 일함으로써
- 갈등과 논쟁을 개방적으로 표현하도록 격려함으로써
- 집단구성원들이 직접적인 의사소통의 장애를 극복하도록 조력함으로써

공감하기 집단과정에 참여한 효과적인 집단상담자는 '자신이 마치 구성원인 것처럼'이란 가정을 결코 잃지 않으면서 구성원의 내적 참조 틀에 근거해서 파악한 내용이나 감정을 되돌려 주는 반응인 '공감하기(empathizing)'를 능숙하게 사용한다. 공감하기를 통해 집단상담자는 구성원의 주관적 세계를 감지할 수 있다. 집단상담자가 공감하기를 잘하기 위해서는 돌봄 및 개방성의 특성과 더불어 타인과 동일시하기 위한 근거로서 광범위한 경험을 가지는 것이 요구된다. 특히 다문화적 사회에서 집단상담자는 문화적으로 다양한 구성원들 모두에게 공감할 수 있는 능력을 갖추는 게 중요하다. 공감하기 기술의 핵심은 집단상담자가 구성원의 경험을 개방적으로 이해할 수 있고 동시에 자신의 분리를 유지하는 능력에 있다. 집단상담자는 공감하기를 통해 집단상담 관계에서 신뢰를 신장시키고, 이해할 수 있는 의사소통을 하고, 보다 깊은 수준의 자기탐색을 하도록 격려하는 목적을 달성한다.

해석하기 집단상담자는 '해석하기(interpreting)'를 사용해서 구성원의 어떤 행동이나 증상에 대한 가능한 설명을 제공한다. 해석하기는 집단구성원이 진

술했거나 인식하고 있는 것 이상에 대한 집단상담자의 지적이다. 집단상담자는 해석하기를 통해 새로운 의미를 제공하거나 집단구성원의 행동과 감정 이면에 내재된 원인을 지적한다.

해석하기의 복잡한 현상은 이 반응이 몇 가지의 다른 유형을 수반하기 때문인데, 힐(Hill, 1985)의 분류체계에서 기술된 다섯 가지 유형은 다음과 같다.

첫 번째 유형은 가장 일반적인 것으로 서로 분리된 진술, 문제, 사건 간의 연결을 형성하는 해석이다.

두 번째 유형은 집단구성원의 행동이나 감정에 있는 주제나 패턴을 지적하는 해석이다.

세 번째 유형은 방어, 저항, 전이의 해석이다.

네 번째 유형은 현재의 사건이나 경험, 혹은 느낌을 과거와 관련시키는 해석이다.

다섯 번째 유형은 감정, 행동, 혹은 문제에 대한 새로운 틀을 제공하는 해석이다.

집단상담자가 해석하기를 사용하는 데 중요한 몇 가지 지침은 다음과 같다.

- 치료적 관계에서 확고한 동맹이 형성될 때까지 해석적 과정을 시작하지 않는다.
- 해석하기를 할 때는 공손하고 조심스럽게 말해야 한다.
- 해석하기는 집단구성원에 대한 비난, 공격, 적대감, 비웃음으로 행해져서는 안 된다.
- 해석하기를 할 때는 집단구성원의 방어를 최소화하여 말할 필요가 있다.
- 해석하기는 각 집단구성원에게 독특하게 맞추어 적용되어야 한다.
- 집단구성원에 대한 부분적 해석하기는 피해야 한다.
- 해석하기를 할 때는 집단구성원이 이해할 수 있는 일반 언어로 말해야 하며 특수용어로부터 자유로워야 한다.

직면시키기 집단상담자가 집단구성원의 행동 · 사고 · 감정에 있는 어떤 불일치나 모순을 발견했을 때, 그것을 지적해 주는 반응이 '직면시키기(confronting)'다. 초보집단상담자는 흔히 집단구성원을 직면시키기를 두려워하는데 그 이유는 그들에게 상처를 주거나, 부적절하게 하거나, 앙갚음을 초래하는 것에 대한 두려움 때문이다. 집단상담자의 직면시키기를 통한 도전은 구성원에 관련되어 있으나 문제해결에 방해가 되는 불일치, 왜곡, 회피, 게임, 속임수, 핑계, 연막에 초점이 맞추어진다. 직면시키기의 목적은 집단구성원의 성장을 방해하는 방어에 대한 도전으로 이끄는 것이다. 직면시키기는 공격적이거나 부드럽게 할 수 있으나, 가장 효과적인 직면시키기는 돌봄의 관계에서 행해지는 것이다. 집단상담자는 돌봄이 없는 직면시키기는 잔인하다는 것을 명심해야 한다.

직면시키기는 일반적으로 두 가지 종류로 나누어진다. 첫째는 집단구성원의 행동 측면에 대한 집단상담자의 지적이나 진술이다. 둘째는 불일치에 대한 지적이다. 해석하기와는 달리 직면시키기에서는 이러한 불일치의 원인에 대하여 기술하지 않는다는 점을 유의하라. 직면시키기는 전형적으로 집단구성원이 지각하지 못하고, 직면하기를 회피하며, 다룰 수 없는 모순을 깨닫도록 돕는다.

집단상담자는 직면시키기를 사용하는 적절한 상황이 언제인지를 아는 것이 필요하다. 직면시키기가 적절하게 사용될 많은 상황이 있다. 예를 들어 직면시키기는 다음과 같은 경우에 적합하다.

- 걱정이 되는 기본적인 문제들을 집단구성원이 피하고 있다.
- 자기 자신에게 해악이 되는 행동을 집단구성원이 모르고 있다.
- 집단구성원이 그의 행동이 초래할 심각한 결과를 모르고 있다.
- 집단구성원이 현실과 동떨어져 있다.
- 집단구성원이 자기모순적인 말들을 하고 있다.
- 집단구성원이 지나치게 과거나 미래에 얽매어 있어 현실에 초점을 맞출 수가 없다.
- 집단구성원이 고장이 난 레코드처럼 같은 이야기를 여러 번 반복한다.
- 집단구성원의 언행이 일치하지 않는다.

- 집단구성원과 집단상담자 간에 일어나고 있는 상황에 주의가 요구된다.

집단상담자가 직면시키기를 사용할 때 따라야 할 몇 가지 주요한 지침은 다음과 같다.

- 직면시키기의 목적, 의미, 기원(즉 직면을 위한 맥락을 가질 것)을 이해한 후 직면시키기를 시작하라.
- 치료적 직면시키기와 사회적 직면시키기를 혼동하지 말라. 치료적 직면시키기는 도전하기 위해 사용하는 것이 아니라 분명하게 하기 위해 사용한다.
- 공감하기와 염려의 환경 안에서 배려와 함께 주의 깊게 직면시키기를 사용하라.
- 치료적 징후가 보일 때 직면시키기의 과정을 시작하라.
- 조급하게 직면시키려 하지 말고 라포(rapport)가 형성되는 것에 보조를 맞추어라.
- 직면시키기의 첫 단계에서는 가능한 한 구체적인 방법을 사용하라.
- 집단구성원이 심리적 및 정서적으로 직면시키기를 참아 낼 수 있을 때 직면시키기의 과정을 시작하라.

지지하기 집단상담자가 구성원들이 사적 정보를 노출하거나, 고통스러운 감정을 탐색하거나, 모험을 할 때 그들에게 격려와 강화를 제공하는 반응이 '지지하기(supporting)'다. 집단상담자는 지지하기를 통해 구성원들이 바람직한 행동을 계속해서 하도록 격려하는 분위기를 창조하고, 어려움에 직면해서 안간힘을 쓰고 있는 구성원을 격려하고, 집단 내에 신뢰를 창조한다. 집단상담자가 구성원들에게 지지하기를 통해 그들을 격려하고 강화하는 데 있어 유념해야 할 점은 지지하기의 시점(timing)과 정도(degree)를 고려하는 것이다. 집단상담자가 변화를 위한 구성원들의 시도와 노력을 보여 주는 구체적 행동을 포착하여 적절한 시점에서 적절한 정도로 지지하기를 할 때 바람직한 효과를 산출할 수 있다.

집단상담자가 부적절한 시기를 선택하거나 지나친 정도로 지지하기를 했을 때는 구성원의 변화 촉진행동에 역효과를 가져올 수 있다.

선도하기 집단상담자가 집단구성원들의 집단활동 참여를 유발하고 집단이 나아갈 새로운 방향을 제시하기 위해 취하는 행동이 '선도하기(initiating)'다. 집단상담자는 선도하기를 통해 구성원들의 불필요한 동요를 예방하고 집단과정의 진행을 증진시킬 수 있다. 기본적으로 선도하기는 구성원들을 집단 내에 머물러 있게 하면서 집단과업에 초점을 맞추어 활동하도록 집단상담자가 솔선해서 보여 주는 행동이다. 선도하기를 통해 집단상담자는 구성원들이 자신의 개인적 목표에 초점을 맞추도록 촉진시키거나 그들이 진퇴양난에 빠진 상황을 헤쳐 나가도록 조력할 수 있다. 또한 집단구성원들이 갈등을 확인해서 해결하도록 하거나, 일을 향상시키기 위해 기법을 사용하는 방법을 알게 하거나, 자신들을 이끌어 가는 것에 대한 책임감을 가정하도록 조력하는 것 등을 포함한다. 집단상담자의 선도하기는 적절한 수준에서 이루어져야 한다. 지나친 선도하기는 집단구성원들의 자발성과 창의성을 억제시키는 반면, 선도하기가 부족할 경우에는 집단구성원들을 수동적이 되게 할 수 있다.

평가하기 집단상담자가 진행되는 집단과정 상태, 집단구성원들의 진전 상태, 집단역동성의 상태를 정확히 파악하는 것이 '평가하기(evaluating)'다. 평가하기를 통해 집단상담자는 구성원들이 더 깊은 자기자각을 달성하도록, 그리고 집단의 움직임과 나아갈 방향성에 대해 더 잘 이해하도록 한다. 집단상담자가 매 집단회기 이후 각 구성원에게, 그리고 전체 집단 내에서 일어났던 것을 평가해서 다음 집단회기에 어떤 중재기법을 사용할 것인가에 대해 미리 생각해 보는 것은 매우 가치 있는 일이다. 집단상담자는 '오늘 집단회기는 순조롭게 진행되었는가?' '이번 집단회기를 통해 어떤 변화가 일어났는가?' '집단에 작동하는 순기능적 힘과 역기능적 힘은 무엇인가?' 등과 같은 질문을 스스로에게 자문하고 답하는 데 익숙해야 한다.

3. 집단상담 효과증진을 위한 기술 및 활동

집단상담자는 상담집단의 목표달성을 위해 구성원들이 원하는 변화에 대한 믿음을 바탕으로 유연성을 갖고 적절한 집단상담 기술을 시기적절하게 사용해야 한다. 베토벤의 '제9번 교향곡'이 전체적인 조망 속에서 사람들의 심금을 울리듯 집단상담자는 전체적인 흐름을 자연스럽게 유지하면서 매 집단회기에서 추구하는 목표를 달성하도록 노력해야 한다. 집단상담자는 자신이 터득한 기본적인 집단지도력 기술과 더불어 집단상담 효과증진을 위한 세 가지 기술, 즉 초점두기(focusing), 차단하기(blocking), 끌어내기(drawing out)를 익히는 것이 필요하다. 여기서는 먼저 이러한 기술에 대해 살펴보고 난 후 집단상담 효과증진을 위한 활동에 대해 알아보고자 한다.

효과증진을 위한 기술

초점두기 상담집단은 집단구성원이 원하는 목표달성을 위해 매 집단상담 회기마다 특별한 주제를 정하며, 이러한 목표달성을 위해 필요한 경우에 적절한 활동이 행해진다. 제이콥스 등(Jacobs, Masson, & Harvill, 2009)은 "훌륭한 지도력을 위해 초점두기를 확립하고, 유지하고, 변경하고 그리고 심화시키는 방법을 터득하는 것이 절대적으로 필요하다."(p. 141)고 지적하였다. 효과적인 집단상담자는 집단상담 회기에서 원하는 목표를 달성하기 위해 세 가지 측면, 즉 집단구성원, 주제, 활동에 대한 초점두기를 유연하게 수행한다. 상담집단의 궁극적 목표는 집단구성원의 변화다. 따라서 많은 집단상담 경험을 가진 능숙한 집단상담자는 무엇보다도 집단상담의 역동적 주체인 집단구성원에게 초점두기 기술을 비중 있게 적용한다. 다시 말해, 집단상담의 목표달성을 위해 설정한 주제나 계획한 어떤 활동보다 변화의 주체인 집단구성원에 맞추어 초점두기 기술을 사용한다. 반면 초보집단상담자는 집단구성원에 의해 좌우되는 집단분위기에 능동적으로 대처하면서 유연하게 초점두기를 사용하지 못하고 원래 계획한 주제나 활동에 맞추어 초점두기 기술을 안전하게 적용하려는 경향이 있다.

집단상담자는 초점두기를 확립하는 주체가 자신이라는 점을 인식하고 집단구성원, 주제, 활동 중에서 어디에 초점두기를 적용하는 것이 바람직한가를 판단할 필요가 있다. 또한 초점두기의 대상을 정하고 나서 어떻게 그리고 얼마나 오랫동안 초점두기를 유지할 것인가의 판단도 민첩하고 슬기롭게 이루어져야 한다. 초점두기 유지를 위한 기본 원칙은 '생산적인 역동성이 작동하면 유지하고 집단이 정체되면 초점두기를 중지하라.'다. 예를 들면, 집단상담자가 매우 효과적인 활동이라고 생각하고 집단구성원에게 적용했는데, 기대 이하로 효과가 없으면 빨리 중단하고 다른 방법을 모색하는 것이 필요하다.

초점두기를 변경하는 것은 집단상담자의 의도에 따라 다양한 방식으로 이루어질 수 있다. 즉 집단구성원에서 주제로, 주제에서 활동으로, 활동에서 주제로, 주제에서 집단구성원으로, 활동에서 집단구성원으로 등 다양하다. 집단상담자가 유념해서 변경하지 말아야 할 방식은 '활동에서 활동으로 가는 초점두기 변경'이다. 초보집단상담자가 저지르는 가장 큰 실수는 하나의 활동을 한 후 다른 활동으로 초점두기를 변경하는 것이다(Jacobs, Masson, & Harvill, 2009, p. 148). 하나의 활동을 하는 이유는 집단상담의 주제를 다루기 위한 것이기 때문이다. 집단상담자는 언제 초점두기를 변경할 것인가도 슬기롭게 결정해야 한다. 초점두기 변경의 원리는 '집단이 더 이상 생산적으로 작동하지 않는다는 느낌이 들 때는 과감하게 초점두기를 변경하라.'다. 마지막으로, 집단구성원에게 의미 있게 도움이 되는 집단구성원, 주제, 활동 다루기가 이루어진 후에는 적절한 정도로 '초점두기의 심화'를 진행하는 것이 필요하다.

차단하기　집단상담자는 매 회기 제한된 시간에서 상담집단을 순조롭게 진행할 책임이 있다. 다양한 요인이 집단상담의 순행을 방해할 수 있다. 집단상담자는 집단의 순행을 방해하는 요인을 감지하고 적절하게 차단하기 기술을 적용하여 효과적으로 집단을 운행해야 한다. 차단하기는 일반적으로 집단회기 진행

중에 집단에 방해가 되는 집단구성원의 언행을 중지시키는 것을 말한다. 물론 초점두기를 변경하려고 하는 경우처럼 집단상담자가 집단의 순행을 위해 필요하다고 판단했을 때 차단하기를 사용할 수 있다. 능숙한 집단상담자는 집단에 방해가 되는 집단구성원의 비위를 건드리지 않으면서 집단이 원활하게 진행되도록 차단하기를 유효적절하게 사용한다. 차단하기 기술이 적용되는 일반적인 두 가지 상황은 다음과 같다. 첫째, 발언권을 가지는 집단구성원이 횡설수설하거나, 너무 길게 시간을 끌며 이야기하거나, 더 이상 진전되는 이야기를 피하는 경우다. 둘째, 집단구성원이 주제에 맞지 않는 부적절한 내용을 이야기하는 경우다(Jacobs, Masson, & Harvill, 2009, p. 157). 상담심리학이 과학이며 예술이라고 지적하는 것처럼, 집단상담자가 언제 그리고 어떻게 차단하기 기술을 적용할 것인가는 그의 집단상담 경험을 통해 체득할 필요가 있다.

끌어내기 효과적인 집단상담자는 상담집단에 참여한 모든 구성원이 원하는 목적을 달성할 수 있도록 세심한 주의를 하면서 집단을 이끌어 가는 것이 필요하다. 따라서 집단상담자는 집단구성원이 개인적으로 갖는 여러 가지 이유로 집단에 참여하지 않는 경우에는 끌어내기 기술을 적용하여 참여하도록 해야 한다. 집단상담자는 상담집단에 참여하여 수동적 태도를 취하며 침묵하는 집단구성원에게 끌어내기 기술을 효과적으로 적용할 필요가 있다. 집단구성원이 침묵하는 이유로 제이콥스 등(Jacobs, Masson, & Harvill, 2009)은 다음과 같은 여덟 가지 내용을 제시하였다(pp. 172-176).

- 두려움/불안
- 준비 부족
- 생각하는 과정에 있음
- 혼란된 상태
- 원래 조용한 성격
- 집단에 대한 신뢰나 참여 동기 부족
- 현재에 집중하지 않고 다른 생각을 함
- 지배적인 집단상담자나 구성원의 위협

능숙한 집단상담자는 먼저 세심한 주의를 가지고 집단구성원이 집단에 참여하지 않고 침묵하는 이유가 무엇인지를 파악한다. 그다음에 그는 끌어내기 기술을 적용하여 집단구성원을 배려하면서 집단에 적극적으로 참여하도록 유도한다. 집단상담자가 구성원을 끌어내기 위해 '이인 모둠(dyads)'이나 순회하기(rounds) 활동, 쓰기과제 활동 등을 사용한다.

효과증진을 위한 활동

집단상담자는 집단상담의 효과를 증진시키기 위해 다양한 활동을 사용한다. 집단상담자는 집단회기 목표를 달성하기 위해 구체적인 활동을 사용해서 집단구성원의 행동 · 논의 · 주의를 유도하고 활성화시킨다. 예를 들면, 심리극의 초기단계인 워밍업(warming up)단계에서는 연출자가 마술가게, 공 주고받기, 문장완성하기 등과 같은 다양한 활동을 통해서 참여자들을 준비시키면서 주인공을 선택한다. 제이콥스 등(Jacobs, Masson, & Harvill, 2009)은 집단에서 활동을 사용하는 일곱 가지 이유를 다음과 같이 제안하였다(pp. 206-209).

- 편안함 수준을 증가시키기 위해
- 집단상담자가 유용한 정보를 얻기 위해
- 논의를 생성하고 집단에 초점두기를 위해
- 초점두기를 변경하기 위해
- 초점두기를 심화시키기 위해
- 경험적 학습을 위한 기회를 제공하기 위해
- 즐거움과 이완을 제공하기 위해

집단상담자가 상담집단의 목표달성을 위해 활동을 사용하는 경우에는 무엇을 위한 것인지를 명확히 이해하고 적용하는 것이 필요하다. 더불어 집단상담자는 어떤 활동을 언제 그리고 어떻게 사용하는 것이 집단상담의 효과를 극대화시킬 것인가에 대한 식견과 판단력이 필요하다. 능숙한 집단상담자는 활동이 필요한 경우에 그 이유를 분명히 알고 다양한 창조적 활동을 개발해 왔다. 제이콥스 등(Jacobs, Masson, & Harvill, 2009)이 집단에서 사용하는 활동으로 제시한 열네 가지 유형은 다음과 같다(pp. 209-231).

- 쓰기 활동
- 신체동작 활동
- 이인 및 삼인 모둠 활동
- 순회하기 활동
- 창조적 소품을 이용한 활동
- 미술과 공예 활동
- 환상 활동
- 일반적 읽기 활동
- 피드백 활동
- 신뢰감 형성 활동
- 경험적 활동
- 도덕적 딜레마 활동
- 집단 의사결정 활동
- 접촉 활동

집단상단자가 효과적으로 활동을 도입하고, 실행하고 그리고 처리하는 과정에서 고려해야 할 점으로 제이콥스 등(Jacobs, Masson, & Harvill, 2009)이 제안한 열여섯 가지 내용은 다음과 같다(pp. 258-259).

- 당신이 성취하려는 것을 가장 잘 달성할 수 있는 활동을 선택하라.
- 사용하려는 활동이 집단구성원의 욕구와 집단의 목적에 부합하는지를 확인하라.
- 지시사항이 명확히 기술됐는가를 확인하라.
- 활동이 시작되기 전에 있을 수 있는 혼란을 없애도록 하라.
- 지시사항은 짧고 간단하게 하라.
- 활동을 도입하기 전에 필요한 자료가 모두 집단구성원들 앞에 갖추어졌는지 확인하라.
- 주의산만을 피하기 위해, 활동 시작 전에 유인물 혹은 문장완성 자료를 뒤집어 배부하라.

- 신체동작 활동을 위한 지침을 주기 전에 집단구성원들이 서 있게 하거나 위치를 설정하도록 하라.
- 활동을 성공적으로 마치기 위해 충분한 정보를 포함한 지침을 주어라.
- 집단구성원들에게 활동에 참여하지 않을 권리를 허용하라.
- 활동 시작 전에 활동의 목적을 설명하라.
- 활동에 걸리는 시간이 어느 정도인가를 집단구성원들에게 알려라.
- 활동이 목적이 아니라 수단이라는 것을 기억하라. 학습은 활동실행 후 처리 과정에서 비롯된다.
- 생각을 촉발하는 개방형 질문으로 처리 과정의 논의를 시작하라.
- 활동 후 처리 과정을 할 때, 집단구성원들의 생활과 관련시켜라.
- 활동 간에 충분히 처리 과정을 다룸이 없이 다른 활동을 사용하지 말라.

4. 요약

▶ 집단상담에서 집단역동에 기여하는 요인으로 아홉 가지 내용을 제시하였다. 이러한 아홉 가지 요인은 집단상담자 변인, 집단구조, 목표설정, 집단응집력, 집단규범, 집단구성원의 역할, 다문화적 역동성, 치료적 요인 그리고 집단발달단계 등이다.

▶ 상담집단을 효과적으로 운영하기 위해 집단상담자는 집단지도력의 기본적 기술을 적절한 시점에서 유연성을 갖고 익숙하게 사용할 수 있어야 한다. 이 장에서 동명사 형식으로 제시된 구체적 집단기술은 적극적 경청하기, 연결하기, 진단하기, 현실검증하기, 반영하기, 명료화하기, 요약하기, 질문하기, 촉진하기, 공감하기, 해석하기, 직면시키기, 지지하기, 선도하기 그리고 평가하기 등 열다섯 가지다.

▶ 집단상담자는 자신이 터득한 기본적인 집단지도력 기술과 더불어 집단상담 효과증진을 위한 세 가지 기술, 즉 초점두기, 차단하기, 끌어내기를 익히는 것이 필요하다.

▶ 훌륭한 지도력을 갖추기 위해서는 초점두기를 확립하고, 유지하고, 변경하고 그리고 심화시키는 방법을 터득하는 것이 절대적으로 필요하다. 집단상담자는 초점두기를 확립하는 주체가 자신이라는 점을 인식하고 집단상담원, 주제, 활동 중에서 어디에 초점두기를 적용하는 것이 바람직한가를 판단하는 것이 필요하다.

▶ 차단하기는 일반적으로 집단회기 진행 중에 집단에 방해가 되는 집단구성원의 언행을 중지시키는 것을 말한다.

▶ 능숙한 집단상담자는 먼저 세심한 주의를 가지고 집단구성원이 집단에 참여하지 않고 침묵하는 이유가 무엇인지를 파악한 다음에 끌어내기 기술을 적용하여 집단구성원을 배려하면서 집단에 적극적으로 참여하도록 유도한다.

▶ 집단상담자가 상담집단의 목표달성을 위해 활동을 사용하는 경우에는 무엇을 위한 것인지를 명확히 이해하고 적용하는 것이 필요하다.

▶ 제이콥스 등(Jacobs, Masson, & Harvill, 2009)이 집단에서 사용하는 활동으로 제시한 열네 가지 유형은 다음과 같다(pp. 209-231).

- 쓰기 활동
- 신체동작 활동
- 이인 및 삼인 모둠 활동
- 순회하기 활동
- 창조적 소품을 이용한 활동
- 미술과 공예 활동
- 환상 활동
- 일반적 읽기 활동
- 피드백 활동
- 신뢰감 형성 활동
- 경험적 활동
- 도덕적 딜레마 활동
- 집단 의사결정 활동
- 접촉 활동

효과적 조력을 위한

〈집단상담 연습 2〉: 성공적인 집단상담을 위한 집단지도력 기술

연습 1

러프트와 잉엄(Joseph Luft & Harry Ingham)은 인간관계의 상호작용에서 나타나는 네 가지 영역을 창문에 비유하여 설명하였다. 그들은 모든 사람이 이러한 네 가지 마음의 창을 가지고 있다고 보았다. 또한 그들의 이름을 따서 이러한 마음의 창문을 '조해리 창문(Johari Window)'이라고 불렀다. 여기서는 조해리 창문([그림 2-1] 참조)의 속성을 먼저 설명하고 자기표출과 피드백([그림 2-2] 참조)의 중요성에 대해서 알아보자.

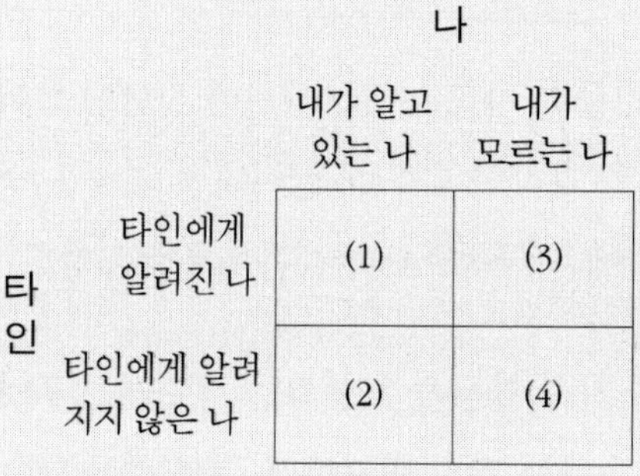

[그림 2-1]

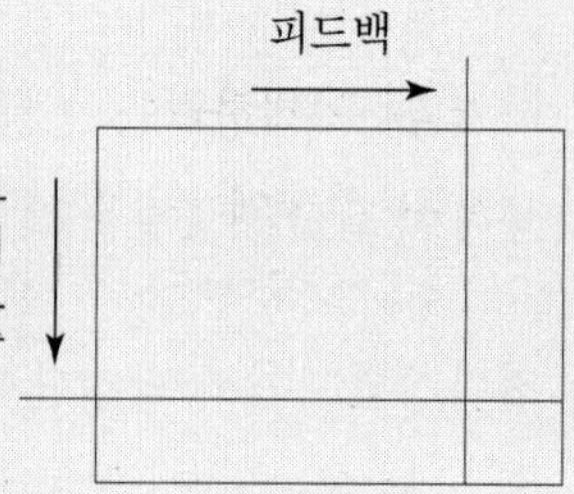

[그림 2-2]

(1) **개방된 영역**(Open area): 이 부분은 개방된 영역으로, 당신이 자신에 대해서 알고 있고 당신이 관계를 맺고 있는 사람이 역시 당신에 대해서 알고 있는 정보를 의미한다. 이러한 정보는 일반적으로 공공적이거나 쉽게 관찰할 수 있는 실제적 정보, 혹은 당신이 다른 사람에게 드러내기를 꺼리지 않는 정보다. 어떤 사람과의 관계에서 이 부분이 크면 클수록 당신이 그 사람과 가까운 인간관계를 맺고 있다고 볼 수 있다. 자신과 상대방에게 알려진 행동, 감정 그리고 동기가 서로에게 이해됨으로써 상호작용과 교류를 위한 근간을 구성하게 된다.

(2) **감추고 있는 영역**(Hidden area): 이 부분은 당신은 알고 있으나 상대방에게는 알려지지 않고 비밀로 지켜진 자기의 영역이라고 할 수 있다. 이러한 영역은 당신이 일

반적으로 상대방에게 노출하기를 꺼려하고 숨기고 있는 정보를 의미한다. 예를 들면, 당신의 개인적인 감정 혹은 사적인 생활에 속한 내용, 즉 공포, 불안, 의심, 성생활, 의미 있는 대상과의 싸움, 갈등의 감정, 혼란 등이다. 당신은 당신이 신뢰하는 친구, 직장동료에게 자기 자신을 더 많이 노출할 것이다.

(3) 맹인적 영역(Blind area): 이러한 부분은 다른 사람들은 알고 있으나 정작 당신은 모르고 있는, 즉 다른 사람들만 알고 있는 부분이다. 가끔 익살스럽게 '기분 나쁜 입김(bad breath)'으로 불리는 이러한 정보는 일반적으로 다른 사람이 당신에 대해서 갖고 있는 인상과 당신의 행동에 대한 다른 사람의 설명을 의미한다. 당신 자신의 행동에 대한 맹인적 영역을 가진다는 것은 당신이 궁극적으로 다른 사람들에게 약한 부분이 있다는 것을 의미한다.

(4) 알려지지 않은 영역(Unknown area): 이 영역은 당신 자신에게 알려져 있지 않을 뿐만 아니라 다른 사람에게도 알려지지 않은 자기를 나타낸다. 프로이트가 말한 무의식의 세계가 여기에 해당한다. 당신 자신이 끊임없이 노력하여 당신도 몰랐던 잠재능력을 개발하는 것처럼 인간은 끊임없이 이 영역을 탐구하여 확장시켜 왔다.

다음의 진술에 조해리 창문의 개방된(Open), 감추고 있는(Hidden), 맹인적(Blind), 알려지지 않은(Unknown) 영역으로 대답해 보시오.

① 당신은 직장에서 다른 동료들에게 느낀 분노를 표현하지 않는다.(   )

② 당신은 다른 사람들이 당신을 비판적인 사람이라고 생각하는 것을 인식하지 못한다.(   )

③ 당신은 친구들에게 당신이 종교적으로 회의심을 가지고 있음을 나타낸다.(   )

④ 불현듯 자신이 소속해 있는 집단 동료에게 화를 냈는데 왜 화를 냈는지 그 이유를 설명할 수 없다.(   )

자기표출 자기표출 혹은 자기노출은 상대방이 당신 자신에 대해서 알도록 당신의 생각, 감정 그리고 행동을 노출하는 것을 말한다. 다시 말하면, 자기노출은 당신 자신에 대한 정보에 대해 의사소통하는 것이다. 의사소통에서는 역시 몸짓, 자세 그리고 음조와 같은 비언어적 메시지에 의한 자기노출이 매우 중요하다는 것을 명심해야 한다. 우리는 우리가 알지 못하는 사람을 사랑하거나 이해하려고 애쓰지 않는다. 때문에 다른 사람들에게 솔직한 나의 모습을 어느 정도 알려 줄 기회를 제공함으로써 나를 좋아하게 하거나 이해하도록 해야 한다. 즉 '상대방'에게 자기 자신을 표출함으로써, 우리는 신뢰, 애정, 성장, 자기이해를 위한 잠재력을 길러 낸다.

자기표출이 가져다주는 보상들을 살펴보면 (1) 증가된 자기-지식, (2) 더 가깝고 친근한 인간관계, (3) 향상된 의사소통, (4) 죄의식 감소, (5) 더 많은 에너지 등을 들 수 있다. 대인관계에서 상대방에 대해 알고 싶으면 먼저 당신 자신부터 상대방에게 알리는 것이 중요하다는 것을 명심하라.

피드백 우리가 상대방에게 피드백을 한다는 것은 상대방을 돌보고 있다는 것을 함축하고 있다. 우리는 신뢰감이 가는 어떤 사람과의 대화를 통해 우리 자신에 대한 장점과 단점에 관하여 지적을 받고 우리의 자기인식을 확장해 나갈 수 있다. 이때 우리의 인격 성장에 도움이 되는 길로서 피드백을 사용할 때의 요령을 보면 다음과 같다.

① 비판하지 말고 서술적인 표현을 사용하라.
② 추상적으로 언급할 것이 아니라 구체적인 행동에 피드백을 하라.
③ '과거'의 일을 들추기보다는 '여기와 지금'의 입장에서 피드백을 하라.
④ 충고를 하기보다는 당신이 보고 느낀 바를 반영함으로써 피드백을 하라.
⑤ 다른 사람에게 억지로 피드백을 강요하지 말라.
⑥ 상대방이 그 당시에 이해할 수 있는 것 이상의 피드백을 하지 말라.
⑦ 상대방의 성격에 대해서 피드백을 하지 말고 그 사람의 행동에 대해서 하라.
⑧ 상대방이 변화할 수 있는 행동에 대해서 피드백을 하라.

연습 2

집단상담자는 타인과의 상호작용 과정에 관한 자각을 최대한으로 넓혀야 한다. 이러한 노력은 집단상담 과정에서 집단구성원과의 상호작용을 원활하게 하고, 집단상담 과정과 관련한 여러 가지 요소를 자각하는 데 토대가 될 것이다. 만약 집단상담자가 오직 객관적이고 합리적인 태도만 취하려고 한다거나, 집단상담자 자신의 감정, 지각, 직관, 생각 등을 완전히 무시하려고 애쓰는 사람이라면 집단구성원과의 깊은 상호작용은 불가능하기 때문이다. 조해리 창문을 적용해서 대인관계에서 피드백과 자기노출을 적절히 하는지 확인해 보라. 이러한 노력은 집단상담자로서 자신에 대한 자각을 넓히는 데 많은 도움을 준다(Luft & Ingham, 1955).

연습 3

집단상담자로서 먼저 당신이 일상생활에서 타인에게 표현하는 반응, 즉 피드백 스타일을 확인하라. 앞에서 제시한 바람직한(교정적) 피드백의 기본적인 원칙과 당신이 사용하는 피드백 스타일을 비교해 보라.

제3장

집단상담의 원리

Anyone can become angry - that is easy.
But to be angry with the right person, to the right degree, at the right time, for the right purpose, and in the right way - this is not easy.

\- Aristotle -

제3장의 목차

제3장 집단상담의 원리

집단상담자들은 연구와 경험을 통해 집단구성원의 삶에 긍정적인 변화를 줄 수 있는 다양한 집단상담 원리와 방법을 개발해 왔다. 집단상담자들이 사용하는 다양한 집단상담 기법은 각자가 갖는 집단상담 이론에 근거한다. 집단상담 이론을 개발한 집단상담자들은 자신의 이론에 입각한 적용이 구성원들의 변화를 위한 조력에 효과가 있다는 것을 입증하였다. 초보집단상담자들은 많은 집단상담 이론과 생소한 용어들로 어려움을 느낀다. 집단상담을 효과적으로 이끌기 위해서는 모든 집단상담 이론에 통달해야 하는지, 특별히 어떤 집단상담 이론과 방법을 잘 알아야 하는지 혼란스러워한다.

최근 많은 집단상담 전문가들은 자신의 집단상담 접근방식이 통합적이거나 절충적이라고 말한다. 이러한 추세는 집단상담 전문가들이 다양한 집단상담 이론들이 갖는 장점을 두루 받아들여 집단구성원을 조력하는 데 사용하고 있다는 것을 반영한다. 처음 집단상담을 공부하는 사람들은 먼저 다양한 집단상담 이론을 섭렵하는 것이 필요하다. 초보집단상담자들에게는, 어떤 집단상담 접근방식 하나에 매이는 것보다는 다양한 집단상담 이론을 공부한 후 자신의 성격이나 인생관에 부합하는 집단상담 이론을 개발할 것을 권장한다. 초보집단상담자가 이러한 노력을 하면서 많은 집단상담 경험을 한 후 집단상담 전문가가 됐을 때 자신의 입장이 절충적이라고 말하리라고 미루어 짐작해 본다.

집단심리치료에 관한 연구를 통해 얄롬(Yalom, 1995, 2005)은 집단 내에서 구성원들에게 긍정적인 영향을 미치는 열한 가지 치료적 요인을 발견하여 제안하였다. 그가 제안한 치료적 요인을 살펴보면 다음과 같다.

- **희망의 주입**: 내담자가 자신의 삶에 대해 희망의 느낌을 갖는다.
- **보편성**: 다른 사람들도 유사한 걱정거리를 갖는다는 것을 깨닫는다.
- **정보 공유**: 집단논의를 통해 건강한 삶에 대한 정보를 획득한다.
- **애타주의**: 집단구성원과 경험 및 생각을 공유하면서 기꺼이 타인에게 베푸는 행위를 한다.
- **일차가족집단의 교정적 개괄**: 초기 아동기 경험과 유사한 역동성을 경험할 기회를 갖는다.
- **사회화 기술의 개발**: 기본적인 사회적 기술을 학습한다.
- **모방행동**: 다른 집단구성원의 긍정적 행동을 모델로 따라 한다.
- **대인관계 학습**: 다른 집단구성원들과의 상호작용을 통해 학습한다.
- **집단응집력**: 집단구성원들 간의 끈끈함이 치료적 요인으로 작동한다.
- **감정 정화**: 집단상담 이전에 결코 표현하지 못했던 감정을 표현한다.
- **실존적 요인**: 집단구성원은 자신의 삶에 대한 책임을 수용한다.

집단상담은 인간의 변화를 위한 활동이다. 집단구성원의 변화를 위해 집단상담자는 온몸과 정신으로 전력해야 한다. 집단상담자는 자신의 모든 생각 · 감정 · 행동이 집단구성원에게 영향을 준다는 것을 명심하며 집단상담 활동에 임해야 한다. 여기서는 이런 점을 고려하여 저자의 집단상담 관련 지식과 경험을 바탕으로 네 가지 영역, 즉 '집단상담자의 신념과 태도' '집단구성원 및 집단의 성장잠재력에 대한 이해' '집단구성원의 이해와 문제 파악' '집단구성원의 변화를 위한 조력활동'의 원리를 소개하고자 한다. 다음에 소개되는 스물여섯 가지 내용은 집단상담 접근방식의 입장에서 보면 통합적이고 절충적이라 할 수 있다.

1. 집단상담자의 신념과 태도

집단상담자는 집단구성원과 함께하는 참여적 관찰자이며 촉진자다. 집단상담자가 갖는 신념과 집단상담에 임하는 태도는 집단구성원에게 영향을 준다. 이런 점에서 집단상담의 원리로서 집단상담자가 집단상담에 임하는 신념과 태도에 관련한 다섯 가지 내용을 알아보고자 한다.

변화에 대한 확신을 가져라

지금까지의 집단상담에 대한 많은 연구결과는 집단구성원의 변화에 대한 집단상담의 효과를 입증하였다. 집단상담자는 구성원들의 변화를 위한 조력자다. 변화의 조력자가 변화가 일어날까 하는 의구심을 갖고 집단상담에 임한다면 그것은 집단상담자의 자기기만이다. 그리고 변화에 대해 의구심을 갖는 태도는 집단상담자가 자신의 책무인 집단상담자의 역할을 소홀히 하거나 포기하게 하는 동인이다. 집단상담자가 집단상담 활동을 통한 변화에 대한 확신이 없다면 다른 직업을 구해야 한다. 집단상담자는 변화에 대한 확고한 믿음을 바탕으로 변화모델을 개발하여 집단구성원의 성장을 위해 적용할 수 있어야 한다.

윤리적 책임감을 인식하라

상담 전문직을 유지하는 기둥의 하나는 비밀 유지라고 할 수 있다. 집단상담자가 특별한 경우를 제외하고 구성원들을 위해 비밀 유지를 지키는 것은 중요한 윤리적 책임이다. 집단상담자는 구성원에게 피해를 줄 수 있는 자신의 언행에 대한 책임을 인식하는 것이 중요하다. 집단상담자는 집단상담 진행 중에 구성원과의 이중관계(예, 성관계, 금전거래 등)를 맺어서는 안 된다. 집단상담자가 구성원에게 제대로 도움을 주지 못하고 있다면 집단상담 관계를 종결하거나 다른 집단상담자에게 기꺼이 의뢰해야 한다. 또한 집단구성원에게 자신의 가치를 받아들이도록 강요해서도 안 된다.

자기자각을 확장하라

집단상담자는 끊임없이 자신의 이해를 위해 노력해야 한다. 집단상담 과정에서 제기되는 많은 주제는 가치와 관련되어 있다. 때문에 집단상담자는 구성원들과 가치갈등을 갖는 경우가 많다. 집단상담자는 슬기롭게 가치갈등을 처리하기 위해 자신의 가치를 확인하는 것이 중요하다. 집단상담자는 자신의 장점과 약점을 인식하는 것도 중요하다. 집단구성원이 제기하는 어떤 문제에 대해 자신도 모르게 민감하게 반응하는지 아니면 반응을 회피하는지 알아차리는 게 필요하다.

정신분석적 집단상담 접근을 사용하는 집단상담자는 역전이가 상담에 부정적인 영향을 끼칠 수 있다고 지적한다. 따라서 집단상담자는 자기자각 확장을 통해 자신의 역전이가 상담에 부정적 영향을 미치지 않도록 해야 한다. 소크라테스가 지적한 것처럼 집단상담자는 "상담자여, 너 자신을 알라."는 말을 자문하며 부단히 자신의 자기자각 확장을 이루어야 한다.

본보기를 보여라

집단상담 활동은 학습과 재학습을 위한 활동이라고도 한다. 집단상담자가 구성원들에게 하는 수많은 말보다 행동이 그들의 변화를 위해 훨씬 강력하다. 사회적 인지이론을 제안한 반두라(Albert Bandura)가 많은 연구를 통해 관찰학습의 효과를 보인 것처럼, 집단상담자는 구성원들에게 모든 면에서 직간접적으로 영향을 미치는 본보기 역할을 하는 모델이다. 백문이 불여일견이다. 집단상담자는 또한 집단상담 회기 이외에서 책임 있는 생활인으로서 활동하는 것이 요구된다. 집단상담 회기 중에는 필요한 경우, 집단상담자는 역할연기를 통해 집단구성원에게 본보기 역할을 할 수 있어야 한다.

집단구성원을 위해 함께함을 보여 주라

집단상담자는 집단구성원이 자기실현을 이룰 수 있도록 진정한 돌봄을 제공할 수 있어야 한다. 메이어오프(Mayeroff, 1990)는 돌보는 대상이 성숙하고 자기실현하도록 돕는 것이 돌봄이라고 정의하였다. 그가 다른 사람의 성숙과 실현을 돕기 위한 돌봄의 주요한 구성요소로 제안한 것은 지식(knowing), 리듬의 변화(alternating rhythms), 인내(patience), 정직성(honesty), 신뢰(trust), 겸손(humility), 희망(hope), 용기(courage) 등이다. 저자가 집단상담을 가르치면서 집단상담자가 가져야 할 태도로서 자주 언급한 말이 "나는 당신과 더불어 있고 당신을 위해 존재한다(I am with you, and I am for you.)."다. 집단구성원은 집단상담자가 자기를 어떻게 대하는가를 관찰하며 집단상담자에게 반응한다. 집단상담 회기 중에 집단상담자는 신체언어와 태도를 통해 정말 집단구성원을 위해 존재함을 보여 줄 수 있어야 한다. 집단구성원에게 전적으로 관심을 기울이며 집단상담에 임하는 태도를 습관화하라. 집단상담자는 자연스럽게 이러한 태도가 몸에 밸 수 있도록 노력해야 한다. 집단상담자는 온통 집단구성원에게 집중해서 관찰하고 경청하는 습관이 필요하다.

2. 집단구성원 및 집단의 성장잠재력에 대한 이해

집단상담을 진행하는 집단상담자는 집단구성원 및 집단의 성장잠재력에 대한 확고한 이해 및 신념을 갖는 것이 필요하다. 집단에 참여한 구성원들 각자가 자신의 문제를 해결하려는 동기와 잠재력을 가진다. 또한 모든 집단은 그 나름대로 독특한 자생의 잠재력을 가진다. 집단상담자는 이러한 집단구성원 및 집단의 성장잠재력에 대한 태도를 바탕으로 구성원들이 효과적으로 자신의 목적을 달성할 수 있도록 조력해야 할 책임이 있다. 지혜로운 집단상담자는 삶에 대한 긍정적 태도를 보인다. 집단상담자는 또한 집단구성원이 가진 성장잠재력을 실현시켜 긍정적인 삶의 태도로 살아갈 수 있도록 그를 조력한다. 여기서는 집단상담의 원리로서 집단구성원 및 집단의 성장잠재력에 대한 태도와 관련한 다섯 가지 내용을 살펴보고자 한다.

집단구성원은 문제해결을 위한 자질을 가지고 있다

인간은 누구나 바람직한 방향으로 자신을 변화시킬 수 있는 자질을 갖고 있다. 지혜로운 상담자는 삶에 대한 긍정적 태도를 가진다(노안영, 2011). 삶에 대해 집단상담자가 취하는 태도는 자신의 문제해결을 위해 집단상담에 참여한 구성원들의 변화에 중요한 요인으로 작용한다. 집단상담자는 구성원들의 문제를 해결해 주는 문제해결사가 아니라 그들 스스로 문제를 해결할 수 있도록 조력하는 '참여적 촉진자(participant-facilitator)'다. 참여적 촉진자로서 집단상담자의 역할에 대한 믿음은 그가 갖는 인간에 대한 긍정적 태도에서 비롯된다. 개인심리학을 개발한 애들러(Adler)는 집단구성원의 생활양식을 파악하는 데 있어 중요한 요인으로 집단구성원의 자질을 제안하였다.

모든 집단은 성장지향의 자생력이 있다

인간의 모든 행동에 목적이 있는 것처럼, 집단에도 추구하는 목적이 있다. 집단상담의 목적은 개별적으로 다소 차이가 있긴 하지만 보편적으로 집단구성원들이 달성하고자 하는 목적과 일치한다. 그리고 집단구성원들이 달성하고자 하는 목적은 지금보다 나은 상태로 변화하고자 하는 성장지향 추구다. 인본주의 상담자인 로저스(Rogers)와 펄스(Perls)는 유기체의 지혜를 믿었다. 이러한 믿음을 바탕으로 그들은 '참만남 집단(encounter group)'을 통해 상담집단이 성장지향의 자생력이 있다는 것을 보여 주었다. 개인이 자기조절 능력을 가진 것처럼 집단은 성장지향의 자생력을 가진다.

집단구성원과 집단상담자는 집단역동성 작동의 주체다

상담집단의 주체는 집단구성원들과 집단상담자다. 이런 점에서 집단상담자의 중요한 책무 중의 하나는 집단구성원 각자가 집단의 주인이라는 인식을 갖게 하는 것이다. 왜냐하면 상담집단에 참여한 대부분의 구성원들은 처음에는 수동적인 입장을 취하면서 집단에 참여하기 때문이다. 집단구성원 각자가 상담집단의 주인이라는 인식을 가질 때, 그는 자신과 집단의 변화 책임자로서 역할을 수행하게 된다. 집단구성원이 상담집단의 손님으로서의 역할을 수행하는 것과 주인으로서의 역할을 수행하는 것은 집단역동성의 작동에 엄청난 질적 차이를 야기한다. 역시 집단상담의 공동 주체자로서 집단상담자의 역할은 집단역동성 작동에 막대한 영향을 끼친다. 집단상담자는 상담집단의 주인으로서 구성원들의 본보기 역할을 통해 구성원 각자가 주체로서 행동할 수 있도록 참여적 촉진자 역할을 수행하는 것이 필요하다.

집단구성원은 지금-여기 경험과 피드백을 통해 성장한다

상담은 기본적으로 과거의 미해결된 과제와 미래에 대한 걱정을 현재에 가져와서 다루는 작업이라고 할 수 있다. '타고난 상담자(inborn counselor)'로 불리는 로저스(Rogers, 1961)는 "경험은 나에게 최고의 권위다."(p. 23)라고 언급하였다. 상담집단에 참여한 집단구성원은 '지금-여기 경험'에 대한 표현과 그것에 대한 다른 구성원들의 진솔한 교정적 피드백(corrective feedback)을 통해 성장한다. 대인관계 심리치료를 제안한 설리번(Stack Sullivan)은 불안의 원천이 대인관계라는 것을 강조하였다. 또한 그는 치료자로서 참여적 관찰자(participant-observer)의 역할을 수행할 것을 지적하였다. 집단상담자는 구성원들이 성장할 수 있도록 그들에게 바람직한 피드백의 기본원리를 가르치는 것이 필요하다. 몇 가지 바람직한 피드백의 원리는 다음과 같다. 첫째, 지금-여기에서 경험하는 내용을 피드백하라. 둘째, 과거의 일을 들추어 내어 내지 말라. 셋째, '나-전달법(I-message)'을 적용하여 피드백하라. 넷째, 변화 가능성이 있는 행동에 대해 피드백하라. 다섯째, 타고난 성격에 대해서는 피드백하지 말라. 집단상담자는 이러한 변화를 유도하는 기본적인 피드백 원리를 구성원들이 집단회기뿐 아니라 일상생활에서 실천하도록 지도하는 것이 필요하다.

집단상담자는 집단응집력을 촉진할 책임이 있다

배가 순조롭게 항해하는 데 선장의 역할은 중차대하다. 마찬가지로 상담집단을 이끄는 집단상담자의 역할은 구성원들이 원하는 목적을 달성하도록 조력하는 것이기 때문에 매우 중요하다. 따라서 집단상담자는 상담집단의 분위기를 조성해서 구성원들이 최대의 성과를 도출할 수 있도록 집단응집력을 촉진할 책임이 있다. 집단상담자는 집단과정에 대한 전체적 조망에 대한 이해는 물론, 집단이 원활하게 작동하도록 적절한 개입을 하는 것이 필요하다. 침체된 집단분위기를 끌어올리고, 수동적인 집단구성원을 능동적으로 참여하도록 유도하고, 집단구성원에게 역할연기가 필요할 때는 시연을 통해 역할연기를 유도하고, 때론 집단구성원들을 둘씩 짝지어 친밀한 대화를 나눌 수 있도록 유도하여 집단응집력을 촉진하는 것이 필요하다.

3. 집단구성원의 이해와 문제 파악

집단상담자가 묻는 핵심질문 중에 하나인 '집단구성원의 문제가 무엇인가?'에 대한 내용을 살펴보자. 이미 지적한 것처럼 집단상담자가 집단구성원의 문제를 정확히 파악하는 것은 집단상담의 목표달성과 관련하여 매우 중요하다. 여기서는 집단구성원의 문제를 잘 이해하기 위해 필요한 여덟 가지 집단상담의 원리를 살펴보고자 한다.

적극적 경청을 하라

상담에서 무엇보다 중요한 것은 집단상담자의 경청이다. 경청만 잘 해 주어도 내담자의 문제가 해결되는 경우가 많다. 사람들의 문제는 대체로 가까운 사람과의 갈등이나 싸움에서 비롯되는 경우가 많다. 집단구성원들은 자주 '자신을 진정으로 이해해 주는 사람이 없다.'고 말한다. 이런 이유로 집단상담자가 구성원을 잘 경청해 주면 그는 자각의 확장을 통해 스스로 문제를 해결한다. 펄스(Fritz Perls)는 얼핏 보기에 이상한 대립이지만 대인관계에서 진실인 '경청 대 싸움'을 제안하였다. 누군가를 잘 경청하면 그를 이해하고 싸우지 않게 된다. 잘 싸우는 사람은 상대방을 잘 경청하지 않기 때문에 그를 이해하지 못한다. 결국 경청 대 싸움의 양극성의 핵심은 이해라는 것을 알 수 있다.

잘 경청한다는 것의 진정한 의미는 이해다. 경청의 의미를 물었을 때 사람들은 흔히 잘 듣는 것이라고 대답한다. 이 대답은 내용적으로 맞지 않다. 우리가 사용하는 언어에는 음성언어와 신체언어가 있다. 귀로 음성언어만을 잘 듣는 것은 부분적 경청이다. 왜냐하면 눈으로 상대방의 신체언어를 관찰하여 이해하는 것을 고려하지 않았기 때문이다.

저자가 여기서 적극적 경청이라고 말하는 것은 귀와 눈을 가지고 집단구성원의 음성언어와 신체언어를 이해하는 것을 말한다. 집단상담자는 음성언어보다 신체언어를 훨씬 신뢰한다. 사람들은 언어를 통해 사실을 그대로 기술하기보다 '정신적 조작(mental manipulation)'을 하곤 한다. 집단회기 중에 집단구성원이 화가 나지 않았다고 말하는데 그의 눈과 얼굴의 표현은 정반대인 경우가 그 예다. 눈과 귀로 잘 경청하여 이러한 집단구성원의 불일치를 지적하는 것이 '직면시키기'다.

집단상담자의 중요한 반응기법인 공감은 경청에서 비롯된다. 지적한 것처럼 경청의 핵심은 이해다. 집단상담자가 적극적 경청을 통해 집단구성원을 잘 이해하여 반영해 주는 것이 공감이다.

집단구성원의 시간관리를 잘 살펴라

정말 시간은 무엇인가(What is really time?)? 우리는 살아온 시간을 과거라 하고 앞으로 살 시간을 미래라 한다. 그리고 우리가 지금 경험하고 있는 이 순간을 현재라 한다. 개개인에게 분명하고 중요한 사실은 현재 살아 있고 살 시간을 갖고 있다는 점이다. 인간에게 시간은 실존을 가능하게 하는 가장 중요한 요인이다. 집단구성원이 시간을 어떻게 사용하고 있는가를 확인하는 것은 그를 이해하는 데 매우 중요하다. 부적응적인 사람들 대부분은 자신의 인생인 시간을 부적절하게 사용하고 있다고 할 수 있다. 자신의 시간을 통제하지 못하는 것은 자신의 인생을 제대로 통제하고 관리하지 못하고 있다는 것을 뜻한다. 집단구성원이 시간약속을 제대로 지키지 못한다거나, 게임중독에 빠져 밤새워 게임을 하고 다음 날 해야 할 일들을 하지 못한다거나, '어떻게 시간을 죽이지(How to kill the time?)?' 하며 할 일없이 방황하거나, 자기를 파괴시키는 활동에 참여하고 있는지를 파악하는 것은 그를 이해하는 데 매우 중요하다.

교류분석 접근을 사용하는 집단상담자는 개인이 시간을 구조화하는 구조갈망을 중요하게 다룬다. 구조갈망은 우리의 삶에 필요한 어루만짐을 최대로 받기 위해 시간을 사용하는 수단이다. 사람들이 시간의 구조화를 하는 여섯 가지 방법은 철회(withdrawal), 의례적 행동(rituals), 여흥(pastimes), 활동(activities), 게임(games), 친밀성(intimacy)이다. 집단구성원이 최근 일주일의 생활, 더 나아가 최근 한 달의 생활을 어떻게 시간을 보내면서 지냈는지 확인해 보라. 집단상담자는 구성원들이 그들 자신의 시간관리를 하는 행동패턴을 확인하여 바람직한 방향으로 시간관리를 하면서 생활하도록 조력하는 것이 필요하다.

집단구성원의 분노관리를 잘 살펴라

집단상담자는 집단구성원이 자신의 분노관리를 어떻게 하는가를 파악하는 것이 필요하다. 일반적으로 심리학자들은 분노를 좌절-공격성 이론으로 설명한다. '지적 지능보다 감성지능이 높으면 성공한다.'는 말은 개인이 자신의 정서관리를 잘할 뿐만 아니라 타인의 감정을 잘 이해할 수 있는 공감 능력을 갖추는 것이 필요하다는 것을 의미한다. 골먼(Goleman, 1995)은 1995년에 『감성지능(*Emotional Intelligence*)』이란 책을 출판하여 선풍을 일으켰다. 그는 '아리스토텔레스의 도전'이란 제목하에 "누구나 화를 낼 수 있다—그것은 쉬운 일이다. 그러나 적절한 사람에게, 적절한 정도로, 적절한 시간에, 적절한 목적을 위해 그리고 적절한 방식으로 화를 내는 것—이것은 쉬운 일이 아니다." (Aristotle, The Nicomachean Ethics)(p. ix)란 글귀를 인용하며 책을 시작하였다. 사람들은 자신이나 타인에게 분노 혹은 화(anger)를 내며 살아간다. 그리고 대체로 자신이 화를 냈던 것에 대해 후회한다. 그리고 또 화를 낸다. 그래서인지 미국정신의학회(APA, 1994)에서 발간한 '정신장애의 진단 및 통계적 매뉴얼 IV' 에는 한국 사람들의 문화적 배경에서 비롯된 증후군인 화병(hwa-byung) 혹은 울화병(wool-hwa-byung)을 억제된 화에서 야기된 정신장애로 지적하였다(p. 846).

집단구성원의 이해를 위해 '반복'이란 말을 명심하라

반복되는 행동이 습관이다. 개인의 습관 중에는 좋은 습관도 있고 나쁜 습관도 있다. 좋은 습관은 개인을 성장하게 하는 행동이다. 나쁜 습관은 개인을 파괴시키는 행동이다. 우리는 어떤 행동을 반복하는 것처럼 어떤 감정과 생각을 반복하며 살아간다. 따라서 집단상담자는 구성원의 문제파악을 위해 인간의 세 가지 체계인 감정·행동·인지의 반복을 이해하는 것이 중요하다.

먼저 감정의 반복에 대해 살펴보자. 집단구성원이 호소하는 문제 중에서 반복해서 나타나는 부적절한 감정을 확인하라. 누구나 느끼는 인간의 대표적인 감정이 불안이다. 건강한 사람에게 불안은 건설적이고 촉진적인 기능을 한다. 건강하지 못한 사람에게 불안은 원만한 인간관계와 수행에 역기능적으로 작용한다. 누구나 시험불안이 있다. 시험불안은 대부분의 학생들에게 열심히 공부하도록 하게 한다. 전혀 시험불안을 느끼지 않는 학생은 무사안일하게 행동할 수 있다. 어떤 학생들은 심한 시험불안으로 인해 노력한 것만큼 결과를 얻지 못한다.

다음으로 행동의 반복에 대해 알아보자. 집단구성원이 반복하는 자기파괴의 역기능적 행동을 파악하라. 행동치료 집단상담자들은 구성원들의 부적절한 행동이나 습관을 제거하는 것에 관심을 둔다. 집단상담자는 학습된 좋은 행동이 반복해서 다시 나타나도록 원하는 행동을 강화해 준다. 또한 나쁜 행동의 반복을 없애기 위해 처벌을 한다.

마지막으로 인지/생각의 반복을 살펴보자. 엘리스(Albert Ellis)가 지적한 것처럼, 합리적 생각의 반복은 합리적 정서와 행동을 야기한다. 비합리적 생각의 반복은 비합리적 정서적 및 행동적 결과를 초래한다. 부적절한 생각의 반복도 습관이다. 글래서(William Glasser)가 제안한 성공정체감과 실패정체감도 개인이 겪는 경험에서 비롯된 자신에 대한 생각이다. 성공정체감을 가진 사람은 습관적으로 긍정적이고 건설적인 생각을 한다. 반대로 실패정체감을 가진 사람은 습관적으로 부정적이고 파괴적인 생각을 한다.

집단상담자는 구성원들이 갖는 부적절하고, 자기파괴적이며, 부정적인 감정 · 행동 · 생각을 파악하여 적절하고, 건설적이며, 긍정적 감정 · 행동 · 생각으로 바꾸기 위해 노력한다.

집단상담 경험을 통해 육감을 발달시켜라

상담은 경험을 강조하는 학문이다. 집단상담자는 구성원의 문제를 파악하는 데 있어 끊임없이 '정말 이것이 집단구성원의 문제인가?' 하고 자문해야 한다. 집단상담자는 다양한 접근방식을 통해 구성원들을 정확히 평가하고 진단해야 한다. 집단상담자는 구성원들과의 많은 집단상담 경험을 통해 실천적 전문가가 된다. 구체적인 어떤 문제영역에서 집단구성원들과의 많은 경험은 집단상담자의 육감(hunch)을 발달시킨다. 전문가의 육감은 추측이 아니다. 경험을 통해 터득한 집단상담자의 육감은 구성원들의 문제를 정확히 파악하기 위한 일종의 가설이다. 경험이 많은 집단상담자는 육감을 바탕으로 육감을 입증할 준거를 찾는다. 집단구성원이 보이는 감정 · 행동 · 생각을 바탕으로 충분한 준거가 수집되었을 때 집단상담자의 육감은 지지된다. 육감을 지지할 준거가 불충분할 때 가설은 폐기된다.

가족에 대한 집단구성원의 생각을 확인하라

개인에게 가장 많은 영향을 주는 곳은 가정이다. "이 세상에 가정과 같은 곳은 없다(There is no place like home.)."라는 말이 있다. 우리 각자에게 가장 많은 영향을 준 사람은 부모다. 집단구성원의 문제는 대부분 가족구성원과 직간접적으로 관련되어 있다. 따라서 집단상담자는 구성원이 갖는, 가족이나 가족구성원에 대한 생각을 확인하여 그의 문제와의 관련성을 파악해야 한다. 특히 집단구성원이 지각하는 가족구성원과의 심리적 거리를 확인하는 것은 그를 이해하는 데 매우 중요하다.

아들러학파는 집단구성원이 이 세상을 살아가는 방식인 생활양식을 파악할 것을 강조한다. 집단구성원에 대한 평가 및 분석에 사용되는 전형적인 생활양식조사 영역에는 초기회상, 가족구도, 기본적 오류, 자질, 꿈의 내용 등이 포함된다. 특히 아들러식 집단상담자는 이러한 내용 중에 초기기억이나 출생순위와 가족구도 파악을 매우 중요하게 생각한다. 집단상담자로서 당신이 아들러학파가 아니더라도 집단구성원을 이해하기 위해 이러한 내용을 파악하는 것은 매우 중요하다.

집단구성원이 표현하는 언어에 함축된 의미를 파악하라

언어는 생각이다. 집단구성원이 사용하는 언어는 그가 세상을 살아가는 방식을 함축하고 있다. 집단상담자는 집단구성원이 표현하는 언어에 내포된 의미를 잘 경청하여 그의 세계관을 파악해야 한다. 최근 상담이론의 주요한 추세인 인지행동치료는 집단구성원이 사용하는 언어에서 나타나는 비합리적 신념이나 부정적·자동적 사고를 파악하여 그것을 변화시키는 데 주력한다. 역시 많은 상담 전문가들이 훌륭한 치료자로 여기는 에릭슨(Milton H. Erickson), 펄스(Fritz Perls), 사티어(Virginia Satir)의 상담 축어록의 내용을 바탕으로 밴들러와 그라인더(Bandler & Grinder)가 개발한 '신경언어학적 프로그래밍(Neuro-Linguistic Programming: NLP)'도 집단구성원들이 사용하는 언어에 초점을 두고 있다.

집단구성원이 '항상'이나 '하지 않으면 안 된다' 등의 표현을 자주 사용한다면 그는 완벽주의나 강박적인 문제로 고통받고 있을 가능성이 높다. 또한 '나는 ~할 수 없어'라는 표현을 자주 사용하거나 다른 사람 탓으로 원인을 돌리는 집단구성원은 자기패배지향적이거나 책임감 결여로 시달리고 있을 가능성이 높다. 집단상담자는 구성원들이 자주 사용하는 언어에 함축된 의미를 파악하여 그들이 강박성보다 유연성을, 책임회피보다 책임감을, 자기패배지향성보다 자기건설지향성을 갖고 살아갈 수 있도록 조력해야 한다.

집단구성원의 심리평가를 정확히 하라

집단구성원의 심리상태를 정확히 파악하는 것은 무엇보다 중요하다. 집단상담자는 특히 '정말 이것이 집단구성원의 문제인가?'를 끊임없이 자문하면서 집단구성원의 심리평가를 정확하게 해야 한다. 우리는 흔히 '우리 자신이 자신을 가장 잘 알고 있다'고 생각한다. 그러나 이러한 생각이 항상 들어맞는 것은 아니다. 왜냐하면 우리 자신이 모르는 면을 타인이 알고 있는 것도 많기 때문이다. 따라서 집단상담자는 대부분의 구성원들이 자신의 심리상태에 대해 잘 알고 있을 것이라는 가정을 버리고 전문가로서 그들을 정확하게 평가하려고 노력해야 한다. 심리평가의 주요한 세 가지 전략은 면담법, 심리검사법, 행동평가법이다. 집단상담자는 어떤 한 가지 전략에 너무 의존하여 집단구성원의 심리상태에 대한 결론을 내려서는 안 된다.

4. 집단구성원의 변화를 위한 조력활동

집단상담자는 구성원들의 문제를 정확히 파악한 후 문제해결을 위한 조력활동을 한다. 집단상담자가 어떻게 구성원들을 조력할 것인가는 집단상담자의 이론적 관점과 그의 지식과 경험 수준에 따라 차이를 보인다. 여기서는 집단상담자가 어떤 접근방식을 취하는가에 관계없이 일반적으로 구성원들을 효과적으로 조력하기 위해 집단상담자가 유념해야 할 여덟 가지 내용을 알아보고자 한다.

경험을 통해 느끼게 하라

집단구성원의 문제는 그가 문제에 직면함으로써만 해결할 수 있다. 놀랍게도 집단구성원의 문제는 대부분 주입된 가치, 내사된 가치(introjected value)로 인한 경험의 결여와 관련되어 있다. 주입식 교육이 문제인 것처럼 주입된 가치가 문제다. 로저스(Carl Rogers)가 강조한 "경험은 나에게 최고의 권위다." 란 말은 우리 모두에게 맞는 말이다. 정신건강 측면에서 보면 '인간은 생각하는 갈대다.' 란 말보다 '인간은 경험하는 갈대다.' 란 말이 더 적절하다.

내가 가지고 있는데 내 것이 아니라면 문제다. 내가 먹은 음식물이 소화되지 않고 내 몸 안에 있다면 그것은 내가 아니다. 마찬가지로 내가 가지고 있는 지식을 제대로 이해하지 못한다면 그것은 나의 지식이 아니다. 우리의 감정은 경험에서 비롯된다. 집단구성원이 겪는 부적절한 감정은 대부분 그가 진실로 경험하지 않고 형성된 것이다. 펄스는 "접촉에서 자각은 강렬하다." 고 하였다. 유기체가 겪는 경험의 중요성을 강조한 말이다.

자신의 인간관과 성격에 부합하는 집단상담 이론을 개발하여 적용하라

집단상담자로서 정신역동 접근을 따르든, 행동치료 방식을 따르든, 인본주의적 접근방식을 취하든, 인지치료 접근방식을 취하든 간에 관계없이 당신이 집단구성원에게 적용하는 방식은 독특하다. 많은 집단상담자가 취하는 주요한 상담이론들은 나름대로 인간의 행동변화에 많은 기여를 해 왔다. 그리고 최근 많은 집단상담자는 자신의 집단상담 접근방식이 다양한 상담이론을 절충한 입장이라고 한다. 초보집단상담자들은 어떤 상담이론을 열심히 배워야 하는지 혼란스러울 수 있다. 이러한 혼란을 피하기 위해 다음과 같은 절차에 따라 자신의 상담이론을 개발하라.

첫째, 주요한 상담이론을 섭렵하라. 주요한 상담이론은 나름대로 집단구성원의 변화를 위해 효과가 있다고 입증된 이론이다. 따라서 이론이 갖는 인간관, 상담기법, 장단점 등을 철저히 이해하는 것이 중요하다.

둘째, 자신의 인간관과 성격에 대해 이해하라. 상담의 주체로서 집단상담자는 자신에 대한 이해를 철저히 해야 한다. 주요한 상담이론들은 개발자의 인간관과 집단구성원과의 경험에서 비롯되었다. 만약 당신이 훌륭한 상담이론을 개발하려 한다면 먼저 자신에 대한 이해가 이루어져야 한다.

셋째, 자신의 인간관과 성격에 부합하는 상담이론을 개발하라. 자신의 성격에 부합하는 상담이론을 보다 철저하게 학습하여 적용하면서 자신의 집단상담 스타일을 개발하는 것이다. 집단상담자로서 당신이 로저리언(Rogerian)이라 할지라도 당신은 로저스일 수가 없다. 따라서 당신이 집단구성원에게 적용하는 집단상담 스타일은 당신만의 것이라고 할 수 있다.

집단상담 면접기법을 숙달하라

상담은 과정을 강조하는 학문이다. 집단상담 과정은 집단상담자가 구성원들에게 적용하는 반응기법에 따라 좌우된다. 집단상담자는 자신이 적용하는 상담 이론과 상관없이 집단상담 과정에서 하는 모든 반응에 대한 철저한 이해와 숙달이 필요하다. 집단상담자가 집단상담 과정에서 사용하는 반응인 집단상담자의 집단지도력 기술은 제2장을 참조하기 바란다.

집단상담 기법 적용의 적절한 시점인가를 파악하라

집단상담자가 어떤 반응과 기법을 언제 사용하여 구성원들을 조력할 것인가를 결정하는 것은 매우 중요하다. 많은 경험을 가진 상담전문가들은 상담이나 심리치료의 예술을 강조한다. 상담 전문직이 과학이면서 예술임을 강조하는 이유는 기법적용의 시점(timing)과 관련된다. 효과적인 집단상담자는 전체적 조망 속에서 조화의 미를 창조해 내는 예술가처럼 집단상담 기법 적용의 적절한 시점을 파악하여 구성원들을 조력한다. 예를 들면 집단상담자들은 일반적으로 충분한 지지하기를 바탕으로 집단구성원과의 상담관계가 형성된 후에 직면시키기 기법을 사용할 것을 권장한다.

집단상담자가 어떤 반응기술이나 집단상담기법 적용의 적절한 시점을 터득하기 위해서는 상담집단을 구성해서 진행하면서 구성원들과의 집단상담 경험을 쌓는 것이 최선이다. 그리고 집단상담 회기를 가끔 녹음하거나 촬영하여 틈틈이 자신의 반응이 적절한 시점에서 바람직하게 이루어졌는가를 확인해 보는 것이다. 이러한 노력이 힘들게 느껴질 수 있지만 자신의 집단상담 기술 향상을 위해 가장 좋은 피드백을 제공한다는 것을 명심하라.

현재 진행되는 경험을 다루어라

대부분의 집단상담자들은 '지금-여기'의 중요성을 강조한다. 즉 집단과정에 참여하고 있는 구성원들에게 현재 진행되는 경험을 알아채는 것이 중요하다는 것을 강조한다. 이것은 집단상담자가 구성원들의 모든 문제를 현재로 가져와 다룬다는 것을 의미한다. 집단구성원이 과거에 겪었던 중요한 일이나 미래에 일어날 일들을 현재로 가져와 경험하게 하는 것이다. 과거는 '기억 속의 현재'이며 미래는 '기대 속의 현재'다. 따라서 우리에게 오직 현재만이 존재한다. 이런 점에서 선사들은 '삶은 영원한 현재다.'라고 말하곤 한다. 과거에 일어났던 일 중에서 우리에게 중요한 것은 기억하고 있지만 별로 의미가 없었던 일은 기억하지 못한다. 그리고 미래에 일어날 중요한 일에 대해 예견하며 기대불안을 경험한다. 집단구성원이 기억하고 있는 사건이 시간적으로 과거에 일어났지만 여전히 그에게 영향을 주고 있다면 그것은 기억 속의 현재다. 마찬가지로 집단구성원이 기대하는 미래의 일들이 그에게 아직 일어나지 않았지만 그에게 영향을 주고 있다면 그것은 기대 속의 현재다.

대부분의 집단상담 기법이 역설적임을 명심하라

집단상담의 궁극적 목적은 집단구성원이 원하고 그의 삶의 질을 높이는 바람직한 방향으로 그를 변화시키는 것이다. 즉 집단구성원의 비합리적 사고를 합리적 사고로, 부적절한 정서를 적절한 정서로, 자기파괴 행동을 건설적 행동으로 바꾸는 것이다. 이러한 변화는 집단구성원에게 부정적인 것을 긍정적인 것으로 바꾸는 것을 말한다. 따라서 집단상담을 통한 집단구성원의 변화는 부정적인 것 내에서의 변화를 의미하는 일차적 변화가 아니라, 부정적 차원에서 긍정적 차원으로 변화하는 이차적 변화다. 집단상담자가 문제를 가진 집단구성원으로 하여금 그의 의도에 상반되는 행동을 하게 함으로써 문제해결을 가능하게 하는 것이 변화를 위한 역설(paradox)이다. 예를 들면, 심한 발표불안으로 고통받는 집단구성원은 발표불안을 느끼지 않으려고 발표상황을 회피하는 행동을 한다. 그의 의도는 발표불안을 줄이거나 느끼지 않는 것이다. 집단상담자가 구성원의 의도와 상반되는 처방을 내리는 것, 즉 발표불안을 더욱 강하게 체험하도록 하는 것은 구성원의 입장에서 보면 역설이다. 이러한 처방은 집단구성원을 곤혹스러운 딜레마에 빠지게 한다. 하지만 이러한 처방을 통해 집단상담자는 발표상황을 도피하는 집단구성원의 악순환적인 습관을 바꾸도록 하는 것이다. 즉 집단상담자는 집단구성원이 갖는 문제나 증상을 처방함으로써 그가 의도적으로 회피해 온 상황에 직면하도록 한다.

집단상담자들이 사용하는 대부분의 기법이 역설적인 이유는 집단구성원을 카오스(chaos) 상태에 빠지게 하여 새로운 관점에서 자신의 감정 · 생각 · 행동을 이해하게 하기 때문이다. 집단상담자가 집단구성원에게 사용하는 역설적 상담 기법은 그가 오관을 통한 경험에 의해 새롭게 문제를 해결하도록 한다. 요약하면 집단상담자는 역설을 통해 어떤 행동을 하지 않으려고 하는 집단구성원에게 그러한 행동을 더욱 하도록, 어떤 감정을 느끼지 않으려고 하는 집단구성원에게 그러한 감정을 더욱 느끼도록, 어떤 생각을 하지 않으려고 하는 집단구성원에게 그러한 생각을 더욱 하도록 함으로써 이전과는 다른 새로운 행동 · 감정 · 생각을 갖도록 하는 것이다.

집단구성원을 끊임없이 격려하라

우리는 누구나 살아가면서 어렵고 힘든 일을 경험한다. 우리는 지금까지 어려운 일에 맞서 참고 헤쳐 온 자신을 생각하면서 대견스러워하기도 한다. 우리는 또한 앞으로도 어려운 일들을 마주치리라는 것을 예견한다. 부적응을 경험하고 있는 사람들은 대부분 심리적으로 낙담한 상태에 빠져 있다. 또한 심리적인 문제를 가진 대부분의 내담자들은 낙담하여 좌절한 상태에서 개인상담이나 집단상담을 찾는다. 자신에게는 더 이상 희망이 없다고 포기한 상태에서 조력을 요청한다. 아들러학파인 드레이커스(Dreikurs)는 "식물에게 물이 필요하듯 인간에게는 격려가 필요하다." 고 하였다.

집단구성원을 조력하는 아들러식 상담방법으로 '격려치료'가 있다. 격려치료에서 집단상담자의 주요한 역할은 낙담한 구성원들에게 용기를 불어넣는 것이다. 격려치료에서 보면 심리적으로 문제를 가진 사람은 용기를 잃고 낙담한 사람이다. 우리는 각자 크고 작은 많은 어려움에 부딪히며 삶을 영위한다. 사람들을 크게 두 분류로 나누면, 어려움에 포기하고 용기를 잃고 낙담한 사람들과 자신이 아무리 어려운 상황에 처해도 좌절하지 않고 용기를 가진 사람들이다. 정신적으로 건강한 사람은 끊임없이 자신을 격려하면서 용기를 잃지 않는 사람이다. 심리적으로 고통을 받고 있는 사람은 용기를 잃고 자신감과 책임감을 상실한, 즉 낙담한 사람이다. 그러므로 우리의 삶에 중요한 것은 용기를 갖게 하는 격려다.

어떤 어려움에도 좌절하지 않는 용기를 가진 사람은 강한 인내심을 가진다. 심리학자 크라우츠(Krausz)는 “참아 내지 못하고 포기한 사람은 환자가 된다(A person who is impatient remains a patient.).”고 하였다. 집단상담자는 구성원들을 격려하고, 격려하고, 또 격려하면서 그들의 가슴에 용기를 불어넣어야 한다.

격려는 집단구성원에게 아무리 힘이 들더라도 용기를 잃지 않도록 북돋아 주는 것이다. 격려는 칭찬과 질적으로 다른 개념이다. 칭찬은 인간의 수행의 결과에 초점이 맞추어져 있다. 하지만 격려는 수행의 결과보다는 인간에게 초점이 맞추어져 그가 삶의 추진력을 잃지 않도록 용기를 불어넣는 것이다. 따라서 집단구성원이 삶이 아무리 힘들어도 포기하지 않고 헤쳐 나갈 수 있다는 용기를 심어 주는 집단상담자의 격려는 집단구성원에게 가장 필요한 것이다. 집단상담자여, 집단구성원을 격려하고, 격려하고, 또 격려하라.

구체적인 집단상담 목표를 설정하라

집단상담자와 집단구성원들은 함께 집단상담 목표를 설정하여 구성원들의 문제해결을 위해 노력한다. 집단상담 목표는 회기목표, 단기목표 및 장기목표로 구분해서 설정해야 한다. 집단상담의 매 회기에 달성하고자 하는 목표를 구체적으로 설정하여 집단구성원들이 회기가 끝났을 때 이번 회기에는 구체적으로 이것을 배웠다는 만족감을 갖게 하는 것이 필요하다. 항해하는 배가 정착할 항구를 찾아가는 것처럼 집단상담 활동을 통해 달성하고자 하는 목표가 설정되어야 한다. 먼저 집단구성원이 집단상담을 통해 달성하고자 하는 구체적인 목표가 무

것인지 확인하라. 집단상담자는 집단상담에 대한 구성원들의 바람을 바탕으로 그들과 함께 달성할 단기목표와 장기목표를 설정한다. 집단상담자는 또한 상담목표를 달성하는 데 걸리는 시간제한을 설정하여 집단상담을 수행해야 한다. 집단구성원들과의 계약을 바탕으로 시간제한을 두어 집단상담을 진행하는 것이 그들의 동기유발을 촉진하여 집단상담 목표를 달성하는 데 보다 효과적이다.

5. 요약

이 장에서 집단상담의 기본원리로서 집단상담자의 신념과 태도, 집단구성원 및 집단의 성장잠재력에 대한 이해, 집단구성원의 이해와 문제파악, 변화를 위한 집단구성원의 조력활동에 대한 스물여섯 가지를 제안하였다. 이러한 내용은 다음과 같다.

▸ 집단상담의 기본원리 중 '집단상담자의 신념과 태도'로서 강조된 내용은 다음과 같다.
① 변화에 대한 확신을 가져라.
② 윤리적 책임감을 인식하라.
③ 자기자각을 확장하라.
④ 본보기를 보여라.
⑤ 집단구성원을 위해 함께함을 보여 주라.

▸ 집단상담의 기본원리 중 '집단구성원 및 집단의 성장잠재력에 대한 이해'로서 강조된 내용은 다음과 같다.
① 집단구성원은 문제해결을 위한 자질을 가지고 있다.
② 모든 집단은 성장지향의 자생력이 있다.
③ 집단구성원과 집단상담자는 집단역동성 작동의 주체다.

④ 집단구성원은 지금-여기 경험과 피드백을 통해 성장한다.

⑤ 집단상담자는 집단응집력을 촉진할 책임이 있다.

▶ 집단상담의 기본원리 중 '집단구성원의 이해와 문제 파악'으로서 강조된 내용은 다음과 같다.

① 적극적 경청을 하라.

② 집단구성원의 시간관리를 잘 살펴라.

③ 집단구성원의 분노관리를 잘 살펴라.

④ 집단구성원의 이해를 위해 '반복'이란 말을 명심하라.

⑤ 경험을 통한 육감을 발달시켜라.

⑥ 집단구성원의 가족에 대한 생각을 확인하라.

⑦ 집단구성원이 표현하는 언어에 함축된 의미를 파악하라.

⑧ 집단구성원의 심리평가를 정확히 하라.

▶ 집단상담의 기본원리 중 '집단구성원의 변화를 위한 조력활동' 으로서 강조된 내용은 다음과 같다.

① 경험을 통해 느끼게 하라.

② 자신의 인간관과 성격에 부합하는 집단상담 이론을 개발하라.

③ 집단상담 면접기법을 숙달하라.

④ 집단상담 기법 적용의 적절한 시점인가를 파악하라.

⑤ 현재 진행되는 경험을 다루어라.

⑥ 대부분의 집단상담 기법이 역설적임을 명심하라.

⑦ 집단구성원을 끊임없이 격려하라.

⑧ 구체적인 집단상담 목표를 설정하라.

효과적 조력을 위한

〈집단상담 연습 3〉: 집단상담의 원리에 대한 집단상담자의 이해 및 적용

연습 1

먼저 집단구성원의 문제해결을 위해 적용되는 대부분의 집단상담 기법이 역설적인 이유를 설명하라. 다음으로 주요한 집단상담 접근방식에서 사용되는 역설적 기법을 구체적인 예를 들어 설명해 보라.

연습 2

집단상담자들은 대부분 구성원들에게 집단상담 회기와 회기 간에 수행할 과제를 준다. 집단상담자의 과제 주기에 대한 이점을 동료 집단상담자와 논의해 보라.

연습 3

집단상담자들은 나름대로 구성원들의 문제평가를 위한 개인적 전략을 사용하고 있다. 집단상담 초기에 집단구성원의 문제확인과 문제평가를 위해 효과적인 방법이 무엇인지를 탐색해 보라.

연습 4

집단구성원의 문제파악과 조력을 위해 집단구성원에게 반복해서 나타나는 부적절한 생각 · 감정 · 행동을 확인하는 것이 중요하다. 먼저 초보집단상담자로서 당신에게 반복해서 나타나는 부적절한 생각 · 감정 · 행동을 확인하고 앞으로 3개월 동안 이것을 수정하기 위한 상담전략을 수립해서 적용해 보라.

연습 5

대부분의 사람들은 자신이나 타인에게 화를 표출한다. 집단상담자로서 당신이 화를 내는 이유를 확인하고 화를 어떻게 처리하는지 확인하라. 다른 동료 집단상담자 3~5명과 함께 화를 내는 이유와 처리방법에 대해 논의하라.

연습 6

대부분의 사람들에게 자신의 삶을 영위하며 형성된 생활패턴을 바꾸는 것은 쉽지 않다. 집단상담자로서 당신의 생활패턴에 따른 시간관리를 어떻게 하는지 확인하라. 다른 동료 집단상담자 3~5명과 함께 시간관리 생활패턴에 대해 논의하라.

연습 7

집단상담자는 집단구성원의 현재 진행되는 감정에 초점을 맞추어 그러한 감정을 다루는 것이 중요하다. 따라서 집단상담자는 지금-여기에 초점을 맞추어 과거인 기억 속의 현재와 미래인 기대 속의 현재를 다룬다. 초보집단상담자로서 당신에게 과거에 일어났던 의미 있는 사건을 동료 집단상담자에게 표현하고 나서 현재에 그러한 사건에 대한 감정을 확인하는 연습을 하라. 또한 가까운 미래에 일어날 중요한 일에 대해 표현하고 나서 현재 입장에서 그것에 대한 감정을 확인하는 연습을 하라.

연습 8

만약 당신이 다소 경험 있는 집단상담자라면 당신이 주로 집단구성원 조력을 위해 적용하는 집단상담 접근방식을 바탕으로 스무 가지 집단상담의 원리를 작성한 후 동료 집단상담자에게 그러한 원리의 타당성을 설득력 있게 설명해 보라.

연습 9

만약 당신이 경험 있는 집단상담자라면 자신의 인간관과 성격에 가장 부합하는 집단상담 이론이 무엇인지를 확인하라. 그리고 그러한 집단상담 이론에서 사용하는 집단상담 과정에 따라 집단구성원의 문제를 개념화하여 조력하는 집단상담 계획을 구성해 보라.

제4장

집단상담의 과정

The group counselor's practice makes different,
and expands his horizon of knowledge and experience.

제4장의 목차

제4장
집단상담의 과정

집단상담은 집단구성원들이 원하는 목표를 달성하기 위해 집단상담자와 구성원들이 공동으로 노력하는 집단과정이다. 한 명의 내담자에 대해 이루어지는 개인상담과 달리, 일반적으로 집단상담은 일단 시작하면 구성원들이 변하지 않는 폐쇄집단에 참여한 8~12명의 인원으로 이루어진다. 집단구성원들은 자발적으로 참여하고 집단에서 매우 사적인 수준까지 공유한다. 집단상담자는 바람직한 방향으로 구성원들을 변화시키기 위한 집단상담 목표를 달성하기 위해 집단상담 과정에 참여한다. 집단상담 과정은 집단상담자(들)와 구성원들 사이의 관계라는 특징을 나타내며 집단상담자의 이론적 관점에 따라 차이를 보일 수 있다. 그러나 기본적으로 모든 집단상담자들은 '집단구성원들이 변화시키기를 원하는 것이 무엇인가?'와 '집단구성원들이 원하는 목표달성이나 문제해결을 어떻게 조력할 것인가?'라는 질문에 대한 해결을 위해 집단상담 과정에 참여하여 자신의 입장에 따라 구성원들을 조력한다.

초보집단상담자는 구성원들을 잘 조력해야 한다는 다소 강박적인 생각을 갖고 집단상담 활동에 임하면서 어떤 집단상담 과정을 통해 구성원들을 조력해야 할지 궁금해하며 최선의 방법을 찾으려 한다. 이러한 노력을 하면서 초보집단상담자는 집단상담 전문가에 따라 다소 다른 집단상담 과정으로 구성원들을 조력하는 것을 발견하고 혼란에 빠지기도 한다. '최선의 집단상담 과정은 무엇일까?' 집단구성원들이 원하는 바를 정확히 이해하여 효과적으로 잘 조력하는 집단과정이 최선의 방법일 것이다. 일반적으로 집단상담자들에게 최선의 집단상담 과정은 지금까지 집단상담 전문가들이 발견했던 가장 보편적인 과정이면서 집단상담자 각자의 독특한 관점을 반영하여 개발된 것이라고 본다. 초보집단상담자들은 많은 집단상담 경험을 통해 전문적 식견을 높임으로써 경험 있는 집단상담자로 성숙하여 나름대로의 적절한 집단상담 과정을 개발하게 될 것이다.

이 장에서는 집단과정으로서 보편적으로 수용되고 있는 다섯 단계, 즉 집단형성단계, 초기(탐색)단계, 전환단계, 작업단계, 종결단계로 구분하여 집단상담의 과정을 알아보고자 한다.

1. 집단형성단계

집단형성단계는 집단상담자가 상담집단을 계획한 후부터 실제 집단상담이 시작되기 이전에 이루어지는 사전집단모임 과정까지를 말한다. 집단상담자는 집단을 성공적으로 이끌기 위해서 집단상담 시작 전에 이루어지는 계획하기에 많은 시간을 투자하여 고려해야 할 사항을 철저하게 점검해야 한다. 여기서는 집단상담자가 집단형성단계에서 기본적으로 고려해야 할 다섯 가지 사항에 대해 알아보고자 한다.

집단상담을 위한 원리 개발 어떤 집단이든 개념적으로 아이디어의 생성으로 시작한다. 그리고 모든 성공적인 집단에는 집단의 존재를 위한 원리가 있다. 모든 집단상담은 각기 나름대로의 원리와 목적을 가진다. 집단상담자는 집단상담의 목표에 대한 명확한 생각을 집단구성원들에게 줄 수 있어야 한다.

집단상담에 적용되는 상담이론 결정 집단상담자는 그가 상담집단에 적용하는 주요한 상담이론이 무엇인가를 고려해야 한다. 집단상담자가 집단구성원들을 조력하기 위해 나름대로 자신의 변화모델인 상담이론에 대한 분명한 입장을 갖고 집단을 진행하는 것이 필요하다. 그리고 집단상담자는 자신이 취하는 이론적 입장에 대한 제한점과 강점이 무엇인지에 대한 인식을 갖는 것이 요구된다. 집단상담자는 이론적으로 절충적인 입장을 취할 때조차 자신이 진행하는 상담집단에 적절한 이론적 형태가 무엇인가를 선택하는 것이 필요하다. 집단의 유형은 개인, 대인관계 그리고 집단에 어떻게 초점을 두느냐에 따라 다른 특징을 가진다. 월도(Waldo, 1985)는 나(I)/우리(We)/그것(It)으로서 집단에서의 기능수준을 개념적으로 기술하였다. '나'는 신념 · 태도 · 감정에 관해 개인, 개인내적인 측면에 초점을 둔다. '우리'는 대인관계 차원, 즉 집단구성원들 간의 관계에 초점을 둔다. '그것'은 개인 외적인 측면에 대한 강조, 즉 주제 · 과업 · 집단의 관심사에 초점을 두는 것을 말한다. 집단상담자는 자신의 이론적 입장에 따라 복잡하게 나타나는 집단역동에 대한 이해를 바탕으로 도전적이고 복잡한 집단작업을 효과적으로 수행하는 것이 필요하다.

실제적 고려사항 검토하기 집단상담자는 상담집단을 형성하는 데 있어 실제적인 고려사항을 철저하게 점검하여 집단계획서를 작성하는 것이 요구된다. 집단상담자가 상담집단을 계획하는 데 있어 구체적으로 고려할 사항으로 집단회기 횟수와 시간, 모임장소, 집단구성에 필요한 인원, 집단구성원 선발방법 등을 들 수 있다. 이러한 기본적인 사항 외에 집단상담자는 집단상담 전반에 대해 계획하기, 집단상담 회기 계획하기, 개방형 대 폐쇄형 집단, 자발적 대 비자발적 참여, 동질 대 이질 집단, 장기 대 단기 집단 등의 보다 실제적으로 상담집단에서 필요한 내용을 세심하게 검토해야 한다.

집단상담 홍보하기 집단상담의 사전 계획하기 중에 중요한 사항은 집단상담을 홍보하여 집단구성원을 모집하는 것이다. 집단상담을 홍보하는 다양한 방법, 즉 인터넷, 신문, 팸플릿, 현수막, 포스터 등이 있다. 상담집단의 형성과 시작을 위해서는 무엇보다도 먼저 참여인원 확보가 필요하다. 따라서 집단상담자는 집단목표에 부합하는 집단구성원들이 홍보물의 내용을 보고 참여할 수 있도록 분명한 메시지를 줄 수 있는 홍보내용을 작성하는 것이 요구된다.

집단구성원과 집단상담자 선발하기 및 사전 오리엔테이션 계획된 집단상담을 시작하기 전에 마지막으로 실행해야 할 사항이 집단구성원과 집단상담자 선발하기 및 사전 오리엔테이션이다. 집단상담자는 집단상담 참여를 신청한 사람 중에서 집단목표에 적합한 사람을 선발하고, 집단 시작 전에 사전 오리엔테이션을 통해 예비 집단구성원들의 동기유발을 촉진시킬 필요가 있다. 역시 동일한 상담집단 목표를 가지고 여러 집단이 동시에 실시될 경우에는 집단을 잘 운영할 수 있는 자질을 갖는 집단상담자들이 필요하다. 전반적인 책임을 갖고 상담집단을 조직하는 책임자는 자격을 갖춘 집단상담자들을 선발하고 사전 오리엔테이션을 통해 만반의 준비를 하는 것이 필요하다.

2. 초기단계

집단상담의 초기단계는 집단의 첫 2~3회기까지를 말한다. 이런 점에서 집단상담의 초기단계는 개인상담의 관계형성 및 탐색하기 단계를 포함한 것이라고 할 수 있다. 초기단계에서 다루어져야 할 기본적이며 주요한 과제는 상담집단에 대한 오리엔테이션, 집단응집력을 높이기 위한 관계형성 그리고 집단상담자 및 집단구성원들의 탐색하기다. 따라서 초기단계에서 집단상담자의 역할은 집단구성원들이 이러한 내용을 달성할 수 있도록 집단을 운영하는 것이다.

초기단계의 과제

집단상담자와 집단구성원들은 초기단계에서 달성해야 할 다양한 과제를 가진다. 와이너(Weiner, 1984)는 초기단계에서 다루어야 할 다섯 가지 과제로 '걱정 다루기' '집단구성원들의 목표와 계약 검토하기' '집단규칙을 보다 명료하게 구체화하기' '한계 설정하기' 그리고 '집단구성원들 간에 긍정적 교류 촉진하기'를 제시하였다. 여기서는 저자의 집단상담의 경험을 바탕으로 이러한 초기단계의 다섯 가지 과제에 대해서 살펴보고자 한다.

걱정 다루기 개인은 누구나 새로운 일을 시작하면서 걱정 혹은 불안을 느낀다. 마찬가지로 상담집단을 시작하는 집단상담자나 집단구성원들은 앞으로 자신에게 전개될 미지의 세계에 대해 불안해하거나 걱정하기 마련이다. 특히 초보집단상담자는 집단을 잘 진행해야 한다는 다소의 강박관념과 함께 자신이 실수를 저질러 집단을 잘 운영하지 못할까 하는 걱정에 휩싸일 수 있다. 집단상담 슈퍼바이저는 초보집단상담자가 갖는 이러한 걱정을 잘 알고 그를 슬기롭게 지도하는 것이 필요하다. 집단구성원들은 정말 다양한 걱정, 즉 다른 집단구성원들로부터 거절되지는 않을까, 어느 정도 자기노출을 해야 할 것인가, 다른 집단구성원이 나를 이상한 사람으로 보지는 않을까 등으로 주춤한 상태에 있을 수 있다. 집단상담자는 구성원들의 이러한 걱정을 잘 파악하여 슬기롭게 대처할 수 있도록 조력해야 한다.

집단구성원들의 목표와 계약 검토하기 집단구성원들은 각자 자신이 원하는 목표를 상담집단에서 달성하고자 계약을 맺고 집단에 참여한다. 집단구성원의 가장 중요한 권리는 상담집단이 원래 생각한 내용과 다르다면 집단을 떠날 수 있는 권리다. 많은 경우에 집단형성단계 없이 초기단계가 시작되기 때문에, 집단상담자는 첫 집단회기에서 집단상담의 목표를 재진술해서 집단구성원들이 원하는 목표와 부합하는지를 확인하도록 하는 게 필요하다. 집단구성원들은 역시 상담집단에 참여하겠다는 신청서를 작성하여 계약을 맺었다. 또한 집단구성원들이 신청서를 작성할 때 생각했던 것과 집단상담의 목표 및 제반 실질적 내용이 일치하는지를 확인하는 것이 필요하다. 집단상담자는 구성원으로 하여금 자신이 원하는 상담집단이 아니라고 판단하는 경우에는 계약을 취소하고 집단을 떠날 권리가 있음을 주지시킬 필요가 있다.

집단규칙을 보다 명료하게 구체화하기 집단상담자는 특히 첫 집단회기 때 구성원들이 지켜야 할 집단규칙을 함께 논의할 필요가 있다. 즉 집단상담자는 집단상담의 목표를 달성하기 위해 상담집단이 어떻게 진행되는지에 대한 전반적인 계획과 함께 그러한 목표달성을 위해 집단상담의 주체인 집단상담자와 집단구성원들이 따라야 할 규칙이 있음을 알려서 따르도록 해야 한다. 집단규칙은 가능하면 보다 명료하고 구체적으로 그리고 긍정적 방식으로 진술하는 것이 좋다. 집단상담자는 상담집단을 성공적으로 이끌기 위해서 집단구성원들이 따라야 할 몇 가지 중요한 규칙에 대한 리스트를 사전에 작성하여 반드시 첫 회기에 논의하는 것이 요구된다. 일반적으로 상담집단에서 첫 집단회기에 언급되어야 할 몇 가지 중요한 규칙은 결석하지 않기, 비밀보장, 집단을 떠날 권리, 집단구성원이 자신의 문제를 다룰 권리, 집단에서 해서는 안 될 행동(예, 흡연, 신체적 폭력 등), 다른 집단구성원을 배려하고 존중하기 등이다.

한계 설정하기 집단상담자는 집단규칙과 함께, 집단구성원이 자신의 권리를 유지하고 주장하기 위한 전제조건으로서 일정한 한계 내에서 행동할 것을 규정하는 경계선을 설정할 필요가 있다. 집단구성원이 집단규칙을 위반해서 어떤 행동을 할 경우에 몇 번까지는 허용이 되지만 그 이상이 될 경우에는 상담집단을 떠나도록 한계를 설정하는 것이다. 예를 들면, 소수의 집단구성원들로 구성되어 있으며 제한된 집단회기로 진행되는 폐쇄집단의 경우에 '구성원이 몇 번 이상 결석을 하면 집단을 떠나야 하고 참가회비는 어느 정도 돌려받을 수 있다.'와 같은 한계를 설정하는 것이다.

집단구성원들 간에 긍정적 교류 촉진하기 집단상담자는 성공적인 집단운영을 위해 초기단계에서 구성원들 간에 서로 신뢰하는 집단분위기를 형성할 책임이 있다. 더 나아가 집단상담자는 신뢰의 분위기를 바탕으로 구성원들 간에 긍정적 교류가 이루어지도록 촉진하는 것이 필요하다. 집단구성원들 간에 긍정적 교류가 촉진되면, 그들은 개방적으로 서로를 공유하기 시작하며 집단응집력이 향상된다. 집단상담자는 초기단계에서 긍정적 교류를 통해 형성된 집단응집력, 신뢰, 이타주의, 희망, 자기이해 등이 성공적인 집단상담의 초석이 됨을 알고 가능한 한 격려를 통해 긍정적 교류를 촉진하는 것이 요구된다.

집단상담 첫 회기의 과제

'시작이 좋으면 반은 달성됐다'는 말처럼 집단상담 첫 회기는 중요하다. 경험이 많은 집단상담자라 할지라도 첫 집단회기에 다루어야 할 중요한 과제가 많이 있음을 인식하고 다소의 불안을 갖고 임하기 마련이다. 그리고 대부분의 초보집단상담자는 집단상담 첫 회기를 끝내고 나서 다루어야 할 중요한 내용을 빠뜨린 것에 아쉬움을 표현하곤 한다. 따라서 집단상담자는 집단상담 첫 회기에 다루어야 할 내용에 대한 리스트를 작성하여 중요한 내용을 빠뜨림 없이 다루어야 한다. 제이콥스 등(Jacobs, Masson, & Harvill, 2009)이 집단상담 첫 회기에서 집단상담자가 고려할 사항으로 제시한 열아홉 가지 내용은 다음과 같다(pp. 85-112).

- 집단 시작하기
- 집단구성원들이 서로를 알도록 소개하기
- 긍정적인 집단분위기를 형성하기
- 집단상담의 목적을 명료화하기
- 집단상담자의 역할을 설명하기
- 상담집단이 어떻게 진행될 것인가를 설명하기
- 집단구성원들이 집단상담을 통해 얻고자 기대하는 것을 표현하도록 조력

하기
- 표현하지 않는 집단구성원들을 참여하도록 끌어내기
- 활동을 사용하기
- 집단구성원들의 정서적 안정 수준을 확인하기
- 집단규칙을 설명하기
- 앞으로 사용될 어떤 특별한 용어를 설명하기
- 집단구성원들의 상호작용 스타일을 평가하기
- 다문화적 및 다양성 주제와 나타날 수 있는 집단역동을 민감하게 관찰하기
- 내용에 초점두기
- 집단진행에 방해가 되는 집단구성원들을 차단하기
- 집단구성원들의 다양한 질문을 처리하기
- 집단구성원 간에 서로 시선접촉을 하면서 이야기하도록 하기
- 집단상담 첫 회기 종결하기

신뢰 기반의 집단응집력 형성

집단상담 초기단계에서 집단상담자는 구성원들이 자신의 문제를 털어놓을 수 있는 신뢰관계를 쌓는 것에 중점을 둔다. 초기단계에서 집단구성원들 간의 집단응집력 형성을 어떻게 하느냐에 따라 이후에 진행되는 집단상담 과정은 엄청난 차이를 보인다. 집단상담자가 능숙한 집단지도력 기술을 갖추고 있다고 할지라도 구성원들에게 신뢰감과 매력을 주지 못하면 그러한 기술을 적용하기도 전에 집단과정은 혼란에 빠질 수 있다. 집단상담자가 진솔하게 구성원들을 조력하려고 노력하고 있다는 메시지가 전해질 수 있도록 집단상담자는 자신의 음성언어와 신체언어를 효과적으로 사용하여야 한다. 집단구성원들에게 비추어진 집단상담자의 신뢰 기반의 태도나 신체언어는 그들에 대한 집단상담자의 관심을 반영한다. 특히 집단상담 초기에 집단상담자가 구성원들에게 보이는 신뢰는 집단응집력 형성에 매우 중요하다. 지적한 것처럼 집단상담의 공동 주체는 집단상담

자와 집단구성원들이다. 따라서 여기서는 집단응집력 형성에서 보이는 집단상담자와 집단구성원들의 주요한 관심과 행동에 초점을 두고 집단상담자 및 집단구성원들의 역할을 알아보고자 한다.

집단상담자의 역할 　집단응집력 형성을 위해 초기에 집단상담자는 집단구성원을 조력하기 위해 그에게 전적으로 관심을 기울이고 있다는 것이 전달될 수 있도록 노력해야 한다. 집단상담자는 신뢰에 기초한 집단응집력 형성을 위해 개방적이며 정직한 태도로 임해야 한다. 집단상담자는 집단구성원이 편안한 심리상태로 상담집단에 참여할 수 있도록 적절한 집단상담실 환경을 유지해야 한다. 집단구성원이 호소하는 문제를 잘 경청하면서 그가 집단상담 절차에 대해 갖는 많은 호기심을 해결해 줄 수 있어야 한다. 집단상담자는 주로 집단구성원이 자신의 문제에 대해 이야기할 수 있도록 개방형 질문을 사용하여 문제의 내용과 심각성을 확인한다. 집단상담자는 비판단적인 자세를 견지하면서 집단구성원의 행동을 잘 관찰하고 경청하며 수용적인 태도를 보인다. 집단응집력 형성에서 집단상담자의 주요한 역할은 집단구성원에게 관심 기울이기, 집단상담자의 태도, 집단상담의 구조화 등이다.

집단구성원의 역할 　집단상담 초기단계에서 집단구성원의 주요한 행동 특징 한 가지는 수동적이며 집단상담자에게 많이 의존하는 수동적 역할이다. 집단구성원이 비자발적으로 참여한 경우에는 집단상담자의 반응에 따라 마지못해 대답하는 매우 수동적인 역할을 한다. 자발적으로 상담집단을 찾은 집단구성원도 집단상담 절차를 모르기 때문에 기본적으로 수동적 역할을 하지만, 도움을 받고자 하는 욕구가 강하고 동기유발이 되어 있기 때문에 집단상담자의 태도와 반응에 따라 능동적으로 집단상담 관계에 참여할 가능성이 높다.

초기단계에서 집단구성원은 기본적으로 자신의 문제를 털어놓게 되고 집단상담자가 그러한 문제를 빨리 해결해 주었으면 하고 바란다. 또한 집단상담자가 그에게 보여 주는 태도를 확인하면서 이 집단상담자가 자신에게 도움이 될 것인가를 평가한다. 집단구성원이 집단상담자에 대한 부정적 평가를 하면 집단상담 관계는 종결될 수 있다. 집단구성원은 집단상담이 어떻게 진행되는가에 대해 궁금해하며 집단상담자의 구조화에 의존해서 행동하게 된다. 집단구성원은 자신의 문제해결을 위한 집단상담자의 조력 능력 여부와 집단상담 절차에 대한 호기심으로 가득 찬 상태에서 수동적 행동을 나타내지만 내면적으로 이러한 호기심에 대한 능동적 평가를 하고 있다.

탐색하기

집단상담 초기단계에서 집단상담자는 탐색하기를 통해 집단구성원의 동기, 목적 그리고 문제파악을 도모한다. 집단상담자와 구성원들의 신뢰관계를 바탕으로 집단상담자는 구성원들 각자가 지닌 문제의 본질을 정확히 파악하도록 탐색하게 한다. 집단구성원이 초기단계에서 제시한 문제가 실제적 문제가 아닌 경우가 많다. 집단구성원은 자신의 가족관계, 성격, 단점과 강점, 문제대처방식 등을 탐색함으로써 현재 문제가 어디에서 비롯되었는가를 알게 된다.

집단상담자의 역할 탐색하기에서 집단상담자의 주요한 역할은 집단구성원이 자기탐색을 확장하도록 촉진하는 반응을 하는 것이다. 카커프(Carkhuff, 1987, pp. 91-123)는, 집단상담자가 집단구성원이 표현하는 내용·감정·의미에 적절한 공감적 반응을 하여 집단구성원의 자기탐색을 촉진할 것을 강조하였다. 즉 집단상담자는 내용의 재진술이나 바꾸어 말하기, 감정의 반영, 내용과 감정에 함께 반응하기 등을 통해 집단구성원의 마음을 읽어 줄 수 있어야 한다. 집단상담자는 들추어내기 힘든 일을 자기노출하는 집단구성원의 노력을 격려하는 역할을 한다. 아들러식 집단상담자들은 집단구성원의 생활양식조사를 통해 그가 현재 겪고 있는 문제와의 관계성을 탐색한다.

집단구성원의 역할 탐색하기의 주체적 역할을 하는 것은 집단구성원이다.

집단구성원은 문제를 해결하는 사람은 집단상담자가 아니라 자신이라는 것을 깨닫게 되고 자신의 문제를 파악하기 위한 노력을 한다. 집단구성원은 자기노출과 자기탐색을 높임으로써 이전에는 알아채지 못했던 자신의 장점과 단점을 알게 된다. 즉 자신에게 큰 충격을 주었던 과거의 일이나 미래에 일어날 일에 대한 걱정을 현재로 가져와 경험함으로써 무엇이 문제인가를 알게 된다. 집단구성원은 자기노출과 경험을 통해 자신의 현재 문제와 비합리적 생각, 부적절한 정서, 자기파괴 행동의 관계성을 자각하게 된다.

3. 전환단계

집단상담의 초기단계 이후 집단은 다소 도전적인 전환단계를 거치게 된다. 이 단계에서 집단구성원들은 자신의 불안, 방어, 갈등, 집단 참여에 대한 양가감정 등을 드러내고 다루게 된다. 초기단계에서 확립된 신뢰를 바탕으로 집단구성원들은 이전에는 표현을 꺼려했던 감정·생각·행동을 기꺼이 표현하게 된다. 글래딩(Gladding, 2003)은 전환단계를 격동기(storming)와 규범형성기(norming)로 구분하여 설명하였다(p. 134). 여기서는 이러한 구분에 의해 전환단계의 특징을 살펴보고자 한다.

격동기

격동기는 인간발달에 비유하면 질풍노도의 시기인 청소년기에 해당한다. 집단과정의 격동기는 집단구성원들이 겪는 갈등과 불안의 시기다. 격동기는 집단구성원들이 새로운 환경에서 갈등과 불안을 겪으면서 나름대로 새로운 질서를 찾으면서 안간힘을 쓰는 시기다. 집단구성원들의 불안은 자신이 잘못 이해되는 것에 대한 두려움, 보다 많은 구조화에 대한 욕구, 목표, 규범 그리고 집단상황에서 기대되는 행동에 대한 명료성의 결여 등에서 비롯된다. 글래딩(Gladding,

2003)은 격동기에 겪는 세 가지 중심적인 특징으로 집단구성원들 간의 관계, 저항, 과업처리과정이 나타남을 제안하였다(p. 136). 이러한 중심적 특징과 관련하여 격동기에 일어나는 현상을 살펴보자.

집단구성원들 간의 관계 대인관계 심리치료를 제안했던 설리번(Stack Sullivan)은 모든 불안의 원천은 대인관계에서 비롯된다고 지적하였다. 여느 집단에서처럼 상담집단에 참여한 집단구성원들은 다양하면서도 독특한 특성을 가진 사람들이다. 집단구성원은 기본적으로 집단상담자 및 다른 구성원들과 어떻게 상호작용을 할 것인가로 불안한 상태에 있을 수 있다. 대부분의 집단구성원들은 낯선 다른 구성원들에게 자신이 고민하는 문제를 어느 정도 노출해야 하는지, 그리고 다른 구성원들의 표현에 진솔하고 과감하게 피드백을 주는 모험을 해야 할지로 복잡한 심리적 경험을 겪게 된다. 역시 모든 집단구성원은 다양한 문화적 배경을 가지기 때문에 집단에서 전형적으로 나타나는 힘겨루기로 인한 불안을 경험한다. 능숙한 집단상담자는 이러한 집단구성원들 간의 관계에서 비롯되는 격동기의 특징을 잘 이해하고 처리한다.

저항 저항은 집단구성원들이 불편함, 갈등, 잠재적 성장의 영역에서 벗어나려는 행동으로 정의할 수 있다(Gladding, 2003, p. 137). 특히 이러한 저항은 격동기 초기 중에 많이 나타난다. 집단구성원의 저항에 익숙하지 않은 집단상담자는 구성원의 저항적 행동에 방어적으로 대처함으로써 집단을 더 혼란스러운 상태에 빠뜨리곤 한다. 집단구성원들은 표면적으로는 수용하는 것처럼 보이는 아주 미묘한 반응을 통해 저항한다. 글래딩(Gladding, 2003)은 집단상담에서 두드러지게 나타나는 이러한 미묘한 간접적 저항의 일곱 가지 유형을 제시하였다. 이러한 유형은 이지화(intellectualization), 질문하기(questioning), 충고하기(advice giving), 임시변통하기(band-aiding), 의존성(dependency), 독점하기(monopolizing) 그리고 집단상담자 공격(attack on the group leader)이다(pp. 137-140). 성공적인 집단상담의 운영을 위해 집단상담자는 격동기에 집단구성원들이 보이는 이러한 저항의 유형을 감지하여 적절하게 처리해야 한다.

과업처리과정 격동기에 상담집단에서 추구하는 구체적인 목표달성방식은 퇴행하는 것으로 나타난다. 즉 집단상담자와 집단구성원들은 더 이상 집단의 초기단계에 했던 것처럼 직접적으로 목표에 집중하지 못하게 된다. 집단상담 목표에 집중하지 못하는 주요한 이유는 집단구성원 중 누군가가 비난받거나 희생양(scapegoat)이 되는 것에서 비롯된다. 따라서 집단상담자는 집단구성원들이 각자의 개인적 목표 및 집단목표와 관련한 자신의 감정을 서로에게 표현하도록 촉진해서 집단구성원 중 누구도 희생양이 되지 않도록 조력하는 것이 필요하다.

규범형성기

규범(norms)은 해야 하거나 하지 말아야 하는 집단구성원들의 행동에 대한 기대다(Forsyth, 1999). 집단규범은 조직화된 단위로서 집단의 수행을 규정하도록 기능한다. 집단상담 초기에 규범은 명료하지 않을 수 있으나 집단이 발달해 감에 따라 잘 정의할 수 있다. 집단이 발달함에 따라, 집단상담자와 집단구성원들은 자신들의 목표를 달성하기 위해 따라야 하는 언어적 및 비언어적 규칙을 보다 잘 자각하게 된다.

집단규범 형성하기를 통해 구성원들은 그들 각자보다 더 큰 조직에 소속된다고 느낄 때 나타나는 '우리(We-ness)', 정체감, 집단소속감, 응집력의 감정을 갖게 된다(Gladding, 2003, p. 144). 집단규범 형성하기에서는 집단의 다음 단계인 작업단계를 위한 패턴을 설정하기 때문에 집단과정의 매우 중요한 부분이다. 규범형성기에 집단구성원들은 집단에 대한 열정과 협동을 표현한다. 여기서는 규범형성과 관련한 두 가지 주요한 측면인 집단구성원들 간의 관계, 과업처리과정을 살펴보고 나서 규범형성 증진하기에 대해 살펴보고자 한다.

집단구성원들 간의 관계 규범형성기 중에 집단구성원들 간의 관계와 관련하여 여러 가지 중요한 변화가 나타난다. 즉 집단구성원들의 집단 및 다른 집단구성원에 대한 관점과 태도가 긍정적으로 변화한다. 집단구성원들은 소속감, 지지, 수용 태도를 보이며 집단상담이 성공적이기를 기대한다. 이러한 집단구성원들 간의 상호작용은 동일시, 지금-여기 경험, 희망, 협동, 공동체 의식 그리고 응집력으로 표현된다(Gladding, 2003, pp. 145-147).

과업처리과정 규범형성기의 한 가지 주요한 과업목표는 집단구성원들이 규범 혹은 규칙과 기준 확립과 관련해서 합의를 도출하는 것이다. 집단규범을 통해, 집단구성원들은 자신들의 행동을 규정하고, 평가하고, 조정하는 것을 학습한다. 집단은 전형적으로 수행해야 할 행동의 종류를 기술하는 '지시적 규범(prescriptive norms)'과 피해야 할 행동의 종류를 기술하는 '금지적 규범(proscriptive norms)'을 수용한다. 규범형성기의 또 다른 주요 과업목표는 서약이다. 집단구성원들의 서약은 집단의 규칙에 대해 그들이 전체로서 그리고 개인으로서 행한 약속이다.

규범형성 증진하기 규범형성은 집단상담자와 집단구성원들의 행동을 통해 증진될 수 있다. 규범형성 증진을 위해 여러 가지 대인관계 기술 및 구체적 집단지도력 기술이 사용될 수 있다. 이러한 기술 중에 주요한 기술로 지지하기, 공감하기, 촉진하기 그리고 자기노출하기가 사용된다(Gladding, 2003, pp. 148-150).

집단상담자와 집단구성원의 역할

집단구성원의 자기탐색을 통한 자각은 문제의 본질에 대한 통찰과 이해로 이끈다. 집단구성원의 통찰은 새로운 관점으로 자신과 주변 세계를 이해함을 말한다. 이러한 이해의 핵심은, 집단구성원이 문제의 원인이 된 자신의 생각 · 행동 · 감정의 책임이 자신에게 있고 이것을 변화시킬 책임도 자신에게 있다는 것을 깨닫는 것이다. 그럼으로써 지금까지 집단구성원의 문제해결을 가로막았던 주요 원인인 방어나 책임회피를 벗어 버리고, 모든 문제에 직면하여 해결의 책임이 자신에게 있다는 것을 인식한다.

집단상담자의 역할 전환단계에서 집단상담자의 주요한 역할은 집단구성원이 정확하게 자신의 문제를 이해하도록 돕는 것이다. 집단상담자는 집단구성원으로 하여금 새로운 관점에서 문제를 이해하고, 부적절한 행동 · 감정 · 생각에 대한 책임이 스스로에게 있음을 깨닫게 한다. 집단상담자는 집단구성원의 이해를 촉진시키기 위해 높은 수준의 공감 · 직면 · 해석 등의 기법을 사용한다. 특히 내담자가 경험을 통해 이해할 수 있도록 과거나 미래의 미해결된 일에 대해 현재에서 역할연기를 하도록 한다. 카커프(Carkhuff, 1987, pp. 125-153)는 집단상담자가 집단구성원의 이해를 촉진시키기 위해 의미 · 문제 · 목표 · 감정을 자신의 관점에서 볼 수 있도록 조력할 것을 강조하였다. 집단구성원의 이해와 책임감 촉진을 위해서 집단상담자는 펄스가 제안한 '나는 나의 모든 행동 · 감정 · 생각에 대한 책임이 있다.'라는 기법을 효과적으로 사용할 수 있다. 아들러식 집단상담자들은 이전 단계에서 파악된 집단구성원의 생활양식조사를 통해 그가 현재 사용하고 있는 생활양식이 적응에 어려움을 주고 있다는 것을 이해하도록 한다.

집단구성원의 역할 집단구성원은 초기단계에서 탐색하기를 통한 자각확장으로 전체적 조망에 의한 통찰을 한다. 집단구성원은 문제의 본질을 이해하고 변화의 책임이 자신에게 있다는 것을 이해한다. 방어를 벗어 버리고 실존적 존재로서 자신의 역할을 경험한다. 집단구성원은 자신의 행동 · 감정 · 생각이 어떻게 현재의 문제와 관련되는지를 이해한다. 자신의 왜곡되고 불일치한 경험을 확인하고 보다 일치된 경험을 하기 시작한다. 집단구성원은 새로운 관점에서 문제를 보게 되고 어떻게 행동해야 할 것인가에 대한 자기다짐을 한다.

4. 작업단계

집단상담 과정에서 원래 계획했던 개인 및 집단의 목표달성을 위해 가장 많은 시간을 보내는 시기가 작업단계다. 이런 점에서 작업단계는 수행단계 혹은 행동단계라고도 한다. 작업단계에서는 지금까지 형성된 집단응집력을 바탕으로 집단구성원들의 변화를 위한 생산적 활동이 이루어진다. 공감적 상담과정 모델을 제시했던 카커프(Carkhuff, 1987)의 조력과정에 따르면, 작업단계는 집단구성원들이 자신의 문제를 이해한 것을 토대로 문제해결을 위해 행동하도록 촉진하는 단계다. 작업단계는 개인 및 집단의 목표 달성 및 집단이 보다 통합되고 생산적인 체계로서 작동하는 데 초점을 둔다. 다른 단계와 비교해서 작업단계에서 집단상담자와 집단구성원들은 상담집단이 정착되고 힘겨루기 및 통제와 같은 집단상담 주제가 집단구성원들이 서로 신뢰할 만큼 처리되어 왔기 때문에 새로운 행동과 전략을 시도하는 데 있어 보다 많은 자유와 편안함을 느낀다. 이 단계에서는 자기 및 타인, 그리고 새로운 생각에 대한 개방과 같은 치료적 힘이 잘 확립되어 있다. 성공적인 상담집단은 집단구성원들이 서로에게 도움이 되는 즉시성, 자기노출, 피드백, 유머 그리고 직면과 같은 반응을 많이 하게 된다.

효과적 작업집단의 특징

효과적인 작업단계에서는 한층 고양된 집단응집력과 신뢰로운 집단분위기 속에서 집단구성원들 간에 긍정적이고 생산적인 피드백이 이루어진다. 응집력 있고 생산적인 집단의 구체적 특징은 집단 유형에 따라 다소 다양할 수 있지만, 효과적인 작업집단은 다음과 같은 여섯 가지 일반적인 특징을 보인다(Corey, 2008, p. 97).

- 지금-여기, 즉 현재 진행되는 것에 초점이 있다.

- 집단구성원들은 집단회기에서 현재 느끼고 행동하는 것에 대해 직접적으로 서로에게 피드백을 주고받는다.
- 집단구성원들은 자신들의 목표 및 관심사를 보다 쉽게 확인하고, 그러한 것에 대한 책임을 진다.
- 집단구성원들은 행동변화를 이루기 위해 집단에서 배운 것을 집단 밖에서 기꺼이 실천에 옮긴다.
- 대부분의 집단구성원들은 집단에 대한 소속감을 강하게 느낀다.
- 집단은 집단구성원들이 서로를 경청하고 함께 생산적인 작업을 한다는 점에서 거의 오케스트라처럼 작동한다.

집단의 치료적 요인

집단상담의 다양한 치료적 요인은 집단과정 전반에 걸쳐 나타나며 집단구성원의 변화에 영향을 미친다. 집단상담이 성공적으로 진행되었을 경우 작업단계에서 두드러지게 나타나는 치료적 요인이 있다. 이러한 치료적 요인은 집단구성원의 건설적인 변화를 생성하는 데 주요한 역할을 한다. 코리 등(Corey, Corey, & Corey, 2010)은 작업단계에서 두드러지게 나타나는 치료적 요인으로 열네 가지를 제시하였다. 이러한 요인은 자기노출과 집단구성원, 자기노출과 집단상담자, 피드백, 직면, 응집력과 보편성, 희망, 기꺼이 모험하기 및 신뢰하기, 돌봄과 수용, 힘, 카타르시스, 인지적 구성요인, 변화에 대한 다짐, 실험할 자유 그리고 유머 등이다(pp. 242-258).

집단상담자와 집단구성원의 역할

무엇이 문제인지 알고는 있지만 문제해결을 위해 행동으로 옮기지 못하면 아직 충분히 문제해결이 되었다고 볼 수 없다. 작업단계의 핵심은 문제해결을 위한 실행이다. 어떤 집단상담자들은 문제에 대한 이해만으로 상담과정이 달성되었다고 보는 경우도 있지만, 대부분의 집단상담자들은 집단구성원이 행동으로 옮겨 문제를 해결할 것을 강조한다. 집단구성원은 자각의 확장 및 통찰을 통해 얻은 새로운 관점으로 문제해결을 위해 노력한다. 작업단계는 집단구성원이 문제에 대한 이해를 바탕으로 집단상담자와 함께 설정한 목표를 달성하기 위해 실행하는 단계다.

집단상담자의 역할　　집단상담자는 구성원들이 목표를 달성하도록 실행할 것을 촉진한다. 집단상담자는 정확히 문제를 이해하지만 우유부단해서 행동하기를 주저하는 집단구성원이 행동하도록 리드하는 역할을 한다. 집단구성원이 세운 계획을 잘 이행할 수 있도록 적절한 목표설정과 계획수립을 하도록 돕는다. 집단구성원이 지금까지 해 왔던 행동과는 다른 대안적 행동을 해 보도록 촉진한다. 아는 것과 실천하는 것은 매우 다르다는 전제하에 집단구성원이 실행하면서 겪는 어려움을 충분히 공감해 줄 수 있어야 한다. 또한 집단구성원이 시도한 행동 결과의 성패보다는 시도에 초점을 두고 끊임없이 그를 격려해 주는 것이 필요하다. 집단상담자는 실행을 위해 집단구성원에게 필요한 정보를 제공하거나 직접 지도할 수 있다. 카커프(Carkhuff, 1987, pp. 155-194)는 집단상담자가 집단구성원의 실행을 촉진하기 위해 목표를 설정하고, 프로그램을 개발하고, 계획과 강화를 설계하고, 적절한 단계를 설정하고, 준비를 철저히 하여 단계에 따라 이행해야 한다고 지적하였다. 아들러식 집단상담자들은 이 단계에서 집단구성원의 주요한 문제인 부적절한 생활양식을 재정향하기 위해 다양한 기법을 적용한다.

집단구성원의 역할　　신뢰 및 집단응집력에 기반을 둔 집단분위기 속에서 집단구성원은 자각 및 이해를 바탕으로 문제해결을 위해 실행한다. 집단구성원은 자신이 설정한 목표를 달성하기 위해 행동으로 옮기면서 경험하는 바를 잘 확인하여 그러한 경험을 집단상담자와 공유하는 것이 중요하다. 집단구성원은 생각과 감정을 명료화한다. 또한 새롭게 변화하고자 하는 행동목표를 설정하고 달성하기 위해 계획에 따라 이행하며 수행한 행동을 평가한다.

5. 종결단계

집단의 종결을 준비하는 데 있어 기억해야 할 가장 중요한 점은 집단 그 자체는 실체가 아니라 집단구성원들로 구성된 집합체라는 점이다. 따라서 집단상담자는 종결단계에서 집단구성원들 각자가 집단상담을 통해 원하는 자신의 목표를 달성했는가를 확인하면서 배려 있는 이별 절차를 밟아 집단을 종결해야 한다. 종결단계는 집단상담 과정을 마무리하는 것으로, 집단상담자와 집단구성원들이 설정한 계획에 따라 상담목표가 만족스럽게 달성되었다는 데 상호 동의함으로써 이루어지는 절차다. 다시 말하면 집단구성원이 더 이상 집단상담자의 조력 없이 자신의 힘으로 문제해결을 할 수 있다는 자신감을 갖고 집단을 떠나는 것이다. 물론 이전단계에서 문제해결이 안 된 상태일지라도 집단상담이 별로 도움이 안 된다고 생각한 집단구성원이 그만두기를 원하면 언제나 집단을 떠나 종결이 이루어질 수 있다. 그러나 정상적인 절차에서 종결은 집단구성원들의 미해결 과제가 해결되어 집단상담 관계를 마무리하는 것을 말한다. 집단상담의 종결은 집단상담자와 집단구성원들이 유지해 온 친숙한 대인관계를 청산하는 것을 의미한다. 따라서 집단상담자는 종결로 인한 이별에서 비롯되는 집단구성원들의 감정처리가 자연스럽게 이루어질 수 있도록 적절한 절차에 따라 집단상담 과정을 종결해야 한다.

집단종결 목표 및 활동

집단구성원들은 종결 시 집단과정에서 있었던 의미 있는 사건이나 학습경험을 회상한 내용을 요약할 수 있다. 집단상담에 참여한 집단구성원들은 각자 다루어진 내용이 다르거나 독특한 개인적 문제를 갖고 있기 때문에 종결 시 다양한 주제로 진통을 겪을 수 있다. 따라서 집단상담자는 집단구성원 각자의 바람 달성에 관한 이야기를 잘 경청하면서 종결단계를 슬기롭게 마무리하는 것이 필요하다. 제이콥스 등(Jacobs, Masson, & Harvill, 2009)이 집단상담 종결단계를 위해 제시한 일곱 가지 집단종결 목표는 다음과 같다(p. 365).

- 집단경험 검토 및 요약하기
- 집단구성원들의 성장과 변화를 평가하기
- 미해결 과제를 처리하기
- 일상생활에 변화를 적용하기
- 피드백 제공하기
- 이별을 다루기
- 계속된 문제해결을 위해 계획하기

집단상담자는 이러한 집단종결 목표를 달성하기 위한 효과적 활동으로서 순회하기, 소망 말하기, 재결합의 환상, 집단경험에 대해 글쓰기, 칠판 혹은 유인물 사용하기 등을 사용할 수 있다(pp. 369-371).

종결단계에서 추가적 고려사항 집단상담자가 종결단계에서 고려할 사항은 수없이 많다. 집단상담자는 자신이 운영하는 상담집단의 특성을 고려하여 최선의 종결을 위해 노력하는 것이 필요하다. 제이콥스 등(Jacobs, Masson, & Harvill, 2009)이 제시한 추가적 고려사항 일곱 가지를 제시하면 다음과 같다(p. 372).

- 이별의 감정 다루기
- 강렬한 감정으로 종결되는 것에 대해 지도하기
- 집단구성원들이 현실세계로 전환하도록 조력하기
- 집단구성원들과 개별적으로 종결면담을 수행하기
- 추수 집단상담 회기를 개최하기
- 집단을 평가하기
- 파티로 집단을 마무리하기

집단상담자는 이러한 추가적 고려사항을 고려하여 상담집단을 효과적으로 종결하는 것이 요구된다.

집단상담자와 집단구성원의 역할

집단상담자의 역할　종결단계에서 집단상담자의 중요한 역할은 집단구성원이 설정한 상담목표가 달성되었는지를 확인하는 것이다. 만약 집단구성원이 해결하지 못한 어떤 과제가 있으면 집단상담자는 그러한 미해결 과제를 해결할 수 있도록 조력한다. 집단구성원의 변화된 상태에 대해 피드백을 제공한다. 집단상담 전 과정에 대한 요약과 목표달성에 대한 확인을 바탕으로 집단상담을 종결해도 괜찮은지의 여부를 최종 평가한다. 집단상담자는 친숙한 관계의 갑작스러운 청산으로 비롯되는 집단구성원의 상실감을 인식하고 집단구성원의 특성을 고려하여 세심한 배려를 바탕으로 종결에 대한 준비를 해야 한다.

집단구성원의 역할　집단구성원은 집단상담을 통해 그가 얼마나 성숙했는가를 인식하고 획득한 지식과 기술을 바탕으로 다양한 상황에서 대처할 수 있다는 자신감을 갖는다. 집단상담 과정 및 활동에 대한 전반적인 요약과 평가를 하면서 집단구성원은 자신의 변화를 발견한다. 집단상담자와의 친숙한 조력관계를 청산하면서 겪는 이별의 아픔을 경험하지만 독립적인 삶을 위해 필요한 과정임을 인식한다. 집단상담 관계를 마무리한 후 새로운 방식의 삶에 대한 계획을 세운다.

6. 요약

- 집단상담자가 집단형성단계에서 기본적으로 고려해야 할 사항은 집단상담을 위한 원리 개발, 집단상담에 적용되는 이론 결정, 실제적 고려사항 검토

하기, 상담집단을 홍보하기, 그리고 집단구성원과 집단상담자 선발하기 및 사전 오리엔테이션 등이다.

- 초기단계에서 다루어야 할 다섯 가지 과제로 걱정 다루기, 집단구성원의 목표와 계약을 검토하기, 집단규칙을 보다 명료하게 구체화하기, 한계 설정하기, 그리고 집단구성원들 간에 긍정적 교류를 촉진하기를 제시하였다.

- 제이콥스 등(Jacobs, Masson, & Harvill, 2009)은 집단상담 첫 회기에서 집단상담자가 고려할 사항으로 열아홉 가지 내용을 제시하였다.

- 집단응집력 형성에서 보이는 집단상담자와 집단구성원의 주요한 관심과 행동에 초점을 두고 집단상담자 및 집단구성원의 역할에 대해 알아보았다.

- 집단상담자는 탐색하기를 통해 집단구성원의 동기, 목적 그리고 문제파악을 도모한다. 집단상담자와 집단구성원의 신뢰관계를 바탕으로 집단상담자는 집단구성원이 자신의 문제의 본질을 정확히 파악하도록 탐색하게 한다.

- 이 장에서는 전환단계를 격동기와 규범형성기로 구분하여 설명하였다. 격동기에서 겪는 세 가지 중심적인 특징으로 집단구성원들 간의 관계, 저항, 과업처리과정이 나타남을 제안하였다.

- 집단규범 형성하기를 통해 집단구성원들은 그들 각자보다 더 큰 조직에 소속된다고 느낄 때 나타나는 '우리' 의식, 정체감, 집단소속감, 응집력의 감정을 갖게 된다.

- 집단규범 형성하기에서는 집단의 다음 단계인 작업단계를 위한 패턴을 설정하기 때문에 집단과정의 매우 중요한 부분이다. 규범형성기에 집단구성원들

은 집단에 대한 열정과 협동을 표현한다. 집단규범 형성하기와 관련한 두 가지 주요한 측면인 집단구성원들 간의 관계, 과업처리과정을 살펴보았다.

- 수행단계 혹은 행동단계라고도 불리는 작업단계에서는 지금까지 형성된 집단응집력을 바탕으로 집단구성원들의 변화를 위한 생산적 활동이 이루어진다. 이 단계에서는 자기 및 타인 그리고 새로운 생각에 대한 개방과 같은 치료적 힘이 잘 확립된다.

- 종결단계는 집단상담 과정을 마무리하는 것으로 집단상담자와 집단구성원들이 설정한 계획에 따라 상담목표가 만족스럽게 달성되었다는 데 상호 동의함으로써 이루어지는 절차다.

- 종결단계의 목표 일곱 가지는 이별의 감정 다루기, 강렬한 감정으로 종결되는 것에 대해 지도하기, 집단구성원들이 현실세계로 전환하도록 조력하기, 집단구성원들과 개별적으로 종결면담을 수행하기, 추수 집단상담 회기를 개최하기, 집단을 평가하기 그리고 파티로 집단을 마무리하기다.

효과적 조력을 위한

〈집단상담 연습 4〉: 집단상담의 과정 이해하기

연습 1

당신이 집단상담자의 임무를 수행한다고 가정하고 사전집단에서 해야 할 사항의 목록을 만들어 확인해 보라. 특히 집단상담자가 집단형성단계에서 기본적으로 고려해야 할 사항을 확인하라.

연습 2

집단상담의 과정을 시작(탐색)단계, 전환단계, 작업단계, 종결단계로 구분해서 집단상담자와 집단구성원이 제각기 수행해야 할 역할이 무엇인지 설명해 보라.

연습 3

집단상담의 초기단계에서 다루어야 할 주요한 과제가 무엇인지 기술해 보라.

연습 4

집단상담자가 집단상담 첫 회기에서 고려해야 할 사항이 무엇인지 나열해 보라.

연습 5

전환단계를 격동기와 규범형성기로 구분해서 어떤 특징이 나타나는가를 설명해 보라.

연습 6

집단상담자는 계획했던 목표달성을 위해 작업단계에 많은 시간을 할애하여 집단구성원들을 조력한다. 효과적인 작업집단의 일반적인 특징과 작업단계의 치료적 요인에 대해 다른 동료 집단상담자와 논의해 보라.

제2부

상담이론에 따른 집단상담

상담이론가는 자신의 삶의 경험과 인간행동을 보는 관점을 바탕으로 상담이론을 개발한다. 모든 상담이론이 내담자를 조력한다는 대전제하에 개발되었지만 나름대로 강점과 한계점을 지니고 있다. 여기에서는 제2부에서 소개할 아홉 가지 주요한 상담이론을 상담이론가의 관점에서 개략적으로 살펴보고자 한다.

모레노(Jacob Moreno)는 '인생은 연극이며, 인간은 창조성과 자발성을 갖고 태어났다.' 고 보았다. 모레노에 따르면 역할 및 역할연기를 통해 자아를 형성하게 되므로, 당신이 지금 하는 행위가 무엇보다 중요하며 당신을 결정한다. 아들러는 개인의 문제가 인생 초기에 형성한 생활양식에 의해 크게 영향을 받는다고 보았다. 하지만 개인은 자신의 긍정적 자질을 계발하고 뚜렷한 목적의식과 노력을 통해 새로운 방향으로 자신을 변화시킬 수 있다. 개인이 느끼는 열등감은 성취를 위한 초석이 된다. 스키너(Skinner)는 개인의 문제를 잘못된 학습에서 비롯된 습관이라고 보았다. 개인이 원하는 어떤 행동을 형성하도록 하기 위해 그가 원하는 반응을 강화해 주라. 집단상담자는 체계적인 조작적 조건형성 절차를 적용하여 그의 부적절한 행동을 바꿀 수 있다.

로저스는 개인의 문제가 유기체의 자기조절인 가치화 과정에 어긋나게 가치를 조건화하는 데서 비롯되었다고 보았다. 만약 집단구성원이 집단상담자로부터 진솔하고, 공감적이고, 무조건적인 긍정적 존중을 받는다면, 그는 변화될 수 있다. 펄스는 개인의 문제가 유기체의 지혜를 무시한 데서 비롯된다고 보았다. 집단구성원으로 하여금 그의 오감을 통해 현재 그가 경험하는 것을 자각하도록 하라. 민감한 자각을 통해 게슈탈트의 순환을 원활히 하도록 하여 자신을 통합하도록 하라. 얄롬은 개인의 문제가 삶의 궁극적 관심사인 죽음, 무의미성, 고립, 자유와 관련되어 있다고 보았다. 집단구성원이 이러한 궁극적 관심사에서 비롯된 불안을 어떻게 처리하느냐가 중요하다.

버언(Berne)은 개인의 문제가 과거에 받았던 어루만짐에서 비롯된다고 보았다. 집단구성원의 문제해결을 위해 먼저 그가 자신의 성격을 이해하도록 돕고, 그가 대인관계에서 주고받은 의사소통의 유형과 게임을 분석하도록 하라. 타인과 의사소통을 하는 데 있어 '나도 당신도 이만하면 괜찮다.' 는 자세를 갖는 것이 필요하다. 글래서는 개인의 문제가 자신을 불행하게 하는 행동을 선택한 데서 비롯된다고 보았다. 집단구성원의 욕구에 따라 정말 그가 원하는 것이 무엇인가를 확인하는 것이 중요하다. 그리고 그의 그러한 바람을 달성하도록 계획하고 실천하라. 엘리스는 개인의 문제가 일어난 사건이 아니라 그의 비합리적 신념에서 비롯되었다고 보았다. 집단구성원이 느끼는 정서적 장애를 해결하기 위해서는 냉철한 이성에 입각한 반박을 통해 이러한 비합리적 신념을 합리적 신념으로 바꾸어야 한다. 우리의 신념은 우리의 감정에 영향을 미친다.

제5장

심리극에 근거한 집단상담

A meeting of two: eye to eye, face to face.
And when you are near I will tear your eyes out
and place them instead of mine,
and you will tear my eyes out
and will place them instead of yours,
then I will look at you with your eyes
and you will look at me with mine.

- Jacob Moreno -

제5장의 목차

제5장

심리극에 근거한 집단상담

삶이라는 연극에서 모든 개인은 주인공으로서 주변사람들과 다양한 역할연기를 하며 살아가고 있다. 개인은 자신이 삶의 주체인 주인공으로서 어떤 역할을 수행해 왔는가에 따른 다양한 경험을 통해 자신이 누구인가를 인식한다. 심리극(psychodrama)은 개인이 항상 타인과의 관계를 맺으며 삶을 연극처럼 살아간다는 전제에서 개발된 집단상담이다. 심리극은 전문적 지식과 훈련 경험을 가진 집단상담자인 연출자가 집단구성원들을 대상으로 역할연기, 행동시연 등과 같은 다양한 활동을 통해 그들의 자발성과 창조성을 촉진하는 집단치료로 행동접근방식에 속한다. 심리극은 1930년대 중반 모레노(J. L. Moreno, 1889~1974)에 의해 창조되었으며 그의 부인(Zerka Toeman Moreno)과 추종자들에게 의해 발달되어 왔다.

심리극에 근거한 집단상담자는 집단구성원 중에서 주인공으로 선발된 집단구성원의 문제와 관련하여 역할연기 등 다양한 심리극 기법을 적용하여 심리극을 진행한다. 주인공과 함께 심리극을 실연하는 과정에서 다른 집단구성원들은 주인공의 보조자아 역할로 심리극 활동에 동참한다. 주인공을 대상으로 하는 심리극 실연이 끝난 이후에 심리극에서 다루어진 다양한 주제에 대해 관객으로 참여한 다른 집단구성원과 공유하고 토론하는 시간을 갖는다.

1. 기본원리

심리극은 실존적 존재인 인간의 창조적이며 자발적인 행위를 강조하는 접근방식이다. 모레노는 "태초에 실존이 있었다. 태초에 행위가 있었다."고 언급하였다(Moreno, 1977, p. Ⅰ). 이 절에서는 심리극을 창조한 모레노(Moreno, 1977)가 저술한 『심리극 제1권(*Psychodrama: Volume one*)』의 주요한 내용을 바탕으로 심리극의 원리를 살펴보고자 한다. 모레노가 책 서두에 제시한 심리극의 모토(motto), 즉 함축된 원리는 다음과 같다.

- 과학보다 더 중요한 것은 그것의 결과이며, 하나의 답은 백 가지 질문을 자아낸다(More important than science is its result, one answer provokes a hundred questions.).
- 시가(詩歌)보다 더 중요한 것은 그것의 결과이며, 하나의 시는 백 가지의 영웅적인 행위를 야기한다(More important than poetry is its result, one poem invokes a hundred heroic acts.).
- 인식보다 더 중요한 것은 그것의 결과이며, 그 결과는 고통과 죄의식이다(More important than recognition is its result, the result is pain and guilt.).
- 출산보다 더 중요한 것은 그 결과인 아동이다. 창조의 진화보다 더 중요한 것은 창조자의 진화다(More important than procreation is the child. More important than evolution of creation is the evolution of the creator.).
- 정복된 지역에 정복자가 들어선다. 창조된 지역에 창조자가 들어선다. 둘의 만남: 눈 대 눈, 얼굴 대 얼굴. 그리고 당신이 가까이 있을 때 나는 당신의 눈을 떼어 내어 나의 눈과 대체시키고, 당신은 나의 눈을 떼어 내어 당신의

눈과 대체시킬 것이다. 그러면 나는 당신의 눈으로 당신을 볼 것이며 당신은 나의 눈으로 나를 볼 것이다(In the place of the imperative steps the imperator. In the place of the creative steps the creator. A meeting of two: eye to eye, face to face. And when you are near I will tear your eyes out and place them instead of mine, and you will tear my eyes out and will place them instead of yours, then I will look at you with your eyes and you will look at me with mine.).

- 그러므로 흔히 있는 일조차 침묵을 낳고 우리의 만남 그 자체가 속박 없는 목표가 된다. 결정되지 않은 인간에게 결정되지 않은 장소, 시간 그리고 언어(Thus even the common thing serves the silence and our meeting remains the chainless goal: The undetermined place, at an undetermined time, the undetermined to the undetermined man.).
- 신은 자발성이다. 그러므로 신의 계율은 '자발적으로 행동하라!'다(God is spontaneity. Hence, the commandment is: "Be spontaneous!").
- 역할연기는 자기의 출현 이전에 존재한다. 역할은 자기로부터 출현하지 않지만, 자기는 역할에서 출현한다(Role playing is prior to the emergence of the self. Roles do not emerge from the self, but the self emerges from roles.)(Moreno, 1977, p. II & p. 157).
- 텔레는 개인들이 서로에게 느끼는 감정으로 집단을 함께 묶는 시멘트다. 주인공, 치료자, 보조자아들 그리고 그들이 묘사하는 세계의 의미 있는 드라마 속의 인물과의 텔릭 관계는 치료적 과정에 매우 중요하다(Tele is feeling of individuals into one another, the cement which holds groups together. The telic relationships between protagonist, therapist, auxiliary egos, and the significant dramatis personae of the world which they portray are crucial for the therapeutic progress.)(Moreno, 1977, p. XI).

위에서 언급한 모레노의 모토 및 핵심적 표현을 통해 심리극의 기본원리를 다음과 같이 유추해 볼 수 있다. 심리극의 인간 이해 및 변화의 기본원리는 실존적 존재로서 인간의 신체 경험, 창조자로서 인간의 행위, 참만남, 역할 및 역할연기 그리고 개인들 간의 텔릭 관계의 강조다. 토반(Tauvon, 1998)은 모레노가 제안했던 심리극의 아홉 가지 원칙적 개념에 행위를 추가하여 열 가지를 제안하였다. 토반이 제안한 열 가지 개념은 워밍업 원리, 창조성, 자발성, 참만남, 텔레, 공동의식과 공동무의식, 역할, 역할 대 자아, 역할교대 그리고 행위다.

2. 주요개념

집단상담자는 모레노가 개발한 심리극에 근거한 집단상담을 운영하기 위해서 필요한 주요개념을 이해하는 것이 필요하다. 여기서는 심리극에 근거한 집단상담 운영을 위해 알고 이해해야 할 주요개념으로 지금의 철학, 창조성, 자발성, 역할과 역할연기 그리고 텔레와 참만남 등을 살펴보고자 한다.

지금의 철학

심리극에 근거한 집단상담에서 다루는 모든 것은 집단구성원이 현재 하고 있는 연기인 역할연기에서 비롯된다. 심리극에서 주인공이 하는 모든 연기는 현재 일어나고 있는 것처럼 진행된다. '지금의 철학(philosophy of the moment)'은, 어떤 개인이든 무한한 자발성과 창조성을 가지고 있다는 모레노의 믿음에 근거한다. 집단상담자인 연출자는 주인공에게 과거에 있었던 일 그리고 미래에 일어나리라고 예견하는 일을 지금 연기를 통해 경험하게 함으로써 세상을 좀 더 슬기롭게 살아가도록 조력한다. 집단구성원은 현재에서 과거의 의미 있는 사건을 다양한 심리극 기법을 통해 재현해 봄으로써 그 사건에 대해 통찰하고 새로운 의미를 부여할 수 있게 된다.

창조성

모레노는 창조성에 대한 인간의 잠재력이 성격의 핵심요인이라고 믿었다. 모레노가 "신은 존재하고 자신이 신이다."라고 표현한 것은 인간의 창조성을 강조한 은유다. 모든 개인은 창조자이므로 그가 하는 모든 행위는 창조적 표현이다. 이런 점에서 심리극에서 주인공이 하는 모든 역할연기는 그의 창조성의 표현이다. 집단상담자는 집단구성원들이 과거에 얽매이지 않고 그들의 본성인 창조성을 바탕으로 창조적인 삶을 영위하도록 조력한다. 창조적 행위는 그림, 시, 교향곡, 연극, 영화 같은 작품으로 나타난다. 모레노는 이러한 작품을 '문화적 보존성(cultural conserve)'이라 하였다. 작품이 완성되는 순간 창조적 행위는 끝난다. 따라서 작품의 창조자가 계속 자발성을 가지고 창조한 작품에 접근하지 않으면 창조적 특성을 상실하게 된다. 이와 유사하게 개인이 이미 행해서 습관이 된 행동·생각·감정에 매여서 나타나는 행위가 성격역동에 반대되는 경향성, 즉 창조성이 결여된 상태인 문화적 보존성이라 할 수 있다. 이러한 경향성에 의존하는 사람은 책임감을 회피하고 이미 창조된 것에 의존하려는 태도를 보인다. 창조성이 결여된 이러한 문화적 보존성이 자동적 사고와 경직된 태도의 근원으로 작동하게 된다.

자발성

모레노는 자발성이 지금-여기에서 이루어진다고 하였다. 자발성은 개인이 지금-여기에서 새로운 환경에 적절하게 반응하는 내적 잠재력이자 창조성의 근원이다. 창조성의 본질을 결정하는 것이 자발성이기 때문에 창조성은 단지 자발성의 도움으로 창조적 결과를 생성한다. 개인이 접하는 환경에 대한 반응의 적절성은 자발성에 의해 촉발된다. 새로운 환경에서 개인은 무반응, 습관적 반응 그리고 새로운 반응을 보일 수 있다. 적절하고 새로운 반응은 시점, 적절성, 자율성을 필요로 한다. 모레노의 가장 중요한 통찰 중의 하나는, 자발성이 창조적 생성을 위한 가장 훌륭한 태도이자 활동이라는 것이다(Blatner, 2005, p. 413).

역할과 역할연기

집단상담자는 심리극에서 주인공과 보조자아가 행위를 통해 역할을 연출하게 하여 이전에 이루어졌던 사건에 대해 새로운 조명을 하게 한다. 이미 지적한 것처럼 역할연기는 자기의 출현 이전에 존재한다. 역할은 자기로부터 출현하지 않지만, 자기는 역할에서 출현한다(Moreno, 1977, p. II & p. 157). 모레노는 이처럼 개인은 역할 및 역할연기를 통해 끊임없이 자기를 창조해 간다고 보았다. 심리극에 근거한 집단상담에 참여한 집단구성원들은 다양한 역할연기를 해 봄으로써 자신의 이전 역할에 대한 새로운 이해 및 통찰은 물론 미래에 자신이 어떤 역할을 하며 살아가야 할 것인가에 대한 지혜를 터득하게 된다.

텔레와 참만남

심리극은 지금의 철학을 바탕으로 지금-여기에서 진솔한 참만남을 강조한다. 대부분의 집단구성원들의 문제는 대인관계의 역할에서 비롯된다. 집단상담자는 집단구성원들이 역할연기 행위를 통한 새로운 공감적 참만남을 이룰 수 있도록 조력한다. 이미 언급한 모레노의 심리극 모토 중의 일부는 다음과 같다.

> 둘의 만남: 눈 대 눈, 얼굴 대 얼굴.
> 그리고 당신이 가까이 있을 때 나는 당신의 눈을 떼어 내어
> 나의 눈과 대체시키고,
> 당신은 나의 눈을 떼어 내어 당신의 눈과 대체시킬 것이다.
> 그러면 나는 당신의 눈으로 당신을 볼 것이며
> 당신은 나의 눈으로 나를 볼 것이다.

모레노의 모토는 집단상담자들이 집단구성원들로 하여금 역지사지(易地思之) 입장에서 공감적 이해를 통해 참만남을 어떻게 이룰 것인가를 명료하게 보여 주고 있다. 모레노는 텔레를 사람들 간의 감정의 양방적 흐름으로 정의하였다. "텔레는 개인들이 서로에게 느끼는 감정으로 집단을 함께 묶는 시멘트다. …… 주인공, 치료자, 보조자아들 그리고 그들이 묘사하는 세계의 의미 있는 드라마 속의 인물과의 텔릭 관계는 치료적 과정에 매우 중요하다." (Moreno, 1977)

3. 집단상담자의 역할과 기능

심리극에 근거한 집단상담자는 연출자로서, 그리고 심리극의 전반적 과정에 대한 총체적 책임자로서 집단구성원들을 조력한다. 성공적인 집단상담을 위해 집단상담자는 심리극 과정 및 기법에 대한 이론적 지식과 실제적 경험을 갖추어야 한다. 집단상담자는 집단구성원이 자신의 문제와 관련된 의미 있는 사건을 재현하는 역할연기를 하게 함으로써 이전과 다른 자기를 형성하게 한다. 모레노는 심리극의 연출자는 심리극의 제작자, 촉진자, 관찰자 그리고 분석자로서의 역할을 수행한다고 보았다. 먼저 집단상담자는 상담집단의 특성에 맞는 적절한 활동기법을 적용하여 워밍업을 진행한다. 그런 다음 집단구성원들 중에서 주인공을 선택하고, 다양한 심리극 기법을 적용하여 그가 자유로운 역할연기를 통해 신체적 행위와 감정을 표현하도록 촉진한다. 집단구성원들의 창조성과 자발성을 촉진하기 위해 집단상담자는 스스로 창조성과 자발성의 본보기 역할을 수행할 수 있어야 한다. 집단상담자는 또한 용기가 필요하다. 즉 그가 사용하는 심리극 기법 중에서 집단구성원에게 적합한 기법을 선택하여 적용하는 데 어느 정도 위험을 감당할 용기가 필요하다.

4. 집단상담 목표

심리극은 집단구성원이 행위, 즉 역할연기를 통해 자신의 삶을 재조명하여 실수에 대한 두려움 없이 새로운 삶을 살 수 있도록 훈련하는 방법이다. 모레노는 심리극이 연극적 방법을 통해 진실을 과학적으로 연구하는 방법이라고 표현하였다. 따라서 심리극에 근거한 집단상담의 목표는 집단구성원이 역할 및 역할연기를 통해 창조성과 자발성을 갖고 생활할 수 있는 새로운 자기를 형성하도록 돕는 것이다. 집단구성원들은 역할연기를 함으로써 감정의 정화를 경험할 뿐 아니라 왜곡되었던 자신의 역할에서 비롯된 자기를 이해하게 된다. 더 나아가 새롭게 형성된 자아를 바탕으로 새로운 상황에서 이전과 다르게 창조성과 자발성을 발휘하며 삶을 영위할 수 있게 된다.

5. 집단상담 과정

여기에서는 심리극의 다섯 가지 구성요소인 주인공, 연출자, 보조자아, 관객, 무대에 대해서 먼저 살펴보자. 그다음 심리극의 과정인 워밍업단계, 실연단계 그리고 종결단계에 대해서 알아보고자 한다.

심리극의 구성요소

심리극에 근거한 집단상담은 현재 집단구성원들의 심리적 문제해결을 위해 광범위하게 적용되고 있다. 여기서는 심리극을 이해하기 위해 알아야 할 중요한 구성요소에 대해 살펴보자. 심리극의 구성요소로 일반적으로 다섯 가지를 든다. 다시 말해 주인공(protagonist), 연출자(director), 보조자아(auxiliary ego), 관객(audience), 무대(stage)다. 그러면 이러한 구성요소의 의미를 살펴보자.

주인공 주인공은 말 그대로 심리극의 핵심인물로 연출자에 의해 선발되어 자신의 심리적 현상을 관객에게 보여 주는 사람이다. 주인공은 자기가 느끼는 문제를 드러내는 가장 중심적인 인물로 심리극을 통해 자신의 내면세계와 그로부터 파생되는 인간관계를 보여 준다. 심리극에 참여하는 집단구성원이면 누구나 심리극의 주인공이 될 수 있다. 대체로 심리극은 주인공이 내놓는 갈등이나 생활 장면을 중심으로 진행된다. 이것이 사회극(sociodrama)과의 근본적인 차이점으로, 사회극은 집단 내의 개인과 개인 혹은 집단 간의 관계에 초점을 맞추는 반면, 심리극은 주인공 개인의 내면세계와 그로부터 파생되는 인간관계에 초점을 맞춘다.

연출자 연출자는 주인공이 자신의 문제를 탐구하기 위해 심리극을 할 수 있도록 심리극 전반을 진행하는 사람이다. 대개 집단지도자, 치료자, 교사, 또는 상담자로서 일하고 있는 사람이 연출자를 맡는다. 연출자는 무엇보다도 주인공의 심리적 차원을 이해하고 신뢰감을 심어 주어 주인공이 자신을 드러낼 수 있도록 극의 분위기를 조성하고 객관적 자세를 유지해야 한다. 뿐만 아니라 연출자는 주인공의 심리적 차원을 이해하고 극중에 일어나는 변화를 예민하게 관찰하는 것 외에도 관객의 반응과 변화도 살펴가면서 극을 진행시켜야 한다. 심리극의 연출자에게는 일견 모순처럼 보이는 이중적 역할과 기능이 동시에 요구된다. 스스로 하도록, 즉 자발적으로 참여할 수 있게끔 집단구성원에게 자유로움과 융통성을 부여하면서도 동시에 집단이 해야 할 작업의 틀, 구조를 주어야 한다.

보조자아 심리극에서 보조자아는 주인공이 극을 엮어 가는 과정에서 극의 상황을 함께 연기해 주는 상대인물을 말한다. 보조자아는 극중에서 주인공의 상대역을 맡고 주인공이 극을 진행시키는 데 촉진자 역할을 한다. 보조자아 역할은 보통 집단구성원 가운데 어느 한 사람이나 또는 전문적 보조자아에 의해 수행된다. 전문적 보조자아의 이점은 자신이 맡은 역할에 스스로를 준비시키는 데 숙련되어 있다는 것, 그리고 다양한 역할을 해낼 수 있고 감정표현을 쉽게 할 수 있다는 것이다. 대개는 주인공에게 특정 역할을 맡을 보조자아를 선택하도록 한다. 이때 그 선택의 직관적 배경을 후에 검토해 봄이 바람직하다. 또 한 가지 방법은 집단구성원 혹은 관객 중에서 하고 싶은 이에게, 혹은 비슷한 상황에 처했다고 판단되는 이에게 맡기는 것이다. 보조자아는 주인공의 아버지, 어머니 등 주인공에게 중요한 타인의 역할을 하기도 하고, 주인공의 변형된 자아, 예를 들어 양심, 감정, 이성, 죄책감 등 속마음 역할을 하기도 하며, 환상 속의 인물, 즉 신, 재판관, 악마 등의 역할을 할 수도 있다. 경우에 따라서는 무생물이지만 주인공에게는 의미 있는 책상, 현관, 옷장, 집 등의 사물이나 대상의 역할을 할 수도 있다.

관객 관객은 심리극이 진행되는 동안 심리극 모임에 참석하여 주인공의 이야기를 보고 있는 사람을 말한다. 심리극에서 관객의 역할은 매우 중요하다. 주인공의 이야기를 통해서 자신의 경험을 정리하고 통찰을 얻음으로써 직접 도움을 받기도 하고 또 주인공의 극이 끝나면 극 속에서 공유한 자신의 경험을 드러내고 이야기를 나누기도 하는 것이다. 마무리 단계에서 관객의 반응은 진행된 극을 정리하고 주인공이 심리극에서 탐색한 것들을 정리하는 데 필요하다. 주인공의 역할연기를 보면서 자신이 겪었던 비슷한 경험이나 느낌, 매우 다르게 느꼈던 경험에 대한 관객의 이야기는 주인공을 지지하고 격려하는 효과가 있다. 그러나 관객이 극을 어떻게 보고 느껴야 하는지 일일이 설명하거나 훈련시킬 수는 없는 일이고 그럴 필요도 없는 일이다. 극에 지속적으로 참여함으로써 극을 어떻게 보고 느끼고 주인공에게 느낀 점을 어떻게 표현할 것인가를 느끼고 배울 수 있다.

무대 심리극에서 무대는 약간 둥근 그리고 계단식으로 경사가 있는 관객석, 관객과 무대 사이를 연결짓는 널찍한 계단, 조명과 음향으로 구성된다. 무대 위에는 의자, 쿠션 등 몇 가지 소품이 필요하고, 조명이나 음향기구는 필수적이지는 않지만 사용한다면 상당한 효과를 줄 수 있다. 예를 들어, 붉은색 조명은 지옥, 작은 술집, 강렬한 감정을 표현할 때 사용하면 좋고, 푸른색은 죽음, 바다, 초록색은 희망 혹은 따뜻한 분위기를 표현하는 데 적합하다.

심리극의 진행단계

다음으로 심리극의 진행단계를 알아보자. 진행단계는 세 단계, 즉 워밍업(warming-up)단계, 실연(action)단계, 종결(integration)단계로 구분된다. 이러한 각 단계에서 무엇이 행해지는가를 살펴보자.

워밍업단계 이 과정은 모든 연기의 첫 번째 과정이다. 심리극에 들어가기 전에 집단의 목표, 역할, 경비, 한계, 시간 배정 등을 집단구성원들에게 분명히 알려야 한다. 워밍업단계는 참여자들이 심리극 연기로 들어가기 위해 심리적·신체적 준비를 하는 단계로, 주인공의 문제를 본격적으로 극화시키기 전에 참여자들이 심리극에 친숙해지고, 극에 능동적으로 참여하여 주인공으로 설 마음의 준비를 하고 극으로 표현하는 문제에 몰입할 수 있는 분위기를 조성하게 된다. 집단구성원들이 상호 신뢰하는 분위기가 이야기를 깊이 있게 꺼낼 수 있는 바탕이 되므로 연출자는 이 시간에 집단의 응집력과 자발성을 키우기 위한 노력을 해야 한다. 워밍업단계에서의 준비는 관객뿐 아니라 연출자 자신에게도 필요하다. 왜냐하면 이 단계에서 연출자는 집단구성원에 대하여 많은 정보를 수집할 수 있고 실연단계에서 해야 할 작업의 방향을 잡을 수 있기 때문이다. 이 과정이 잘 이루어지면 집단구성원들이 자기의 문제를 개방할 준비가 되고 따라서 기꺼이 주인공으로서 자기의 문제를 드러내게 되므로 연출자의 입장에서는 그날 심리극의 주인공을 선택하기가 용이하고 극에 대한 저항을 감소시킬 수 있다.

실연단계 실연단계는 주인공의 문제 상황이 지금-여기서 일어나고 있는 것처럼 극으로 재현되는 단계다. 이 단계에서는 주인공이 직면하고 있는 문제와 갈등에 대하여 간단히 이야기하도록 한다. 그래서 그 이야기 내용이 연기로 표현될 수 있도록 구체적인 사례로 재구성한다. 주인공의 문제를 지금-여기 상황으로 설정하여 연기할 수 있도록 해야 하며, 무대 위에서 벌어지고 있는 모든 상황이 현실에서 벌어지는 일, 벌어졌던 일, 혹은 앞으로 일어날 일과 똑같지는 않기 때문에 무대 위의 상황이 실제처럼 느껴지게 하는 것이 중요하다. 이러한 과정 속에서 과거의 느낌이 재현되거나 현재의 모습 등이 반영될 수 있다. 주인공이 심리극의 효과를 충분히 얻을 수 있도록 하기 위해서, 연출자는 실연단계에서 다양한 기법을 활용함으로써 주인공의 무의식 속 욕망 · 갈등 · 감정이 분명하게 드러나게 한다. 연출자는 역할연기를 통해 드러난 이러한 현상을 현재 시점에서 새롭게 통찰하게 하고 바람직한 대안적 행동을 찾아갈 수 있도록 조력한다.

종결단계 주인공의 문제가 극화되어 해결 방향을 잡으면 극이 정리되면서 실연단계가 끝난다. 실연단계 이후에 심리극 참가자들은 워밍업을 하고 주인공이 하는 역할연기를 보고 참여하면서 가졌던 생각이나 감정을 나누는 시간을 가지게 되는데, 이것이 종결단계의 작업이다. 이때 관객은 주인공의 문제에 대한 지적인 분석이나 해석보다는 자신이 경험했던 유사한 상황을 공개하면서 자신의 이야기를 표현하게 된다. 이 단계에서 주인공은 감추고 있던 자신의 비밀스러운 부분이 남들 앞에 드러났을 때의 수치심이나 자기노출 후의 불안감을 수습하고 스스로 문제를 정리할 수 있게 된다. 따라서 이 단계는 집단구성원들이나 주인공이 상호 지지하는 시간으로서 중요할 뿐 아니라 서로의 감정과 경험을 나누고 정리하는 시간이 된다는 의미에서도 매우 중요하다. 이때 연출자는 주인공이 집단구성원들로부터 고무적인 반응을 받을 수 있도록 도와준다. 그러기 위해 특히 주인공의 문제에 관한 지적인 분석보다는 집단구성원들이 연기에 참여하고 주인공의 이야기를 보면서 느꼈던 감정이나 자신의 경험을 공개하도록 한다.

6. 집단상담 기법

심리극에 근거한 집단상담은 집단구성원들의 역할 행위를 통해 강렬한 감정을 표현하게 하고 정화를 느끼게 한다. 그리고 궁극적으로 역할연기를 통해 창조성과 자발성이 결여된 자기에 대한 이해를 바탕으로 유연성과 자발성을 가진 새로운 자기를 형성하는 작업을 하기 때문에 다양한 기법이 사용된다. 어떤 기법을 어떤 시점에서 창조적으로 사용할 것인가는 전적으로 집단상담자의 능력에 달려 있다. 여기서는 심리극에서 일반적으로 사용되는 기법인 실연, 이중자아, 역할교대, 거울기법, 빈 의자기법 등에 대해 알아보고자 한다.

실연

집단상담자는 구성원에게 '말하지 말고 행동으로 보여 주라.'고 요구하는 경우가 많다. 실연(enactment)은 집단구성원이 신체를 통해 표현하는 행위를 의미한다. 즉 집단구성원이 역할연기를 통해 자신의 역할을 행위로 보여 주는 것이다. 집단상담자는 집단구성원에게 어떤 것에 '대하여' 이야기하는 것 대신 '마치 ~인 것처럼' 역할연기를 해서 자신이 처한 상황에서 더 강력하고 몰입된 수준의 경험을 하게 한다.

이중자아

집단상담자는 집단구성원 중에서 주인공의 보조자아로서 가장 적절한 구성원을 선택하여 이중자아 역할을 하게 한다. 이중자아는 심리극의 핵심으로 분신, 또 다른 자기, 내적인 목소리, 마음의 쌍둥이 등으로도 불린다. 이중자아는 주인공이 이전에 적절하게 표현하지 못했던 감정 · 생각 · 행동을 표현할 수 있도록 도와준다.

역할교대

나 아닌 타인을 이해하는 최선의 방법은 상대방의 역할을 해 보는 역할교대(role reversal)다. 단지 역지사지로 생각하는 것을 뛰어넘어 상대방의 역할을 함으로써 정말 상대방을 이해하게 하는 방법이 역할교대다. 이런 점에서 심리극의 엔진으로 알려진 기법이기도 하다. 집단구성원들은 역할교대를 통해 다른 사람의 역할을 경험함으로써 그의 눈을 통해 자신을 경험하는 것이다. 심리극에서 역할교대는 통찰, 해결 그리고 희망을 가져오는 가장 중요한 기법으로 알려져 있다.

거울기법

거울기법(mirroring technique)의 목적은 집단구성원이 자신이 하는 행위를 이해하도록 '마치 거울에서 보는 것처럼' 그 자신을 보게 하는 것이다. 거울기법을 통해 집단구성원은 자신의 행위를 보다 객관적으로 볼 수 있게 된다. 심리극의 주인공이 자신의 모습을 거울에 비추어 보거나 자신의 행위를 비디오 촬영해서 보는 것처럼 주인공은 상황에서 물러나고 이중자아가 주인공이 방금 했던 행위를 재연하는 방법이 거울기법이다. 주인공은 보조자아가 하는 자신의 행동을 객관적으로 관찰해서 학습하고, 그 상황으로 돌아가 다른 반응을 시도하게 된다.

빈 의자기법

이 기법은 게슈탈트 치료의 창시자인 펄스가 개발한 기법이다. 집단상담자는 '빈 의자기법(empty chair technique)'을 이용해서 대립적인 두 개의 자아와의 대화를 촉진해서 집단구성원으로 하여금 자아통합을 이루게 한다. 또한 빈 의자기법을 사용해서 집단구성원이 역할교대를 통해 자신과 갈등을 겪고 있는 타자의 역할을 행해 보게 함으로써 상대방의 입장에서 자신을 이해하게 한다. 펄스가

"소리의 관계는 건전한 관계다."라고 언급했던 것처럼, 상대방의 역할을 수행하면서 꿍하니 말없이 있는 것보다 소리에 의해 자신을 표현하는 것이 모든 대인관계에서 건전한 관계를 형성하는 초석이다.

7. 요약

- 심리극은 전문적 지식과 훈련 경험을 가진 집단상담자로서 연출가가 심리극에 참여한 집단구성원을 대상으로 역할연기, 행동시연 등과 같은 다양한 활동을 통해 그들의 자발성과 창조성을 촉진하는 집단치료로, 행동접근방식이다.

- 심리극의 인간 이해 및 변화의 기본원리는 실존적 존재로서 인간의 신체경험, 창조자로서 인간의 행위, 참만남, 역할 및 역할연기 그리고 개인 간의 텔릭 관계의 강조다.

- 심리극에 근거한 집단상담자가 효과적인 집단 운영을 위해 알고 이해해야 할 주요개념으로 지금의 철학, 창조성, 자발성, 역할과 역할연기 그리고 텔레와 참만남 등이 소개되었다.

- 성공적인 집단상담을 위해 집단상담자는 심리극의 과정 및 기법에 대한 이론적 지식과 실제적 경험을 갖추어야 한다. 심리극의 연출자는 심리극의 제작자, 촉진자, 관찰자 그리고 분석자로서의 역할을 수행한다.

- 심리극에 근거한 집단상담의 목표는 집단구성원이 역할 및 역할연기를 통해 창조성과 자발성을 갖고 생활할 수 있는 새로운 자기를 형성하도록 돕는 것이다.

- 심리극의 다섯 가지 구성요소는 주인공, 연출자, 보조자아, 관객 그리고 무대다.

- 심리극의 진행단계는 세 단계인 워밍업단계, 실연단계 그리고 종결단계로 구분된다.

- 심리극에서는 궁극적으로 역할연기를 통해 창조성과 자발성이 결여된 자기에 대해 이해하고 이를 바탕으로 유연성과 자발성을 가진 새로운 자기를 형성하는 작업을 하기 때문에 다양한 기법이 사용된다. 여기서는 심리극에서 사용되는 중요한 기법인 실연, 이중자아, 역할교대, 거울기법, 빈 의자기법 등을 알아보았다.

효과적 조력을 위한

〈집단상담 연습 5〉: 심리극의 원리 이해 및 기법 익히기

연습 1 다음 내용은 모레노가 제시한 심리극의 모토(motto)다. 5명씩 집단을 구성해 모토에서 제시하고자 한 심리극의 원리에 대해 토의해 보라.

〈심리극의 모토〉

과학보다 더 중요한 것은 그것의 결과이며, 하나의 답은 백 가지의 질문을 자아낸다.

시가보다 더 중요한 것은 그것의 결과이며, 하나의 시는 백 가지의 영웅적인 행위를 야기한다.

인식보다 더 중요한 것은 그것의 결과이며, 그 결과는 고통과 죄의식이다.

출산보다 더 중요한 것은 그 결과인 아동이다. 창조의 진화보다 더 중요한 것은 창조자의 진화다.

정복된 지역에 정복자가 들어선다. 창조된 지역에 창조자가 들어선다. 둘의 만남: 눈 대 눈, 얼굴 대 얼굴. 그리고 당신이 가까이 있을 때 나는 당신의 눈을 떼어 내어 나의 눈과 대체시키고, 당신은 나의 눈을 떼어 내어 당신의 눈과 대체시킬 것이다. 그러면 나는 당신의 눈으로 당신을 볼 것이며 당신은 나의 눈으로 나를 볼 것이다.

그러므로 흔히 있는 일조차 침묵을 낳고 우리의 만남 그 자체가 속박 없는 목표가 된다. 결정되지 않은 인간에게 결정되지 않은 장소, 시간 그리고 언어.

연습 2

심리극에 근거한 효과적인 집단상담자 역할을 수행하기 위해서는 심리극의 다양한 기법을 익혀 적절하게 사용하는 것이 요구된다. 아래 내용은 최윤미(1996, pp. 107-216)가 제시한 심리극의 열일곱 가지 기법 목록이다. 이러한 기법을 배워서 실습해 보라.

- 역할 바꾸기로 남이 되어 보기
- 분신으로 마음을 표현하기
- 여섯 인물 떠올리기
- 거울기법으로 자기 모습 보여 주기
- 미래투사로 타임머신을 탄다.
- 재판장면 만들기
- 꿈 기법으로 꿈의 의미 탐색하기
- 대리역할기법으로 남처럼 행동하기
- 무인도에서 혼자 살아보기
- 빈 의자로 상상하기
- 대인관계도 만들기
- 마술가게에서 마음 사고팔기
- 독백으로 혼잣말하기
- 죽음장면 경험하기
- 등 돌리기 기법으로 뒷이야기 들어 보기
- 화해기법으로 확인하기
- 가면기법으로 다른 모습 느껴 보기

제6장

개인심리학에 근거한 집단상담

Social interest means "To see with the eyes of another,
to hear with the ears of another,
and to feel with the heart of another."

- Alfred Adler -

제6장의 목차

제6장

개인심리학에 근거한 집단상담

아들러(Alfred Adler, 1870~1937)는 인간 사회가 어떻게 되어야 할 것인가에 대한 선견지명을 갖고 개인심리학(individual psychology) 이론을 개발하였다. 아들러는 개인을 나누어질 수 없는 전체이자 사회 내에서 자신이 설정한 목표를 달성하기 위해 끊임없이 노력하는 존재로 보았다. 그는 또한 인간을 사회적 존재로 보고 타인을 배려하며 살아갈 것을 강조하였다. 이러한 이론적 입장에 근거하여 그를 '서양의 공자(Confucius of the West)'라 일컫기도 한다(Yang, Milliren, & Blagen, 2010, p. 11). 개인이 속한 사회에서 맺는 인간관계에 대한 강조 때문에 아들러는 사회심리학의 선구자로 여겨지기도 한다. 개인심리학에 근거한 집단상담자는 개인이 인생 초기에 가족에서 맺는 가족관계는 나중에 그가 사회생활을 하면서 타인과 맺는 친구관계, 학교에서의 또래관계, 직장동료관계 등의 인간관계에 밀접하게 관련된다고 보았다.

아들러는 개인이 삶의 과정에서 달성해야 할 생애과제(life task)로서 일과 직업, 사랑과 결혼 그리고 사회(우정 혹은 대인관계)를 제안하였다. 또한 아들러는 인간에 대한 부적응의 준거로서 사회적 관심(social interest)의 결여, 용기

(courage)의 결여, 상식(common sense)의 결여를 지적하였다. 따라서 아들러식 집단상담자들은 집단구성원들에게 용기를 갖도록 하는 격려(encouragement)를 바탕으로 그들이 사회적 관심을 향상시켜 바람직한 생활양식(life style)을 갖고 자신의 생애과제를 달성하며 살아갈 수 있도록 조력한다.

미국에서 개인심리학을 부활시키고 보급하여 제2의 아들러라 불리는 드레이커스(Rudolf Dreikurs, 1897~1972)는 개인의 내재적 잠재력과 힘을 실현시키는 과정에서 '불완전할 용기(courage to be imperfect)'를 가질 것을 강조하였다. 그는 특히 아들러가 정신건강의 주요한 요인으로 생각한 사회적 관심을, 협동과 사회적 조화에 근거한 사회적 평등에 대한 강조로 확장하였다.

집단치료의 선구자이기도 한 아들러는 1922년에 집단 앞에서 아이들의 문제를 다루는 방법을 부모 및 교사들에게 조언하기 시작하였다(Manaster & Corsini, 1982, p. 215). 개인심리학에 근거한 집단상담은 사람들이 자신을 향상시킬 능력을 가진다는 집단상담자의 낙관적 믿음, 격려 그리고 민주주의의 가치에 대한 믿음에 근거한다. 집단상담자는 집단 안에서 격려를 바탕으로 한 다양한 집단상담 기법을 적용하여 집단구성원을 조력한다.

1. 기본원리

모삭과 마니아치(Mosak & Maniacci, 1999)는 개인심리학의 기본가정으로 열두 가지를 제안하였다. 이러한 내용은 ① 전체론, ② 목적론, ③ 창조적 자아, ④ 유연한 결정론, ⑤ 현상학, ⑥ 사회적 장이론, ⑦ 우월성 추구, ⑧ 개체기술 지향, ⑨ 사용의 심리학, ⑩ '마치 ~처럼' 행동하기, ⑪ 자기충족 예언, ⑫ 낙관론이다(pp. 12-28).

아들러는 인간을 목적론적 존재로 보았다. 또한 그는 인간으로서 누구나 느끼는 열등감을 극복하여 자기완성을 달성할 것을 강조하였다. 아들러의 생애 자체는 열등감을 극복하기 위한 삶이었다. 아들러는 인간은 불완전한 존재로서 누구나 어떤 측면에서 열등감을 느끼고 있다고 보았다. 그는 "인간이 된다는 것은 자신이 열등하다는 것을 느끼는 것을 의미한다."고 기술하였다. 또한 인간의 열등감은 연약한 유아기의 경험을 통해 시작된다고 보았다. 인간은 사회적 존재로서 다른 사람들과 비교하여 자신을 평가한다. 열등감은 이러한 비교에서 자신이 떨어지거나 부족하다고 느끼는 것으로, 개인에게 극복해야 할 동기로서 작동한다. 아들러는 "개인은 계속해서 열등감으로 채워지며 열등감에 의해 동기화된다." (Ansbacher & Ansbacher, 1964, p. 117)고 하였다. 더불어 아들러는 우리 각자가 자기완성을 이루기 위해 자신이 느끼는 열등감을 극복해야 한다는 것을 강조하였다. 아들러는 열등감을 자기완성을 위한 필수요인으로 봄으로써 열등감의 긍정적인 측면을 강조했다. 또한 부족한 점을 스스로 인정하고 그것을 극복하려는 의지와 노력이 중요하다고 생각하였다. 즉 개인이 열등감을 파악하고 통제하는 게 필요하다고 보았다. 개인이 열등감에 사로잡혀 지배를 받는 상태가 열등감 콤플렉스다.

아들러는 인간을 전체적, 현상학적, 사회적, 목적론적 존재로 보았다. 아들러 학파는 개인(individual)을 '나누어질 수 없는(in + divisible)' 존재로 생각한다. 전체로서의 인간은 사회 속에서 의미를 부여하며 살아가는 존재다. 인간은 자신이 경험하고 있는 현재의 상태에서 매 순간 주관적으로 선택하는 현상학적 존재다. 인간은 사회적 관심을 받기 위해 노력하는 존재다. 더불어 현재를 바탕으로 미래지향적인 삶의 목적을 향해 노력하는 목적론적 존재다. 아들러는 인간을 낙관적으로 보았으며 우리가 스스로를 개발하고 자신의 운명을 형성한다고 주장하였다. 그는 무의식을 강조한 프로이트와 달리, 우리가 볼 수 없고 통제할 수 없는 무의식의 힘보다 의식의 힘을 강조했다. 인간은 자신의 삶을 위해 힘을 형성하고 창조적 방법으로 자신의 독특한 생활양식을 구성하기 위해 그 힘을 사용하는 존재이며, 누구나 독특성이 있고 자기 자신을 보다 훌륭하게 창조하고 완성하기 위한 자유의지와 선택을 가지고 있다고 보았다. 아들러는 인간이 성적 동기보다 사회적 동기에 의해 주로 동기화된다고 본다. 개인은 사회 속에서 목표지향적으로 행동한다. 개인은 자신의 행동을 선택하며 그에 대한 책임을 진다. 사회 속에서 삶의 의미, 성공, 완전성을 추구한다.

개인심리학의 주요한 여섯 가지 원리를 요약하면 다음과 같다(Adler, 1964; Feist & Feist, 2006, pp. 69-79).

첫째, 개인의 행동 이면에서 작동하는 역동적 힘은 성공 혹은 우월성 추구다.

둘째, 자신과 환경에 대한 개인의 주관적 관점이 그의 행동과 성격을 결정한다.

셋째, 성격은 통합적이며 일관적이다.

넷째, 모든 인간 활동의 가치는 사회적 관심의 관점에서 이해되어야 한다.

다섯째, 일관된 성격 구조는 개인의 생활양식으로 발달된다.

여섯째, 생활양식은 개인의 창조적 힘에 의해 형성된다.

인간은 사회적 맥락에서 끊임없이 변화하고 발전하는 존재다. 각기 독특한 인지적 구조를 갖고 스스로를 창조해 가며 자신의 열등감을 극복하여 자기완성을 추구하는 존재이기도 하다. 또한 자신의 운명을 위해 선택하는 존재이며 역시 그러한 선택에 책임을 져야 하는 것도 자신이다. 아들러의 '허구적 최종목적론(fictional finalism)' 도 각자에게 주어진 오직 한 번뿐인 값진 인생을 가공적 소설을 쓰는 것처럼 의미 있게 메워 나가는 것이 우리 각자의 선택이며 책임이라는 그의 철학적 신념에서 비롯되었다.

2. 주요개념

여기서는 아들러 개인심리학의 주요개념인 사회적 관심, 생활양식, 생애과제, 허구적 최종목적론, 열등감, 우월성 추구, 가족구도 및 출생순위 등에 대해서 살펴보고자 한다.

사회적 관심

개인심리학은 인간이 사회적 존재로서 사회에 참여하여 타인에 기여하는 애타적인 측면을 강조한다. 아들러는 개인은 본질적으로 집단에 소속되어 사회적 문제의 해결을 추구하는 사회적 존재라고 믿었다. 안스바허(Ansbacher, 1968)는 아들러의 개인심리학에서 가장 특징적이고 중요한 개념은 사회적 관심이라고 보았다. 사회적 관심의 동의어는 지역사회에 대한 감정, 우정, 동료애, 이웃사랑, 애타적 마음 등으로 매우 다양하다. 아들러는 사회적 관심이란 "다른 사람의 눈으로 보고, 다른 사람의 귀로 듣고, 다른 사람의 마음으로 느끼는 것을 의미한다."고 하였다(Ansbacher & Ansbacher, 1964, p. 135). 즉 사회적 관심은 공감, 타인과의 동일시, 타인지향을 의미한다. 개인심리학에서는 사회적 관심을 개인의 정신건강에 중요한 준거로 본다. 즉 사회적 관심이 높은 사람은 정신적으로 건강하고 행복하며 사회에 기여하는 사람이다. 반면 사회적 관심이 낮은 사람은 부적응한 사람으로 인생의 실패자다. 부적응한 사람은 단지 자신의 욕구에만 관심을 두며 사회적 맥락에서 타인 욕구의 중요성을 인식하지 못한다.

생활양식

생활양식은 삶을 영위하는 근거가 되는 기본적 전제와 가정을 의미한다. 생활양식은 삼단논법에 의해 '나는 ~이다, 세상은 ~다, 그러므로 ~다'로 표현할 수 있다. 우리는 생활양식에 따라 생각하고, 느끼고, 행동한다.

생활양식이 어떻게 발달하는가를 이해하기 위해서는 열등감과 보상의 개념을 이해하는 것이 필요하다. 왜냐하면 이들 개념이 생활양식의 근본을 결정하기 때문이다. 아들러는 우리가 어릴 때 모두 상상이든 실제로든 열등감을 경험하고, 이것은 우리로 하여금 어떤 방법으로 보상을 하게끔 만든다고 가정하였다. 구체적으로 말하면, 신체적으로 허약한 어린이는 체력을 보다 강하게 발달시키는 쪽으로 보상하려고 애쓸 것이다. 개인의 행동은 자기의 신체적 한계를 의식함으로써 형성되는 것이므로, 이것은 차츰 그의 생활양식, 즉 열등감을 보상하기 위한 행동이 된다. 따라서 우리의 생활양식은 우리의 독특한 열등감을 극복하기 위한 노력을 나타낸다.

아들러의 견해에 따르면, 생활양식은 대부분 4~5세 때 형성되며, 이 시기 이후 개인의 생활양식은 변화하기 힘들다고 보았다. 물론 사람들은 계속 그들의 독특한 생활양식을 새로운 방식으로 나타내는 것을 배우지만, 그것은 단순히 어릴 때 정착된 기본구조의 확대일 뿐이다. 이렇게 형성된 생활양식은 계속 유지되어 그 후의 행동의 뼈대를 이룬다. 개인의 독특한 생활양식은 그가 생각하고 느끼고 행하는 모든 것의 기반이 된다. 일단 생활양식이 형성되면, 이것은 우리의 외부 세계에 대한 전반적인 태도를 결정할 뿐 아니라 우리의 기본 성격구조를 생애에 걸쳐 일관성 있게 유지되게 한다. 아들러에 따르면, 개인이 자신의 생활양식을 바탕으로 세 가지 중요한 생애과제인 직업, 사회, 사랑을 달성하기 위해 어떻게 접근하는지를 관찰함으로써 그를 이해할 수 있다.

아들러는 생활양식을 일반적인 유형으로 범주화시켰다. 이러한 생활양식의 범주는 사회적 관심과 활동수준으로 구분되는 이차원적인 모형이다. 사회적 관심은 각 개인에 대한 공감을 말하며, 이는 개인의 이익보다는 사회발전을 위해 다른 사람과 협력하는 것을 뜻한다. 아들러 이론에서 사회적 관심은 심리적 성숙의 주요 기준이 되며 이기주의적인 것과 상반된다. 활동수준이란 인생 문제를 다루는 데 있어서 개인이 보여 주는 에너지의 양을 말한다(Sharf, 2000). 이 활동수준은 보통 어릴 때 형성되는데, 아주 무기력하고 우유부단한 사람에서부터 끊임없이 왕성하게 활동하는 사람까지 다양하다. 그러나 활동수준이 건설적으로 되는지 또는 파괴적으로 되는지의 여부는 그것이 사회적 관심과 결합되는지에 달려 있다. 아들러는 사회적 관심과 활동수준에 따른 생활양식을 네 가지, 즉 지배형(the ruling type), 기생형(the getting type), 회피형(the avoiding type), 사회적 유용형(the socially useful type)으로 설명하였다. 지배형, 기생형, 회피형은 바람직하지 않은 유형으로, 사회적 관심이 부족하다는 공통점이 있으나 활동수준에는 차이가 있다. 사회적 유용형은 바람직한 유형으로 사회적 관심과 아울러 활동수준도 높다. 아들러는 이러한 생활유형은 주로 어린 시절 부모의 영향으로 형성된다고 보았다.

생애과제

아들러는 사람이면 누구나 적어도 세 가지 주요 생애과제인 '일과 여가' '우정이나 사회적 관심' '사랑과 결혼'에 직면하게 된다고 믿었다. 그 후 수십 년간의 연구를 통해 이 세 가지 주요 생애과제야말로 건강과 안녕에 있어 핵심이라는 입장을 더욱 공고히 해 왔다. 모삭과 드레이커스(Mosak & Dreikurs, 1967)는 아들러에 의해 암시되기만 했던 다른 두 가지 생애과제를 확인하였다. 네 번째 생애과제는 '영성'으로, 우주, 신과 관련한 개인의 영적 자아를 다루는 것이다. 다섯 번째 과제는 '자기지향성'으로, 주체로서의 나와 객체로서의 나를 다루는 데 있어 개인의 성공을 다루고 있다. 자기지향성을 구성하는 열두 가지 내용은 가치감, 통제감, 현실적 신념, 정서적 자각 및 대처, 문제해결 및 창의성, 유머감, 영양, 운동, 자기 보살핌, 스트레스 관리, 성정체감, 문화 정체감이다.

허구적 최종목적론

아들러는 인간이 현재를 바탕으로 미래지향적인 삶의 목적을 향해 노력하는 존재라고 보았으며, 이러한 삶의 목적은 사회에 기여할 수 있는 유용한 생활양식을 바탕으로 설정되어야 한다고 주장하였다. 개인심리학에서는 모든 인간의 행동은 목적을 갖는다고 가정한다. 아들러는 목적론으로 프로이트의 결정론적인 설명을 대신하였다. 아들러는 인간의 행동을 유도하는 상상된 중심 목표를 설명하기 위해 허구적 최종목적론이란 용어를 사용하였다.

허구적 최종목적론이란 허구나 이상이 현실을 보다 더 효과적으로 움직인다는 바이힝거(Hans Vaihinger)의 말에서 영향을 받은 개념이다. 그는 1911년 그의 책 『마치 ~처럼 철학(*The philosophy of as if*)』에서, 인간은 현실적으로 실현 불가능한 많은 가공적인 생각에 의해서 살아가고 있다는 색다르고 흥미 있는 견해를 제시하였다. 예를 들면, '모든 사람은 동등하게 만들어졌다.' '정직이 최선의 길이다.' '목적이 수단을 정당화한다.'와 같은 허구는 현실보다도 더 효과적으로 사람들을 움직이게 한다는 것이다. 아들러는 인간의 행동이 과거 경험보다는 미래에 대한 기대에 의해서 좌우된다고 생각하였다. 허구적 최종목적은 미래에 실재하는 것이기보다 주관적으로 또는 정신적으로 현재의 행동에 영향을 주는 이상으로 지금-여기에 존재하는 것이다.

아들러는 인간의 모든 심리현상은 이 허구적 목적을 이해함으로써 설명할 수 있다고 주장하였다. 인간의 궁극적 목적은 허구로서 실현 불가능할지도 모르나 행동의 원인, 충동, 본능, 힘 등을 넘어서 행위의 최종 설명이 될 수 있다는 것이다. 즉 최종 목적만이 인간의 행동을 설명할 수 있다는 것이다. 이 최종 목적 때문에 인간은 무엇을 진실로서 수용하게 될 것인가, 어떻게 행동할 것인가 그리고 사건을 어떻게 해석할 것인가에 대한 창조적 힘을 갖는다.

열등감

인간은 누구나 어떤 측면에서 열등감을 느끼고 있다. 왜냐하면 인간은 현재보다 나은 상태인 완전성을 실현하기 위해 노력하는 존재이기 때문이다. 그리고 사회적 존재로서 다른 사람들과 비교하여 자신을 평가하기 때문이다. 더불어 아들러는 우리 각자가 자기완성을 이루기 위해 자신이 느끼는 열등감을 극복해야 한다는 것을 강조하였다. 아들러는 자기완성을 위한 필수요인으로서 열등감을 봄으로써 열등감을 긍정적인 측면에서 보았다.

좀 더 구체적으로 열등감이 심리적 건강 혹은 신경증에 이르는 과정을 살펴보자. 개인이 열등감을 극복하여 완성에 도달하기 위한 우월성 추구를 하면 건설적 생활양식을 갖게 되어 심리적 건강을 달성한다. 이러한 사람은 자신의 부족한 점을 스스로 인정하고 그것을 극복하려는 의지와 노력을 통해 자기완성을 이루기 위해 매진한다. 즉 심리적 건강을 위해서는 우리가 열등감을 지배해야 한다. 반면 개인이 열등감으로 인해 개인적 우월성 추구에 집착하면 파괴적 생활양식을 갖게 되어 신경증에 빠지게 된다. 우리가 열등감의 노예가 된다면 열등감이 우리를 지배하게 된다. 이렇게 된다면 우리의 삶은 열등감 콤플렉스에 빠져 버리게 된다.

아들러는 열등감 콤플렉스에 빠진 사람을 "주어진 문제를 사회적으로 유용한 방식으로 해결할 만큼 충분히 강하지 않는 사람"이라고 말했다. 이러한 콤플렉스는 아동기에 어른들이 아이들을 다루는 방식에 의해 나타나는 것임을 발견했다. 아들러는 열등감 콤플렉스의 세 가지 원인을 기관 열등감, 과잉보호, 양육태만이라고 하였다.

기관 열등감 이 열등감의 원천은 개인의 신체와 관련된다. 즉 개인이 부모에게서 물려받은 자신의 신체에 대하여 어떻게 생각하는가와 관련된다. 외모에 대해서 어떻게 생각하는가? 신체적으로 건강한가? 아니면 자주 아픈가? 신체적으로 불완전하거나 만성적으로 아픈 아이들은 다른 아이들과 성공적으로 경쟁할 수 없다. 그래서 이런 아이는 열등감이라는 소라껍질 속에 움츠러든다.

과잉보호 이 원천은 부모의 자녀교육과 관련된다. 자녀를 독립적으로 키우느냐 의존적으로 키우느냐는 부모의 교육방식에 따라 달라진다. 가족이 핵가족화됨으로써 '내 자식 위주'의 사고를 가진 부모들이 많아졌다. 아이가 학교나 사회에서 문제를 일으켰을 때, 아이 스스로 해결할 수 있도록 기회를 주기보다는 부모들이 먼저 나서서 모든 일을 해결해 버리는 경우가 많다. 과거 한참 유행이었던 '마마보이'라는 말은 부모의 과잉보호로 인해 부모 없이는 아동 스스로 아무것도 결정할 수 없다는 것을 비꼬는 말이었다. 과잉보호를 받고 자란 아이들은 다른 사람들이 항상 그를 위해 모든 것을 해 주기 때문에 자신감이 부족하게 되어 그들 자신이 인생의 어려운 고비에 부딪쳤을 경우 해결할 능력이 없다고 믿고 깊은 열등감에 젖게 된다.

양육 태만 이 원천은 부모가 자녀에 대한 최소한의 도리를 하지 않는 것과 관련된다. 아이들의 성장에서 부모의 사랑과 관심은 매우 중요한 요소다. 아이들은 부모와의 신체접촉, 놀이를 통해 안정된 정서를 갖게 되며 자신의 존재 가치를 느끼게 된다. 사회의 급격한 변화와 더불어 이혼율과 여성의 사회참여가 높아지면서, 자녀에 대한 사랑과 관심이 줄어들고 있다. 특히 가정에서, 비디오 교육이라는 명목하에 아이들에게 혼자 비디오를 보게 함으로써 부모의 역할을 태만히 하는 경우가 많다. 이러한 환경에서 자란 아이들은 근본적으로 자신이 필요한 존재라고 느끼지 않기 때문에 열등감을 극복하기보다는 오히려 문제에 대해 회피하거나 도피한다. 즉 이러한 아이들은 자신의 능력을 인정받고 애정을 얻거나 남으로부터 존경을 받을 수 있다는 자신감을 잃고 세상을 살아간다.

이러한 세 가지 열등감 콤플렉스를 어린 시절에 경험하면 성년이 된 후에 신경증을 일으키는 중요한 요인이 된다.

우월성 추구

아들러는 우월성(superiority)이란 개념을 자기완성 혹은 자아실현이란 의미로 사용하였다. 아들러는 인간의 자기 신장, 성장, 능력을 위한 모든 노력의 근원이 열등감이라고 말했다. 그러나 아들러는 '인간이 추구하는 궁극적인 목적은 무엇인가?' '삶의 일관성과 통일성을 부여하는 것은 무엇인가?' '인간은 단지 열등감의 해소만을 추구하는가?' '인간은 단지 타인을 능가하기 위해서만 동기화되는가?'와 같은 질문에 대해 1908년까지는 '공격성'으로, 1910년경에는 '힘에 대한 의지'로, 그 후부터는 '우월성 추구' 개념으로 설명하였다.

우월성의 추구는 모든 인간이 문제에 직면하였을 때 부족한 것은 보충하며, 낮은 것은 높이고, 미완성의 것은 완성하며, 무능한 것은 유능한 것으로 만드는 경향성이다. 즉 우월성의 추구는 모든 사람의 선천적 경향성으로, 일생을 통해 환경을 적절히 다스리며 동기의 지침이 되어 심리적인 활동은 물론 행동을 안내한다. 아들러는 우월성 추구를 모든 인생 문제 해결의 기초에서 볼 수 있으며 사람들이 인생의 문제에 부딪치는 양식에서 나타난다고 하였다. 아들러는 우월성의 추구가 건전하게 이루어진 성격에 사회적 관심을 가미하고 있음을 이해할 수 있다. 즉 사회적 관심을 가진 바람직한 생활양식을 바탕으로 한 우월성 추구가 건강한 삶이라고 할 수 있다.

가족구도 · 출생순위

아들러는 가족구도(family constellation)와 출생순위(birth order)가 우리의 생활양식 형성에 중요하다는 것을 강조하였다. 가정에서 부모와 자녀가 어떠한 가족구도를 형성하고 있는가는 자녀의 생활양식을 형성하는 데 중요하다. 역시 자녀의 수가 몇 명인가와 출생순위도 성격 형성에 영향을 준다. 결혼을 해서 낳은 첫째 아이의 출생을 부부가 정말 원했는지의 여부, 첫째 아이가 남자인 경우 혹은 여자인 경우, 독자인 경우 등에 따라 부모가 자녀에게 대하는 심리적 태도가 다를 수 있다. 부모를 중심으로 한 가족구도 속에서 부모가 민주적으로 모든 자녀에게 대등한 관계에서 자녀를 양육하지 못할 경우 어떤 자녀는 심리적 상처를 받을 수 있다.

출생순위와 가족 내 위치에 대한 해석은, 어른이 되었을 때 세상과 상호작용하는 방식에 큰 영향을 미친다. 아동기에 타인과 관계하는 독특한 스타일을 배워서 익히게 되며, 그들은 성인이 되었을 때도 그 상호작용 양식을 답습한다. 아들러식 집단상담에서는 가족역동, 특히 형제간의 관계를 다루는 것을 매우 중요시한다. 집단상담자가 구성원 개인을 어떤 유목으로 전형화하는 것은 피해야 할 일이지만, 아동기에 형제간 경쟁의 결과로 생겨난 성격경향이 그 구성원의 삶을 통해서 어떻게 재현되고 있는가를 파악하여 조력하는 것이 필요하다.

3. 집단상담자의 역할과 기능

아들러식 집단상담자의 역할은 먼저 집단구성원과 인간 대 인간의 민주적인 관계를 형성하는 것이다. 다음으로 형성된 관계를 바탕으로 집단상담자는 집단구성원의 생활양식을 조사하여 그의 문제가 부적절한 생활양식에서 비롯되었음을 파악한다. 집단상담자는 이렇게 파악된 생활양식을 설명하고 해석하여 집단구성원이 통찰할 수 있도록 유도하는 역할을 수행한다. 마지막으로 집단상담자는 매우 직접적이고 다양한 상담기법을 사용하여 집단구성원의 생활양식을 재정향하기 위해 노력한다. 특히 아들러식 집단상담자는 부적응한 사람은 낙담한 사람이라고 보기 때문에 전반적인 집단상담 과정을 통해 집단구성원을 끊임없이 격려하는 역할을 수행한다. 노자가 "누군가를 깊이 사랑하는 것은 당신에게 용기를 주지만, 누군가에게 깊이 사랑을 받은 것은 당신에게 힘을 준다(Being deeply loved by someone gives you strength, while loving someone deeply gives you courage.)."고 언급한 것처럼, 집단상담자는 높은 사회적 관심으로 집단구성원을 사랑함으로써 그에게 용기에 대한 본보기 역할을 함과 동시에 힘을 실어주는 역할을 한다.

이상적인 아들러식 집단상담자는 삶의 균형을 유지하는 사람으로, 그 자신이 집단구성원들과 정직한 교류를 증진시킬 적응성, 용기, 유머, 타인의 수용 그리고 개방성을 가진다. 그는 변화의 가능성에 대한 확고한 믿음을 가지고 집단구성원에게 변화의 희망을 주입하는 역할을 수행한다. 더불어 아들러식 집단상담자는 집단구성원이 지니고 있는 부적절한 사적 논리를 적절한 시점에서 적극적으로 반박하여 그의 부적절한 생활양식을 재정향하도록 조력한다.

4. 집단상담 목표

아들러는 사람들의 주요한 문제가 세 가지 측면에서의 결여, 즉 '사회적 관심의 결여' '상식의 결여' '용기의 결여' 라고 하였다. 다시 말하면 아들러식 집단상담자들은 집단구성원의 문제해결을 위해 그에게 부족한 사회적 관심, 상식, 용기를 불어넣어 바람직한 삶을 영위하도록 조력한다.

집단구성원을 조력하는 아들러식 집단상담 방법으로는 '격려치료' 가 있다. 격려치료에서 집단상담자의 주요한 역할은 낙담한 집단구성원에게 용기를 불어

넣는 것이다. 격려치료에서 보면 심리적으로 문제를 가진 사람은 용기를 잃고 낙담한 사람이다. 우리는 각자 크고 작은 어려움에 부딪히며 삶을 영위한다. 사람을 크게 두 가지 부류로 나누면, 어려움에 포기하고 용기를 잃고 낙담한 사람과 자신이 아무리 어려운 상황에 처해도 좌절하지 않고 용기를 가진 사람으로 구분할 수 있다. 정신적으로 건강한 사람이라면 끊임없이 자신을 격려하면서 용기를 잃지 않는 사람이라고 할 수 있다. 심리적으로 고통을 받고 있는 사람이라면 용기를 잃고 자신감과 책임감을 상실한, 즉 낙담한 사람이라고 할 수 있다. 그러므로 우리의 삶에 중요한 것은 용기를 갖게 하는 격려다.

어떤 어려움에도 좌절하지 않는 용기를 가진 사람은 강한 인내심을 가진다. 심리학자 크라우츠(Krausz)는 "참아내지 못하고 포기한 사람은 환자가 된다(A person who is impatient remains a patient.)."고 하였다. 아들러식 상담자들은 격려하고, 격려하고, 또 격려하면서 모든 사람들의 가슴에 용기를 갖게 하는 것을 매우 중요하게 생각한다.

집단상담자들은 집단구성원의 생활양식을 파악하여 바람직한 방향으로 생활양식을 바꾸도록 재교육이나 재정향을 위해 노력한다. 아들러 상담이론을 체계화한 드레이커스(Dreikurs, 1967)는 상담의 목표가 생활양식의 변화, 나아가 현존하는 생활양식 내에서 행동의 변화라고 믿었다. 그는 또한 상담 초기와 종결에 있어서 초기 회상에 대한 의미 있는 변화가 일어난다면, 이것은 생활양식의 변화를 반영하는 것이라고 느꼈다.

열등감과 우월감은 동전의 양면이다. 아들러가 지적한 것처럼 열등감을 어떻게 극복하느냐가 자기완성을 위해 중요하다. 아들러는 니체가 초인을 강조한 것처럼 인간이 가진 힘에 대한 의지를 믿었다. 당신을 완성하려는 힘은 당신 자신의 노력을 통해 발휘된다. 더불어 나약한 인간으로서 부딪히는 시련을 극복하기 위해서 용기가 필요하다. 특히 '불완전할 용기(courage to be imperfect)' 를 갖는 것이 열등감의 극복과 자기완성에 중요하다.

5. 집단상담 과정

아들러식 집단상담자들이 생각하는 상담의 논리를 일반적인 과정에 따라 설명하면 다음과 같다(Manaster & Corsini, 1982, pp. 165-166).

첫째, 집단상담자는 문제를 이해하려고 노력한다.

둘째, 집단상담자가 문제의 본질에 대한 이해를 했을 때, 집단상담자는 집단구성원의 선택권을 설명하고 구체적인 조언을 한다.

셋째, 집단구성원은 조언 이면에 있는 이론과 정확히 무엇을 해야 할 것인가에 대해 이해하게 된다. 결국 집단구성원은 이해를 위한 인지적 자료를 가진다. 집단상담자는 집단구성원의 생각을 파악하여 그가 사용하는 논리나 이성을 다룬다. 이러한 단계를 끝마치는 데 몇 분 혹은 여러 시간이 걸릴 수 있다.

넷째, 이제 집단구성원은 지금까지 논의되었던 내용을 행동으로 옮길 준비가 되었다. 일반적으로 제공된 조언이 성공적으로 처리된다.

다섯째, 집단구성원은 제안된 절차를 시도하고 얻어진 결과를 가져와 보고한다.

이러한 아들러식 상담논리를 유심히 보면 집단구성원의 변화를 위해 집단상담자의 조언이 강조되고 있음을 알 수 있다. 아들러식 집단상담은 개인의 책임감을 강조한다. 즉 집단구성원에 대한 철저한 이해를 바탕으로 집단상담자의 조언이 이루어졌을 때, 집단구성원은 개인적 책임감을 갖고 자신의 문제를 처리한다.

전형적인 상담과정

아들러의 개인심리학은 아동지도, 부모교육, 파괴적 생활양식을 가진 사람들을 돕는 데 광범위하게 적용된다. 집단상담자들은 상담을 통해 집단구성원의 생활양식을 파악하여 바람직한 방향으로 생활양식을 바꾸도록 재교육 혹은 재정향을 위해 노력한다. 개인은 각자 자신의 삶을 영위하는 방식인 독특한 생활양식을 가진다. 아들러는 어린 시절에 형성된 개인의 생활양식이 청소년기 이후에는 거의 변화되기 힘들다는 입장을 견지하였다. 개인은 나름대로 생존하기 위해 삶의 방식인 자신의 생활양식을 적절하거나 부적절하게 형성하게 된다. 아들러는 어린 시절에 형성된 부적절한 생활양식을 바꾸기 위해서는 상담이나 재교육을 통해 안간힘을 써야 한다고 보았다.

아들러학파가 일반적으로 가정하는 집단상담 과정의 네 가지 단계는 '상담관계 형성' '평가 및 분석' '해석과 통찰' 그리고 '재정향(재교육)' 이다(Dreikurs, 1967; Dinkmeyer & Sperry, 2000). 여기에서 이러한 단계에 대해 살펴보자.

상담관계 형성 상담관계 형성(relationship)을 위해서는 협동적인 관계의 유지가 필수일 뿐만 아니라 집단상담자들의 주의집중이 요구된다. 아들러학파는 집단상담자와 집단구성원이 우호적이며 대등한 관계를 형성할 것을 강조한다. 또한 협동적인 관계의 유지가 필수적이며, 집단상담자들의 관심과 경청을 바탕으로 공감적 관계를 형성해야 한다.

격려는 상담 초기단계에서부터 전반적 집단상담 과정을 통해 낙담한 집단구성원들에게 사용되는 핵심적 구성요인이다. 스위니(Sweeny, 1998)는 대인관계나 상담에서 사용할 수 있는 일곱 가지 격려행동을 다음과 같이 제안했다(Seligman, 2006, pp. 78-79).

- 사람들의 수행을 평가하기보다 그들이 현재 하고 있는 것에 초점을 두어라.
- 과거나 미래보다도 현재에 초점을 두어라.
- 사람보다도 행동에 초점을 두어라.
- 결과보다도 노력에 초점을 두어라.
- 외적 요인보다 내부에서 비롯된 동기에 초점을 두어라.
- 학습이 안 된 것보다 현재 학습되고 있는 것에 초점을 두어라.
- 부정적인 것보다 긍정적인 것에 초점을 두어라.

평가 및 분석 집단구성원에 대한 평가 및 분석(assessment and analysis)은 초기회상, 가족구도 그리고 꿈을 통해 이루어진다. 즉 집단구성원의 역동성을 탐색하여 신념과 감정, 동기와 목표를 이해한다. 집단상담자는 집단구성원의 부적절한 생활양식에 영향을 준 요인을 평가하고 분석한다. 집단구성원에 대한 평가 및 분석에 사용되는 전형적인 생활양식조사 영역에는 초기회상, 가족구도, 기본적 오류, 자질, 꿈의 내용 등이 포함된다. 이러한 내용의 조사를 통해 현재의 부적절한 생활양식을 파악하고 집단구성원의 역동성을 탐색하여 그의 신념 · 감정 · 동기 · 목표를 이해한다.

해석 및 통찰 집단상담자는 집단구성원의 진술에 대한 해석(interpretation)을 한다. 이를 통해 자기이해와 통찰을 촉진한다. 아들러학파의 해석은 생활양식과 관련된다. 이것은 개인의 삶의 방향과 목표에 대한 자각을 일깨우고 '사적 논리(private logic)'를 각성시키며 그것이 어떻게 현재 행동에 작용하는지를 알게 해 준다. 즉 해석을 바탕으로 잘못된 목표와 자기-패배적 행동에 대한 집단구성원의 통찰을 발달시킨다.

재정향 집단구성원이 새로운 방향을 갖도록 조력한다. 즉 집단상담자는 재정향(reorientation)을 통해 집단구성원이 목표를 성취할 신념과 행동에 변화를 추구하도록 한다. 초기회상, 가족역동성, 꿈에서 도출된 통찰을 바탕으로 이전에 가졌던 비효율적인 신념과 행동에 대해 대안적인 방안을 찾도록 도와준다. 아들러학파는 재정향 기법을 다양하게 사용한다. 집단상담자는 집단구성원이 사용하는 무용한 생활양식을 유용한 생활양식으로 바꾸도록 조력한다. 아들러식 집단상담자들은 집단구성원으로 하여금 유용한 생활양식을 갖도록 하는 데 있어 일차적으로 인지적 변화에 초점을 맞춘다. 집단구성원이 갖고 있는 부정적인 사적 논리에 근거한 기본적 오류 혹은 비합리적 신념을 파악하여 변화시키는 데 주력한다. 즉 집단상담자는 재정향이나 재교육을 통해 집단구성원이 목표를 성취할 신념과 행동에 있어 변화를 만들도록 한다.

상담과정에서 격려

아들러식 집단상담자들은 집단구성원이 아파서 치료가 필요한 것이 아니라 낙담하고 있는 것으로 본다. 증상은 시도된 해결이다. 집단상담 과정은 낙담한 집단구성원에게 정보를 제공하고, 가르치고, 지도하고 격려를 제공하는 것에 초점을 둔다. 격려는 개인의 신념을 변화시키는 데 이용되는 가장 영향력 있는 방법이다. 격려는 집단구성원으로 하여금 자신감을 형성하도록 하고 용기를 갖게 해 준다. 용기는 두려울 때조차 행동할 수 있는 의지다. 용기의 상실, 즉 낙담은 잘못된 역기능적 행동으로 결과된다. 낙담한 사람은 삶의 유용한 측면에 있는 사회적 관심의 맥락에서 행동하지 않는다(Corey, 2005, p. 101).

아들러식 집단상담 과정의 단계에서 격려는 주요한 기법이라고 할 수 있다. 격려는 특히 사람들이 자신의 삶에서 변화를 고려할 때 중요하다. 격려의 언어학적 의미는 '용기를 갖게 하는 것(to build courage)'이다. 용기는 개인이 자신의 강점을 자각할 때, 소속되어 있어 외롭다고 느끼지 않을 때, 희망을 가질 때 그리고 자신과 자신의 일상적 삶을 위한 새로운 가능성을 발견할 수 있을 때 발달한다. 집단구성원이 흔히 자신의 긍정적 특성, 강점, 내적 자원을 인식하거나 수용하지 않기 때문에, 집단상담자의 주요한 과업은 그들이 그러한 자질을 인식하고 수용하도록 조력하는 것이다.

집단상담 과정의 단계에 따라 격려는 여러 가지 형태로 나타난다. 관계형성 단계에서 격려는 집단상담자가 추구하는 상호존중을 이끌어낸다. 부분적으로 개인적 강점을 보여 주려고 설계된 평가단계에서, 집단구성원은 그가 자신의 삶에 책임이 있고 새로운 이해를 바탕으로 다른 선택을 할 수 있다는 것을 인식하도록 격려된다. 재정향 단계 중에 새로운 가능성이 생성될 때 그리고 집단구성원들이 자신의 삶을 보다 나은 삶으로 변화시킬 긍정적 단계를 취하는 것이 인정되고 확인될 때 격려가 주어진다(Corey, 2005, pp. 110-111).

인간이 하기에 가장 어려운 일은 자신을 알고 자신을 변화시키는 것이다(Adler, 1946, p. 11). 아들러에게 정신병리는 낙담 감정, 즉 자신과 세계가 변하지 않는데 왜 시도하는가 하는 감정과 동등하다. 따라서 집단상담의 주요한 목표는 집단구성원을 격려하는 것이다. 집단구성원 스스로 변화가 가능하고 노력할 가치가 있다고 느껴야 한다. 노력을 하는 것은 용기를 발휘하는 것이다(Day, 2004, pp. 124-125).

6. 집단상담 기법

아들러식 집단상담의 궁극적 목표는 생활양식의 재정향을 성취하기 위해 집단구성원의 신념과 행동을 변화시키는 것이다(Dreikurs, 1967). 집단상담자는 집단구성원과 함께 그의 생활양식을 탐색하고 그것을 해석함으로써 이끌어 낸 통찰을 바탕으로 집단구성원이 새로운 생활방식으로 살아갈 수 있도록 다양한 집단상담 기법을 적용한다. 집단구성원은 자신의 삶의 초기에 형성된 행동에 대한 변화를 위해 많은 노력을 해야 한다. 아들러학파는 행동의 새로운 양식을 이끌 수 있는 행동지향적인 기법을 발달시키는 데 풍부한 상상력을 발휘했다(Dinkmeyer, Dinkmeyer, & Sperry, 1987).

여기에서는 아들러식 집단상담자들이 생활양식의 재정향을 위해 사용하는 기법으로 즉시성, 격려, '마치 ~처럼' 행동하기, 자기 모습의 파악, 질문, 집단구성원의 수프에 침 뱉기, 악동 피하기, 단추 누르기 기법, 역설적 의도, 심상 만들기, 과제설정과 이행, 숙제 주기 등에 대해 알아보고자 한다.

즉시성

집단상담 중에 집단구성원이 경험을 표현하는 것을 즉시성이라고 한다. 집단상담자는 집단상담 중에 일어나는 것이 일상생활에서 생기는 것의 표본이라는 사실을 집단구성원이 깨닫도록 해야 한다. 언어적이거나 비언어적인 집단구성원의 의사소통은 치료의 목표와 연관된다. 집단구성원의 의사소통은 어느 순간

갑자기 나타난 것이 아니기 때문에, 집단상담자가 이러한 의사소통에 대해 추측할 수 있도록 도와준다.

격려

아들러식 집단상담의 가장 중요한 중재기법 중의 하나가 격려, 즉 집단구성원의 기를 살려 주는 작업이다. 격려는 아들러학파의 심리치료 과정 동안 계속해서 사용되며, 집단구성원의 생활양식에 접근하고 관계를 형성하는 데 유용하다. 재정향 단계에서 격려는 행동과 변화를 가져오는 데 유용하다. 신념과 자기지각에 초점을 맞춤으로써, 집단상담자는 집단구성원의 열등감과 낮은 자기개념을 극복할 수 있도록 도울 수 있다. 재정향 단계에서는 개인이 기꺼이 위험을 무릅쓰고 새로운 것에 대한 시도가 지지된다.

'마치 ~처럼' 행동하기

이 기법은 집단구성원이 실패할 거라고 믿기 때문에 시도하기를 두려워하는 행동을 하도록 도와준다. 집단구성원은 '마치 ~인 것처럼 행동하도록' 요청된다. 만약 집단구성원이 새로운 행동을 시도하기를 원하지 않는다면, 새 옷을 한 번 입어 보듯이 새로운 역할을 시도해 보도록 제안한다. 매력적인 옷은 집단구성원을 새로운 사람으로 만들지는 않지만, 이것은 집단구성원에게 새로운 감정, 아마도 자신감을 줄 것이다.

자기 모습의 파악

집단구성원이 자신의 목표를 이해하고 변화된 행동을 하기 위해서는 '자기 모습을 있는 그대로 파악해 보는 것'이 필요하다. 행동은 집단구성원의 생애에 걸쳐 계속 반복되기 때문에, 집단구성원은 '자기 모습을 있는 그대로 파악하는'

부가적인 노력이 필요하다. 비록 처음에는 행동한 후에서야 자기 모습을 파악한다 할지라도, 행동으로 옮기기 전에 자기 모습을 파악하는 것을 연습함으로써 변화를 이끌어 낼 수 있다. 이렇게 함에 따라, 집단구성원은 효과적인 변화를 실행시키는 것을 배우고 더 쉽게 자신의 목표를 성취할 수 있음을 알게 된다. 그는 또한 '아하' 반응을 하게 된다.

질문

질문은 일반적으로 집단구성원의 문제가 신체적인 것인지, 또는 심리적인 것인지 결정하기 위한 진단도구로 사용되지만, 그가 하는 응답에 대하여 반영하거나 해석할 수 있다는 점에서 치료적 가치도 있다.

모든 행동은 목적이 있기 때문에 심인성 증상은 심리적인 목적을 가질 것이며, 기질적 증상은 신체적인 목적을 가질 것이다. 아들러학파는 다음과 같은 질문을 할 수 있다. 즉 "만일 내가 당신의 증상을 즉시 제거할 수 있는 마술지팡이나 마술약을 가지고 있다면, 당신의 인생에서 무엇이 달라지겠습니까?" 이때 집단구성원이 "나는 더 자주 사교 모임에 갈 것입니다." 혹은 "나는 책을 쓸 것입니다."라고 대답한다면 그 증상은 심인성일 가능성이 크다. 만일 집단구성원이 "나는 이러한 격심한 고통을 받지 않겠지요."라고 반응한다면, 그 증상은 기질적일 가능성이 매우 크다. 이 질문에 대한 응답에 따라 집단상담자는 구성원의 문제를 다루는 방식을 달리할 수 있으며, 필요한 경우 신체적 치료를 받도록 조치를 취할 수 있다.

집단구성원의 수프에 침 뱉기

이 기법은 기숙학교 아이들이 흔히 다른 사람의 음식을 얻기 위해서 음식에 침을 뱉는 방법에서 유래한 것이다. 집단구성원의 어떤 행동의 목적과 대가를 인식한 집단상담자는 곧바로 그 행동이 총체적으로 손해되는 행동이라는 사실을 집단구성원에게 분명하게 보여 줌으로써 그가 더 이상 손해되는 게임을 하지 못하도록 한다. 예를 들면, 아이들에게 더 좋은 생활용품을 사주기 위해 자신이 열심히 일하고 있다는 사실을 아이들에게 계속 말하는 아버지가 있다고 하자. 집단상담자는 그가 자신의 희생적인 입장에 직면하도록 하고, 그가 아이들로부터 인정을 받으려고 한다는 사실을 보여 준다. 집단상담자는 그가 아이들에게 하는 자신의 이야기를 변화시키도록 설득하는 역할을 하는 것이 아니라 그가 이 방식에서 어떤 대가를 지불하고 있는지를 보여 준다. 집단구성원이 같은 행동을 계속할 수도 있으나, 더 이상 자기를 속일 수 없으므로 대가는 지불하지 않아도 된다.

악동 피하기

자기패배적인 행동은 변화되기 어렵고 특별히 집단구성원에게는 중요할 것이다. 비록 이 양식이 그릇된 가정에 기초하고 있고 목표를 성취하지 못하는 결과를 가져온다 할지라도, 집단구성원은 부적절하게 타인을 조작해온 내면적 주체인 악동에 의해 낡은 행동양식을 고수할 것이다. 더 나아가, 집단구성원은 자기패배적인 자기지각을 유지시키기 위해서, 집단상담자의 행동도 다른 사람과 다를 바 없다고 생각하려고 할 것이다. 예를 들면, 자신이 가치 없다고 느끼는 집단구성원은 다른 사람이 자신에게 했던 것처럼 집단상담자도 결국은 그렇게 반응하도록 상황을 조작하려 한다. 집단상담자는 이러한 함정에 빠지는 것을 피해야 하며 악동의 접촉을 막아야 한다. 집단상담자들은 집단구성원의 비효율적인 지각이나 행동을 언급하는 대신, 더 큰 심리적인 건강을 가져올 수 있도록 격려행동을 해야 한다.

단추 누르기 기법

단추 누르기 기법은 집단구성원이 유쾌한 경험과 유쾌하지 않는 경험을 번갈아 가면서 생각하도록 하고 각 경험과 관련된 감정에 관심을 가지도록 하는 것이다. 이 기법의 목적은 집단구성원에게 그들이 무엇을 생각할지를 결정하여 자신이 원하는 감정은 무엇이든지 만들어 낼 수 있다는 사실을 가르치려는 것이다. 단추 누르기 기법을 통해서 아들러식 집단상담자는 집단구성원 자신이 우울을 선택했으며, 우울은 자기 생각의 산물임을 인식하도록 도와준다. 집단상담자는 집단구성원에게 아주 즐거운 사건을 회상하도록 하고, 다음에 아주 불쾌한 사건을 회상하고, 그다음에는 또 사건이 자신이 바라는 식으로 판명되는 것을 상상하게 하는 시각적 과정을 사용할 수도 있다. 집단구성원에게 마지막 사건을 재현하고, 사고의 산물로 창출된 감정을 덧붙이라고 한다. 집단상담자는 그 사람에게 두 가지 단추, 즉 우울단추와 행복단추를 가지고 집에 가라고 하며, 그에게 앞으로 겪게 될 사건에 어느 단추를 쓸 것인지는 자기가 통제할 수 있다고 말한다.

역설적 의도

아들러는 변화를 위한 책략으로 역설적 전략을 처음 사용하였다. 이 기법은 '증상 처방 기법' 혹은 '반 암시'라고 부르기도 한다. 역설적 의도란 집단구성원을 나약하게 만드는 생각이나 행동에 의도적으로 관심을 가지고 과장하는 것을 말한다. 결과적으로 그 상황에서는 매우 많은 증상을 보인다. 역설적 전략은 자기모순적으로 보일 수도 있고, 때로는 터무니없는 치료 중재로 보일 수도 있다. 이 기법의 핵심은 내담자의 저항에 대항하기보다는 편승하는 것이다.

역설적 전략은 때로 우유부단한 사람에게도 적용된다. 예를 들면, 늑장 부리는 집단구성원에게 과제를 더 미루라고 말한다. 오랫동안 걱정하는 집단구성원에게는 매일매일 가능한 모든 것에 대해 걱정하는 데에만 전적으로 전념하는 시간계획을 짜도록 할 수도 있다. 교실에서 말하는 것을 두려워하는 집단구성원에게는 교실 뒤에 앉아서 아무 말도 하지 않도록 한다. 이 절차를 사용하여 특정 시간 동안 행동 양상을 과장하도록 함으로써, 집단구성원들로 하여금 자신이 이 실험에서 무엇을 배울지를 스스로 알도록 하는 것이 좋다. 사람들이 특정 상황에서 자신이 어떻게 행동하는지를 극적으로 인식할 수 있도록 도와주고, 그 행동의 결과에 대한 책임이 자신에게 있다는 사실을 보여 주는 것이 역설적 의도의 논리다. 집단구성원의 저항에 반대하지 않고 오히려 동참함으로써 그 행동을 덜 매력적으로 만들어 버리는 것이다. 증상은 집단구성원의 눈에도 어리석은 것으로 보이게 될 것이다. 더구나 집단구성원이 과장된 방식으로 문제에 직면했을 때, 그는 자신이 원하는 것을 얻을 수 있는 다른 방식을 할 수 있게 된다.

심상 만들기

아들러는 간결한 말로 집단구성원들을 묘사하기를 좋아했는데, 예를 들면, '왕이 된 거지'라는 말이 있다. 다른 아들러식 집단상담자들도 집단구성원들에게 간략한 심상을 부여하는데, 이는 '하나의 그림이 천 마디의 말만큼이나 가치가 있다.'는 금언을 확인하는 것이다. 이러한 심상을 기억하면서 집단구성원은 자신의 목표를 상기할 수 있으며, 그 후의 단계에서 자신을 비웃는 데 그 심상을 사용하는 것을 배울 수 있다. 과도한 야망 때문에 '슈퍼맨'이라는 별칭을 얻게 된 한 집단구성원이 어느 날 자신의 셔츠 단추를 끄르기 시작했다. 집단상담자가 질문을 하자 그는 웃으면서 "그러면 당신은 커다란 'S' 자가 쓰인 나의 푸른 셔츠를 볼 수 있을 거예요."라고 대답했다.

신경증적 방어를 시각적 장면으로 상상해 보는 것은 집단구성원에게 그의 행동이 얼마나 어리석은가를 명료화하고 구체화하는 데 큰 도움이 된다. 역설적 의도와 밀접하게 관련된 장면 상상하기는 집단구성원에게 위협적인 사회적 상황에 관련되기 시작할 때의 그 우스꽝스러운 장면을 상상해 보도록 요구하는 것이다.

과제설정과 이행

집단상담자와 집단구성원들은 때때로 자신의 문제에 대한 특별한 행동을 계획한다. 선택이 이루어질 때, 집단상담자와 집단구성원은 선택을 이행하기 위한 최선의 방법을 결정한다. 만약 그 과제가 간단하고 성공할 확률이 매우 높으면 적절하다고 할 수 있다. 이것은 집단상담자가 쉽게 집단구성원에게 용기를 줄 수 있게 해 준다. 만약 집단구성원이 성공하지 못하면, 집단상담자와 집단구성원은 더 효과적으로 변화시킬 수 있는 계획을 세워야 한다.

숙제 주기

집단구성원이 과제를 성공시키도록 돕기 위해서, 아들러식 집단상담자는 숙제를 내준다. 숙제는 대개 치료회기 동안에 충분히 해낼 수 있는 것들이다. 집단상담자가 집단구성원의 인생에 직접적으로 끼어들지 않고 집단구성원이 스스로 할 수 있도록 숙제는 주의 깊게 내준다.

7. 요약

▸ 개인심리학의 주요한 여섯 가지 원리는 다음과 같다.

첫째, 개인의 행동 이면에서 작동하는 역동적 힘은 성공 혹은 우월성 추구다.

둘째, 자신과 환경에 대한 개인의 주관적 관점이 그의 행동과 성격을 결정한다.

셋째, 성격은 통합적이며 일관적이다.

넷째, 모든 인간 활동의 가치는 사회적 관심의 관점에서 이해되어야 한다.

다섯째, 일관된 성격 구조는 개인의 생활양식으로 발달된다.

여섯째, 생활양식은 개인의 창조적 힘에 의해 형성된다.

- 아들러 개인심리학의 주요개념인 사회적 관심, 생활양식, 생애과제, 허구적 최종목적론, 열등감, 우월성 추구, 가족구도 및 출생순위 등에 대해서 살펴보았다.

- 집단상담자는 높은 사회적 관심으로 집단구성원을 사랑함으로써 그에게 용기에 대한 본보기 역할을 함과 동시에 힘을 실어 주는 역할을 한다. 아들러식 집단상담자는 집단구성원이 갖고 있는 부적절한 사적 논리를 적절한 시점에서 적극적으로 반박하여 그의 부적절한 생활양식을 재정향하도록 조력한다.

- 아들러식 집단상담자들은 집단구성원의 문제해결을 위해 그에게 부족한 사회적 관심, 상식, 용기를 불어넣어 바람직한 삶을 영위하도록 조력한다.

- 아들러학파가 일반적으로 가정하는 집단상담 과정의 네 가지 단계는 상담관계 형성, 평가와 분석, 해석 및 통찰, 재정향이다.

- 집단상담자들이 집단구성원의 생활양식 재정향을 위해 사용하는 기법으로 즉시성, 격려, '마치 ~처럼' 행동하기, 자기 모습의 파악, 질문, 내담자의 수프에 침 뱉기, 악동 피하기, 단추 누르기 기법, 역설적 의도, 심상 만들기, 과제설정과 이행, 숙제 등이 있다.

효과적 조력을 위한

〈집단상담 연습 6〉: 격려의 이해 및 자기지향성 파악하기

연습 1

아들러식 집단상담자는 문제를 가진 집단구성원이 낙담한 상태에 있다고 보고 그를 끊임없이 격려하려고 노력한다. 격려를 정확히 이해하기 위해 집단상담자로서 아래에 제시된 내용을 바탕으로 먼저 칭찬과 격려가 어떻게 다른지 확인하라. 그런 다음 2명씩 짝을 지어 격려와 칭찬 반응하기를 실습해 보라.

■ 테일러(Taylor, 1979)가 칭찬과 격려를 비교한 내용은 다음과 같다.

칭찬	격려
경쟁을 자극한다	모든 사람의 이익을 위한 기여와 협동을 자극한다.
수행의 질에 초점을 둔다.	노력과 기쁨의 양에 초점을 둔다.
평가적 · 판단적: 개인은 판단되고 있다고 느낀다.	개인 혹은 행위의 평가를 거의 하지 않는다. 개인은 수용되고 있음을 느낀다.
타인을 희생하여 이기심을 조장한다.	타인을 해치지 않고 자기 관심을 촉진한다.
개인의 전반적 평가에 대한 강조: "네가 다른 사람들보다 낫다."	구체적 기여의 강조: "네가 이런 방법으로 도왔다."
중도탈락자들을 만든다.	시도한 사람들을 만든다.
실패의 두려움을 조장한다.	불완전의 수용을 촉진한다.
의존성을 조장한다.	자기충족성과 독립성을 촉진한다.

■ 교사와 부모가 학생을 격려할 때 유념해야 할 내용으로 딩크마이어와 드레이커스(Dinkmeyer & Dreikurs, 1963)가 제안했던 아홉 가지 내용은 다음과 같다.

• 학생의 있는 그대로에 가치를 두어라.

- 학생에 대한 신념을 보이고 학생이 자신에 대한 신념을 갖도록 한다.
- 학생의 능력을 진실로 믿고 그가 자기존중을 형성하는 동안 그의 자신감을 북돋운다.
- 하는 일이 잘 됐다는 것을 인식하고 그의 노력을 인정해 준다.
- 학생의 발달을 촉진하고 향상시키기 위해 학급집단을 활용한다.
- 학생 개개인이 집단에서 자신의 입장을 확신할 수 있도록 집단을 통합한다.
- 성공을 보장하기 위해 계속적으로 기술의 발달을 조력한다.
- 강점과 자질을 인식하고 초점을 둔다.
- 건설적 활동에 힘을 쏟도록 학생의 관심을 이용한다.

연습 2

개인이 생애과제를 달성하기 위해 적절한 자기관리를 하는 게 필요하다. 다음에 제시된 간편한 자기보고식 검사는 아들러 이론에 근거한 '자기지향성 척도' 다. 자신의 생애과제를 달성하기 위해 열두 가지 자기지향성 영역에 대해 확인해 보라.

지시사항　다음의 내용은 당신이 지향하는 목표달성을 위해 필요한 사항을 알아보기 위한 것이다. 문항 내용을 파악한 후 당신 자신에 대한 설명의 적절성에 따라 〈보기〉에 근거하여 각 문항의 오른쪽에 있는 숫자에 ○표 하기 바란다.

〈보기〉

1	2	3	4	5
전혀 그렇지 않다		그저 그렇다		매우 그렇다

1. 나는 가치 있는 사람이다.	1	2	3	4	5
2. 나의 일처리 능력에 만족하지 못한다.	1	2	3	4	5
3. 평소에 현실과 동떨어진 생각을 한다.	1	2	3	4	5
4. 나의 정서 상태를 잘 이해하고 있으며 이를 적절하게 표현한다.	1	2	3	4	5
5. 새로운 문제 상황에서 적절하게 대처하지 못한다.	1	2	3	4	5
6. 주위 사람들로부터 유머감이 풍부하다는 말을 자주 듣는다.	1	2	3	4	5
7. 건강과 관련하여 음식조절 능력이 부족하다.	1	2	3	4	5

8. 건강과 관련하여 신체적 활동에 관심이 없다.	1	2	3	4	5
9. 나는 나 자신을 돌보는 데 소홀하다.	1	2	3	4	5
10. 스트레스에 효과적으로 대처하고 있다.	1	2	3	4	5
11. 남성 혹은 여성으로서 나의 역할에 만족하고 있다.	1	2	3	4	5
12. 나에게 영향을 끼친 문화를 긍정적으로 생각한다.	1	2	3	4	5
13. 나 자신이 불만족스럽다.	1	2	3	4	5
14. 내가 종사하고 있는 영역에서 성공할 수 있는 충분한 능력을 가지고 있다.	1	2	3	4	5
15. 나는 합리적이고 현실적으로 느끼며 행동한다.	1	2	3	4	5
16. 나는 정서 상태에 대한 이해나 표현이 부족하다.	1	2	3	4	5
17. 나는 평소에 창의적으로 생각하며 문제를 해결한다.	1	2	3	4	5
18. 유머감각이 풍부한 사람을 보면 부러움을 느낀다.	1	2	3	4	5
19. 나는 영양섭취에 관심이 많다.	1	2	3	4	5
20. 나는 규칙적으로 운동을 한다.	1	2	3	4	5
21. 철저한 안전 습관, 건강 검진 등을 통하여 나 스스로를 보살핀다.	1	2	3	4	5
22. 내가 겪는 스트레스를 잘 처리하지 못한다.	1	2	3	4	5
23. 나는 남성(여성)으로서 나의 역할에 불만이 많다.	1	2	3	4	5
24. 내가 소속한 집단의 문화에 이질감을 느낀다.	1	2	3	4	5
25. 나는 중요한 사람이라고 생각한다.	1	2	3	4	5
26. 나의 감정이나 행동을 조절할 수 있다.	1	2	3	4	5
27. 나는 비합리적인 사고나 행동 때문에 자주 비난을 받는다.	1	2	3	4	5
28. 나의 분노 감정을 조절할 수 있다.	1	2	3	4	5
29. 다른 사람들로부터 창의적이라는 말을 듣는다.	1	2	3	4	5
30. 나는 주위 사람들을 잘 웃기는 편이다.	1	2	3	4	5
31. 영양소나 칼로리 등을 고려하여 음식물을 선택한다.	1	2	3	4	5
32. 신체 건강을 위해 운동에 관심을 갖고 실천한다.	1	2	3	4	5
33. 평소에 안전 수칙을 지키며 생활한다.	1	2	3	4	5
34. 나름대로 적절한 스트레스 해소책을 가지고 있다.	1	2	3	4	5
35. 나의 성(남성 혹은 여성)에 만족한다.	1	2	3	4	5

36. 내가 속한 문화를 자랑스럽게 여긴다.	1	2	3	4	5
37. 나는 사회적으로 유용한 사람이라고 믿는다.	1	2	3	4	5
38. 내가 원하는 대로 행동하기가 힘들다.	1	2	3	4	5
39. 주위 사람들로부터 비현실적이라는 말을 듣는다.	1	2	3	4	5
40. 나는 심리적 불안으로 고통을 받는다.	1	2	3	4	5
41. 당면한 문제를 슬기롭게 해결한다.	1	2	3	4	5
42. 친구들에게 유머가 있다는 말을 듣는다.	1	2	3	4	5
43. 식생활 습관이 불규칙하다.	1	2	3	4	5
44. 몸의 균형유지를 위해 적절한 운동을 한다.	1	2	3	4	5
45. 원하는 목표를 위해 스스로를 관리한다.	1	2	3	4	5
46. 스트레스 때문에 힘들다고 느낀다.	1	2	3	4	5
47. 다시 태어난다면 다른 성(남성 혹은 여성)이 되고 싶다.	1	2	3	4	5
48. 내가 속한 문화는 독특하며 장점이 있다.	1	2	3	4	5

〈채점 요령〉: 문항 번호 2, 3, 5, 7, 8, 9, 13, 16, 18, 22, 23, 24, 27, 38, 39, 40, 43, 46, 47번은 도취 문항들입니다. 이러한 문항은 점수를 역으로 하여 채점하시기 바랍니다(예: 1 → 5, 4 → 2 등). 자기지향성의 12영역에 해당하는 내용과 문항들은 다음과 같습니다.

가치감: 1, 13, 25, 37; 통제감: 2, 14, 26, 38; 현실적 신념: 3, 15, 27, 39;
정서적 자각 및 대처: 4, 16, 28, 40; 문제해결 및 창의성: 5, 17, 29, 41;
유머감: 6, 18, 30, 42; 영양: 7, 19, 31, 43; 운동: 8, 20, 32, 44;
자기 보살핌: 9, 21, 33, 45; 스트레스 관리: 10, 22, 34, 46;
성 정체감: 11, 23, 35, 47; 문화 정체감: 12, 24, 36,48.

〈해석 요령〉: 자기지향성의 12가지 영역 중 가장 높은 점수를 얻은 3~4개의 영역은 당신이 자기지향을 위해 잘 하고 있는 측면들입니다. 반대로 가장 낮은 점수의 3~4개는 당신이 잘못하고 있는 영역들입니다. 그러한 영역이 무엇인지 확인하여 그러한 측면을 보완하도록 노력하시기 바랍니다. 특히 12점 이하로 나온 영역에 대해서는 관심을 갖고 보완하시기 바랍니다.

제7장

행동치료에 근거한 집단상담

Don' t say "Yes" when you want to say "No."
A nonassertive person is the person
who lets his right be inviolated by somebody.

제7장의 목차

제7장
행동치료에 근거한 집단상담

행동주의는 관찰할 수 있는 행동만이 심리학의 연구대상이라는 입장을 바탕으로 20세기 초반에 탄생하여 심리학의 주류로 성장하였다. 행동주의는 행동의 학습이 주요한 연구 주제인 학습심리학의 연구결과를 토대로 발달하였다. 집단 구성원의 행동 변화를 목적으로 하는 행동치료에 근거한 집단상담은 행동주의적 관점에 근거한다. 행동치료에 근거한 집단상담의 기초가 되는 중요한 학습이론으로 파블로프(Ivan M. Pavlov, 1849～1936)의 실험에 근거한 고전적 조건형성(calssical or respondent conditioning)과 스키너(Burrhus F. Skinner, 1904～1990)의 조작적 조건형성(operant conditioning)을 들 수 있다. 초기의 행동치료는 이러한 학습원리를 인간 활동에 논리적으로 확장한 것으로 간주되었다. 그러나 오늘날의 행동치료는 더 이상 고전적 조건형성과 조작적 조건형성 이론의 임상적 적용이라고 단순히 정의할 수 없을 정도로 다양한 발전을 이룩하였다. 지금은 서로 다른 이론적 근거를 가지는 광범위하고 다양한 절차가 있으며, 개념적 토대, 방법론상의 필요조건 및 효율성에 대한 증거 등의 측면에서 개방적인 논쟁이 이루어지고 있다.

여기서는 현대 행동치료의 주요한 다섯 범주인 고전적 조건형성에 근거한 행동치료, 조작적 조건형성에 근거한 행동치료, 인지행동수정, 사회학습이론, 다중양식 행동치료를 간략히 살펴보자(Kazdin & Wilson, 1978). 첫째, 파블로프의 고전적 조건형성의 원리를 적용한 접근방식이다. 이 입장에 속하는 대표적 행동치료자인 울프(Wolpe)는 체계적 둔감화 기법을 통해 내담자의 불안이나 공포를 감소시켰다. 둘째, 행동치료는 스키너의 조작적 조건형성 원리를 적용하는 급진적 행동주의자의 입장에 따라 발달하였다. 이 입장에 속하는 행동치료자는 행동이 행동결과의 기능이라는 기본적 가정을 바탕으로 하며, 중재절차는 단일사례 실험설계에 의해 평가된다. 셋째, 인지행동수정은 인지를 내담자의 행동 변화를 위한 중재절차에 포함하여 적용한 행동치료 방식이다. 이 입장에 속하는 대표적 행동치료자인 마이켄바움(Meichenbaum)은 행동 변화의 중재자로서 인지과정의 중요성을 강조하였다. 넷째, 사회학습이론은 반두라(Bandura)의 관찰학습을 바탕으로 개념화된 행동치료 접근이다. 사회학습이론은 개인의 행동과 환경의 상호작용을 강조한다. 반두라는 그의 이론을 최근 사회인지이론으로 수정하였으며, 자신의 행동에 대한 기대를 강조하는 자기효능감이란 개념을 이론에 통합시켰다. 마지막으로, 다중양식 행동치료는 라자루스(Lazarus)의 다중양식치료를 지칭하는 입장이다. 라자루스는 자신의 입장이 독창적인 절충적 입장이라고 주장하지만 그의 이론적 배경을 바탕으로 볼 때 행동치료의 범주에 속한다고 할 수 있다.

행동치료는 당신이 통제하는 대부분의 행동이 적응적이든 부적응적이든 간에 학습되었다는 전제에서 비롯되었다. 따라서 행동치료 상담자는 당신의 바람직한 행동뿐 아니라 당신의 잘못된 행동도 학습된다고 믿는다. 이 장에서는 행동치료에 근거한 집단상담의 원리가 되는 학습이론의 발달에 따른 행동치료 집단상담의 실제적인 방법을 알아보고자 한다.

1. 기본원리

우리의 행동은 효과적일 수도 부적응적일 수도 있다. 행동치료는 효과적이든 비효과적이든, 우리가 통제하는 대부분의 행동이 학습된다는 전제에 근거한다. 그리고 이러한 행동은 학습의 법칙에 따른다. 행동주의 심리학은 인간행동이 환경적 사건에 의해 결정된다는 입장을 취한다. 관찰할 수 있는 행동을 강조하기 때문에 인간의 내면적 가치나 자유의지를 주장하는 다른 심리학적 학파와 대립된다. 따라서 행동주의자들은 인간에 대한 성선설이나 성악설을 믿지 않으며 조건형성과 강화의 학습 법칙에 의해 인간을 선하게도 악하게도 만들 수 있다는 입장을 취한다.

행동주의의 대변자였던 왓슨(Watson)은 그 당시 심리학을 지배하던 내성이나 주관성을 비판하고, 행동에 대한 객관적인 연구가 심리학에서 이루어져야 한다고 주장했다. 그는 인간 행동을 결정하는 데 환경적 사건이 무엇보다도 중요하다고 강조하였다. 또한 개인의 내현적 측면을 거부하면서 모든 행동은 학습의 결과로 이해될 수 있다고 주장하였다. 그는 행동주의자에게 '인간심리학의 주제는 인간의 행동이다.' 라고 주장하였다. 행동주의자들은 심리학을 순수하게 객관적이고 실험 가능한 자연과학의 분야로 보았으며, 그들의 이론적 목표는 행동의 예언과 통제다. 즉 동물의 행동이 의식을 참조하지 않고 관찰되듯이 인간의 행동도 그러하며, "인간의 행동과 동물의 행동은 똑같은 수준으로 고려되어야 한다." 고 보았다.

요약하면, 행동치료에 근거한 집단상담자는 집단구성원의 행동이 조건형성의 산물이라고 보며 모든 인간행동 학습의 기본적 유형으로 자극-반응의 패러다임을 주장한다.

2. 주요개념

여기에서는 행동치료에 근거한 집단상담의 주요개념으로 고전적 조건형성, 조작적 조건형성, 강화계획, 변별과 일반화, 소거, 조성, 사회적 인지이론, 인지행동수정 등에 대해 살펴보고자 한다.

고전적 조건형성

러시아의 생리학자였던 파블로프는 처음에는 개를 사용하여 소화에 관한 연구를 하고 있었다. 그는 개의 침샘 일부를 외과적으로 적출하여 특수한 관을 통해 침이 흐르도록 함으로써 침 분비를 쉽게 측정할 수 있는 장치를 고안하였다. 파블로프는 이 장치를 사용하여 침 분비가 개의 입 속에 먹이가 들어갈 때마다 자동적으로 일어나는 반사적인 반응임을 발견하였다. 개가 이런 실험실 상황을 여러 번 경험하고 먹이가 없어도 실험자의 발소리나 그릇을 보고 침을 흘리자 이러한 현상을 체계적으로 연구하였다.

파블로프가 개를 가지고 실험한 조건형성 절차의 도식은 다음과 같다.

1단계 — 무조건자극(음식물) ——————→ 무조건반응(타액 분비)
2단계 — 무조건자극 + 조건자극(종소리) ———→ 무조건반응(타액 분비)
3단계 — 조건자극(종소리) ——————→ 조건반응(타액 분비)

그가 발견한 고전적 조건형성 절차는 두 번째 단계에서 보여 주는 것처럼 기본적으로 항상 자극의 연합(무조건자극과 조건자극)을 가정한다. 반복된 훈련 후 연합을 통해 짝지어진 조건자극은 무조건자극이 없이도 타액 분비를 유도하는 힘을 얻었다. 고전적 조건형성에 따른 상담은 개인이 어떤 행동유형을 발달시키는 데 사용하는 행동의 유지, 강화, 변화를 위해 같은 원리를 이용한다.

조작적 조건형성

스키너는 행동을 두 가지 유형, 즉 반응행동과 조작행동으로 구분하였다. 반응행동은 자극에 의해서 야기되는 반사 혹은 자동적 반응을 의미한다. 예를 들면, 밝은 불빛에 노출되었을 때 눈의 동공 수축, 무릎 정수리를 두들기면 나타나는 무릎반사, 혹은 뜨거운 냄비에 모르고 손가락을 댔다가 반사적으로 손을 끌어당기는 행동을 말한다. 이러한 행동은 학습된 것이 아니라 불수의적 및 자동적으로 야기된다. 이러한 반응행동은 학습을 통해서 조건형성되거나 변화될 수 있다.

조작행동은 제시되는 자극이 없이 방출되는 반응이다. 즉 자발적으로 나타나는 행동이다. 조작행동은 반응에 따르는 사건에 의해 강해지거나 약해진다. 반응행동이 선행사건에 의해 통제되는 반면 조작행동은 그것의 결과에 의해 통제된다. 즉 조작행동은 행동이 완성된 후에 일어나는 결과에 의존해서 일어나는 조건형성된 행동이다. 스키너는 이렇게 행동의 결과에 의해 특별한 행동을 조성하고 유지시키는 과정을 조작적 조건형성이라 불렀다. 다시 말하면, 조작적 조건형성은 행동과 그것의 결과의 연합을 통해 조작행동을 형성하는 절차다. 많은 행동이 고전적 조건형성에 의해서는 설명될 수 없기 때문에, 스키너는 조작적 조건형성의 과정이 단순한 고전적 조건형성보다 훨씬 의미가 있고 중요하다고 믿었다.

여기서는 조작적 조건형성을 이해하는 데 핵심개념인 수반성, 강화 그리고 처벌에 대해 알아보고자 한다.

수반성　반응과 그것의 결과 간에 확립될 수 있는 특별한 관계를 강화나 처벌의 수반성(contingency)이라고 한다(Catania, 1988, p. 5). 수반성은 어떤 사건(A)이 만약 다른 사건(B)에 의해 야기될 것이라는 것을 진술하는 규칙이다. 예를 들면, 자녀가 방을 깨끗이 치우면(B), 그는 용돈을 받을 것이다(A). 세 가지 용어인 자극, 반응, 결과 간의 관계에 의존하는 행동이 변별화된 조작행동이다. 그러므로 변별화된 조작행동은 일반적으로 '세 가지 용어 수반성'에 의해 정의된다. 부연 설명하면, 조작적 조건형성에서 수반성에 필요한 세 가지 중요한 구성요소가 있다. 첫 번째 구성요소는 자극이다. 여기서 자극은 반응 혹은 행동이 일어나는 환경적 혹은 상황적 사건을 말한다. 두 번째 구성요소는 행동 그 자체다. 세 번째 구성요소는 결과다. 여기서 결과는 행동에 뒤따르는 환경적 자극이다 (Skinner, 1953, pp. 108-109).

강화 스키너의 조작적 조건형성의 핵심개념이 강화(reinforcement)다. 강화는 어떤 행동에 뒤따르는 사건(결과)이 그 행동을 다시 야기할 가능성을 증가시킬 때마다 일어난다. 즉 반응의 빈도를 증가시키는 것을 강화라 한다. 그렇게 반응을 증가시키는 자극을 강화물이라 한다.

강화에는 정적 강화와 부적 강화가 있다. 정적 강화는 행동이 정적 강화물에 의해 뒤따를 때 반응 빈도가 증가하는 것을 말한다. 부적 강화는 행동에 뒤따르는 혐오자극을 제거함으로써 반응의 빈도가 증가하는 것을 말한다. 요약하면, 강화원리는 정적 강화물의 제시나 부적 강화물인 혐오자극의 제거가 행동에 뒤따를 때 반응의 빈도가 증가하는 것을 말한다.

처벌 처벌(punishment)은 어떤 행동에 뒤따르는 결과가 그 행동을 다시 야기할 가능성을 감소시킬 때마다 일어난다. 즉 반응의 결과가 따르는 반응의 빈도를 감소시키는 것을 처벌이라 한다. 체벌, 전기쇼크, 큰소리 등과 같이 반응을 감소시키는 자극을 처벌물이라 한다.

강화처럼 처벌에도 정적 처벌과 부적 처벌이 있다. 정적 처벌은 행동이 혐오자극에 의해 뒤따를 때 반응 빈도가 감소하는 것을 말한다. 행동에 뒤따르는 긍정자극을 제거함으로써 반응의 빈도가 감소하는 것을 부적 처벌이라 한다. 거짓말의 대가를 치르게 하기 위해 아이가 좋아하는 장난감을 빼앗는 것과 같은 부적 처벌을 '반응대가(response cost)'라고 한다. 또한 일정 기간 모든 긍정자극을 제거해 버리는 부적 처벌을 '강화로부터의 타임아웃'이라고 한다. 요약하면, 처벌원리는 혐오자극 제시나 긍정자극의 제거가 행동에 뒤따를 때 반응 빈도가 감소하는 것을 말한다.

강화계획

아주 드문 반응이 강화되었을 때조차 그러한 행동이 유지될 수 있다는 발견을 통해 강화계획에 대한 탐구가 이루어졌다. 강화가 주어지는 수반성에 대한 진술이 강화계획이다. 즉 행동을 통제하기 위해 어떤 반응을 어떻게 강화할 것인가에 대한 계획이 강화계획이다. 강화계획은 크게 '계속강화'와 '간헐적 강화' 혹은 '부분강화'로 구분한다. 계속강화는 발생한 모든 반응에 강화물을 제공하는 경우로 일반적으로 실제적인 생활상황에서 발견되는 경험이 아니다. 반면, 간헐적 강화는 행동을 통제하기 위해 정해진 계획에 따라 강화물이 제공되는 것으로, 강화계획은 특별한 시간간격 혹은 특별한 반응비율에 근거한다. 간헐적 강화에는 시간과 비율을 바탕으로 효과적인 행동 통제를 위해 사용되는 네 가지 강화계획, 즉 '고정간격계획' '변동간격계획' '고정비율계획' '변동비율계획'이 있다. 이러한 강화계획에 대한 간략하게 살펴보자.

- **고정간격계획**: 일정한 시간 간격마다 강화물이 주어지는 경우로, 피험자가 하는 반응 수는 관계가 없다. 예를 들면, 노동자가 얼마나 많이 일했는가에 관계없이 주급이나 월급으로 봉급이 주어지는 경우다.
- **변동간격계획**: 일정한 시간 간격 없이 무선으로 강화물이 주어지는 것으로, 역시 피험자가 하는 반응 비율과는 관계없이 변동된 시간에 따라 강화물이 제공된다. 예를 들면, 낚시꾼이 던진 낚싯밥을 고기가 변동된 시간 간격으로 간헐적으로 건드리는 경우다.
- **고정비율계획**: 일정한 반응 비율에 따라 강화물이 주어지는 것으로, 시간과는 관계없이 피험자가 하는 반응 수에 근거한 강화계획이다. 예를 들면, 노동자가 만든 생산품의 개수에 따라 일정한 보수가 지불되는 경우다.
- **변동비율계획**: 변동된 반응 비율에 따라 강화물이 불규칙적으로 주어지지만, 평균적으로는 일정한 횟수의 반응 뒤에 강화가 주어지는 강화계획이다. 예를 들면, 도박꾼이 카지노의 슬롯머신에 동전을 넣는 경우로 언젠가는 대

박이 터지겠지 하면서 그만두지 못하고 계속해서 도박을 하는 경우다. 스키너는 이 강화계획이 높고 안정적인 반응비율을 야기하는 데 효과적이라는 것을 발견하였다.

현대 산업사회에서는 많은 사람들이 생산성을 높이는 데 관심이 많다. 이상의 강화계획을 반응률이 가장 높게 일어나는 것부터 순서대로 나열하면 변동비율계획, 고정비율계획, 변동간격계획, 고정간격계획, 계속강화계획 순이다.

변별과 일반화

조작적 조건형성에서 중요한 세 가지 용어 수반성에 따라, 행동에 선행되는 자극은 행동의 수행에 따른 결과인 강화 혹은 처벌이 일어나는 원인을 제공하기 때문에 매우 중요하다. 자신이 이전에 학습한 것을 바탕으로 사람들은 자극변별을 학습한다. 즉 우리는 어떤 상황(자극)에서 우리의 행동이 강화될 것 같은가 혹은 다른 상황(자극)에서 같은 행동이 강화되지 않을 것인가에 대한 변별을 학습한다. 또는 어떤 상황에서 우리의 행동이 처벌될 것 같은가 혹은 다른 상황에서 같은 행동이 처벌되지 않을 것인가에 대한 변별을 학습한다. 예를 들면, 교통신호는 우리에게 변별된 자극으로 행동한다. 우리는 신호등의 불빛에 따라 어떻게 행동해야 하는가에 대한 변별을 학습하였다. 만약 개인이 적절한 자극변별을 하지 못한 경우에, 그는 교통신호(자극)를 위반하여(행동) 벌금을 물거나 사고(결과)를 내 어려움에 처할 것이다.

특별한 상황에서 반복적으로 강화된 반응은 그러한 상황에서 반복될 가능성이 높다. 그러나 상황들은 흔히 공통적 속성을 공유하는 복잡한 자극의 집합으로 구성되어 있다. 스키너는 주어진 자극에서 발휘된 통제는 다른 유사한 자극에서 공유된다는 것을 지적하였다(Skinner, 1953, p. 132). 일반화는 변별과 대립되는 개념이다. 즉 개인이 다른 두 상황을 변별할 때, 그것은 그의 반응이 한 상황과 다른 상황을 일반화하는 것에 실패했다는 것을 의미한다. 역시 그의 반응이 다른 두 상황에 일반화되었을 때, 그것은 그가 두 상황을 변별하는 것에 실패했으며 두 상황에서 같은 반응을 한다는 것을 의미한다.

소거

강화를 통해 반응의 빈도가 증가된 이후에 그러한 반응이 강화되는 것이 완전히 중단되면, 그 반응이 일어날 빈도는 감소될 것이다. 이렇게 형성된 조작행동이 줄어들거나 나타나지 않는 것을 소거라고 한다. 즉 소거의 원리는 주어진 상황에서 개인이 이전에 강화된 반응을 방출하고 그러한 반응이 강화되지 않으면, 그는 다음에 유사한 상황에 직면할 때 다시 같은 반응을 하지 않을 가능성이 높은 것을 말한다(Martin & Pear, 1992, p. 49).

사람들은 자신이나 타인의 바람직하지 않은 학습된 행동을 어떻게 제거할지에 관심이 많다. 이러한 관심은 행동의 소거와 관련된다. 우리는 타인의 행동을 강화하지 않음으로써 그의 행동을 통제하며, 바람직하지 않게 생각하는 타인의 행동을 제거하기 위해 그의 행동을 무시할 수 있다. 그러나 만약 바람직하지 않은 행동이 과거에 여러 번 강화되었으면, 그러한 행동은 소거에 매우 저항적이다. '세 살 버릇 여든까지 간다.'는 말이 있다. 한 번 배운 행동을 완전하게 없애기가 힘들다는 것을 강조한 말이다. 소거를 통해 완전히 감소된 어떤 행동이 다음에 발생할 기회가 주어졌을 때 다시 나타날 수 있다. 이렇게 일정한 기간이 지난 후에 소거된 행동이 다시 나타나는 것을 '자발적 회복'이라 한다. 자발적으로 회복된 행동의 양은 대체로 이전의 소거기간 중에 나타났던 행동의 양보다 적다.

조성

돌고래가 재주를 부리는 행동, 서커스 단원이 보이는 절묘한 행동기술은 어떻게 형성되었을까? 이렇게 보다 정교화되고 복잡한 행동을 이해하는 데는 '조성'

혹은 '계기적 근사법'이란 개념을 이해하는 것이 필요하다. 목표행동이 너무 복잡하기 때문에 그것이 개인의 목록에 없을 수 있다. 조성은 그러한 목표행동에 접근하는 반응을 강화함으로써 새로운 행동을 가르치는 것을 말한다. 우리는 처음부터 기교가 있는 행동을 수행하기가 힘들다. 그리고 어떤 상황에서 자발적으로 도출되는 단순한 행동의 결과에 따라 강화된 행동의 집합을 가지고는 삶을 영위할 수 없다. 다시 말하면, 우리는 단계적으로 쉬운 행동부터 학습하여 많은 기술을 지니게 되었다. 이렇게 처음에는 서툴고 투박한 행동에서 단계적으로 차근차근 학습하여 정교한 기술을 지니는 절차가 조성이다. 기교가 있는 행동을 보다 단순한 여러 반응으로 나눌 수 있다. 이렇게 논리적으로 구성된 반응이 단계적으로 바람직한 행동에 도달할 때까지 강화되는 절차가 계기적 근사법이다.

사회적 인지이론

반두라의 사회적 인지이론은 행동주의적 학습이론의 확장이다. 사회적 인지이론은 긍정적 · 부정적 강화, 소거, 일반화, 고전적 · 조작적 조건형성을 포함한 자극-반응 심리학의 원리를 통합하여 이루어졌다. 반두라는 인간행동을 설명하는 데 선행되는 조건형성에 인지적 중재를 포함시켜 체계적이고 통합적인 개념모델을 제안하였다.

반두라는 인지적 중재나 내현적 상징행동, 자기강화, 본보기, 강화와 처벌을 포함한 대리적 조건형성, 행동과 환경의 상호 영향을 강조하였다. 인지적 중재는 인간의 사고과정에서 나타나는 실제적 상황과 행동의 상징적 표상을 의미한다. 반두라의 사회적 학습이론은 그가 강조한 개념에 근거해서 본보기 학습, 관찰학습, 대리적 학습과 같은 다양한 명칭으로 알려져 있다.

반두라는 관찰학습에 중요한 본보기의 네 가지 결정요인은 주의, 파지, 동작재생산, 동기라고 하였으며, 행동유지의 원인으로 다음과 같은 다섯 가지를 제안하였다.

첫째, 행동은 기대된 결과에 의해서 유지된다.

둘째, 행동은 대리적 강화에 의해서 유지된다.

셋째, 행동은 결과에 의해서 스스로 결정된다.

넷째, 인간은 자기조절을 할 수 있다.

다섯째, 만족의 지연은 본보기에 의해 영향받을 수 있다.

반두라는 아동의 공격성이 관찰을 통해 학습된다는 것을 보여 주었다. 이러한 결과는 텔레비전이나 영상매체가 우리 자신과 청소년들의 행동에 막대한 영향을 미치고 있다는 것을 지지해 준다.

인지행동수정

인지행동수정은 우리의 부적응적 사고를 바꿈으로써 부적응 행동을 수정할 수 있다고 믿는 입장이다. 즉 인지행동수정 집단상담자는 관찰할 수 있는 행동을 일차적으로 강조하는 것 대신 주로 변화의 도구로서 언어에 의존한다. 이 입장을 취하는 집단상담자들은 우리의 사고과정의 변화가 행동변화와 통합된 부분임을 믿는다.

마이켄바움은 "우리가 우리의 사고, 인지를 변화시키는 것을 학습한다면, 우리는 우리의 신체적 반응, 우리의 행동을 훨씬 잘 통제하게 된다."고 주장하였다. 역시 그는 우리가 보다 논리적이고, 덜 스트레스를 받는 방식으로 생각하는 것을 학습하면, 스트레스 수준은 줄어들고 자기통제 수준은 증가할 수 있다는 것을 제안하였다(Meichenbaum, 1979). 인지행동수정은 '인지 재구조화'를 함으로써 우리의 행동을 변화시킬 수 있다는 것을 강조한다. 이러한 입장은 현대 심리학의 추세인 인지심리학의 영향을 많이 받았다는 것을 엿볼 수 있다.

3. 집단상담자의 역할과 기능

행동치료에 근거한 집단상담자는 '인간의 행동이 학습된다'는 기본 가정을 바탕으로 집단구성원의 행동변화를 조력하는 역할을 수행한다. 따라서 효과적인 집단상담자의 역할과 기능을 수행하기 위해 학습원리에 대한 정확한 지식과 철저한 이해가 선행되어야 한다. 집단상담자는 집단구성원의 문제를 행동적 용어로 정확히 바꾸고 적절한 전략을 통해 그의 부적절한 행동을 바람직한 행동으로 변화시키도록 조력하는 체계적 계획자의 역할을 수행한다. 행동치료에 근거한 집단상담자들이 가장 흔하게 사용하는 집단상담 기법은 강의, 피드백, 강화와 처벌에 근거한 행동 증가 및 감소, 본보기, 행동시연, 사회적 강화, 숙제 주기 등이다.

행동치료 집단상담자는 참여적 관찰자 역할을 통해 집단구성원이 학습한 부적절한 행동습관을 파악하고 직접적이고 적극적 개입을 통해 그의 행동변화를 이끌어 내기 위해 조력한다. 집단구성원이 바람직한 행동변화를 이루도록 조력하는 데 있어, 집단상담자는 비디오 촬영을 포함해서 다양한 기법과 도구를 사용한다. 행동치료 집단상담자는 자극-반응-결과 수반성의 관리자로서 집단구성원들이 서로 긍정적 방식으로 바람직한 반응을 강화하도록 조력한다. 요약하면, 행동치료 집단상담자는 집단구성원의 부적절한 행동을 수정하고 바람직한 행동을 학습하도록 조력하는 데 있어 자문가, 교사, 조언가, 강화를 주는 사람, 촉진자로서의 역할을 수행한다.

4. 집단상담 목표

다른 상담접근과 비교해서 행동치료의 두드러진 특징은 변화시킬 구체적 목표에 대한 강조다. 즉 행동치료 집단상담자는 철저한 평가에 의해 선택된 목표행동을 변화시키는 데 초점을 둔다. 따라서 집단상담자는 학습이론에 대한 철저한 이해를 바탕으로 집단구성원이 가지고 있는 문제행동이 무엇인가를 정확히 평가하여 구체적이고 체계적인 계획에 따라 그의 행동변화를 가져오도록 노력한다.

크럼볼츠(Krumboltz, 1966)는, 집단상담에서 행동적 목표는 첫째, 집단구성원 각각을 위해 서로 다르게 진술될 수 있어야 하고, 둘째, 집단상담자의 가치와 양립할 수 있어야 하며, 셋째, 객관적으로 관찰 가능하고 달성할 수 있는 것이어야 한다고 지적하였다. 이러한 기본가정과 행동치료에 기여한 주요 학습이론을 바탕으로 집단상담의 일련의 목표와 관련한 범주를 아래와 같이 도출해 볼 수 있다.

첫째, 자신의 행동목록에서 결함을 찾아 극복하기

둘째, 바람직하고 적응적 행동 강화하기

셋째, 부적응적 행동을 약화시키거나 제거하기

넷째, 불안반응의 약화

다섯째, 이완할 수 있는 능력

여섯째, 자기표현 능력

일곱째, 효과적 사회적 기술

여덟째, 성적 기능의 적절성

아홉째, 자기통제 능력

열째, 부적절한 사고의 인지적 재구조화(Nelson-Jones, 1995).

당신은 어떤 영역에 속하는 행동과 관련해서 문제가 있는가를 찾아 구체적으로 기술해 보도록 시도해 보라. 변화를 위한 목표행동을 찾은 후 그러한 행동에 대한 정확한 평가가 이루어져야 한다. 집단상담자는 주로 자극-반응-결과(Stimulus-Responses-Consequences: SRC) 평가를 해서 집단구성원의 행동을 통제하는 주요한 변인이 무엇인지 파악한다. 행동평가를 바탕으로 변화시키고자 하는 목표에 대한 구체적인 계획에 따라 그에 적절한 집단상담 기법을 찾아 적용한다.

행동치료 집단상담자가 문제로 여기는 것은 부적응적 행동이다. 즉 우리가 사회 안에서 살아가는 데 바람직하지 않은 문제행동이다. 그리고 행동치료 집단상담자는 우리 자신이나 자녀의 문제행동이 학습되었다는 기본가정에서 출발한다. 우리가 고치려고 하는 문제행동이 어떻게 학습되었는가를 이해하기 위해서 주요한 학습이론을 파악하는 것이 요구된다.

5. 집단상담 과정

행동치료 집단상담자의 주요한 관심은 집단구성원의 행동을 분석해서 문제를 정의하고 구체적 목표를 설정하여 달성하도록 조력하는 것이다.

행동치료 입장에서 캔퍼와 셰프트(Kanfer & Schefft, 1988)가 제안한 집단상담 과정을 소개하면 다음과 같다.

- **1단계**: 역할 구조화와 치료동맹 형성하기
- **2단계**: 변화를 위한 다짐을 발달시키기
- **3단계**: 행동분석
- **4단계**: 상담목표와 방법 협상하기
- **5단계**: 상담 실행하기와 동기 유지하기
- **6단계**: 상담효과를 조정하고 평가하기
- **7단계**: 상담효과의 유지 및 일반화와 상담의 종결

행동치료 집단상담자들은 적극적 경청을 바탕으로 한 긍정적 관계형성의 중요성을 강조하며 집단구성원이 자신의 행동관리 프로그램을 분석하고 계획하고 평가하도록 조력하는 역할을 수행한다.

6. 집단상담 기법

행동치료에 근거한 집단상담에서 사용되는 주요한 기법은 다음과 같은 내용을 포함한다(Craighead & Nemeroff, 2004). 첫째, 집단구성원의 현재 행동을 변화시키는 데 초점을 둔다. 둘째, 집단구성원에게 역기능적 행동을 변화시키고 기능적인 행동을 하는 방법을 적극적이고 직접적으로 가르친다. 셋째, 집단구성

원의 불안과 공포를 제거하는 데 상상적이거나 실제적인 체계적 둔감화를 적용한다. 넷째, 집단구성원이 부적절한 행동을 하는 상황에서 자극통제를 사용하는 방법을 학습하게 한다. 다섯째, 기술훈련을 수행하게 한다. 여섯째, 적응 행동에는 강화를 사용하고 부적응 행동에는 혐오 조건형성을 사용한다. 마지막으로 이완 기법을 가르친다(p. 253).

여기에서는 행동치료에 근거한 집단상담 기법으로 체계적 둔감화, 자기표현훈련, 자극통제, 타임아웃, 혐오치료, 홍수법, 토큰경제법, 프리맥의 강화원리, 모델링 기법, BASIC-ID 그리고 자기교습훈련과 스트레스 예방훈련 등에 대해 살펴보고자 한다.

체계적 둔감화

행동치료 집단상담자들이 집단구성원의 부적절한 행동을 변화시키는 데 자주 사용하는 기법이 '체계적 둔감화' 다. 역조건형성, 상호억제는 체계적 둔감화 기법을 이해하는 데 주요한 원리이며 이러한 원리는 보다 근본적으로 파블로프의 고전적 조건형성에 근거하고 있다. 여기에서 이러한 개념과 서로 간의 관계를 알아보자.

역조건형성 이것은 파블로프의 고전적 조건형성의 이론적 가정에 근거한 것으로, 새로운 조건반응이 조건자극에 조건형성되는 과정이다. 쉽게 말하면 어떤 상황에서 나타나는 부적절한 행동을 적절한 행동으로 바꾸도록 새롭게 학습하는 것이다. 만약 역조건형성이 효과가 있었다면 조건자극의 출현은 원래의 조건반응과 다른 새로운 조건반응을 유발할 것이라고 가정할 수 있다. 이렇게 단순히 한 유형의 반응을 다른 유형의 반응으로 대치하는 학습절차가 역조건형성이다.

상호억제 상호억제는 '불안과 이완은 양립할 수 없다.'는 전제에서 시작한다. 1947년에 셰링턴(Sherrington)은 만약 어떤 근육집단이 자극되면 대립되는 근육집단이 억제될 것이고, 반대로 어떤 근육이 억제되면 대립되는 근육은 자극될 것이라고 지적하였다. 그는 이러한 현상을 상호억제라고 하였고 이러한 상호억제가 신경체계에서 작동하는 일반적 과정이라고 가정하였다. 볼페(Wolpe, 1958)는 만약 공포 혹은 불안과 양립할 수 없는 어떤 반응이 정상적으로 공포 혹은 불안을 야기하는 자극에 나타나게 할 수 있다면, 그러면 그러한 자극은 공포반응을 유발하는 것을 중지할 것이라는 진술로 상호억제 원리를 확장하였다. 이러한 볼페의 주장은 고전적 조건형성을 이용한 행동치료 발달에 주요한 기여를 제공하였다. 그는 공포 혹은 불안을 상호적으로 억제하기 위해 이완반응, 성적반응, 자기표현 반응을 사용하였다. 이완이 사용될 때의 치료적 절차를 체계적 둔감화라고 한다(Martin & Pear, 1992, pp. 385-386).

체계적 둔감화 볼페에 의해 발전된 역조건형성의 원리에 근거를 두고 있는데, 이 기법은 부적응적 불안을 경감시키기 위한 기법이다. 체계적 둔감화는 집단구성원이 해결하고자 하는 불안 혹은 공포 상황의 위계를 작성하고 역조건형성과 상호억제원리를 적용해서 점차적으로 해결하는 과정이다. 이 기법은 내담자가 불안을 느낀다고 하는 상황을 묘사하는 상상적 장면과 이완을 짝짓는 것을 포함한다. 만약 내담자가 그러한 장면을 상상하는 동안에 불안보다 이완을 경험하도록 가르치게 되면, 실제적인 생활상황에서도 불편을 적게 느낄 것이라고 가정한다. 비록 체계적 둔감화가 본래 고전적 조건형성의 학습원리에 기초를 두고 있지만 그것은 많은 문제들(공포증, 비이성적 두려움, 불안)에 적용되는 첫 번째 치료방법이 되었다. 치료는 세 가지 기본적인 단계에 따라 이루어진다. 첫째, 근육이완과 이완치료, 둘째, 내담자가 직면하고 극복할 필요가 있는 불안 상황을 위계적인 구조로 표현하고, 셋째, 불안 생성 상태의 감정적인 심상을 통해서 내담자의 이완된 상태와 점진적으로 짝을 짓는다.

자기표현훈련

볼페는 자기표현 행동을 '다른 사람에게 불안보다는 다른 감정을 적절하게 표현하는 행동'이라고 정의하였다. 앨버티와 에몬스(Alberti & Emmons, 1970)는 자기표현은 자신이 원하는 것을 표현하지 못했을 때 느끼는 우울이나 절망감을 피하고 대인관계에서 보다 평등한 관계가 되도록 해 주는 도구라고 하였다. 자기표현을 "당신이 '아니요'라고 말하기를 원할 때, '예'라고 말하지 말라."라고 간략하게 정의하기도 한다. 자기표현훈련은 고전적 조건형성에 근거한 것으로, 의사소통의 세 가지 기본적인 스타일인 '소극적 의사소통' '자기표현적 의사소통' 그리고 '공격적 의사소통'이 있다고 가정한다. 자기표현훈련에서는 인간관계에서 가장 바람직한 자기표현을 증가시킴으로써 다른 두 가지 스타일인 소극적 의사소통과 공격적 의사소통이 줄어든다고 본다. 집단상담자는 집단구성원이 자기표현적인 사람이 되게 하기 위해 먼저 이 세 가지 의사소통의 차이를 명확하게 구별하도록 하는 것이 필요하다.

자극통제

행동치료 집단상담자는 집단구성원이 접하는 환경을 수정함으로써 자극을 통제하도록 돕는다. 예를 들어 몸무게 감량 프로그램을 실행하고 있는 집단구성원에게 음식을 눈에 보이지 않고 손이 잘 가지 않는 곳에 두도록 조언할 수 있다.

타임아웃

이 기법은 집단구성원이 긍정적 강화를 받을 기회를 박탈시키는 것이다. 타임아웃은 세심한 모니터링이 요구되는 약한 혐오기법으로 10분 이내와 같이 짧은 기간을 설정하여 이용할 때 가장 효과적이다. 예를 들면 초등학교 수업시간에 학생이 수업방해가 되는 부적절한 행동을 할 때 시간을 정해 잠깐 동안(5분) 급

우들과 격리시키는 것이다(Gladding, 1996, pp. 273-274). 타임아웃은 특정한 행동 뒤에 강화가 많은 상황에서 적은 상황으로 이동시키는 것이다(Van Houten, 1983, p. 28). 이는 강화물을 얻을 수 있는 기회로부터 제외시키는 것이다.

혐오치료

혐오치료는 바람직하지 않은 행동을 부정적 경험과 연합시켜 행동변화가 일어나게 하는 방법이다. 이 방법은 주로 알코올중독, 약물중독, 동성애, 의상도착증 등과 같이 개인적으로나 사회적으로 용납되기 어려운 이상행동을 치료 대상으로 하고 있다. 이 치료방법은 바람직하지 못한 습관에 대하여 혐오조건화를 형성시키는 것이다. 즉 집단상담자는 집단구성원이 바람직하지 못한 행동을 하면 유해자극을 주기도 하고, 또 그와 같은 행동을 일으키는 단서와 유해자극을 연합시키기도 한다. 조건화 불안반응은 다시 바람직하지 못한 행동과 연합시켜 양립할 수 없는, 즉 상반되는 반응을 야기하므로 혐오 기법은 일종의 양립할 수 없는 반응의 조건화라고 할 수 있다. 혐오자극으로는 구토제, 전기쇼크 등이 사용된다.

홍수법

집단상담자가 집단구성원을 강력하고도 지속적으로 문제 상황에 노출시키는 방법이다. 즉 집단상담에 참여한 집단구성원은 관련 문제에 마치 퍼붓는 홍수를 맞는 것과 같은 경험을 한꺼번에 받게 된다. 홍수법은 체계적 둔감화와는 대조를 이루는 불안치료법이다. 여기에는 강한 반응을 야기시킨다는 특징이 있다. 예를 들어, 자동차를 무서워하는 사람이 있다고 하자. 치료자가 그를 뒤에 태우고 하루에도 몇 시간씩 차를 몰고 다녔더니 자동차에 대한 공포감은 사라지고 오히려 자동차 타는 것을 재미로 여기게 되었다. 후에는 자동차에 대한 공포가 완전히 소실되는데 이것이 홍수법에 의한 불안치료의 기본원리다.

토큰경제법

강화원리를 이용한 행동변화를 위해 널리 사용되는 것이 토큰경제법이다. 집단구성원이 바람직한 행동을 했을 때 토큰을 나누어 주어 나중에 음료수, 사탕, 입장권 등 그가 원하는 물건이나 권리와 바꿀 수 있도록 하는 것이다. 교사들이 초등학교 학생들에게 바람직한 행동을 하면 스티커를 주는 방법은 토큰경제법을 적용한 것이다. 이 방법은 어린이나 정신지체의 행동수정에 유용하다.

프리맥의 강화원리

프리맥(Premack)의 강화원리는 활동강화이론으로서 개인이 더 좋아하는 활동을 통해 덜 좋아하는 활동을 강화하는 방법이다. 다시 말하면, 덜 좋아하는 활동을 하면 그다음에 더 좋아하는 활동을 하게 해 주는 것이다.

예를 들면, A가 좋아하는 활동, B가 덜 좋아하는 활동인 경우, 사람들이 A를 하기 위해 B를 해야 하는 논리를 응용한 것이 프리맥의 강화원리다. 프리맥의 강화원리는 반응이 일어날 단순한 확률에 의해서 정의된다. 즉 만약 반응 A가 반응 B보다 더 일어날 것 같으면(확률이 더 높으면) 반응 A에 참여할 기회는 반응 B의 획득을 강화하는 데 사용할 수 있다.

프리맥의 강화원리의 구체적인 예는 다음과 같다.

예 1) 목마른 쥐 - 쳇바퀴를 돌려야만 물을 마실 수 있도록 장치
물 마시는 것이 쳇바퀴 돌리는 것을 강화한다.

예 2) 포만한 쥐 - 물을 마셔야만 쳇바퀴를 돌릴 수 있도록 장치
달리기가 물 마시는 것을 강화한다.

예 3) 공부를 마쳐야만 놀 수 있다면,
노는 것이 공부하는 것을 강화한다.

모델링 기법

상담기법으로서의 모델링은 집단구성원이 다른 사람의 바람직한 행동을 관찰하여 학습한 것을 수행하는 것이다. 이 기법에서 주요한 두 가지 측면은 모방자가 모델이 행동을 수행하는 방법을 배우고 행동을 학습한 결과로서 자신에게 무엇이 발생하는가를 아는 것이다. 목표로 했던 행동이 나타나게 되면 강화를 주는 것이 보통이지만 그것만으로는 불충분하다. 목표행동을 보다 효과적으로 유발시켜 유지시키기 위해서는 모델링이 병행될 필요가 있다.

행동치료에서 모델링의 주요한 기능은 가르치기, 촉발하기, 동기부여하기, 불안감소하기, 낙담시키기 등이다(Spiegler & Guevremont, 2003). 이러한 내용을 살펴보면 다음과 같다. 모델링의 가르치기 기능은 실연을 통해 일어난다. 모델링은 모방을 촉발하는 기능을 한다. 모델링 행동을 강화함으로써 그러한 행동을 수행하도록 동기를 부여할 수 있다. 모델링의 결과로서 그러한 행동을 수행하는 데 있어 발생하는 불안을 감소시키는 기능을 한다. 마지막으로 부적절한 행동을 계속하여 얻는 결과를 관찰함으로써 그러한 행동을 하지 않도록 모방자를 낙담시키는 기능을 한다. 반두라가 제안한 모방의 세 가지 주요한 효과 중 첫 번째는 새로운 반응이나 기술의 획득과 수행이다. 두 번째 효과는 공포반응의 제거다. 세 번째 효과는 반응의 촉진이다.

BASIC-ID

라자루스(Arnold Lazarus)가 개발한 다중양식 치료(multimodal therapy)의 핵심개념이 BASIC-ID이다. BASIC-ID은 개인이 가진 일곱 가지 특성(행동, 감정, 감각, 심상, 인지, 대인관계, 생물학적 행동)을 머리글자로 나타낸 말이다. 다중양식 치료의 기본전제는 집단구성원이 보통 여러 가지 특수한 문제로 고통을 받고 있으므로 그 문제들을 다룰 때에도 여러 가지 특수한 치료법을 동원해야 한다는 것이다. 즉 다중양식 치료는 한 개인이 가지고 있는 일곱 가지 기본적 특성 중 가장 우선적인 문제가 무엇인가를 파악하여 그에게 맞는 최상의 치료법을 찾아내는 것이다. 다중양식 치료에서 평가는 개인의 BASIC-ID에 해당하는 각 영역을 조사한다. 집단상담 과정에서 집단상담자는 BASIC-ID의 초과와 결핍을 그린 도표를 작성한 후, 집단상담 과정을 통해서 집단구성원의 문제를 교정한다. 그러면 BASIC-ID의 각 머리글자가 어떤 내용을 나타내는지 알아보자.

- B(Behavior, **행동**): 얼마나 활동적인가? 얼마나 행동적인가?
- A(Affect, **감정**): 얼마나 정서적인가? 사물을 얼마나 깊이 느끼는가? 감정적이거나 영혼을 감동시키는 내적 반응을 하는 성향이 있는가?
- S(Sensation, **감각**): 감각으로부터 나오는 쾌와 고통에 얼마나 초점을 맞추는가? 신체적 감각(성, 섭식, 음악, 예술)에 얼마나 주의를 기울이는가?
- I(Image, **심상**): 생생한 상상을 하는가? 환상을 하고 백일몽을 꾸는가? '그림으로 생각' 하는가?
- C(Cognition, **인지**): 어느 정도의 '사색가' 인가? 일을 분석하고 계획을 세우는 일이 되는 과정을 추론하기를 좋아하는가?
- I(Interpersonal relationship, **대인관계**): 얼마나 사교적인가? 타인이 자신에게 얼마나 중요한 존재인가? 타인의 호감을 사는가? 타인과 친밀하기를 원하는가?
- D(Drug/biology, **약물/생물학**): 건강한가? 건강한 의식을 가지고 있는가? 몸과 신체를 돌보는가? 과식, 불필요한 약물과 과잉복용, 폭음, 해로운 다른 물질의 복용을 피하는가?

집단상담자가 다중양식 치료를 사용하지 않더라도, 이러한 개인이 갖고 있는 일곱 가지 특성을 나타내는 BASIC-ID은 집단상담자들이 면담상황에서 집단구성원의 문제를 파악하고 확인하는 데 유용하게 사용할 수 있다.

자기교습훈련과 스트레스 예방훈련

인지행동수정을 주창한 사람은 마이켄바움(Meichenbaum)이다. 마이켄바움은 "우리가 우리의 사고, 인지를 변화시키는 것을 학습한다면, 우리는 우리의 신체적 반응, 우리의 행동을 훨씬 잘 통제하게 된다."고 주장하였다. 또한 그는 우리가 보다 논리적이고, 덜 스트레스를 받는 방식으로 생각하는 것을 학습하면, 스트레스 수준은 줄어들고 자기통제 수준은 증가한다고 제안하였다(Meichenbaum, 1979). 인지행동수정은 인지 재구조화(cognitive restructuring)를 함으로써 우리의 행동이 따라서 변한다는 것을 강조한다. 이러한 입장은 현대 심리학의 추세인 인지심리학에서 많은 영향을 받았다는 것을 엿볼 수 있다. 그러면 마이켄바움이 인지행동수정의 전략으로 사용했던 '자기교습훈련(self-instructional training)'과 '스트레스 예방훈련(stress inoculation training)'에 대해 알아보자.

자기교습훈련 이 훈련은 내담자로 하여금 자기대화를 지각하도록 하여 내담자를 조력하는 것으로 자기관찰, 새로운 내적 대화의 시작, 새로운 기술의 학습 등의 방법을 사용한다. 그리고 인지를 행동적 연결고리의 부분으로 보거나 하나의 사고양식 혹은 신념체계로 개념화한다. 치료 목표는 인지양식의 자기검토를 통해서 보다 적응적인 사고를 독려하는 것이다. 부적응 행동을 유발하는 자기교시나 비합리적 신념체계를 교정하거나 인지양식에 대한 자기검토를 통해서 보다 적응적인 사고를 하도록 한다. 특히, 이 방법에서는 적응적인 행동방법이나 행동전략을 자기 자신에게 이야기하도록, 즉 자기교시를 하게 함으로써 적응적인 행동을 하도록 가르친다.

스트레스 예방훈련 이 전략은 스트레스 상황에서 수행에 대한 자신의 신념과 자기대화를 수정함으로써 스트레스에 대처하는 능력에 영향을 줄 수 있다는 가정을 근거로 한다. 스트레스 예방훈련은 세 단계, 즉 개념적 단계, 기술획득과 연습의 단계, 적용과 추수의 단계를 통해 수행된다. 인지적 행동수정에서는 예견된 불안이나 스트레스가 적응적인 인지 매개적 대처전략을 방해하기 때문에 사람이 어떤 상황에 대한 불안과 스트레스에 대처할 수 없다고 본다. 따라서 내담자가 하나의 스트레스 상황을 상정하고 불안에 대처하는 일을 상상하게 한다. 불안상태는 이완을 훈련시키고 불안한 생각과 감정을 변화시킴으로써 감소시킬 수 있다. 이들 활동은 스트레스 자극에 저항하는 하나의 인지적 양식을 발달시키는 결과를 가져온다.

7. 요약

- 행동치료에 근거한 집단상담은 효과적이든 비효과적이든 우리가 통제하는 대부분의 행동이 학습된다는 전제에 근거한다. 이러한 행동은 학습의 법칙에 따른다.

- 행동주의의 발달도 인간행동을 설명하는 이론적 입장을 확장해 왔다. 현재 인간행동을 설명하는 데 고전적 조건형성, 조작적 조건형성, 사회적 인지이론, 인지행동수정이 적용되고 있다.

- 행동치료에 근거한 집단상담에 중요한 주요개념으로 고전적 조건형성, 조작적 조건형성, 강화계획, 변별과 일반화, 소거, 조성, 사회적 인지이론 그리고 인지행동수정 등에 대해 살펴보았다.

- 강화원리는 정적 강화물의 제시나 부적 강화물인 혐오자극의 제거가 행동에 뒤따를 때 반응의 빈도가 증가하는 것을 말한다. 처벌원리는 혐오자극 제시나 긍정자극의 제거가 행동에 뒤따를 때 반응 빈도가 감소하는 것을 말한다.

- 반두라는 인간행동을 설명하는 데 선행되는 조건형성에 인지적 중재를 포함시켜 체계적이고 통합적인 개념모델을 제안하였다. 관찰학습에 중요한 본보기의 네 가지 결정요인은 주의, 파지, 동작 재생산, 동기다.

- 행동치료 집단상담자는 학습이론에 대한 철저한 이해를 바탕으로 집단구성원이 가지고 있는 문제행동이 무엇인가를 정확히 평가하여 구체적이고 체계적인 계획에 따라 그의 행동변화를 가져오도록 조력한다.

- 집단상담자는 집단구성원이 부적절한 행동을 수정하고 바람직한 행동을 학습하도록 하는 데 있어 자문가, 교사, 조언가, 강화를 주는 사람, 촉진자로서의 역할을 수행한다.

- 행동치료에 근거한 집단상담 과정의 일곱 단계는 '역할 구조화와 치료동맹 형성하기' '변화를 위한 다짐 발달시키기' '행동분석' '상담 목표와 방법 협상하기' '상담 실행하기와 동기 유지하기' '상담효과를 조정하고 평가하기' '상담효과의 유지 및 일반화와 집단상담 종결' 이다.

- 집단구성원의 부적절한 행동변화를 위한 행동치료 기법으로 체계적 둔감화, 자기표현훈련, 자극통제, 타임아웃, 혐오치료, 홍수법, 토큰경제법, 프리맥의 강화원리, 모델링, BASIC-ID 그리고 자기교습훈련과 스트레스 예방훈련 등이 있다.

효과적 조력을 위한

〈집단상담 연습 7〉: 행동치료 집단상담을 적용한 행동변화

연습 1

고전적 조건형성, 역조건형성, 상호억제원리, 불안 혹은 공포의 위계, 이완훈련을 바탕으로 개발된 행동치료 상담기법이 체계적 둔감화다. 당신이 가지고 있는 부정적 습관이나 내담자가 해결을 호소하는 부적절한 행동을 체계적 둔감화 기법을 사용하여 변화하도록 시도하라.

연습 2

집단상담자로서 고전적 조건형성 이론에 근거한 자기표현훈련(assertiveness training) 프로그램을 8회기(총 16시간)로 구성하여 실시해 보라.

연습 3

당신의 부정적 습관들(예: 흡연, 미루기, 지각, 늦잠자기 등)을 하나 선택하여 앞으로 4개월 동안 그러한 습관을 어떤 방식으로 바꿀 것인가를 구체적 절차에 따라 계획을 세워 실천하라.

연습 4

건강한 사람은 공격적이거나 소극적 의사소통보다 자기표현적 의사소통을 많이 한다. 먼저 당신의 일상적 의사소통이 소극적인지, 공격적인지, 혹은 자기표현적인지 탐색해 보라.

연습 5

(1) 자주 화를 내며 공격적인 표현을 하는 사람은 아리스토텔레스가 언급한 다음 내용을 읽고 자신의 분노를 처리하는 방식이 대인관계에 미치는 영향에 대해 생각해 보라.

누구나 화를 낼 수 있다. 그것은 쉬운 일이다.
그러나 적절한 사람에게 화를 내는 것,
적절한 정도로 화를 내는 것,
적절한 시간에 화를 내는 것,
적절한 목적을 위해 화를 내는 것,
그리고 적절한 방법으로 화를 내는 것은 쉬운 일이 아니다.

(2) 행동치료에 근거한 집단상담자로서 집단구성원의 분노를 다루기 위한 '분노 관리 집단상담 프로그램'을 8회기(총 16시간)로 구성하여 실시해 보라.

제8장

인간중심치료에 근거한 집단상담

If the individual or group is faced by a problem;
If a catalyst-leader provides a permissive atmosphere;
If responsibility is genuinely placed with the individual or group;
If there is basic respect for the capacity of the individual or group;
Then, responsible and adequate analysis of the problem is made;
responsible self-direction occurs;
the creativity, productivity, quality of product exhibited
are superior to results of other comparable methods;
individual and group morale and confidence develop.

– Carl Rogers(1951, pp. 63-64) –

제8장의 목차

제8장
인간중심치료에 근거한 집단상담

인간의 잠재력에 대한 깊은 신뢰를 바탕으로 성립된 상담접근이 로저스(Carl Rogers, 1902~1987)가 창립한 인간중심치료(Person-Centered Therapy)다. 인간중심치료는 인간은 유기체로서 경험을 통해 자신의 가치를 형성해 간다는 신념에서 비롯되었다. '타고난 상담자'였던 로저스는 그의 성격이나 상담접근으로 인해 많은 상담자들에게 성인(saint)이라고 불린다. 1980년대 초까지 보편적으로 받아들여진 심리학의 세 가지 세력으로 여겨진 정신역동주의, 행동주의, 인본주의의 핵심인물을 중심으로 살펴볼 때 로저스는 아직도 상담에서는 도도한 영향을 미치고 있다. 상담 및 심리치료의 영역에서 감히 말할 수 있는 것은 프로이트는 정신역동주의에서, 스키너는 행동주의에서, 로저스는 인본주의에서 하나의 권위(authority)라는 점이다. 왜냐하면 이들 세 사람이 주장한 내용을 많은 사람이 아직도 따르고 있으며 인간을 위한 변화이론으로서 수용하고 있기 때문이다.

인간중심치료는 초기에는 정신분석의 지시적 접근과 대별해서 비지시적 접근으로, 상담자나 치료자중심치료와 대별해서 '내담자중심치료'로 불렸다. 로저스가 인생 후반기에 보다 확고한 철학적 신념과 인간에 대한 믿음을 바탕으로 자신의 상담접근을 1974년에 인간중심치료로 수정한 것을 주목할 필요가 있다. 로저스는 도움을 받으려고 온 사람을 환자나 내담자로 불러서 상담자나 치료자와 구별하는 상담관계가 아니라 대등한 '인간 대 인간' 관계를 강조하였다. 그러므로 인간중심치료에서는, 상담관계를 통해 도움을 요청한 사람이 주관적 경험을 통해 끊임없이 가치를 형성하면서 성숙해 가는 존재라고 보고 대하는 태도가 강조된다.

1. 기본원리

인간은 유기체로서 실현화 경향성을 가진 존재다. 즉 인간은 경험하는 유기체로서 자신을 실현화하기 위한 기본적 동기를 갖고 있다는 것이다. 인간중심 접근 상담자는 이런 실현화 경향성 때문에 '유기체의 지혜'를 믿는다. 인간중심치료는 인간이 기본적으로 신뢰로운 유기체라는 전제에 근거한다. 우리 모두는 유기체로서, 계속해서 변화하는 경험의 세계인 현상적 장에서 각자 자기실현을 위해 삶을 주도하며 살아간다. 똑같은 환경이나 장에서도 우리는 각자 현상적으로 혹은 주관적으로 매우 다른 경험을 한다. 따라서 인간중심치료에서는 삶의 주체로서 우리가 오관을 통해 매 순간 경험하며 느끼는 감정을 중시한다.

로저스는 "경험은 나에게 최고의 권위다."라고 말하였다. 인간중심치료에서는 인간을 가치 덩어리로 본다. 가치 덩어리인 인간은 경험을 통해 가치를 형성해 간다. 때문에 우리 각자가 매 순간 경험하는 것이 무엇보다 중요하다. 당신은 이 순간 무엇을 경험하고 있는가? 경험을 통해 당신이 느끼는 희로애락의 감정을 진솔하게 수용하고 표현하는가? 아니면 부모나 타인에 의해 강요되거나 주입된 가치로 인해 왜곡되거나 부정된 감정에 사로잡혀 있는가? 로저스는 가치 덩어리인 당신이 경험을 통해 자기실현 경향성을 발현할 수 있다고 본다. 심리적으로 건강한 사람은 모든 경험에 개방되어 자기에 대한 가치화 과정을 이루어

간다.

전체로서의 인간은 현상적 장을 경험하고 지각한다. 외부에서 주어진 어떤 자극에 대해 유기체는 전체로서 반응한다. 이런 점에서 인간중심치료는 주관적인 가치를 배제하고 인간행동을 외현적인 자극-반응으로 설명하는 행동주의의 입장을 비판한다. 그리고 인간은 가치 덩어리로서 가치지향적인 목적에 따라 총체적으로 행동한다고 본다. 더불어 인간중심치료는 인간을 결정론적으로 보는 프로이트의 입장을 비판하고 끊임없이 변화하고 성장하는 존재로 본다. 로저스가 "인생은 아무것도 고정되지 않는 지속적인 변화의 과정이다."라고 지적한 것처럼 인간은 '되어 가는 과정'으로 존재한다.

로저스는 인간이 선천적으로 선하게 태어났다고 보았다. 인간은 기본적으로 실현화 경향성의 잠재력을 갖고 태어나 자신을 성장시킬 수 있다는 것이다. 그러나 인간이 부정적이고 악하게 된 것은 외부적인 영향, 즉 부모나 사회에서 가하는 '가치의 조건화(conditions of worth)'에 의해 이러한 실현화 경향성이 방해받기 때문인 것으로 보았다.

2. 주요개념

로저스는 인간 발달과 변화에 초점을 두었으며 성격의 구조적인 구성개념을 거의 강조하지 않았다. 하지만 그의 인간중심치료를 이해하는 데 중요한 구성개념으로 유기체, 자아, 실현화 경향성, 가치의 조건화 등이 있다.

유기체

로저스의 인간 이해를 위한 철학적 입장은 현상학의 영향을 받아 형성되었다. 철학에서 현상학은 즉각적인 경험에 대한 자료를 기술하는 것이지만, 심리학에서 현상학은 인간의 자각과 지각에 대한 연구를 말한다. 즉 현상학자에게 중요한 것은 대상 혹은 사건 그 자체가 아니라 개인이 대상 혹은 사건을 어떻게 지각하고 이해하는가다. 현상적 장은 경험의 전체를 의미한다.

유기체, 즉 전체로서의 개인은 모든 경험의 소재다. 로저스가 "경험은 나에게 최고의 권위다."라고 말한 것에서 알 수 있듯이, 그는 유기체의 경험을 중시하였다. 경험은 어떤 주어진 순간에 유기체 내에서 진행되며 잠재적으로 자각에 이용할 수 있는 모든 것을 포함한다. 이러한 경험의 전체가 '현상적 장(phenomenal field)'을 구성한다. 현상적 장은 단지 경험하는 개인에게만 알려질 수 있는 자신의 참조 틀이다. 개인이 행동하는 방식은 외적 현실인 자극조건이 아니라 자신의 현상적 장에 의존한다.

로저스는 '의식 혹은 자각은 우리가 경험하는 어떤 것의 상징화'라는 점에서 현상적 장은 의식의 장과 동일하지 않다는 것을 지적하였다. 즉 현상적 장은 어떤 주어진 순간의 의식적(상징화된) 및 무의식적(상징화되지 않는) 경험으로 구성된다. 그러므로 유기체는 상징화되지 않는 어떤 경험을 변별하고 그러한 경험에 반응할 수 있다.

자아

로저스의 성격이론에서 핵심적인 구조적 개념이 자아(self)다. 로저스는 개인이 외적 대상을 지각하고 경험하면서 그것에 의미를 부여하는 존재임을 강조한다. 개인의 지각과 의미의 전체적 체계는 그로 하여금 자신의 현상적 장을 구성하게 한다. 개인이 자신 혹은 자기로서 보는 현상적 장의 이러한 부분이 자아다. 즉 현상적 장 내에 자아가 있다. 로저스는 자아가 불안정하며 끊임없이 변화하는 실체라는 점에서 '과정으로서의 자아'를 강조하였다. 즉 자아는 조직화되고 일관된 게슈탈트로서 상황이 변함에 따라 끊임없이 형성되는 과정에 있다.

자아 혹은 자아개념은 조직화되고 일관된 지각의 패턴을 나타낸다. 자아는 비록 변하지만, 항상 패턴으로 형성되고 통합되고, 조직화된 특성을 가진 자아개념을 유지한다.

로저스가 정의한 자아와 관련하여 알아두어야 할 두 가지 점은 다음과 같다. 첫째, 자아는 개인 내부에 있는 작은 사람이 아니다. 자아는 어떤 것을 하지 않는다. 즉 개인은 행동을 통제하는 어떤 자아를 가지고 있는 것이 아니라 현상적 장의 일부로서 조직화된 일련의 지각인 자아를 가진다. 둘째, 자아로서 알려진 경험과 지각의 패턴은 일반적으로 자각이 가능하다. 즉, 그것은 의식화될 수 있다. 개인은 의식하지 못하는 경험을 가지고 있지만, 자아는 일차적으로 의식적이다.

자아와 관련한 구조적 개념은 '이상적 자아'다. 이상적 자아는 개인이 가장 소유하고 싶어하는 자아개념으로, 잠재적으로 자아와 관련되고 개인이 높은 가치를 부여하는 지각과 의미를 포함한다.

실현화 경향성

유기체는 하나의 기본적 경향성을 추구하는데, 그것은 경험하는 유기체를 실현하고, 유지하고, 향상시키는 것이다(Rogers, 1951, p. 487). 유기체가 가진 '실현화 경향성'은 타고난 것으로, 개인이 가진 모든 생리적-심리적 욕구와 관련된다. 따라서 실현화 경향성은 유기체를 유지하는 데 기여한다.

실현화 경향성은 단지 유기체를 유지하는 것 이상이다. 그것은 또한 유기체의 성장과 향상, 즉 발달을 촉진하고 지지한다. 실현화란 개념은, 단순한 실체에서 복잡한 실체로 성장해 나가고, 의존성에서 독립성으로, 고정성과 경직성에서 유연성과 융통성으로 변화하고자 하며, 자유롭게 표현하고자 하는 유기체의 경향성을 나타낸다. 실현화는 욕구와 긴장을 줄이려는 개인의 경향성을 포함하지만, 그것은 유기체를 향상시키는 활동에서 도출된 기쁨과 만족을 강조한다. 실현화 경향성은 성숙단계에 포함된 성장의 모든 국면에 영향을 준다. 로저스는 유전적인 구성으로 프로그램되어 있는 인간의 모든 변화는 실현화 경향성에 의하여 달성된다고 보았다. 그러한 변화가 유전적으로 결정되었을지라도 유기체의 완전한 발달에 대한 진전은 자동적이지 않고 노력 없이 이루어지지 않는다. 로저스는 그러한 과정을 마치 아이가 첫발을 내딛으면서 겪는 것처럼, 투쟁과 고통을 수반하는 것으로 묘사하였다.

실현화 경향성은 사람이나 동물뿐만 아니라 살아 있는 모든 것에서 볼 수 있다. 모든 생명을 묘사함에 있어, 로저스는 유기체가 극단적으로 적대적인 조건 하에서 생존하게 할 뿐만 아니라 적응하고, 발달하고, 성장하도록 하는 저항할 수 없는 힘을 일컬어 '생의 집착' 및 '생의 추진력'이라고 표현하였다.

자아실현 경향성 로저스는 인간은 자아를 유지하고, 향상시키고, 실현화시킬 경향성에 의해 동기화되어 있다고 믿었다. 인간성의 부분으로서 이러한 타고난 '자아실현 경향성' 은 모든 생리적 및 심리적 욕구를 포함하는 유기체의 실현화 경향성의 부분이다. 로저스는 인간을 진취적인 존재로 생각하였다. 그러므로 그는 자아실현, 즉 인간의 타고난 잠재력의 실현을 강조한 반면 프로이트가 강조한 행동의 긴장감소 측면을 중요시하지 않았다. 즉 프로이트는 추동(drive)을 강조한 반면, 로저스는 추동 대신 인간의 기본적 경향성으로 자아실현을 강조하였다. 이미 지적한 것처럼 로저스는 '유기체는 하나의 기본적 경향성을 추구하는데, 그것은 경험하는 유기체를 실현하고, 유지하고, 향상시키는 것' 이라고 믿었다.

가치의 조건화

성격형성에 관한 로저스의 견해를 이해하는 데 중요한 개념이 '가치의 조건화'다. 로저스가 "경험은 나에게 최고의 권위다."라고 말한 것처럼 우리에게는 경험을 통해 가치를 형성하는 것이 중요하다. 그런데 연약한 존재인 아동은 그에게 가장 영향력 있는 부모의 양육 태도에 따라 가치의 조건화를 형성한다.

아동은 기본적 욕구인 '긍정적 자기존중'을 얻기 위해 노력한다. 그리고 이러한 긍정적 자기존중 때문에 가치의 조건화 태도를 형성하게 된다. 이렇게 형성된 가치의 조건화는 유기체가 경험을 통해 실현화 경향성을 성취하는 것을 방해하는 주요한 원인이 된다. 왜냐하면 가치의 조건화는 아동이 주관적으로 경험하는 사실을 왜곡하고 부정하게 만들기 때문이다. 아동은 의미 있는 대상(예를 들면, 부모)으로부터 긍정적 자기존중을 받기를 원한다. 부모는 자신의 판단에 따라 아동에게 해야 할 것과 하지 말아야 할 것을 정해 준다. 아동은 부모가 원하는 것을 할 때만 긍정적 자기존중을 받게 되고 착한 아이가 된다. 부모가 원하지 않는 것을 하면 나쁜 아이가 된다. 나쁜 아이가 되는 것은 긍정적 자기관심을 얻지 못하게 한다. 그러므로 아동은 나쁜 아이가 되지 않기 위해 자기가 경험하는 사실을 왜곡하고 부정하게 된다. 다시 말하면 부모에게 긍정적 자기존중을 받기 위해 자기가 하는 경험에 폐쇄적이 되어 실현화 경향성을 억누르게 된다는 것이다.

가치의 조건화는 주로 눈에 보이는 아동의 행동, 즉 외적 준거에 따라 아동을 평가하는 데서 비롯된 것이다. 이러한 평가로 인해 아동은 의미 있는 대상으로부터 긍정적 자기존중을 받기 위해 자신의 의지와 관계없이 겉으로 최선을 다하는 꼴이 된다. 따라서 아동은 착한 아이가 되기 위해 내적 경험을 무시하게 된다. 껍데기는 번지르르할지 모르지만 알맹이는 썩어 가게 된다. 이것은 우리가 모든 경험을 개방적으로 받아들여 인간 성장을 도모하는 것을 방해한다. 또한 인간중심치료에서 강조하는 개인의 주관적인 경험을 왜곡하고 부정하게 만들고, 우리가 독특한 존재로서 자기성장을 이루지 못하게 한다. 이런 점에서 당신이 형성한 가치의 조건화는 인간으로서의 끊임없는 성숙에 대한 주요한 방해의 원천이라고 할 수 있다.

갈등 · 불안 · 공포 등의 정서적 문제도 가치의 조건화와 관련되어 있다. '내사된 가치(introjected value)'의 조건화로 인해 긍정적 자기존중을 받으려는 욕구는 그것에 반하는 어떤 경험을 회피하고, 왜곡하고, 부정하게 된다. 이러한 가치의 조건화에 따른 행동은 실현화 경향성을 이루려는 유기체의 경험과 마찰하게 된다. 이런 마찰은 위협으로 느껴지며 갈등과 불안을 야기한다. 의미 있는 대상으로부터 주입된, 이러이러한 행동을 하면 '나쁜' 아이라는 가치의 조건화가 실존적 존재인 인간의 주관적인 내적 경험과 불일치를 이루게 된다. 이런 불일치는 긍정적 자기존중을 잃지 않을까 하는 위협으로 느껴지고 불안과 두려움을 야기하게 된다.

3. 집단상담자의 역할과 기능

인간중심치료 집단상담자는 기본적으로 집단구성원의 자아실현 경향성을 믿기 때문에 그들로부터 조력의 방향성을 도출해 낸다. 집단상담자는 집단구성원이 스스로 그들의 내적 자원을 개발할 수 있는 능력이 있다고 본다. 따라서 집단상담자는 로저스가 제안한 상담자의 필요충분조건적 태도인 진솔성, 무조건적 긍정적 존중 그리고 공감적 이해를 적용하여 집단구성원을 조력하는 역할을 수행한다. 이런 점에서 인간중심치료 집단상담자는 주로 계획된 절차나 어떤 상담기법을 적용하기보다는 집단구성원이 스스로 경험을 통해 자신의 변화를 주도해 갈 수 있도록 조력하는 참여적 촉진자(facilitator) 역할을 한다. 집단상담자는 해석이나 다른 전문가지향적인 절차를 무시하고, 집단구성원과의 인간 대 인간의 만남을 통해 그가 자신의 경험을 통해 가치화 과정을 이룰 수 있도록 조력한다.

인간중심치료 집단상담자가 집단구성원에게 일반적으로 수행하는 다섯 가지 기능은 온화함과 공감을 전달하기, 집단구성원에게 관심 갖기, 의미와 내용 이해하기, 수용 전달하기 그리고 연결하기 등이다(Boy & Pine, 1999). 이러한 기능은 경청하기, 지지하기, 반영하기, 공유하기, 확인하기, 명료화하기, 요약하기, 참여하기 등과 같은 기본적인 집단지도력 기술을 통해 표현된다. 집단상담자는 그 자신을 변화의 도구로 사용하며 변화를 위한 핵심적 조건인 공감, 진솔성 그리고 수용을 집단구성원에게 전달한다. 집단에 대하여 집단상담자가 취해야 할 태도는 집단구성원이 성장할 수 있는 집단분위기를 스스로 창조하도록 조력하는 것이다.

4. 집단상담 목표

인간중심치료는 문제해결과 변화의 필요충분조건이 인간중심이라는 기본가정에서 출발한다. 인간은 누구나 유기체로서 실현화 경향성을 발현시킬 수 있고 현상적 장에서 독특한 실존적 존재로서 자기실현을 이룰 수 있는 잠재력을 갖고 있다는 것이다. 따라서 상담을 통해 심리적 문제를 해결하는 기본가정도 인간중심치료의 기본적인 철학적 신념에 근거한다. 유기체의 경험이나 독특한 존재로서 자기경험을 왜곡하고, 회피하고, 부정하게 만드는 주요한 원인이 가치의 조건화라 할 수 있다. 아동은 당신이 아동을 대하는 태도로 인해 '만약~하면, ~한다(If ~, then ~).'는 가정하에 가치를 조건화를 형성한다고 할 수 있다. 예를 들면, 당신이 자녀에게 대하는 태도가 '만약 네가 공부를 잘하면, 나는 너를 좋아한다.', 혹은 '만약 네가 공부를 못하면, 나는 너를 싫어한다.'는 식으로 나타난 결과라고 볼 수 있다. 아동은 부모가 원하는 행동을 하는가의 여부에 따라 칭찬이나 비난을 받게 되어 가치의 조건화 태도를 형성하게 된다.

인간중심치료는 이렇게 형성된 가치의 조건화를 해결할 수 있는 방식도 마찬가지로 '만약 ~하면, ~한다.'는 가정으로 풀 수 있다고 확신한다. 지금까지 성인이 아동의 실현화 경향성 혹은 유기체의 지혜를 믿지 않는 태도, 아동의 행동에 따라 조건적으로 대하는 태도, 아동의 내적 경험을 고려하지 않거나 무시하는 태도가 문제의 원인이 되었다고 본다. 따라서 집단구성원의 문제해결과 변화를 위한 필요충분조건은 유기체의 지혜를 신뢰하는 인간중심 태도다. 로저스는 집단상담자가 집단구성원의 변화를 위해 가져야 할 필요충분한 세 가지 인간 중심적 태도로서 일치성(congruence), 공감적 이해(empathic understanding), 무조건적 긍정적 존중(unconditional positive regard)을 제시하였다.

집단구성원의 변화를 위한 집단상담자와 집단구성원의 관계를 '만약 ~하면, ~한다.'는 가정으로 표현하면 '만약 집단상담자가 일치성, 공감적 이해, 무조건적 긍정적 관심의 태도를 내담자에게 보여 주면, 집단구성원은 변화한다.'는 것이 된다. 이렇게 가정에 대입한 문장으로 간략히 표현된 내용을 생각하면 상담이 굉장히 쉽게 여겨질 수 있다. 실지로 많은 집단상담자가, 여러 가지 집단상담 기법을 강조하는 다른 상담접근보다, 상담의 필요충분조건으로서 집단상담자의 세 가지 태도를 강조하는 인간중심치료를 용이하게 생각하는 경향이 많다.

또한 이러한 상담의 필요충분조건을 쉽게 여겨서인지 많은 초보집단상담자가 자신의 상담접근으로 인간중심치료를 선택하는 경우가 많다. 그러나 적지 않은 상담경험을 가진 저자로서 감히 말한다면, 인간중심치료에서 집단상담자가 가져야 할 세 가지 태도로 제시하는 것들은 그렇게 쉽게 획득되지 않는다는 것이다. 많은 집단상담자들이 처음에는 인간중심치료를 쉽게 생각했다가 많은 훈련에도 불구하고 쉽지 않다는 것을 실감하게 된다. 따라서 저자는 초보집단상담자들에게 웃고 접근했다가 울고 나오는 상담접근이 인간중심치료라고 말하곤 한다. 이것은 인간중심치료를 사용하는 집단상담자는 단순히 집단상담 기법을 배우는 것이 아니라 집단구성원을 대하는 근본적인 태도를 바꾸어야 하기 때문이다.

5. 집단상담 과정

로저스는 상담의 필요충분조건으로 여섯 가지 과정을 기술했으며 그중 집단상담자의 세 가지 태도가 집단구성원을 변화시킨다고 보았다. 그가 제안한 상담의 여섯 가지 필요충분조건은 다음과 같다.

첫째, 두 사람(내담자와 상담자)이 심리적 접촉을 한다.

둘째, 내담자는 불일치 상태에 있고 상처받기 쉬우며 초조하다.

셋째, 상담자는 내담자와의 관계에서 일치성을 보이며 통합적이다.

넷째, 상담자는 내담자를 위해 무조건적 긍정적 존중을 경험한다.

다섯째, 상담자는 내담자의 내적 참조 틀을 바탕으로 한 공감적 이해를 경험하고 내담자에게 자신의 경험을 전달하려고 시도한다.

여섯째, 내담자는 의사소통 과정에서 상담자의 무조건적 긍정적 존중 및 공감적 이해를 지각하고 경험한다.

인간중심치료에 근거한 참만남 집단(encounter group)은 친밀한 상호작용을 통해 각 구성원으로 하여금 자기 자신 그리고 타인과의 관계를 맺는 방법에 관해 더 많은 것을 발견하게끔 하는 소집단이다. 비록 참만남 집단이 치료적 가치를 가진다 하더라도, 보통 집단심리치료와는 다르다. 집단심리치료는 상당히 심각한 기능상의 문제를 가지고 있거나, 즉각적인 도움을 필요로 하는 사람을 도와주기 위한 것이고, 참만남 집단은 이미 정상적으로 잘 기능하는 사람들의 능력을 더욱 증진시키기 위한 것이다.

참만남 집단의 인원은 약 8~15명 정도로 다양하게 구성된다. 때로는 한 그룹이 한 번의 만남을 오랜 기간 동안 유지해 나가기도 한다. 또 어떤 경우에는 집단이 단기간 동안 여러 차례 이루어지기도 한다. 보통 20~60시간 정도의 밀접한 접촉이 필요하며, 사전에 특별한 계획을 수립하지는 않는다. 환경을 비구조화시킴으로써, 구성원들은 집단과정이 진행됨에 따라 자신들의 감정과 타인과의 상호작용을 자유로이 탐색할 수 있다. 집단경험 동안 적대적 교류가 생기거나, 상당기간 동안 불편함을 느낄 수도 있지만, 전반적으로 상호 수용과 지지 분위기가 되도록 구성된다.

로저스가 집단경험을 통해 제안한 참만남 집단과정의 열다섯 단계는 다음과 같다(Rogers, 1970, pp. 15-40).

① 방황(milling around)
② 개인적 표현 혹은 탐색에 대한 저항(resistance to personal expression or exploration)
③ 과거 감정의 기술(description of past feelings)
④ 부정적 감정의 표현(expression of negative feelings)
⑤ 개인적으로 의미 있는 사건의 표현과 탐색(expression and exploration of personally meaningful material)
⑥ 집단 내에서 즉각적인 집단구성원 간의 감정 표현(expression of immediate interpersonal feelings in the group)
⑦ 집단 내에서 치료능력의 발달(development of a healing capacity in the group)
⑧ 자기수용 및 변화의 시작(self-acceptance and the beginning of change)

⑨ 가면의 파괴(cracking of facades)

⑩ 개인은 피드백을 받는다(The individual receives feedback)

⑪ 직면(confrontation)

⑫ 집단회기 외에서의 조력관계(helping relationship outside the group sessions)

⑬ 기본적 참만남(basic encounter)

⑭ 긍정적 감정과 친밀감 표현(expression of positive feelings and closeness)

⑮ 집단 내에서의 행동변화(behavior changes in the group)

집단촉진자(group facilitator)는 참만남 집단의 지도자를 지칭하는 용어 중의 하나로, 전통적인 의미에서 집단을 주도하는 사람은 아니다. 집단촉진자는 일반적으로 자기 자신을 개방적으로 표현할 수 있고, 인간의 기능을 긍정적으로 보면서, 자신의 경험과 타인과의 교류에 초점을 둘 수 있는 분위기를 제공하는 데 관심을 가진다. 로저스의 참만남 집단촉진자의 특징은 다음과 같다.

첫째, 집단촉진자는 모든 집단구성원이 표현할 가치가 있는 어떤 것을 가지고 있다고 생각하여 조심스럽고도 민감하게 그 말을 경청한다.

둘째, 집단촉진자는 집단과 개인 모두를 수용한다.

셋째, 집단촉진자는 공감적으로 이해하려고 노력한다.

넷째, 집단촉진자는 자신의 감정에 따라 작용한다.

6. 집단상담 기법

상담관계의 필요충분조건 중에서 일치성, 무조건적 긍정적 존중, 공감적 이해는 집단상담자가 가져야 할 중요한 태도로서, 기법으로 배우는 것이 아니라 집단상담자 자신의 노력과 태도변화를 통해 얻을 수 있다. 이러한 태도를 갖추기 위해서는 집단상담자의 변화가 선행되어야 한다. 그러면 이러한 세 가지 집단상담자의 태도에 대해 살펴보자.

일치성

일치성은 집단상담에서 집단상담자가 매 순간 경험하는 자신의 감정이나 태도를 있는 그대로 진솔하게 인정하고 개방하는 것을 말한다. 이는 집단상담 기법이라기보다는 집단구성원의 진솔한 태도 자체를 경험하는 것을 말한다. 일치성의 동의어는 진솔성 · 사실성 · 개방성 · 투명성 · 현재성이다. 집단상담자의 일치성은 집단상담의 필요충분조건인 세 가지 태도 중에서 가장 기본이 되는 태도다. 인간중심치료에서 '지금-여기'의 경험을 강조하는 것도 일치성의 태도와 관련된다.

일치성을 유지하기 위해 집단상담자는 높은 수준의 자각과 자기수용, 자기신뢰를 갖는 게 필요하다. 당신이 하는 일을 멈추고 현재 경험을 통해 느낀 감정을 자각해 보라. 지적인 조작이나 역할게임을 멈추고 모든 경험에 개방되어 있는 당신 자신이 되라. 이러한 작업은 그리 쉽지 않다. 마찬가지로 집단상담자가 집단상담 과정에서 매 순간 경험하고 느끼는 감정을 자각하여 사실 그대로 표현하는 것은 쉬운 일이 아니다. 집단상담자가 조력자로서 집단구성원에 집중해서 지금-여기에서 진솔하게 느끼는 다양한 감정을 알아채는 것은 쉽지 않다.

일치성 태도를 가진 집단상담자는 경험하는 유기체로서의 집단구성원과 인간 대 인간의 만남을 이루기 위해 개방적으로 직면해야 한다. 집단상담에서 일치성을 유지하며 솔선수범하는 집단상담자의 자세는 집단구성원에게 신뢰감을 준다. 이와 같은 집단상담자의 진솔한 태도는 집단구성원과의 인간 대 인간의 만남을 가능하게 한다. 또한 집단상담자는 집단구성원에게 모델로서 본보기가 된다. 결과적으로 집단상담자의 일치성 태도는 집단구성원으로 하여금 개방적 자기탐색을 촉진하여 그가 지금-여기에서 경험하는 감정을 자각하도록 하는 요인이 된다.

무조건적 긍정적 존중

무조건적 긍정적 존중은 가치의 조건화를 버리고 조건 없이 집단구성원을 수용하는 것을 의미한다. 무조건적 긍정적 존중의 내용을 기술하는 동의어는 비소유적 온화, 돌봄, 칭찬, 수용, 존경 등이다. 로저스가 제안한 무조건적 긍정적 존중은 올바른 조건이 주어지면 집단구성원이 건설적 변화를 위한 잠재력을 실현할 수 있다는 깊은 인간 신뢰와 관련되어 있다. 아무 조건 없이 인간의 행동을 수용하고 존중하는 태도를 갖는 것은 인간을 신뢰하는 집단상담자의 확고한 철학적 신념 없이는 불가능하다.

인간중심치료에 근거한 집단상담에서 무조건적 긍정적 존중은 상담관계에서 인간의 가치와 의미성에 대한 집단상담자의 태도가 얼마나 중요한가를 강조한 개념이다. 집단상담자가 실현화 경향성을 가진 존재로서 집단구성원을 철저하게 믿는 태도는 그로 하여금 자신을 믿고 자기성장을 이루도록 하는 촉진적 조건으로 작용한다. 집단상담자가 보여 주는 무조건적 긍정적 존중을 통해 집단구성원은 그동안 자신에게 의미 있는 사람에게(예를 들면, 부모나 교사) 긍정적 존중을 얻기 위해 형성한 가치의 조건화 태도를 서서히 바꾸기 시작한다. 즉 가치의 조건화에 의해 자신이 왜곡하고 부정해 왔던 경험에 대해 보다 개방적으로 탐색하기 시작한다.

공감적 이해

공감적 이해는 상대방이 주관적으로 경험하는 사적 세계를 정확하고 민감하게 이해하는 것이다. 공감적 이해의 동의어는 공감, 정확한 공감, 공감적 태도, 공감적 자세다. 정신분석에서 프로이트가 발견한 전이의 개념을 코페르니쿠스적 발견이라 한다면, 상담 및 심리치료에서 인간의 이해와 변화를 위해 로저스가 강조한 공감적 이해도 그에 버금가는 업적이라고 본다. 왜냐하면 거의 모든 집단상담자가 집단구성원의 이해와 변화를 위한 공감적 이해의 중요성을 받아들이기 때문이다. 집단상담이 어느 정도 진행되면 흔히 집단구성원이 집단상담자나 다른 집단구성원에게 "이 내용은 이 집단에서 처음 이야기하는 거예요." 하며 비밀스러운 이야기를 하게 된다. 집단구성원이 마음속 깊이 감춘 자신만의 비밀을 집단상담자에게 털어놓을 수 있게 되는 것은 대부분 집단상담자가 집단구성원의 입장에서 그를 이해하는 태도에서 비롯된다.

많은 사람들은 자신이 경험하는 특이한 내용을 이 세상에서 누구도 이해해 주지 못하리라고 생각하곤 한다. 가장 가깝게 느끼는 부모님, 친구, 애인도 자신이 경험한 내용을 이해해 주지 못하리라 생각한다. 그렇게 생각하기 때문에 그러한 내용을 비밀스럽게 간직한다. 비밀스러운 내용을 누군가 알면 큰일이 날 것 같기 때문에 견고하게 아성을 쌓아 지킨다. 집단구성원이 지키는 이러한 아성을 무너뜨릴 수 있는 것은 집단상담자가 집단구성원의 입장에서 그를 공감적으로 이해하는 것이다. 우리는 똑같은 사건에 대해서 각기 다른 경험을 한다. 어떤 사람은 담담한 기분으로 받아들인 반면 다른 사람은 불안이나 두려움을 느낄 수 있다. 그것은 우리 각자가 주관적으로 현상적 장을 지각하고 경험하기 때문이다. 집단상담자로서 집단구성원을 돕기 위해서는 그가 주관적으로 경험하는 내적 감정을 정확하게 이해하는 것이 필요하다.

로저스가 제안한 '내적 참조 틀(internal frame of reference)'과 '외적 참조 틀(external frame of reference)'의 개념도 공감적 이해의 개념과 밀접하게 관련되어 있다. 대화 상대자가 경험하는 감정을 공감적으로 이해하기 위해서는 상대방이 주관적으로 경험하는 내적 세계, 즉 내적 참조 틀에 근거해서 상대방을 이해해야 한다. 이런 점에서 로저스는 자극-반응에 따라 상대방을 평가하는, 다시 말하면 외적 참조 틀에 근거해서 상대방을 이해하려는 행동주의적 접근을 강렬하게 비판한다.

공감적 이해는 집단상담자가 집단구성원이 될 수는 없지만, 마치 집단구성원인 것처럼 집단구성원의 내적 참조 틀에 근거해서 그가 경험하는 감정을 파악하고 이해하는 것이다. 공감적 이해는, 집단구성원이 표현하는 일거수일투족을 세밀하게 관찰하여 그의 내부에서 잔잔하게 움직이거나 때론 강렬하게 요동치는 감정에 대해 집단상담자가 감정적 반영을 함으로써 두 사람의 마음과 마음이 짜릿하게 마주치는 것이다. 이 글을 읽는 당신에게 소중한 주변 사람에게 얼마나 공감적 이해를 하고 있는가? 상대방의 외적 참조 틀에 근거해서 그에 대해 안쓰러움을 느끼는 동정을 하고 있지는 않는가? 동정은 상대방이 경험하는 고통을 바라보면서 '당신이 그런 일을 당하다니 참 안됐구나.'라고 느끼는 것이다. 그러나 공감은 상대방과 더불어 그의 고통을 이해하고 느끼는 것이다.

7. 요약

- 로저스는 도움을 받으려고 온 사람을 환자나 내담자로 보고 상담자나 치료자를 구별하는 상담관계가 아니라 대등한 '인간 대 인간' 의 관계를 강조하였다. 그러므로 인간중심치료에서는 상담관계를 통해 도움을 요청한 사람이 주관적 경험을 통해 끊임없이 가치를 형성하면서 성숙해 가는 존재라고 보고 대하는 태도가 강조된다.

- 로저스는 인간이 경험하는 유기체로서 자신을 실현화하기 위한 기본적 동기를 갖고 있다고 본다. 인간중심 접근 상담자는 '유기체의 지혜' 를 믿으며 인간이 기본적으로 신뢰로운 유기체라고 본다. 로저스가 "경험은 나에게 최고의 권위다." 라고 말한 것에서 알 수 있듯이, 그는 유기체의 경험을 중시하였다.

- 로저스의 인간중심치료를 이해하는 데 중요한 구성개념인 유기체, 자아, 실현화 경향성, 가치의 조건화 등을 살펴보았다.

- 집단상담자는 로저스가 제안한 상담자의 필요충분조건적 태도인 진솔성, 무조건적 긍정적 존중 그리고 공감적 이해를 적용하여 집단구성원을 조력

하는 역할을 수행한다. 이런 점에서 인간중심치료 집단상담자는 주로 계획된 절차나 어떤 상담기법을 적용하는 것보다 집단구성원이 스스로 경험을 통해 자신의 변화를 주도해 갈 수 있도록 조력하는 촉진자 역할을 한다.

- 집단구성원의 변화를 위한 집단상담자와 집단구성원의 관계를 '만약 ~하면, ~한다'는 가정으로 표현하면 '만약 집단상담자가 일치성, 공감적 이해, 무조건적 긍정적 관심의 태도를 내담자에게 보여 주면, 집단구성원은 변화한다.'가 된다.

- 로저스가 집단경험을 통해 제안한 참만남 집단과정의 열다섯 단계가 소개되었다.

- 로저스는 집단상담자가 집단구성원의 변화를 위해 가져야 할 세 가지 태도이자 필요충분조건으로 일치성, 공감적 이해, 무조건적 긍정적 존중을 제시하였다.

- 공감적 이해는 집단상담자가 집단구성원이 될 수는 없지만 마치 집단구성원인 것처럼 집단구성원의 내적 참조 틀에 근거해서 그가 경험하는 감정을 파악하고 이해하는 것이다.

효과적 조력을 위한
〈집단상담 연습 8〉: T-그룹을 통한 자기성장 다지기

사람들은 집단경험을 통해 자신을 이해하고 성숙해지는 것을 원하는 경우에 집단에 참여한다. 특히 상담자들이 집단경험을 통해 자신에 대한 자각, 감수성, 기본적 집단 기술을 연마하고자 할 경우에 일반적으로 'T-그룹(Training group)'이라고 불리는 집단에 참여하여 훈련을 받는다. T-그룹은 말 그대로 훈련집단이다. 여기서는 일상적으로 사용되는 감수성훈련, 참만남집단, 성숙집단, 경험집단, 자각집단 등을 통괄하여 T-그룹으로 칭하고 T-그룹의 기본가정, 목표, 기법 등에 대해 소개하고자 한다.

〈T-그룹의 기본가정〉

1. T-그룹은 집단구성원 간의 성숙하고 생산적이며 올바른 관계에 관련한 가치체계에 근거한다.
2. T-그룹은 집단구성원이 학습자로서 참여하는 비교적 비구조화된 집단이다.
3. T-그룹의 집단구성원 각각은 참여자이자 관찰자로서 자신의 사고 · 동기 · 감정을 이해하고 다른 사람들과 관계를 맺는 방법에 대해서 배울 수 있다.
4. T-그룹에서 집단구성원의 과업은 행동하고, 자신의 행동을 관찰하고, 자신의 대인관계의 결과를 조사하고, 다른 사람들이 어떻게 행동하는가를 관찰하고, 집단과 조직이 어떻게 기능하는가를 배우는 것이다.
5. T-그룹에서는 탐구, 협동, 순수성, 확장된 의식, 합리적 수단을 통한 갈등 해결, 다양한 행동에 대한 선택의 자각, 선택을 연습할 자유를 보여 주는 실험적 방법 등의 여러 가지 목표가 있다.
6. T-그룹에서는 집단구성원의 변화를 위해 신뢰성, 모험하기, 개방성, 상호의존성이 유지되는 안전한 집단분위기가 요구된다.
7. T-그룹에서 집단구성원은 생존지향보다 능력지향을 취하는 태도를 지닌다.
8. T-그룹에서 집단구성원은 학습하는 방법을 배우고 학습의 전파를 강조한다.
9. T-그룹은 성장지향적, 협동적 분위기가 주어지므로 집단구성원에게 어떤 사람이 될

수 있는가를 찾을 수 있는 기회를 제공한다.

10. T-그룹에서는 도움을 주는 것보다 도움을 공유하는 것을 강조한다.

〈훈련과 학습을 위한 T-그룹 과정〉

1. 집단구성원의 학습기회
   1) 불만족을 확인하고 발견할 기회
   2) 목표와 행동 간의 일치를 확인해 볼 기회
   3) 변화를 위한 방향을 설정하는 데 함께 일할 기회
   4) 변화의 방법을 결정할 기회
   5) 새로운 행동을 평가할 기회
   6) 새로운 행동을 실습하고, 내재화하고, 적용할 기회

2. 학습과 변화의 장애물
   1) 쉽게 추구하고, 쉽게 답하는 것
   2) 친근한 것과 친근하지 않는 것의 갈등
   3) 개인의 습관을 깨뜨리려는 데에 대한 저항
   4) 다른 사람들에게 자신의 사고와 행동을 노출하지 않으려 하는 것
   5) 개인의 불안전에서 비롯되는 방어적 반응
   6) 행동을 평가하는 기술의 결핍
   7) 변화의 방향을 계획하는 데 필요한 개념적 구조의 결핍
   8) 조력적 반응을 주거나 받아들이려는 데에 대한 주저

3. 훈련과 학습을 위한 최적의 조건
   1) 분석과 학습을 위한 행동의 생성
   2) 허용적이고 탐구하는 분위기
   3) 학습을 위한 협동적 분위기
   4) 자료수집과 연구를 위한 모델
   5) 경험을 이해하고 조직하려는 인식

6) 새로운 행동에 대한 실험
7) 적용하고 계획하는 것

4. 실험적 경험에 중요한 경험의 연속성
   1) 지금과 여기에 초점을 둠
   2) 그때와 거기에 초점을 둠
   3) 사회적 · 가치적 관점에 초점을 둠
   4) 탐색도구와 기술의 사용에 초점을 둠
   5) 변화의 수행자로서 자기에게 초점을 둠

〈T-그룹에서 사용하는 기술과 기법의 예〉

1. 첫인상을 이야기하고 반응하기
2. 피드백 주고받기
3. 역할연기하기
4. 조해리 창의 강의(피드백과 자기표출의 중요성)
5. 당신을 현재 가장 괴롭히는 것에 대해 이야기하기
6. 당신이 가장 부끄럽게 여기는 것에 대해 이야기하기
   예) 성적 부끄러움, 신체적 부분, 현재의 직업, 가족과 관련한 사항
7. 지배성-수동성 게임, 자신의 양면성에 대한 탐색
8. 모험하기(Take a risk)
9. 자신의 문제를 파악하고 이해하기(한 문장, 한 단어 기법)
10. 상담자-내담자 역할놀이
11. 환상기법(자신에게 소중한 사람의 상실 혹은 자신의 죽음)
12. 공감기법
13. 접촉을 통한 자각의 확장
14. 자기와 집단원이 집단의 성숙을 위해 버려야 할 것
15. 격려와 지지, 비판의 금지

연습 1

당신이 초보집단상담자라면 T-그룹에 참여하여 자신에 대한 자각, 감수성, 지금-여기 경험, 기본적 집단기술을 익히도록 시도하라.

연습 2

당신이 경험이 많은 집단상담자라면 초보상담자들이나 자기성장을 원하는 사람들을 집단(10명)으로 구성하고 위에 제시한 가정, 과정, 기법에 근거하여 T-그룹을 직접 이끌어 보라.

제9장

게슈탈트치료에 근거한 집단상담

These are the two legs upon which Gestalt Therapy walks: now and how. Now covers all that exists. The past is no more, the future is not yet. Now includes the balance of being here, is experiencing, involvement, phenomenon, awareness. How covers everything that is structure, behavior, all that is actually going on – the ongoing process.

– Fritz Perls(1969, p. 44) –

제9장의 목차

제9장
게슈탈트치료에 근거한 집단상담

인간은 경험하는 유기체로서 자신의 사고 · 감정 · 행동을 통해 내적으로, 그리고 외적으로 야기되는 사건과 접촉하며 살아간다. 자신이 접촉하여 경험하는 현상을 있는 그대로 매 순간 자각하여 수용하며 살아가는 것은 유기체의 지혜를 신뢰하는 것이다. 게슈탈트치료(Gestalt Therapy)를 시작하여 발달시킨 펄스(Fritz Perls, 1893~1970)는 우리가 실존적 주체로서 책임을 회피하는 환경지지를 버리고 자기지지를 바탕으로 자신을 신뢰하고 책임지며 살아갈 것을 강조하였다.

게슈탈트치료의 창시자인 펄스는 초기에는 프로이트의 정신분석에 매료되어 훈련을 받았으나 프로이트학파가 쌓아 온 자기보호 장벽에 그가 발견한 이론을 접목하는 데 한계를 느꼈다. 펄스는 과거를 중심으로 해석을 지나치게 강조하는 정신분석을 비판하고, 경험에서 비롯된 자각을 바탕으로 한 통합을 강조하는 게슈탈트치료를 발전시켰다. 프로이트와의 가상적 자기대화에서 펄스는 심리적 갈등이나 문제해결을 위해 통합을 강조한 반면, 프로이트는 해석을 통한 이해를 주장하였다.

게슈탈트치료는 경험적이며, 실존적이며, 실험적인 접근이다. 언어를 통해 정신적 조작을 하는 것보다 행동을 강조한다는 점에서 경험적이다. 개인의 독립적 선택과 책임을 강조한다는 점에서 실존적이다. 그리고 개인이 매 순간에 느끼는 감정을 표현하도록 촉진한다는 점에서 실험적이다.

1. 기본원리

펄스(Perls, 1969b)는 자신의 자서전적인 저서 『쓰레기통의 안과 밖』에서 다음과 같은 중요한 내용을 게슈탈트치료와 관련하여 언급하였다.

- 장미는 장미이고, 장미는 장미다.
- 자각이 없으면 아무것도 없다.
- 나는 나의 실존에 모든 책임을 져야 한다.
- 전체가 나누어지면 전체는 사라진다.
- 학습은 발견이다.
- 접촉에서 자각은 강렬하다.
- 현명한 사람은 자신이 하는 연기를 이해한다.
- 강을 재촉하지 말라. 강은 스스로 흐른다.
- 게슈탈트치료는 통합적 접근방식이다.
- 파국적 기대의 망연자실에서 깨어나라.
- 소리의 관계는 건전한 관계다.
- 접촉은 차이의 인식이다.
- 통합에는 결코 끝이 없다.
- 나는 있는 그대로 나다.

펄스는 인간을 현상학적이며 실존적 존재로서 자신에게 가장 긴급하게 필요한 게슈탈트를 끊임없이 완성해 가며 살아가는 유기체로 보았다. 인간은 매 순간 경험하는 유기체로서 환경적 장에서 살아간다는 점에서 현상학적이다. 따라서 게슈탈트 상담은 내담자가 지각하는 현실에 초점을 둔다. 유기체의 긴급한 욕구인 게슈탈트 형성은 일차적인 생물학적 현상이다. 그리고 인간은 각기 독특한 유기체로서 필요한 욕구를 선택하여 게슈탈트를 형성하면서 자신의 삶에 대한 책임을 진다는 점에서 실존적이다. 따라서 게슈탈트 상담은 현재에 초점을 두며 각 개인이 자신의 운명에 책임이 있다는 것을 강조한다.

펄스가 자신의 이론 형성을 위해 인간에 대한 가정을 어떻게 하고 있는가를 알아보자. 그가 사용한 다섯 가지 가정은 다음과 같다.

첫째, 인간은 완성을 추구하는 경향이 있다.

둘째, 인간은 자신의 현재의 욕구에 따라 게슈탈트를 완성할 것이다.

셋째, 인간의 행동은 그것을 구성하는 구체적인 구성요소, 즉 부분의 합보다 큰 전체다.

넷째, 인간의 행동은 행동이 일어난 상황과 관련해서 의미 있게 이해할 수 있다.

다섯째, 인간은 전경과 배경의 원리에 따라 세상을 경험한다.

게슈탈트치료는 우리가 주어진 상황에서 자신에게 일어난 일을 충분히 자각하면 그 상황에서 필요한 게슈탈트를 형성하므로 적절하게 주어진 문제를 처리할 수 있다고 가정한다. 우리가 오관을 통해 주어진 상황에서 매 순간 경험하는 것을 충분히 자각하여 처리할 수 있을 때 유기체로서 바람직한 적응이 이루어진다.

펄스는 새로운 단어를 만들어 게슈탈트치료가 취하는 철학적 입장을 쉽게 설명하였다. 영어 단어의 마지막에 'ism'이 붙으면 보통 어떤 '주의', 예를 들면 실용주의(pragmatism), 실존주의(existentialism)처럼 철학적 입장이 된다. 이에 착안한 펄스는 영어단어 about, should, is에 ism을 붙여 계산주의(aboutism), 당위주의(shouldism), 상태주의(isism) 등의 세 가지 철학적 접근을 제안했다. 이러한 세 가지 입장을 간략하게 알아보자.

- **계산주의**: 인간은 계산적이다. 계산이 과학적인 것처럼 보일 수 있으나 과

학이라는 것은 인간 세상의 편리를 추구할 뿐이다. 인간관계를 거래로 생각하고 계산하고 나서 행동한다면 정신건강에 해로울 뿐이다.

- **당위주의**: 강박적이고 당위적인 사고를 말하고 유연성이 결여되어 있다. 절대주의 혹은 독단주의로서 자신의 체험, 경험에 의해 신념화된 것을 과일반화한 것이다.
- **상태주의**: 존재론과 실존주의를 바탕으로 한다. 현상학에서 빌려온 개념으로 현재 있는 그대로를 받아들인다.

펄스는 게슈탈트치료의 철학적 입장을 '상태주의+자각'이라고 하였다. 즉 실존주의적 의미인 '있는 그대로'를 강조하는 상태주의와 유기체의 지혜를 신뢰하여 유기체가 매 순간 변화를 알아차리는 자각(awareness)을 게슈탈트치료의 근거로 삼는다.

이는 매 순간 생성되는 게슈탈트를 자각하여 그것을 해결하면 다시 새로운 게슈탈트가 형성되므로 지금-여기에서 생성되는 게슈탈트를 해결함으로써만이 전체를 통합할 수 있다는 것이다.

2. 주요개념

여기에서는 게슈탈트치료에 근거한 집단상담을 이해하는 데 필요한 주요개념으로 접촉, 지금-여기, 자각과 책임감, 미해결 과제와 회피, 신경증 층과 접촉경계 장애 등을 살펴보고자 한다.

접촉

우리가 환경과의 접촉(contact)을 통해 가장 시급하게 필요한 게슈탈트를 완성하지 못하면 문제다. 원만하고 건강한 삶을 유지하는 데 가장 시급한 게슈탈트의 완성을 위해서는 우리의 에너지가 봉쇄되지 않도록 해야 한다. 접촉을 차단하고 에너지의 흐름을 방해하는 것은 우리가 가지고 있는 잠재력을 충분히 발휘하지 못하도록 하고 게슈탈트의 완성을 방해하기 때문에 문제가 된다. 즉 학교나 직장에서 자신이 해야 할 일을 수행하는 데 집에서 있었던 좋지 않았던 일이 계속해서 당신을 괴롭힌다면 문제다. 건강한 삶을 위해 시급한 게슈탈트의 완성을 통한 게슈탈트의 순환이 계속되는 것이 필요하다.

펄스는 유기체의 자각 혹은 알아차림을 통한 접촉 결여를 주요한 문제로 보았다. 그가 지적한 접촉경계 장애는 우리의 성숙과 문제해결을 방해한다. 펄스는 "접촉에서 자각은 강렬하다."고 하였다. 자각을 통한 접촉을 방해하는 장애기제는 프로이트가 제안한 개념인 방어기제와 유사하다.

지금-여기

펄스의 가장 중요한 공헌은 현재를 온전히 음미하고 경험하는 학습을 강조했다는 점이다. 현재만이 유일하게 중요한 시제다. 반면 과거는 지나가 버렸고, 미래는 아직 오지 않았다. 그러나 대부분의 사람들은 현재의 힘을 상실했다. 대신 그들은 과거를 생각하거나, 미래를 위한 끊임없는 계획과 대비책에 연연한다.

게슈탈트는 언어적이지도 해석적이지도 않은 실험적인 치료이고 집단구성원이 즉시적인 상황에서 자신의 경험과 직접적인 접촉을 하는 것이 그 목적이다. 그러나 현재에 초점을 둔다는 것이 과거에 관심이 없다는 것을 뜻하는 것은 아니다. 과거는 우리의 현재와 관련되어 있는 것으로서만 중요하다. 게슈탈트치료집단에서 집단구성원은 과거의 문제 상황을 현재에 가져와 마치 그것이 지금 일어나고 있는 것처럼 상황 재연을 한다.

이런 재연 과정에서 집단상담자는 기법에 대한 설명을 간단히 제공할 수 있고, 집단 내에서 집단구성원의 부적절한 감정을 보다 전적으로 토론하고, 이러한 감정이 유력한 실험의 참석에 있어서 얼마나 방해가 되는지 이야기해 볼 수 있다. 집단상담자가 집단구성원의 인생에서 중요한 타인과 관련한 많은 미해결의 상황을 아는 것은 유용하다.

우리는 현재 자신이 맡아야 할 책임감을 회피한 것을 정당화하기 위해 과거에 매달리는 경향이 있다. 과거에 머무름으로써 우리의 존재방식에 대해 타인을 비난하는 게임을 끊임없이 할 수 있고, 그래서 다른 방향으로 움직일 자신의 능력과 결코 마주치지 않는다. 우리는 생기 없는 상태의 해결책과 합리화에 사로잡히고 만다(Perls, 1969a).

게슈탈트치료가 현재의 힘에 초점을 두기 때문에 대부분의 집단상담 기법은 집단구성원이 그들의 계속되는 경험에 보다 가깝게 접근하는 것과, 순간순간의 느낌의 자각을 증가시킬 수 있는 쪽으로 고안되었다.

자각과 책임감

자각이란 우리가 생각하고, 느끼고, 감지하고, 행동하는 것을 인식하는 과정이다. "자각은 자신과 만나기 위한 끊임없는 수단이다. …… 거기에는 필요할 때는 언제든지 솟아날 준비가 되어 있는 지하수처럼 신선하고 생명력 넘치는 경험이라는 것이 있다." (Polster & Polster, 1974)

게슈탈트치료 집단구성원의 과업은 자신의 경험구조에 주의를 갖는 것, 그리고 그러한 경험의 무엇을 어떻게 자각할 것인가에 있다. 정신분석 접근의 관심이 어떻게 할 것인가보다는 무엇을/왜 해야 하는가에 있는 반면, 게슈탈트치료 집단상담자는 '왜'라는 질문은 거의 하지 않고, '무엇'과 '어떻게'로 묻는다. 펄스(Perls, 1969b)는 게슈탈트치료에서 '왜'는 좋지 않은 단어라고 했다. 왜냐하면 결코 이해하는 것 없이 합리화나 명석한 해명을 하려고 하기 때문이다. 대조적으로 펄스는 즉시적인 상황에서 경험하는 것과 현재의 자각을 증가시키기 위해 어떻게 경험하는가에 초점을 둔다. 즉 경험의 흐름에 머무름으로써 집단구성원은 세계에서 그들이 어떻게 기능하는가를 발견할 것이다.

우리의 존재에 대해 현재중심적인 지금-여기에 대한 자각을 얻기 위해서는 집단구성원의 움직임, 자세, 언어유형, 목소리, 제스처, 타인과의 상호작용 등의 외현적인 것에 주목해야 한다. 많은 사람들이 외현적인 것을 보지 못하기 때문에 게슈탈트치료 집단상담자는 집단구성원이 어떻게 그의 감각을 전적으로 사용할 것인지를 배우고, 외현적인 것을 어떻게 회피하고 있는지 알게 하며, 지금-여기에 개방하는 것에 도전시킨다.

집단상담자는 게슈탈트치료 집단상담을 통해 집단구성원이 경험하고 행동하는 것이 무엇이든 간에 타인에게 탓을 돌리지 않고 자신이 책임을 지도록 한다. 개인의 책임감은 의무를 수행하는 것과 다르다. 성숙한 인간은 타인의 기대에 부합하려 하지 않고, 타인에게 보은하면서 살려고 노력하지도 않는다. 그들은 자신의 기대와, 진실로 자기 자신이 되는 것에 관심이 있다. 개인적인 책임감을 증진시키는 방법 중의 하나는 우리가 타인에게 자신의 책임을 떠맡기는 방식을 자각하는 것이고, 타인이 우리에게 기대하리라 생각하는 것으로부터 우리를 분리시켜 자신의 기대로 살 수 있는 현명한 결정을 하는 것이다.

미해결 과제와 회피

개인에게 어떤 욕구가 생겼는데 해결하지 못해 게슈탈트를 완성하지 못하면 그는 미해결 과제를 갖게 된다. 이러한 미해결 과제는 분노, 증오, 노여움, 고통, 불안, 죄책감, 회한과 같은 표현되지 않은 감정으로 나타난다. 미해결 과제나 표현되지 않은 정서가 지금 상황에서 지각되거나 다루어지지 않는다면 그것은 현재의 자각과 효과적인 기능을 계속 방해한다. 이러한 미해결 과제는 기본적으로 해결을 추구한다. 만일 특정 시간 동안 계속적인 자각에 머물러 있다면 의미 있는 미해결 과제가 출현할 것이다. 내담자는 경험하고 있는 것과 회피하고 있는 것을 자각함으로써 자신의 현재 상황에 충격을 준 미해결 상황을 해결할 수 있다.

미해결 과제와 관련한 개념이 회피다. 회피는 사람들이 미해결 과제를 직면한다거나 미해결 상황과 관련 있는 불편한 정서를 경험하는 것을 방해하는 데 사용하는 수단이다. 대부분의 사람들은 변화에 필요한 것을 실행하기보다는 고통스러운 정서를 경험하는 것을 피하려고 한다. 그래서 그들은 옴짝달싹할 수 없게 되고, 난국을 극복할 수 없으며, 그들의 성장 가능성을 방해한다. 파국적 기대는 우리의 삶을 방해한다. 왜냐하면 우리는 성장을 요구하는 위험을 감수할 필요성을 회피하는 데 그것을 사용하기 때문이다. 그래서 게슈탈트치료에 근거한 집단상담은 전에는 결코 직접적으로 표현한 적이 없는 강렬한 감정을 집단상담 회기의 현재 상황에서 표현하도록 격려한다.

집단상담 회기 중에 집단구성원이 공허감과 무력감을 토로하면 집단상담자는 이러한 불편한 감정에 머물러 있도록 격려한다. 심지어는 그것을 과장해서 '공허하게 되라' '무력해지라'고 할 수도 있다. 만일 집단구성원이 그의 깊은 감정을 참아 낼 수 있고 진정으로 경험할 수 있다면, 그는 이런 무력감과 공허가 그를 붕괴시키지 않을 것이라는 것을 알게 된다. 공포 정서를 경험하는 것은 통합성과 성장으로 이끈다.

신경증 층

펄스는 인간의 인격을 펼쳐 보이는 것을 양파껍질을 벗기는 것에 비유했다. 인간은 심리적 성숙을 얻기 위해 다섯 가지 신경증 층을 벗겨야 한다. 가장 바깥에 있는 층부터 차례로 살펴보자.

허위층 진실한 마음 없이 상투적으로 대하는 거짓된 상태를 의미한다. 이것은 우리가 게임을 하고 역할을 잃어버리는 수준이다. 우리는 자기가 아닌 것처럼 행동함으로써 타인이나 자신이 만들어 낸 환상을 위해 살려고 한다. 우리가 일단 게임의 허구성을 자각하면 보다 정직해지게 되고 그래서 우리는 불쾌와 고통을 경험한다. 이 단계에서 사람들은 서로 형식적이고 의례적인 규범에 따라 피상적으로 만난다. 치료 초기에 내담자는 표면적으로는 세련된 행동을 보이고 적응적인 행동을 보이지만 자신을 깊이 노출시키지 않으므로 진정한 변화는 일어나지 않는다.

공포층　사람들이 자신의 역할에 너무 치중해서 생활하면 대인관계에서 어떻게 역할수행을 할 것인지 불안해하거나 두려움을 느낄 수 있다. 이는 개체가 자신의 고유한 모습으로 살아가지 않고 부모나 주위환경의 기대역할에 따라 행동하며 살아가는 단계다. 이 단계에 있는 개체는 환경에 적응하기 위해 자신의 욕구를 억압하고 주위에서 바라는 역할행동을 연기하며 산다. 그리고 그들은 자신이 하는 행동이 연기라는 것을 망각하고 그것이 진정한 자신인 줄 착각하고 산다. 이러한 역할연기의 전형적인 예를 들면, 모범생, 지도자, 구세주, 협조자, 중재자 등이 있다. 이러한 역할연기는 집단치료상황에서 흔히 관찰할 수 있다. 역할연기는 의존적 태도에서 비롯한다. 우리는 타인의 원조가 절대적으로 중요하다고 생각하기 때문에 진정한 우리의 모습을 드러내는 대신 남에게 잘 보이려는 태도로 행동한다. 예컨대 실제보다 더 친절한 척 행동하거나 혹은 실제보다 더 악한 모습을 연기하기도 한다. 많은 사람들은 진정한 자신과 만나는 것을 매우 두려워한다. 그것은 내사된 사회규범과 부모의 목소리가 그들의 내면에서 끊임없이 그들을 위협하기 때문이다.

난국층　개인이 자신의 욕구를 나타내고자 하나 불안상태에서 어쩔 줄 모르는 상태에 있게 된다. 이 단계에서 개인은 이제껏 해 왔던 역할연기를 그만두고 자립을 시도하지만 동시에 심한 공포를 체험한다. 내담자는 지금까지 환경으로부터 도움을 받기 위해 역할연기를 해 왔으나 치료과정을 통해 역할연기의 무의미성을 깨닫고 역할연기를 포기한 상태다. 그러나 다른 한편으로는 아직 스스로 자립할 수 있는 능력이 생기지 않은 상태여서 오도가도 못하는 실존적 딜레마에 빠지게 되어 심한 허탈감과 공포감을 체험하게 된다. 개인은 이러한 공포감과 공허감을 만나는 것이 두렵기 때문에 이 단계에 들어서기를 한사코 회피한다. 흔히 집단치료 장면에서 내담자들이 자신이 직면하려는 순간 농담을 하거나 웃어 버림으로써 이 단계와 만나는 것을 피하는 것을 관찰할 수 있다. 그러나 치료가 진전되면 내담자는 마침내 이 단계에 도달하게 되는데 이때 내담자는 "갑자기 모든 게 혼란스럽다." "도대체 무엇이 무엇인지 모르겠다." "앞으로 어떻게 해야 좋을지 모르겠다." "마음이 공허하다." "쉬고 싶다." 등의 표현을 하곤 한다. 이러한 현상이 바로 '막다른 골목' 체험인데 이때 치료자는 내담자로 하여금 이러한 상태를 피하지 말고 직면하여 견뎌 내도록 격려해야 한다. 내담자가 이러한 혼돈상태와 공백상태를 참고 통과하게 되면 유기체적인 변화가 일어나면서 새로운 돌파구가 열린다.

내적 파열층 이 단계에서 개인은 자신의 욕구를 인식하지만 겉으로 나타내지 못하고 안으로 억압하는 상태에 있게 된다. 개인은 자신이 억압하고 차단해 왔던 욕구와 감정을 알아차리게 된다. 그런데 이러한 유기체 에너지는 오랫동안 차단되어 왔던 것들이기 때문에 상당한 파괴력을 가지고 있다. 개인은 이러한 파괴적 에너지를 외부로 발산하면 타인과의 관계가 악화될 것이라는 두려움을 갖고 있기 때문에 이것을 자신의 내부로 향하게 한다. 이러한 에너지는 개체 내부에서 폭발하여 파괴적으로 작용하고, 죽음에 대한 공포로 체험되기도 한다. 이때 신체근육이 긴장되고 온몸이 경직되는 현상이 나타난다. 이렇게 외부로 발산되지 못하고 내부에서 맴도는 에너지는 마침내 그 안에서 동결되어 얼어붙은 것 같은 상태가 된다. 이 단계의 내담자는 처벌에 대한 두려움 때문에 혹은 상대편에게 상처를 줄까 봐 두렵기 때문에 자신의 감정을 표현하지 않고 억제하며, 타인에게 분노를 표현하는 대신 자기 자신에게 공격성을 돌려 자신을 비난하고 질책하는 행위를 한다. 이 단계에 있는 개인은 접촉경계 장애 가운데 주로 반전 행동을 많이 보인다.

폭발층 감정이나 욕구를 더 이상 억압하지 않고 표출하는 상태다. 즉 개인은 자신의 감정과 욕구를 더 이상 억압하거나 차단하지 않고 직접 외부 대상에게 표현한다. 개인은 자신의 욕구와 감정을 분명하게 알아차리고 강한 게슈탈트를 형성하여 환경과의 접촉을 통해 완결짓는다. 또한 이전에 억압하고 차단했던 미해결 과제들은 전경으로 떠올려 완결짓는다. 내담자가 이 단계에 도달하면 치료가 종결된다. 그들은 이제까지 자신을 지탱해 왔던 유아적인 욕구와 어리석은 생각을 포기하고, 자신의 과거 삶에 대해 슬퍼하며 흐느껴 울기도 하고 이제까지 억압해 왔던 분노감정을 표출하기도 한다. 이러한 과정에서 내담자는 종종 깊은 단계의 치료적 작업을 통과하기도 하는데 이때 그들은 온몸으로 자신의 억압되었던 감정을 표출하기도 한다.

접촉경계 장애

펄스는 유기체의 자각 혹은 알아차림을 통한 접촉의 결여를 주요한 문제로 보았다. 게슈탈트에서 저항이란 우리가 온전하고 진실하게 현재를 경험하는 것을 방해하는 방어기제라고 본다. 그가 지적한 접촉경계 장애가 우리의 성숙과 문제해결을 방해하는 이유를 살펴보면서 자각과 접촉의 중요성을 알아보자. 자각을 통한 접촉을 방해하는 장애기제 혹은 저항적 의사소통의 통로는 프로이트가 제안한 개념인 방어기제와 유사하다. 펄스와 그의 추종자들이 설명한 접촉경계 장애의 주요한 기제인 내사, 투사, 반전, 융합, 편향의 내용을 살펴보자.

내사　내사(introjection)는 타인의 신념과 기준을 우리 자신이 가지고 있는 것과 융화함이 없이 무비판적으로 수용하는 것을 말한다. 내가 접촉하여 이해하지 못하고 나의 것으로 만들지 못했다면 그것은 내가 되지 못하고 나의 것이 되지 못한다. 당신이 음식물을 먹어 그것을 충분히 소화시키지 못한다면 그것은 당신이 아니다. 그것은 당신의 건강을 해치는 이물질이 된다. 이렇게 내사는 당신이 가지고 있으면서도 당신이 아닌 다른 어떤 것이다. 이러한 이물질은 암적인 존재로서 당신에게 통합되지 않고 남아서 당신을 괴롭히고 있다는 것을 명심하라.

투사　투사(projection)는 내사의 반대다. 투사는 내가 가진 것을 부인하고 남에게 돌려서 접촉을 피하는 것이다. 내가 접촉하기 싫어한 나의 어떤 면을 타인에게서 봄으로써 자신이 느끼는 감정이나 자기를 부정하는 것이다. 당신이 청중 앞에서 연설을 한다고 가정해 보자. 그리고 당신이 강연자로서 청중 때문에 불안하고 두려움을 느낀다고 생각해 보자. 당신이 청중의 수많은 시선을 비판적이거나 적대적으로 상상한다면 당신 자신의 비판을 청중에게 투사하고 있다고 할 수 있다. 당신의 불안과 두려움을 접촉하여 있는 그대로 받아들이고 그것을 극복하는 노력이 투사를 해결하는 길이다. 당신의 부정적인 면을 투사를 통해 회피하고 도피하여 접촉을 피하는 것보다 그것에 대한 책임을 당신이 지는 것이 필요하다.

반전 반전(retroflection)은 개인이 타인이나 환경에 대해 해야 할 것을 자신에게 하는 것이다. 우리 각자는 유기체로서 외부 환경과의 상호작용을 하며 살아간다. 우리가 대하는 사람에게 적절하게 자기를 표현하는 게 대인관계에서 매우 중요하다. 그러나 반전을 기제로 사용하는 사람은 자신의 감정을 타인에게 표현하지 못하고 방향을 바꾸어 자신에게 표현하는 사람이다. 심하게 처벌적이고 공격적인 부모의 영향을 받으면서 성장한 사람이 처벌에 대한 두려움으로 타인에게 감히 자신의 감정을 표현하지 못하는 경우가 그 예다. 누군가에게 화가 난 경우, 이런 사람은 자신의 에너지의 방향을 직접 관련 당사자에게 돌려 화를 내지 못하고 자신을 공격하고 자신을 고문한다. 반전기제는 때로는 긍정적으로 사용할 수 있다. 즉 주어진 상황에서 합리적인 근거로 반전을 사용하여 타인에게 행동할 것을 억제하는 것이다. 우리가 막무가내로 에너지의 방향을 외부로 돌려 행동하기보다 때로는 내부로 돌려 행동하는 것이 우리와 타인에게 도움이 되는 경우가 있다.

융합 융합(confluence)이란 밀접한 관계에 있는 두 사람이 서로 간에 차이점이 없다고 느끼도록 합의함으로써 발생하는 접촉-경계 혼란이다. 즉 갑이 행복하다고 느끼면 을도 행복하다고 느끼고 갑이 불행하다고 느끼면 을도 함께 불행을 느끼는 마치 일심동체의 관계와 같은 것이다. 따라서 그들은 서로 간에 어떤 갈등이나 불일치도 용납하지 못한다. 그들은 오랫동안 서로 길들여진 관계에 익숙해져 있기 때문에 그러한 균형을 깨뜨리는 행동은 금기로 되어 있다. 즉 각자의 개성과 자유를 포기한 대가로 얻은 안정을 깨뜨리려는 행위는 서로에 대하여 암묵적인 '계약'을 위반하는 것이므로 상대편의 분노와 짜증을 사게 되며 따라서 융합관계를 깨뜨리는 쪽은 심한 죄책감을 느낀다. 그들은 단지 차가운 외부의 대기에 직접 노출되지 않을 목적으로 두껍고 단단한 껍질을 만들어 그 속에 안주하고 있을 뿐이다. 융합으로 인하여 경계를 갖지 못할 때, 개체는 자신의 욕구와 감정을 제대로 해소할 수가 없고 따라서 그러한 삶은 미해결 과제를 축적시킨다.

편향 사람들은 흔히 감당하기 힘든 내적 갈등이나 외부 환경적 자극에 노출될 때, 이러한 경험으로부터 압도당하지 않기 위해 자신의 감각을 둔화시킴으로써 자신 및 환경과의 접촉을 약화시키는데, 이를 편향(deflection)이라고 한다. 이러한 행동은 흔히 지식인에게서 많이 볼 수 있다. 예를 들면, 말을 장황하게 하거나 초점을 흩트리는 것, 말하면서 상대편을 쳐다보지 않거나 웃어 보이는 것, 구체적으로 말하지 않고 추상적인 차원에서 맴도는 것, 자신의 감각을 차단시키는 것 등이 있다. 편향을 사용하여 알아차림과 접촉을 차단하는 것은 과거의 고통스럽고 충격적인 경험이었던 것들, 즉 계속적인 애정결핍이나 상처받은 자존심 혹은 내적인 갈등을 극복하기 위한 의미 있는 자구책이었고, 따라서 이 행동이 처음 생기게 된 당시로서는 효과적인 행동이었을 수도 있지만 현재에는 더 이상 현실에 근거하지 않은 부적응적인 행동이다.

3. 집단상담자의 역할과 기능

게슈탈트치료 집단상담자는 집단구성원이 접촉, 즉 유기체로서의 경험을 통하여 자각을 확장하도록 다양한 상담기법을 적용하여 조력하는 역할을 한다. 집단상담자는 집단구성원이 거짓층, 공포층 그리고 난국층을 지나 자신을 자각해서 성장하도록 조력한다. 집단구성원이 하는 조작적 게임을 거절함으로써 그들을 의도적으로 좌절시킬 수 있다. 펄스(Perls, 1969a)는 "집단상담자로서 자신의 기능은 집단구성원이 지금-여기의 자각을 하도록 조력하는 것이고 동시에 이것을 방해하는 시도를 좌절시키는 것이다."(p. 74)라고 하였다.

게슈탈트치료 집단상담자는 성장을 증진시키는 집단분위기와 집단 자체의 창의성을 창조하는 역할을 한다. 레빈과 셰퍼드(Levin & Shepherd, 1974)는 게슈탈트 집단상담자가 생애 동안에 하는 여러 가지 역할, 즉 전문적 조력자, 관찰자이자 의사소통 전문가, 좌절시키는 사람, 창조자 그리고 교사로서 역할을 한다고 지적하였다. 집단상담자는 집단구성원으로 하여금 유기체의 지혜를 믿고 접촉경계 장애기제인 투사, 내사, 융합, 반전 그리고 편향을 제거해서 자각을 통해 통합을 이루도록 다양한 창조적 기법을 사용한다.

4. 집단상담 목표

게슈탈트치료 집단상담의 일차적 목표는 집단구성원이 성숙하여 자신의 삶을 책임지고 접촉을 통해 게슈탈트를 완성하도록 조력하는 것이다. 또 다른 목표는 집단구성원이 느끼는 불안을 삶의 부분으로 수용하고 처리하도록 조력하는 것이다. 게슈탈트치료 집단상담자는 유기체가 자기조절 기능을 수행할 수 있다는 '유기체의 지혜'를 믿는다. 타인과 관계를 맺으며 삶을 살아가면서 너무 계산적이거나 강박적으로 빠지지 않고, 있는 그대로 자신을 수용하면서 살아갈 것을 강조한다. 이를 위해서는 같은 차원의 양극적인 상반된 힘의 마찰에 따른 자기고문 게임을 멈추고 서로를 인정하고 수용하여 통합을 이루어야 한다. 게슈탈트치료 집단상담자는 집단구성원이 가진 다양한 양극성에 대한 자각의 확장을 촉진한다. 양극성의 어느 한쪽을 지나치게 의식하거나 강조하는 집단구성원을 돕는 과정에서, 집단상담자는 그가 자각하지 못한 다른 한쪽을 알아차리도록 한다. 그리고 집단구성원이 가진 강자-약자의 자기고문 게임이나 반복적인 갈등을 멈추게 하고 서로가 화해와 이해를 통해 통합을 이루도록 한다.

게슈탈트치료 집단상담자는 집단구성원이 환경지지를 버리거나 탈피하고 자신의 삶을 책임지는 자기지지에 의해서 살아가도록 조력한다. 당신의 모든 실제적 행위에 대한 책임은 당신에게 있다는 것을 강조한다. 당신이 인지적으로 고려하는 모든 생각에 대한 책임 역시 당신에게 있다는 것을 강조한다. 그리고 당신의 모든 감정에 대한 책임도 당신이 져야 한다는 것을 강조한다. 비록 어떤 사람이나 사건이 당신에게 부분적으로 영향을 미칠지언정 누구도 그리고 어떤 외적 환경도 당신의 사고 · 감정 · 행위에 대한 책임이 있는 것은 아니다. 당신은 삶의 주체로서 자신의 삶에 대한 모든 책임을 져야 한다는 것을 강조하는 것이다.

게슈탈트치료 집단상담에서 집안상담자는 집단구성원이 에너지의 집중을 통해 하고자 하는 일을 성취할 수 있도록 조력한다. 심리적 문제를 가진 많은 집단구성원에게 에너지의 집중을 방해하는 주요한 내용이 이전에 완성하지 못한 미해결 과제다. 이러한 미해결 과제가 과거에 일어났지만 당신에게 중요한 사건이었다면 아직도 당신의 삶에 영향력을 행사하고 있다고 볼 수 있다. 집단상담자는 집단구성원이 과거에 가졌던 미해결 과제를 현재로 가져와 그것을 충분히 이해하고 해결하게 함으로써 그가 과거의 어떤 일에 집착하지 않고 자신의 현재의 일에 집중할 수 있게 한다.

게슈탈트치료 집단상담자는 전체가 단순히 부분의 합이라는 가정에 대조되는 '전체가 부분을 결정한다.'는 전제를 굳게 믿는다. 따라서 집단상담자는 전체적인 조망하에서 집단구성원을 변화하게 하는 데 필요한 모든 고려가 역동적으로 이루어지도록 세심한 주의를 기울여야 한다. 당신은 이 순간에 무엇을 자각하고 있는가? 당신의 외부에서 오는 자극을 민감하게 알아채고 접촉하라. 당신의 신체 내부에서 진행되는 것을 민감하게 알아채고 접촉하라. 그리고 당신의 인지적 기능을 통해 환경과의 직접적 접촉이 아닌 환상적 접촉을 활성화하라. 이러한 노력은 당신의 잠재력을 실현하게 할 것이다.

요약하면 게슈탈트치료 집단상담의 목표는 집단구성원이 회피하거나 두려워하고 갈등을 겪는 것과 같은 모든 심리적 문제와의 접촉을 통해 자각을 이끌어 냄으로써 통합을 달성하도록 하는 것이다.

5. 집단상담 과정

게슈탈트치료에 근거한 집단상담에 적용되는 집단상담 과정은 일반적인 절차가 없고, 많은 집단상담자가 각기 다르게 집단구성원의 변화를 위해 조력하고 있기 때문에 정확하게 설명하는 것은 쉽지 않다.

게슈탈트치료 집단과정은 크게 두 단계로 구분해 볼 수 있다(Yontef, 1995, pp. 277-282). 첫 번째 단계에서는 집단상담자와 집단구성원이 진솔한 접촉에 근거하여 관계를 형성하고, 집단구성원으로 하여금 현재 무엇이 어떻게 진행되는가를 자각하도록 촉진하는 단계다. 두 번째 단계는 집단구성원의 삶을 불편하게 하는 심리적 문제를 실험과 기법을 통해 경험하도록 함으로써 통합하여 균형을 이룰 수 있도록 한다.

게슈탈트치료 발달에 공헌한 폴스터(Miriam Polster, 1987)는 세 단계의 변화과정을 다음과 같이 제안하였다.

- **발견단계**: 이 단계에서 집단구성원은 이전에는 깨닫지 못했던 자신, 문제, 상황에 대한 새로운 관점을 발견하게 된다.
- **조절단계**: 이 단계에서 집단구성원은 자신의 오래된 정체감을 바꿈으로써, 자신이 새로운 선택을 하는 것이 가능하고 새로운 방식으로 시도할 수 있다는 것을 알게 된다. 이러한 과정에서 집단상담자의 치료적 지지가 매우 중요하다.
- **동화단계**: 마지막 단계에서, 집단구성원은 새로운 행동을 선택하고 시도하는 것에서 자신의 환경을 변화하는 방법을 학습하는 것으로 발전한다. 이 시점에서 집단구성원은 타인에게서 자신이 원하는 것을 얻는 데 적절한 자기표현을 하게 된다.

게슈탈트치료를 적용하는 집단상담자가 알아야 할 중요한 개념이 '게슈탈트 경험 순환(gestalt experience cycle)'이다. 이러한 개념의 정확한 이해는 집단구성원의 심리적 문제인 미해결 과제가 어떻게 해서 비롯되었는가를 파악하는 데 도움이 되리라 본다. 여기서는 골드스타인 등(Goldstein, Krasner, & Garfield, 1989)이 구체적으로 제안한 게슈탈트 경험 순환을 바탕으로 설명하고자 한다 (pp. 24-28).

게슈탈트 경험 순환 게슈탈트치료에 따르면 개인은 배경으로부터 분명한 게슈탈트를 형성해 내어 전경으로 떠올리고, 이를 환경과의 상호작용을 통해 해결하여 배경으로 사라지게 하고, 다시 새로운 게슈탈트를 형성하여 전경으로 떠올리는 순환과정을 되풀이한다. 즉 개인은 게슈탈트 형성과 해소의 순환을 되풀이한다. 우리의 유기체적 삶은 바로 이러한 끊임없는 과정인 게슈탈트 경험 순환이라고 할 수 있다. 이렇게 게슈탈트가 생성되고 해소되는 순환과정은 여덟 단계로 다음과 같이 일어난다.

① 휴식 → ② 욕구출현 → ③ 자각 → ④ 선택 →
⑤ 접촉 → ⑥ 동화 혹은 거절 → ⑦ 만족 → ⑧ 철회

이러한 과정이 반복되는 것을 게슈탈트 경험 순환이라고 한다.

예를 들어, 개인이 배고픔의 상태에 있는 경우를 게슈탈트 경험 순환과 관련하여 설명하면 다음과 같다.

첫째, 개인이 일을 한 후 휴식을 취하고 있다. 유기체가 휴식에 있어 장이 변별되지 않은 상태이며 배고픔은 배경 상태에 있다.

둘째, 개인이 배고픔을 느껴 욕구출현이 나타난다. 감각 혹은 각성 상태로, 유기체의 욕구나 감정이 신체감각의 형태로 나타난다.

셋째, 개인은 배고픔으로 인해 무엇인가를 먹을 필요를 자각한다. 즉 개인은 환경을 조사하여 욕구를 충족시키기 위해 어떤 가능성이 있는가를 생각한다. 즉 자각을 통해 게슈탈트를 형성하여 전경으로 그것을 가져온다.

넷째, 개인은 자신의 처지에서 가능성, 어떤 음식을 먹을 것인가를 선택한다. 개인은 자신의 욕구를 해소하기 위해 에너지를 동원한다.

다섯째, 개인이 행동을 시도함으로써 음식을 먹는 접촉이 일어난다. 즉 개인은 내적 욕구 충족을 위해 음식을 접촉하는 행동을 해야 한다.

여섯째, 개인은 유기체로서 흡수한 음식을 동화시키거나 음식이 부적절한 경우 거절한다.

일곱째, 개인은 동화 혹은 적절한 거절을 통해 만족을 경험한다. 이러한 만족은 욕구를 해소시키는 것으로 배고픔의 게슈탈트를 완성한 것을 의미한다.

여덟째, 개인은 배고픔의 게슈탈트를 완성했으므로 새로운 게슈탈트를 형성하기 위한 철회 상태에 있게 된다.

개인은 이러한 게슈탈트 경험 순환을 반복함으로써 자신의 욕구를 자각하며 접촉을 통해 해소하는 과정을 되풀이한다. 건강한 유기체는 이렇게 환경과의 교류를 통하여 게슈탈트 경험 순환을 자연스럽게 반복하면서 성장해 간다. 그러나 만약 우리가 이러한 게슈탈트 경험 순환을 봉쇄하고, 방해하고, 차단하거나 환경이 필요한 결과를 제공해 주지 못한다면, 우리는 욕구를 충족시키지 못하고 미해결 과제를 경험하게 된다.

6. 집단상담 기법

게슈탈트치료를 적용하는 집단상담자는 집단구성원의 자각 혹은 알아차림을 향상시키기 위해 다양한 기법을 창조적으로 사용한다. 여기서는 게슈탈트치료 집단상담자들이 주로 사용하는 기법에 대해 살펴보자.

언어표현 바꾸기

게슈탈트 집단상담자는 집단구성원으로 하여금 간접적이고 모호한 단어를 사용하는 것 대신 자신과 자신의 성장에 책임감을 주는 단어를 사용하게 한다. 우리가 말하는 유형은 종종 우리의 감정 · 사고 · 태도를 표현하기 때문에 이런 말하는 습관에 주의함으로써 자각을 높일 수 있다.

- **'그것'과 '당신' 대신 '나'로 바꾸기**: 3인칭이나 2인칭으로 시작하는 '그것'과 '당신' 같은 대명사를 1인칭인 '나'로 바꾸는 것은 개인에게 상황에 대한 책임감을 부여한다.
- **'내가 ~할 수 없다.' 대신 '나는 ~하지 않겠다.'로 바꾸기**: 집단구성원이 자신은 실제로는 '나는 ~하지 않겠다.'라는 의미를 나타내고자 할 때 '내가 ~할 수 없다.' 라고 말한다. 만일 집단상담자가 일관성 있고 온화하게 '내가 ~할 수 없다.' 대신 '나는 ~하지 않겠다.'로 대체하도록 권유하면 집단구성원은 자신의 결정에 책임을 지고 자신의 힘을 수용하게 된다.
- **'내가 ~해야 한다.' 대신 '나는 ~하기를 선택한다.'로 바꾸기**: 집단구성원이 '내가 ~해야 한다.'를 언급하는 빈도와 그것들의 사용은 긴급함, 요구, 불안을 함축하지만 '나는 ~하기를 선택한다.'는 그렇지 않다. '나는 ~하기를 선택한다.'는 표현은 집단구성원에게 선택에 대한 책임감을 준다.
- **'나는 ~가 필요하다.' 대신 '나는 ~을 바란다.'로 바꾸기**: 원하는 것의 목록은 보통 필요의 목록보다 더 길다. 예를 들면 집단상담자는 집단구성원이 '나는 유명해질 필요가 있다.'라고 말하는 것보다 '나는 유명해지기를 바란다.'로 표현하도록 한다. '나는 ~을 바란다.'는 표현이 '나는 ~가 필요하다.'는 표현보다 더 정확하고, 덜 긴급하고, 불안을 덜 야기한다.

신체활동을 통한 자각확장

신체행동에 주목하는 것은 게슈탈트치료 집단상담자에게 특히 도움이 된다. 패슨스(Passons, 1975)는 집단상담자가 치료에서 신체행동에 주목해야 하는 네 가지 이유를 다음과 같이 들었다. 첫째, 신체행동은 주어진 순간에서 개인의 표현이다. 둘째, 일반적으로 사람들은 그들의 몸짓을 주시하기보다는 그들이 말하는 것을 듣는 것에 보다 관심을 갖는 경향이 있다. 셋째, 신체행동은 보통은 자발적이다. 반면 언어적 행동은 사전에 생각되는 것이다. 넷째, 통합된 방식으로 기능하는 개인은 신체행동과 언어적 표현이 잘 조화된다.

효과적인 집단상담자는 의사소통에 있어 언어적인 수준뿐만 아니라 말의 배후에 있는 목소리의 크기, 고저, 강약, 전달속도와 같은 의미까지도 예리하게 듣는다. 집단상담자는 특히 집단구성원의 신체행동이 언어적 표현과 일치하지 않을 때 그러한 불일치를 지적하여 그의 자각을 확장시킨다.

게슈탈트 집단상담자들은 집단구성원의 자각확장을 위해 많은 신체활동을 하게 한다. 집단상담자는 집단구성원이 말한 것과 일치하는 신체행동을 적극적으로 표현하게 함으로써 그를 조력한다.

과장하기 이 기법은 우리가 신체언어로 보내는 미묘한 신호와 단서에 대해 보다 잘 지각하게 된다. 움직임, 자세, 제스처는 과장됨으로써 의사소통을 보다 명확하게 한다. 움직임이나 제스처를 반복적으로 과장함으로써 그 개인은 행동과 관련한 감정을 보다 강렬하게 경험하고 그것의 내적 의미를 보다 잘 자각한다. 이 기법에서는 양극성을 다루고자 하는 집단구성원에게 시연이나 빈 의자기법을 관련지어 사용한다. 가끔 우리가 피하고 싶은 부분에 머물러 있기를 스스로에게 허락함으로써 자신의 보다 많은 부분을 발견할 수 있다.

순회하기 이것은 한 사람이 집단구성원 각각에게 돌아가면서 그/그녀가 보통 때는 언어적으로 표현하지 않았던 것을 말하는 것이다. 회피나 두려움이 느껴질 때 이 기법을 제안하는 경우가 있다. 집단구성원이 자신의 두려움을 다루기 위해 이 기법을 사용할 것인가 물어보고, 만일 그들이 '예'라고 대답하면 순회한다. 그러면 그들은 자신의 두려움에 직면할 수 있고 낙담하고 있는 그들의 자리에서 빠져나올 수 있는 다른 행동을 시도한다.

시연 펄스에 의하면 사고의 많은 부분이 시연 중이라고 한다. 우리는 극에서 기대된 것이라고 생각하는 역할을 시연한다. 그리고 우리가 말한 것이 옳지 않았거나 적절하지 않았으면 어쩌나 걱정한다. 내적인 시연은 많은 에너지를 소모하고 자발성을 억제한다. 시연 기법은 집단구성원이 고요히 생각하고 있는 것을 큰소리로 말하도록 초대한다. 또한 집단구성원이 행동하는 데 있어서 많은 제약과 검열을 할 때, 그들이 어떤 효과를 위해 조심스럽게 타진하고 있는 것처럼 보일 때 가치가 있다. 집단구성원이 미래에 직면하고자 할 때도 시연은 유익하다.

게슈탈트치료에 근거한 집단상담에서 집단구성원은 그들이 사회적 역할을 수용하는 데 있어 보다 많은 자각을 위해 시연을 집단에서 공유한다. 그렇게 함으로써 집단구성원은 어떻게 하면 타인을 즐겁게 하고, 인정받고 수용받기 위해서는 어느 정도이어야 하며, 타인과 소외되지 않기 위해서는 얼마나 노력해야 하는지 알게 된다. 그리고 그들은 이런 역할연기가 효과가 있는지 결정할 수 있게 된다.

책임지기

게슈탈트치료 집단상담자는 집단구성원이 스스로 자신이 한 일에 책임질 것을 강조한다. 즉 우리의 사고 · 감정 · 행동을 지각하고, 우리가 경험한 것을 타인에게 책임지우는 일이 없도록 해야 할 것이다. 책임지는 것은 우리의 투사를 알아차리고, 그것을 재정체화하고, 우리가 투사한 것이 되는 것을 의미한다.

집단구성원은 종종 타인에게 비난을 떠맡김으로써 자신의 감정에 대한 책임을 교묘히 벗어 버린다. 게슈탈트치료에서 강조하는 책임지기 기법은 타인에게 투사하는 대신, '나는 ~에 대하여 책임을 진다.'는 태도로 자신의 감정을 소유하고 알아차리도록 돕기 위해 고안한 것이다.

게슈탈트치료 집단상담의 목표 중의 하나는 집단구성원들이 스스로 책임을 지도록 하는 것이다. 집단상담자의 목표는 그들의 책임회피를 계속적으로 직면시켜 타인에게 그들의 감정을 투사하는 대신 자신의 감정을 수용하고 인식할 수 있도록 하는 데 있다.

대화하기

게슈탈트치료 집단상담의 목적은 인정하지 않았던 자신의 성격 측면을 수용하고 기능을 통합하는 데 있다. 때문에 집단상담자는 성격기능의 분할과 양극성에 세밀한 주의를 한다. 독특한 게슈탈트치료 상담기법인 환상대화법은 내적 분열과 궁극적인 성격을 통합하는 자각을 증진하기 위한 것이다. 예를 들면 부드러운/거친, 남성다운/여성다운, 사랑스러운/증오스러운, 능동적인/수동적인 것과 같이 양극성 사이에서 대화하거나 부모나 다른 의미 있는 사람, 상상화한 다른 사람, 무생물과 대화하는 유형이 있다.

내적 갈등과 연관된 양극성을 어떻게 이해할 것인가 하는 것은 게슈탈트치료에서 중요하다. 대화를 쓰는 실험은 집단구성원의 내부에 있는 이분법적인 요소를 자각하게 하고 서로 대립되는 것처럼 보이는 그들의 성격 차원을 받아들이도록 한다.

진커(Zinker, 1977)는 자기수용을 향한 움직임을 자기개념의 연장으로 보았다. 만일 우리가 우리의 일부인 불친절을 허락하지 않는다면 우리는 진정으로 친절해질 수도 없다. 만일 우리가 우리의 불친절과 만날 수 없다면 진실로 친절한 자기확장 경계가 풍부하게 드러나지 않을 것이다. 양극성의 한 면이 연장될 때 거의 자동적으로 다른 면 또한 연장한다.

대화는 전형적으로 내사와 투사의 자각을 높이는 데 사용한다. 내사는 타인(혹은 부모)의 측면을 무비판적으로 받아들이고 그것을 자신의 성숙과 조화시키지 못하는 것을 말한다. 타인의 가치를 무비판적으로 통째로 받아들이는 것은 성격통합을 방해할 수 있다. 게슈탈트치료 집단상담자는 집단구성원으로 하여금 이런 투사를 개방적으로 말하게 하고, 그래서 그가 씹지 않고 전체를 꿀꺽 삼켜 버렸던 그것을 좋은 형태로 받아들일 수 있게 한다.

빈 의자기법 대화는 빈 의자나 두 개의 의자를 이용하여 이행된다. 목적은 서로 다른 면을 제거하는 것에 있는 것이 아니라 양극성을 통합하는 데 있다. 만일 집단구성원이 이 목표에 도달하면 그는 심각한 면과 밝은 면 둘 다 지각할 수 있게 되고, 현재의 그는 자각을 통해 이런 사건을 만들 수 있게 된다. 펄스는 양극성에서 비롯된 갈등을 해결하기 위해서 '빈 의자기법' 을 개발하였다. 이 기법은 집단구성원이 가진 내적 갈등과 대인관계 갈등을 해결하는 데 유용하다. 당신이 열등감과 관련해서 고통을 받고 있다면 다른 한쪽인 우월감을 빈 의자에 놓고 번갈아 가며 열등한 나와 우월한 나가 대화하도록 하라. 당신이 엄격한 아버지와의 관계에서 갈등을 겪고 있다면 당신의 아버지를 빈 의자에 앉혀 그와 대화를 나누어라. 대화는 자신의 다른 면과 상대방을 이해하는 데 필수적이다. 훌륭한 대화자는 경청을 잘 하는 사람이다. 빈 의자기법을 통해 양극성을 이루는 양쪽이 계속해서 대화하도록 하라. 대화를 통해 상대방을 경청하는 것은 자기고문이나 대인관계의 갈등을 극복하게 한다. 경청은 상대방을 이해하기 때문에 싸움을 중단시킨다. 펄스는 "우리는 이 세상에서 특이한 양극성을 가진다. 그것은 경청(listening) 대 싸움(fighting)이다. 경청하는 사람은 싸우지 않고, 싸우는 사람은 경청하지 않는다." (Perls, 1969b)고 지적하였다.

환상기법

집단에서 다양한 환상상황을 실험하는 것은 의미 있는 성장으로 이끈다. 환상은 개인적 자각으로 이끈다.

환상은 집단구성원이 지나치게 위축되어 있어 구체적인 용어로 문제를 다루어야 할 때 사용할 수 있다. 예를 들어 주장적인 것을 두려워하는 집단구성원은 자신이 지금 주장적인 상황에 있는 것처럼 상상할 수 있다. 그래서 그들이 수동적이었을 때의 느낌과 그들이 원하는 대로 요청할 수 있었을 때의 느낌을 비교한다.

환상은 종종 무력감을 야기하기도 하는 파국적인 기대를 다룰 때 유용하다.

누군가에게 자신의 생각과 느낌을 표현하는 것을 두려워하는 집단구성원은 그들이 말하고 싶어 하는 모든 것을 말할 수 있는 환상 상황이 제시되면 좋아하고, 표현하는 데도 두려워하지 않는다. 집단구성원은 집단 앞에서 (마치 좋아하는 사람이 현재 있는 것처럼) 지금-여기에서 말한다. 그러나 한 개인이 실생활에서 이런 감정을 표현하는 것이 반드시 필수적인 것은 아니다. 사실상 그렇게 되는 것은 현명하지 않다.

환상은 부끄러움과 죄책감을 표현하고, 탐색하는 데 이용할 수 있다. 집단상담자는 집단구성원으로 하여금 '나는 비밀이 하나 있어요.'라고 속으로 생각하면서 잘 지켜진 비밀에 대해 상상해 보도록 한다. 그들은 집단에서 실제로 비밀을 폭로하는 것이 아니라 타인에게 그 비밀이 노출된 것을 스스로 상상하고 나서 그에 대한 느낌을 탐색한다.

환상은 집단에서 일어나는 집단구성원의 두려움을 탐색하는 안전하고 유용한 방법이다. 예를 들어 집단구성원은 집단에서 일어나는 가장 두려운 것을 상상한다. 그래서 집단구성원은 마치 그들이 상상했던 사람이 된 것처럼 집단에서 행동하도록 요청받을 수도 있다. 만일 실험이 성공적이라면, 집단구성원은 실생활에서 새로운 행동을 시도해 보려는 느낌을 갖는다.

역전기법

어떤 증상과 행동은 잠재적인 충동의 역전으로 나타난다. 역전기법은 집단구성원에게 그들이 거의/혹은 결코 표현하지 않았던 자신의 어떤 부분이 되는 것을 요청하는데, 그 이유는 집단구성원이 그것을 보고 수용하는 것을 원하지 않기 때문이다. 이런 기법 사용의 기초이론은 통합이다. 통합은 집단구성원이 불안을 일으키는 것들 속으로 자신을 밀어넣을 때, 침몰해 버리고 부정된 자신의 일부에 직면할 때 일어나게 된다. 집단은 역전기법을 사용할 적절한 기회를 제공한다. 빈 의자기법과 같은 것은 집단구성원에게 내부의 반대세력을 자신의 것으로 받아들이는 기회를 준다. 그래서 숨겨져 있는 차원을 표현하는 실험은 창조적인 양극성의 통합으로 이끌기도 한다.

꿈 작업

게슈탈트 접근은 꿈을 해석하고 분석하지 않는다. 대신 일상 속으로 꿈을 가지고 와서 그것이 마치 지금 일어난 것인 양 재창조하고 재생시키는 데 목적이 있다. 집단구성원은 과거시제로 그들의 꿈을 보고하지 않고, 현재 시제로 그것을 재생하고 행동화하며, 꿈의 주요 요소를 대화로 변화시키고, 스스로 꿈의 일부분이 된다. 펄스는 꿈의 각 부분은 자신에 대한 투사이며 모든 상이한 부분은 자신과 정반대이거나 불일치한 면이라고 가정했다.

그래서 꿈은 실존적 메시지를 내포한다. 그것들은 우리의 갈등이나 희망, 생의 핵심적 주제를 나타낸다. 꿈의 모든 세부 사항(기억나는 사람이나 사건, 분위기)의 목록을 작성하여 가능한 한 전적으로 이런 부분이 되어 보고, 자신의 감정과 반대되는 면을 서서히 자각해 보는 것이다. 결과적으로 개인은 내적 불일치를 평가 · 수용하고 그러한 갈등보다 깊은 동화와 통합을 이끄는 꿈 작업의 조각을 통합한다.

꿈의 분석과 해석을 피하고, 대신 그러한 모든 부분이 되어 보고 경험하는 것을 강조하는 것은 집단구성원이 꿈의 실존적 메시지에 보다 가까이 접근하게 도와준다. 프로이트가 "꿈은 무의식에 이르는 왕도"라고 했다면, 펄스는 "꿈은 통합에 이르는 왕도"라고 했다.

7. 요약

- 게슈탈트치료 집단상담자는 인간을 현상학적이며 실존적 존재로서 자신에게 가장 긴급하게 필요한 게슈탈트를 끊임없이 완성해 가며 살아가는 유기체로 본다. 게슈탈트치료의 철학적 입장은 '상태주의 + 자각'이다.

▶ 게슈탈트치료에 근거한 집단상담을 이해하는 데 필요한 주요개념으로 접촉, 지금-여기, 자각과 책임감, 미해결 과제와 회피, 신경증 층과 접촉경계 장애 등을 살펴보았다.

▶ 게슈탈트치료 집단상담자의 기능은 집단구성원이 지금-여기의 자각을 하도록 조력하는 것이고 동시에 이것을 방해하는 시도를 좌절시키는 것이다. 그는 또한 성장을 증진시키는 집단분위기와 집단 자체의 창의성을 창조하는 역할을 한다. 게슈탈트 집단상담자는 여러 가지 역할, 즉 전문적 조력자, 관찰자이자 의사소통 전문가, 좌절시키는 사람, 창조자 그리고 교사로서의 역할을 한다.

▶ 게슈탈트치료에 근거한 집단상담의 일차적 목표는 집단구성원이 성숙하여 자신의 삶을 책임지고 접촉을 통해 게슈탈트를 완성하도록 조력하는 것이다. 또 다른 목표는 집단구성원이 느끼는 불안을 삶의 부분으로서 수용하고 처리하도록 조력하는 것이다.

▶ 게슈탈트치료 집단과정은 크게 두 단계로 구분된다. 첫 번째 단계는 집단상담자와 집단구성원이 진솔한 접촉에 근거하여 관계를 형성하고, 집단구성원으로 하여금 현재 무엇이 어떻게 진행되는가를 자각하도록 촉진하는 단계다. 둘째 단계는 집단구성원의 삶을 불편하게 하는 심리적 문제를 실험과 기법을 통해 경험하도록 함으로써 통합하여 균형을 이룰 수 있도록 한다.

▶ 게슈탈트치료 집단상담자가 집단구성원의 자각을 향상시키기 위해 사용하는 집단상담 기법으로 언어표현 바꾸기, 신체 행동을 통한 자각, 신체활동을 통한 자각확장, 책임지기, 대화하기, 환상기법, 역전기법, 꿈 작업 등을 살펴보았다.

효과적 조력을 위한

〈집단상담 연습 9〉: 접촉을 통한 자각확장과 통합

연습 1

펄스(Perls, 1969b)는 자신의 자서전적인 저서 『쓰레기통의 안과 밖』에서 다음과 같은 중요한 내용을 게슈탈트치료와 관련하여 언급하였다. 5명씩 집단을 구성해서 아래 내용에 대해 자신이 이해한 바를 바탕으로 서로 토의해 보라.

- 장미는 장미이고, 장미는 장미다.
- 자각이 없으면 아무것도 없다.
- 나는 나의 실존에 모든 책임을 져야 한다.
- 전체가 나누어지면 전체는 사라진다.
- 학습은 발견이다.
- 접촉에서 자각은 강렬하다.
- 현명한 사람은 자신이 하는 연기를 이해한다.
- 강을 재촉하지 말라. 강은 스스로 흐른다.
- 게슈탈트치료는 통합적 접근방식이다.
- 파국적 기대의 망연자실에서 깨어나라.
- 소리의 관계는 건전한 관계다.
- 접촉은 차이의 인식이다.
- 통합에는 결코 끝이 없다.
- 나는 있는 그대로 나다.

연습 2

다음 내용은 게슈탈트 집단상담에서 펄스가 사용했던 '게슈탈트 기도문'이다. 이 내용에 대해 자신의 대인관계 경험을 바탕으로 어떻게 생각하는지 동료와 함께 논의해 보라.

〈**게슈탈트 기도문**〉

나는 나의 일을 하고 당신은 당신의 일을 합니다.
나는 당신의 기대에 부응해서 살기 위해 이 세상에 존재하는 것이 아니고,
당신도 나의 기대에 부응해서 살기 위해 이 세상에 존재하는 것이 아닙니다.
나는 나이고, 당신은 당신입니다.
만약 우연히 우리가 서로를 발견하게 되면 그것은 아름다운 일이지만,
서로를 발견하지 못한다면 그것은 도움이 될 수 없습니다.

I do my thing, and you do your thing.
I am not in this world to live up to your expectations.
And you are not in this world to live up to mine.
You are you, and I am I.
And if by chance we find each other, it' s beautiful.
If not, it can' t be helped.

– Fritz Perls –

연습 3

(1) 단전에 에너지를 집중한 상태에서 큰소리를 내어 다음 문장들을 외쳐 보라.
"나는 나의 모든 행동에 대한 책임이 있습니다."
"나는 나의 모든 감정에 대한 책임이 있습니다."
"나는 나의 모든 생각에 대한 책임이 있습니다."

(2) 당신이 변화시키를 원하는 구체적인 행동 · 감정 · 생각을 삽입하여 다시 정말 자신에게 책임이 있다는 확신을 갖고 다시 크게 외쳐보도록 하라.

제10장

실존주의적 치료에 근거한 집단상담

Natural lines of cleavage divide the therapeutic experience
into eleven primary factors:
Instillation of hope; Universality;
Imparting of information; Altruism;
The corrective recapitulation of the primary family group;
Development of socializing techniques; Imitative behavior;
Interpersonal learning; Group cohesiveness;
Catharsis; Existential factors.

- Irvin Yalom(1985, pp. 3-4)-

제10장의 목차

제10장

실존주의적 치료에 근거한 집단상담

실존주의적 치료에 근거한 집단상담은 존재의 과학과 과정에 관심을 둔다. 집단상담자는 집단구성원의 표면적 문제 이면에 있는 그의 실존의 기본적 문제에 직면하도록 한다. 이러한 인간의 기본적 문제는 불안, 절망, 죽음, 무의미성, 고독, 고립 등이다. 이러한 문제는 실존적 고통의 원인이 될 수 있다. 집단상담자는 역시 자유, 책임감, 사랑, 창의성과 같은 문제에 관심을 가진다.

실존주의적 치료는 분리된 하나의 학파도 아니고 또 깔끔하게 정의된 기법을 가진 체계적인 모델도 아니다. 실제로 상담 및 심리치료에 실존주의적 철학이나 종교철학을 적용하여 실존주의적 치료를 주창한 사람들로 빈스반거(Binswanger, 1881~1966), 보스(Boss, 1903~1990), 프랭클(Frankl, 1905~1997), 메이(May, 1907~1994), 얄롬(Yalom, 1931~) 등이 있다. 특히 프랭클은 자신의 실존주의적 치료를 의미치료라고 불렀다.

실존주의적 치료는 현상학적 철학에 기초한다. 이 접근은 집단구성원의 주관적 관점에서 그의 행동을 이해하는 것을 추구한다. 집단상담자는 집단구성원의 경험을 밝히고 정신현상이 어떻게 의식으로 나타나는가를 규명하여, 개인의 자아관의 명료성과 진실성을 획득하는 데 목표를 두고 있다.

실존주의적 치료는 인간에 대한 다음과 같은 기본적 신조에 근거한다.

첫째, 실존은 본질에 선행한다. 즉 우리가 하고 있는 것이 우리가 누구인가를 결정한다.

둘째, 우리는 선택할 자유가 있으며 선택한 결과에 책임이 있다.

셋째, 인간의 삶은 항상 죽음에 대한 견해를 가지고 영위된다. 우리의 진실성은 이것을 자각하고 용감하게 우리의 실존에 직면할 능력에서 비롯된다.

넷째, 우리의 실존은 결코 다른 사람과 세계의 실존으로부터 완전히 분리되어 있지 않다. 역시 세계의 실존도 우리의 실존에서 완전히 분리되어 있지 않다.

다섯째, 우리가 다른 사람의 주관적 관점에서 그를 이해하려고 노력할 때 우리의 지각이 보다 타당하다(Belkin, 1988, p. 205).

1. 기본원리

실존이란 인간 존재의 특유한 존재방식을 뜻한다. 따라서 그것은 어디까지나 인간의 현재에 관계하는 것이며 인간의 본질이 무엇인가 하는 본질 규정의 문제는 직접적인 관심사가 아니다. 실존은 본질에 선행한다. 실존은 밖에(ex) 나타나(sistere) 있는 것을 의미하므로, 실존철학 역시 인간의 숨겨진 본질보다는 드러나 있는 인간의 존재방식을 묻고 그것을 규명하려는 노력이다. 실존은 현실의 존재, 사실의 존재, 진실의 존재에 대한 새로운 표현이라고 할 수 있다.

실존주의는 인간 존재에 관심을 둔다. 인간의 가장 직접적인 경험인 그 자신의 존재에 초점이 맞추어져 있다. 다시 말해 인간을 무(無)에서 시작된 자유로운 존재로 본다. 인간은 사전에 그 무엇에 의해서도 규정되어 있지 않기 때문에 자신을 규정할 수 있는 힘은 오로지 자신에게만 있다고 본다. 그러므로 각 개인은 자신의 자유의지에 따라서 선택하고, 행동하고, 그 결과에 책임지는 가운데 자신의 본질을 만들어 가는 것이다(최경환, 1993).

실존주의적 치료에서 기본적인 인간조건을 결정하는 범주에 속하는 것은 자각의 능력, 자유와 책임감, 자신의 정체성을 창조하고 다른 사람과 의미 있는 관계를 확립하는 것, 의미 · 목적 · 가치 · 목표의 탐구, 삶의 조건으로서 불안, 죽음의 자각이다(Corey, 1996). 실존의 의미는 인간이 결코 고정되어 있지 않다는 데 있다. 차라리 우리는 이 세상에 던져진 스스로를 계속적으로 재창조한다고 본다.

실존주의적 인간관을 요약하여 살펴보면 다음과 같다(Patterson, 1973).

첫째, 인간실존의 특성은 이 세상에 우연히 내던져진(被投的) 존재라는 점이다. 그러나 인간은 삶의 특징이 우연성과 피투성(被投性)이라는 것을 자각하며, 과거와 현재와 미래의 연속선상에서의 인간 자신의 영향력을 의식하는 점에서 다른 동물과 차이가 있다. 이러한 차이로 인하여 인간은 선택과 결단이 가능하다. 인간은 비록 유전 · 환경 · 문화에 의하여 제약을 받기는 하지만 이러한 외적 영향에 의하여 전적으로 결정된 존재는 아니다. 다시 말해 비록 이 세상에 내던져진 존재이긴 하나 그러한 상황을 수용하거나 거부하는 것은 각 개인의 선택 여하에 달려 있다. 그러므로 각 개인의 본성을 자신이 창조하며 결정할 수 있다. 따라서 인간은 자유로운 존재다. 또한 그 자신의 본질에 대한 책임은 자기에게 있다.

둘째, 주체와 객체는 별개의 것으로 생각할 수 없으며 이 양자가 상호 연관을 지닌 참만남 속에서 자각이 가능하다.

셋째, 그리하여 인간은 정적인 존재가 아니라 의미 있는 전체로서 끊임없이 생성되고 변천되는 상태에 놓여 있다.

넷째, 인간은 언젠가는 죽을 수밖에 없는 존재라는 사실을 알고 있다. 즉 존재는 비존재를 수반하기 마련이므로 고립, 허무, 개인적 의미나 주체성의 상실, 소외를 의식하지 않을 수 없다.

다섯째, 이처럼 비존재에로의 위협을 느끼게 되는 것이 '정상적인' 불안과 적개심, 공격성의 조건이 된다. 실존 자체에 대한 상실을 두려워하는 것을 '실존적 불안' 이라고 한다. 실존적 불안은 현재 누리고 있는 안전 상태를 상실하는 것과 새로이 나타날 잠재능력 간의 갈등 또한 내포한다.

여섯째, 인간의 자존감이란 타인이 자신을 평가해 주는 관점에 의거하여 형성되는 것은 아니다. 자존감은 물론 사회적 관련성 밑에서 어느 정도 형성될 수 있겠지만, 본질적으로 자존감은 자기정체감을 전제로 한다. 각 개인은 누구와도 비교될 수 없이 독자적이며 일회적이고 중요하다.

일곱째, 인간은 과거를 떨치고 일어나 즉각적인 상태에서 자신을 초월할 능력을 가지고 있다. 이와 같은 초월에의 능력이 있음으로 인하여 선택의 가능성이 열리기 때문이다

2. 주요개념

여기에서는 실존주의적 치료에 근거한 집단상담자들이 가정하는 실존적 불안이나 갈등을 야기하는 궁극적 관심사와 관련한 주요개념으로 실존의 방식, 자유와 책임, 삶의 의미성, 죽음과 비존재, 진실성 등을 살펴보고자 한다.

실존의 방식

실존주의자들은 세계 내에서 실존의 방식을 확인하였다. 즉 인간은 동시에 '주변세계(umwelt)' '공존세계(mitwelt)' '고유세계(eigenwelt)' '영적 세계(uberwelt)'에 존재한다. 인간 세계는 한 사람이 그 안에 존재하며, 일반적으로 알지 못하는 사이에 그것의 설계에 참여하는 의미 있는 관계구조다. 즉, 동일한 과거나 현재의 주변 상황이 사람에 따라서는 매우 다른 것을 의미한다. 따라서 세계는 각 사람의 실존 조건을 결정하는 과거의 사건과 그 사람에게 작용하는 매우 다양한 결정론적 영향을 모두 포함한다. 그러나 개인이 세계를 인식하고, 틀을 만들고, 계속해서 재형성한다는 의미에서 세계는 개인과의 관계라는 측면을 갖고 있다. 한 사람의 세계를 인식한다는 것은 동시에 그것을 설계해 나가고, 그 자신의 세계를 구성해 나간다는 것을 의미하기 때문에 실존 심리치료의 관점에서는 네 가지 양식의 세계가 있다고 가정한다. 이러한 네 가지 양식의 세계를

살펴보자.

- **주변세계**: 인간이 접하며 살아가는 환경 혹은 생물학적 세계를 의미한다. 모든 유기체는 주변세계를 갖는다. 동물과 인간에게 주변세계는 생물학적 욕구, 추동 및 본능을 포함한다. 실존 분석가들은 자연세계의 현실을 받아들인다.
- **공존세계**: 인간이 사회적 존재로서 더불어 살아간다는 뜻으로 인간관계 영역에 관심을 두는 것을 의미한다. 개인은 타인과의 관계로서 이루어지는 공동체 세계에 존재한다. 성격이론의 대인관계학파는 주로 공존세계에 의지하며 대인관계로서의 사랑을 다루는데, 동무라는 단어의 의미에 관한 설리번(Sullivan)의 개념과 소외된 현대사회에서 사랑의 어려움을 분석한 프롬(Fromm)의 개념에서는 특히 더 그러하다.
- **고유세계**: 실존의 방식으로서 고유세계는 자신의 세계이며 개인이 자신과 맺는 관계를 의미한다. 고유세계는 자각, 즉 자기관계성을 전제하고 있으며, 오로지 인간에게만 나타난다.
- **영적 세계**: 실존적 존재로서 인간 각자가 지닌 믿음이나 신념세계로 영적 혹은 종교적 가치와의 관계를 의미한다. 이것은 세계에 대한 믿음의 중요성을 강조한 것으로 최근에 반 도이젠스미스(Van Deurzen-Smith, 1998)가 주장하였다. 이러한 믿음은 본질적으로 종교적 혹은 영적이다. 영적 세계는 이상적 세계이며 개인이 세계가 되기를 원하는 방식이다.

주변세계는 개인이 던져진 세계이며, 공존세계는 인간만이 갖는 대인관계이며, 고유세계는 자신의 세계이며, 영적 세계는 세계에 대한 믿음을 의미한다. 이러한 실존의 방식에 따라 우리는 매 순간에 주변세계인 환경 내에서, 공존세계인 대인관계를 맺으면서, 고유세계인 자기자각을 하면서, 그리고 영적 세계인 영적 가치를 믿으며 살아간다고 볼 수 있다. 집단상담자는 집단구성원의 어떤 존재 방식이 가장 문제인가를 파악하여 그를 조력하는 것이 필요하다.

다음으로 실존주의적 치료 집단상담자들이 집단구성원의 궁극적 관심사와 관련하여 중요하게 생각하는 네 가지 주제인 자유와 책임, 삶의 의미성, 죽음과 비존재, 진실성에 대해 알아보자.

자유와 책임

인간은 여러 가지 삶의 행로 중에서 선택할 수 있는 자유를 가진 자아결정적인 존재다. 인간은 근본적으로 자유롭기 때문에 삶의 방향을 지시하고 운명을 이루어 나가는 데 책임을 져야 한다. 실존주의적 상담은 자유, 자기결정, 의지, 결단을 인간 존재의 중심부에 둔다. 만약 의식과 자유가 인간으로부터 제거된다면 더 이상 인간으로서 존재하지 않는다. 왜냐하면 이것이 바로 인간에게 인간됨을 부여하는 능력이기 때문이다.

실존주의적 견해는 개인이 스스로의 결단으로 자신의 운명을 결정하고 자신의 존재를 개척한다는 것이다. 개인은 그가 되고자 결심하는 대로 되기에 그의 인생행로에 대해 책임을 져야 한다. 틸리히는 "사람은 결정하는 바로 그 순간에만 참다운 인간이 된다."고 하였으며 사르트르는 "우리는 우리의 선택이다."라고 하였다. 니체는 자유를 "참다운 존재가 되는 능력"으로 묘사했고, 키르케고르가 말한 "자아를 선택하는 것"은 인간 자신의 인생과 존재에 대하여 책임을 지는 것을 의미한다. 야스퍼스는 "우리는 결정하는 존재"라고 하였다.

자유는 자신의 발전을 위해 삶의 방향을 선택하는 능력이다. 확실히 자유에는 한계가 있고 선택은 외부요인에 의해서 제한된다. 그러나 우리는 선택의 요소를 지녔으며, 당구공같이 이리저리 굴러가는 존재는 아니다. 메이(May, 1961)는 "인간을 희생시키는 힘이 아무리 크다 할지라도 인간은 그가 희생물이 되고 있다는 것을 알며, 어떻게 해서든지 자기 운명에 관련된 것에 대하여 영향을 미치려고 하는 능력을 갖고 있다."고 하였다. 프랭클은 인간의 자유와 책임을 강조하면서 다음처럼 표현하였다. "궁극적으로 인생은 자신의 문제에 대한 올바른 해답을 발견하고, 각 개인에게 계속적으로 부여되는 과업을 성취하는 책임을 지는 것을 뜻한다." 사람으로부터 빼앗을 수 없는 것은 그의 자유다. 우리는 어떤 주어진 환경 내에서 적어도 우리의 태도는 선택할 수 있다. 우리는 우리가 선택한 것을 이루어 가는 자기결정을 하는 존재다. 아마도 상담과 치료에서 중심이 되는 문제는 자유와 책임의 문제일 것이다. 이 핵심적인 실존적 주제는 우리가 우리 자신을 창조한다는 것이다. 선택으로 인해 우리는 우리 자신의 현재와 미래의 설계자가 된다. 사실상 우리는 운명적으로 스스로 택한 자유에 수반되는 불안에 처하게 된다. 실존주의자는 각 개인이 갖고 있는 자유와 책임에 대한 인식 없이는 상담과 치료의 기초를 발견할 수 없다. 상담자는 내담자들이 비록 그들 인생의 대부분을 선택하는 자유를 피하고 살아왔지만 선택을 시작할 수 있다는 것을 가르칠 필요가 있다(한기태 역, 1990).

삶의 의미성

삶의 중요성과 목적을 향한 노력은 인간의 독특한 특성이다. 우리는 개인의 의미와 정체감을 찾는다. 그리고 실존적 질문 등을 할 수 있다. 나는 누구인가, 어디에서 왜 왔는가, 내가 왜 여기에 있는가, 내 삶의 목적과 의미는 무엇인가? 실존주의자에 의하면 삶의 긍정적 의미는 삶 자체가 아니라 우리들이 그러한 의미를 창조하느냐에 달려 있다. 종종 의미 없고 모순되어 보이는 세상 속에서 우리는 이전에 도전하지 않았던 가치에 도전하고, 우리 자신의 새로운 국면을 발견하고 갈등과 모순에서 화해하려고 노력한다. 그리고 이런 일을 하는 가운데, 우리는 세상 속에서 우리의 의미를 창조한다.

결실 있는 생활을 위한 인간의 진정한 노력에 바탕이 되는 동기는 의미를 가지려고 하는 의지다. 생활에서 의미를 발견하려고 하는 강렬한 내부의 욕망은 행동에 불을 당겨 준다. 프랭클에 따르면, 이러한 욕망이 없거나 생활에 완전히 무관심한 태도를 가지는 것은 '실존적인 공허'다. 내면이 텅 빈 상태의 이러한 공허는 정신의학에 중대한 도전으로 나타난다. 자신을 의미 있게 하고 유효한 행동을 하게 하는 내면적 힘을 얻기 위해서는 이러한 공허를 극복하기 위한 노력을 해야 한다. 인간이 겪는 수많은 어려움은 생존의 의미를 발견할 수 없는 데서 온다. 내면적인 공허는 그의 존재를 가치 없는 것으로 규정짓고 또 가치 없다는 느낌을 갖게 한다. 실존적 공허는 극단적인 권태, 불확실성 그리고 혼돈의 결과로 지속된다. 비록 이러한 것들이 정신적인 고통 중의 하나이긴 하지만 이런 것들로 인해 반드시 정신적인 질병이 생기는 것은 아니다. 이러한 고통은 자기의 행복과 능력에 대해서 최대의 관심을 갖게 하는 면도 있지만, 행동과 능력에 아주 중대한 방해가 되기도 한다. 공허를 극복하려는 동기가 충분히 생기게 되면 삶의 의미를 찾게 될 것이고 계속 그 의미를 추구하게 될 것이다. 또한 활동성과 생산성의 욕구도 발전하게 될 것이다. 이러한 추구는 긴장을 완화시키기보다는 오히려 증대시켜 줄 것이지만, 정신건강이란 긴장이 적절한 수준으로 유지될 때 가능한 것이기 때문에 오히려 좋은 일이다(이형득 외, 1993).

죽음과 비존재

실존철학의 가장 중요한 문제는 죽음이다. 인간은 미래의 언젠가 자신이 죽는다는 것을 스스로 자각한다. 죽음은 나에게 엄습해 오는 기분 나쁜 무엇이다. 실존이 불가능하게 되는 가능성이기도 하다. 실존주의자들은 죽음을 부정적으로 보지 않는다. 인간의 현저한 특성 중의 하나는 미래의 개념과 죽음의 불가피성을 터득할 수 있다는 것이다. 점차적인 비존재의 인식이 존재에 의미를 준다. 왜냐하면 그것은 인간의 모든 행위에 의미를 부여하기 때문이다.

실존주의자들은 삶이 시간의 제한을 받기 때문에 의미를 가지고 있다고 주장한다. 만약 우리가 우리의 능력을 실현하기에 충분한 시간을 가지고 있다면 조급해할 필요가 없기 때문이다. 그러나 우리가 제한된 시간을 가지기 때문에 죽음은 우리에게 진지하게 생을 살아가도록 자극한다. 죽음의 불가피성은 생의 가능성을 제한한다. 현재는 귀중한 것이다. 왜냐하면 우리가 실제로 가진 전부이기 때문이다.

죽음에 대한 두려움과 생에 대한 두려움은 상호 관련되어 있다. 죽음에 대한 두려움은 두 팔을 벌려 생을 완전히 받아들이는 것을 두려워하는 우리 중의 어떤 이에게 불안스럽게 다가온다. 그러나 만약 가능한 한 현재의 생을 긍정하며 살아가도록 시도한다면 생의 종결에 사로잡히지는 않을 것이다. 우리 중 죽음을 두려워하는 사람은 삶도 무서워한다. "결코 참된 삶을 살지 않았기 때문에 죽음을 두려워한다."고 말할 수 있는 것처럼 우리 중 어떤 이는 자신의 죽음을 실제로 직면하는 것을 두려워하기 때문에 점차적으로 비존재가 된다는 사실로부터 도피하려 한다. 그러나 우리가 허무와 직면하는 것으로부터 도피하려고 노력하면 우리는 대가를 치러야 한다. 메이(May, 1961)는 "죽음을 부정하는 데 치러야 하는 대가는 막연한 불안과 자아격리다. 자신을 완전히 이해하기 위해서 인간은 죽음에 직면해야만 하고 개인적인 죽음에 직면해야만 한다."고 말한다. 프랭클(Frankl, 1959)은 메이의 견해에 동의하면서 죽음은 "인간실존에 의미를 준다."고 말한다. "만약 우리가 불멸하다면 우리는 영원히 행동을 지속할 수 있다. 그러나 우리가 유한하기 때문에 우리가 지금 하는 것들은 특별한 의미를 갖는다."

진실성

신학자 틸리히(Tillich, 1952)는 '존재할 용기'란 말을 사용하여, 우리 자신을 긍정하고 내부에서부터 살 수 있도록 하는 용기의 핵심을 전달하였다. 우리 존재 내에 깊은 핵심을 발견 · 창조 · 유지하는 것은 어렵고 끝이 없는 노력이다. 진실성(authenticity)은 개인이 인간의 실존을 있는 그대로 수용하고 책임을 지는 것을 의미한다. 진실한 존재로 있는 것은, 우리를 정의하고 긍정하는 데 필수적인 어떤 것이든지 한다는 것을 의미한다. 개인은 진실한 실존 속에서 언젠가 일어나게 될 비존재의 가능성에 직접적으로 직면하게 되고 불확실성에 직면해서 결정하고 그에 대한 책임을 맡는다.

진실한 사람은 인간의 궁극적 관심사와 관련하여 실존적 불안을 경험한다. 즉 진실한 사람은 불안을 야기하는 실존적 위기를 경험한다. 여기서의 불안은 우리가 옳은 선택을 했는지 또 행위에의 용기를 아직 결정하지 못했는지를 전혀 모르는 불안이다. '이 길이냐, 저 길이냐'라는 인지적 모호성의 조건 아래 한 가치나 다른 가치를 선택하는 것은 자신에 대해 통제를 갖는 것이고, 타당하게 자기 자신을 정립하는 것이다.

우리가 진실한 실존에 이를 때, 우리는 계속적으로 자신을 발견하고 실현할 잠재력을 가진 개인이 되는 것이다. 진실한 존재로 사는 것은 우리의 한계를 알고 받아들이는 것을 또한 수반한다. 비진실성에 관련한 개념이 죄책감이다. 실존적 죄책감은 우리가 불완전하고 잠재력을 완전하게 쓰지 못하고 있다는 것을 아는 것에서 온다. 궁극적으로 존재의 자각에 대한 상실은 심리적인 병이 된다.

3. 집단상담자의 역할과 기능

실존주의적 치료 집단상담자는 모든 집단구성원과 친밀한 관계를 형성하기 위해 최선을 다한다. 또한 집단을 이끄는 것이 강렬한 개인적 경험이라고 여기기 때문에 적극적이고 반영적인 책임감을 가지고 집단상담을 진행하며, 항상 모험하기를 생각하면서 그것을 시도한다. 그는 또한 집단구성원의 궁극적 관심사를 자각하고 그것에 민감하게 반응한다. 실존주의적 치료 집단상담자는 전문가 역할을 취하지 않고 집단구성원과 함께하는 인생의 동반자 역할을 취한다. 그리고 집단구성원이 느끼는 불안 및 불편한 감정을 생산적인 방법으로 사용해서 그가 더 깊은 자각에 이르도록 조력한다.

실존주의적 치료 집단상담에서 집단구성원의 의미 있는 변화는 서로 간의 개인적 접촉 및 상호작용이 있을 때만 일어난다. 즉 부버(Martin Buber)가 지적한 '나-그것'이 아니라 '나-당신'의 참만남에서 대화가 이루어질 때 변화가 일어난다. 실존주의적 치료 집단상담자의 주요한 역할은 집단구성원의 불일치적인 언행을 직면시키는 것이다. 더불어 자신이 실존적 존재로서 부딪혀 왔던 궁극적 관심사에 대한 본보기로서의 역할을 수행한다. 이러한 역할을 수행함으로써 집단구성원이 직면한 다양한 궁극적 관심사를 슬기롭게 해결할 수 있도록 조력한다.

4. 집단상담 목표

실존주의적 치료 집단상담자는 집단구성원이 충분히 진실한 삶을 영위하지 않았음을 인정하고 실존적 존재에 이를 수 있는 선택을 하도록 조력한다. 뷰젠탈(Bugental, 1990)이 제시한 세 가지 주요한 상담목표는 다음과 같다.

첫째, 집단상담자는 집단구성원이 집단상담 과정 그 자체에 충분히 참여하고 있지 않다는 것을 인식하도록, 그리고 이러한 삶의 패턴이 자신의 생활 속에서 그를 어떻게 제한할 수 있는가를 이해하도록 조력한다.

둘째, 집단상담자는 집단구성원이 오랫동안 회피해 왔던 불안에 직면하도록 지지해 준다.

셋째, 집단상담자는 집단구성원이 보다 진솔한 삶의 접촉을 이룰 수 있는 방법으로 자신과 자신의 세계를 재정의하도록 조력한다.

인간은 자기를 의식할 능력을 지니고 있다. 이것은 당면한 상황을 초월하고 사고하고 선택하는 구별된 인간활동의 기초를 형성한다. 인간은 자신에 대한 자각을 갖고 있다는 점에서 다른 동물과 구별된다. 인간은 자신의 존재를 객관적으로 재고할 수 있다. 사람이 자각을 확대하는 것은 삶을 충분히 경험하는 능력을 증가시키는 것이다. 집단상담자는 집단구성원으로 하여금 자각을 통해 자신의 문제를 직시할 수 있도록 돕는다.

우리의 자각이 크면 클수록 자유의 가능성은 커진다. 인간 존재를 희생시키려는 힘이 아무리 강할지라도, 인간은 자신이 희생되고 있다는 것을 알 수 있는 능력을 가지고 있고, 자각에 의해 선택과 행위에 대한 자유와 연관된 책임을 인식하게 된다. 그러므로 우리는 자신의 운명에 대해 어떤 방식으로든 영향을 끼칠 능력을 가지고 있다.

실존주의적 치료 집단상담의 목표는 집단구성원 쪽에서 자기 존재의 본질에 대하여 각성하고 현재 자기가 경험하고 있는 정서적 장애의 원인이 자기상실 내지 논리의 불합리성에 있다는 것을 각성하게 해 주는 데 있다. 또한 집단구성원이 비록 제한된 세계 내에서의 존재일망정 이 세상에 던져진 삶을 수동적으로 살아갈 것이 아니라 자기 나름대로의 주관을 가지고 능동적으로 삶의 방향을 선택하도록 도와주는 데 있다.

집단구성원이 자기의 세계를 수용함으로써 한계상황을 초월하도록 돕기 위해서 집단상담자는 집단구성원이 자신의 무한한 잠재능력을 깨닫고, 자기에게 주어진 선택과 책임을 통하여 자유를 향유해야만 그러한 초월이 가능함을 깨닫도록 인도한다. 그리고 집단구성원의 자각을 최대화함으로써 그가 삶의 의미와 목적을 스스로 발견하도록 돕고 자기 인생에 대한 확고한 방향 설정과 결단을 내리도록 도와주는 것에 그 목적을 둔다.

따라서 실존주의적 치료 집단상담자는 기본적으로 집단구성원의 주관적인 세계를 이해하는 데 관심을 가져야 한다. 왜냐하면 사람들이 새로운 이해와 선택을 하도록 하기 위해서다. 집단구성원이 겪은 과거 경험의 재생을 돕는 것이 아니라 현재의 인생 상황에 초점을 맞춘다. 전형적인 실존치료자들은 그들이 사용하는 방법에서 넓은 폭을 보인다. 집단상담자는 특히 집단구성원이 회피하는 책임성에 관심을 가져야 하고, 개인적 책임성을 수용하도록 집단구성원을 초대해야 한다. 실존적 접근에 관심이 있는 집단상담자들은 흔히 위축된 실존이라고 부를 수 있는 사람들을 다룬다. 이런 집단구성원들은 그들 자신에 대한 인식에 제한점을 가지고 있다. 집단상담자의 주된 임무는 위축된 존재로 살아가는 방식을 가진 내담자와 직면하여 그들이 이런 상태를 만들어 내는 데 스스로 공헌하고 있음을 인식하도록 돕는 것이다(홍경자, 1988).

인생을 흔히 배에 비유한다. 망망대해에 던져진 배처럼 우리도 이 세상에 던져졌다. 배는 가야 할 목적지인 항구를 찾아간다. 배의 항해는 되풀이될 수 있지만 인생 항해는 일회적이다. 인생의 종착지가 죽음인 것을 우리는 알고 있다. 인생 항해의 책임자로서 목적지까지 도달하기 전에 일어날 수 있는 모든 가능성에 대해 매번 슬기로운 선택을 해야 한다. 어떤 항로를 택할 것인가도 전적으로 당신에게 달려 있다. 순풍에 돛을 단 것 같을 때도 있지만 거센 파도가 휘몰아치는 역경의 시간도 있다. 가도 가도 바다만 보이는 단조로운 항해에 권태를 느낄 때도 있지만 새로운 환경에 경이로움을 느낄 때도 있다.

이미 시작된 인생 항해를 하고 있는 이 순간에 당신의 최대 관심사는 무엇인가? 내일 아니면 먼 훗날에 닥쳐올 고난을 생각하며 걱정하고 있지는 않는가? 가야 할 목적지를 뻔히 알고 있다고 호언하며 방황하고 있지는 않는가? 아니면 목적지에서 발견할 것이 분명하기 때문에 항해에 대한 회의에 젖어 있는가? 수많은 위협 속에서 불안을 느꼈던 지나온 과거를 생각하며 닥쳐올 또 다른 위협에 대해 걱정하고 있는가? 거듭된 좌절과 마음의 상처로 인해 무기력한 상태에 빠져 있는가? 아니면 위협에 견뎌 온 자신에 대해 대견스러워 하며 잠시 휴식을 취하고 있는가?

우리는 유한한 시간 속에 던져졌다. 실존적 존재로서 자신이 가진 궁극적 관심사에 대한 이해와 수용이 요구된다. 궁극적 관심사에 따른 실존적 불안을 수용하고 대처하는 것이 요구된다. 회피와 도피보다는 충분한 자각을 통한 현명한 선택을 필요로 한다. 배는 이미 떠나 버렸다. 다시 배를 탈 수도, 다른 배로 바꿔 탈 수도 없다. 우리는 배에서 내릴 때까지 일어나는 모든 일에 책임을 져야 한다는 사실을 알고 있다.

5. 집단상담 과정

실존주의적 치료에 근거한 집단상담 과정은 집단상담자와 집단구성원 간의 실존 대 실존의 관계를 바탕으로 집단구성원 각각이 갖는 실존적 불안의 원천인 궁극적 관심사를 다루어 가는 것으로, 정형화된 과정이 있는 것은 아니다. 당신을 번뇌 · 고통 · 걱정에 빠지게 하는 궁극적 관심사는 무엇인가? 실존주의적 치료에 근거한 집단상담에서는 집단구성원이 갖은 문제가 실존의 궁극적 관심사에 관련되어 나타나는 것이라고 본다. 얄롬(Yalom, 1981)은 "실존적 심리치료는 개인의 실존에서 비롯된 걱정에 초점을 둔 역동적 치료다."라고 정의하였다. 집단상담자는 궁극적 관심사에 대한 집단구성원의 자각이 어떻게 그의 심리적 문제와 관련되어 있는가를 파악하여 그를 조력한다.

실존주의적 치료 집단상담자들은 경우에 따라 정신분석적 기법을 활용하기도 하지만 대체로 이들은 치료적인 면보다는 집단구성원의 문제 사례를 실존적 개념으로 분석하는 데 주안점을 두고 있다. 따라서 실존주의적 치료 집단상담 과정에서는 인간의 실존적 · 정신적 본질에 주의를 기울인다. 이것은 실존주의적 치료에 대해서 광범위하고 철학적이며 융통성 있는 상담기술을 시사해 주고 있다. 다시 말하면 이 접근방법은 어떤 한 가지 기술로 제한되는 것이 아니라, 오히려 인간의 철학적 · 심리학적 · 정신적인 모든 영역에 관련되는 다양한 기술이 활용될 수 있다.

6. 집단상담 기법

대부분의 실존주의적 치료 집단상담자들은 특별한 기법을 사용하거나 강조하지 않는다. 집단상담자와 집단구성원은 실존 대 실존의 인간적 만남을 바탕으로 집단구성원이 겪은 실존적 불안을 다룬다. 집단상담자는 집단구성원이 겪는 실존적 공허감이 그의 궁극적 관심사와 관련되어 있다는 전제에서 그러한 문제를 진솔하게 직면할 수 있도록 격려한다. 여기서는 대표적인 실존주의적 치료 집단상담자인 얄롬이 제안한 궁극적 관심사인 죽음(death), 자유(freedom), 고립(isolation), 무의미성(meaninglessness)에 대해 먼저 살펴보고 프랭클이 제안한 집단상담 기법으로 역설적 의도(paradoxical intention)와 탈숙고(dereflection)에 대해 살펴보고자 한다.

죽음 가장 분명하고 쉽게 직관적으로 알게 되는 관심사로, 우리는 이에 대해 공포를 가지고 반응한다. 실존적 관점에서 내적 갈등의 핵심은 불가피한 죽음에 대한 개인의 자각과 삶을 지속시키려는 동시적 소망 사이에 있다. 이 죽음에 대한 공포에 대처하기 위해 개인은 죽음 자각에 대항하는 방어를 곤두세운다. 그러한 방어는 불안에 기초하고, 이는 성격구조를 조성하며, 부적응적인 경우 임상적 증상을 일으킨다. 다시 말하면, 증상과 부적응적 성격구조는 죽음에 대한 개인적 공포에 그 원천을 두고 있다.

자유 일상적 관점에서 자유는 긍정적 개념이지만 실존적 참조준거에서 자유란, 인간이 응집력 있는 거대한 설계를 지닌 구조화된 우주에 들어가지 못하고 결국 그곳에서 나오지도 못하는 것을 의미한다. 자유란 인간이 그 자신의 세계, 자신의 인생 설계, 자신의 선택과 행동에 책임이 있다는 사실을 말한다. 자유에 대한 이러한 실존적 견해에는 놀라운 함축적 의미가 잇다. 하이데거와 사르트르가 주장했듯 우리가 자신과 자신의 세계를 창조하는 것이 사실이라면, 그것은 우리가 창조자로서 창조를 위한 어떤 객관적 근거를 가지고 있지 않다는 것을 뜻한다. 즉 심연, 공허, 무(無)만이 있다. 내부의 중요한 역동적 갈등은 자유를 직면함으로써 생긴다. 갈등은 한편으로는 자유와 근거 없음에 대한 자각에서 생기며, 다른 한편으로는 근거와 구조에 대한 우리의 깊은 욕구와 소망에서 생긴다. 자유의 개념에는 책임과 의지의 측면을 수반한다. 사람들은 생활환경에 대한 그들의 책임을 기꺼이 수용하는 정도에 큰 차이가 있고, 책임을 거부하는 양식에서도 차이가 있다. 의지란 책임에서 행동으로 가는 통로다. 의지는 처음에는 소망하고 다음에는 결정하는 것이다. 자신의 소망을 제대로 파악하는 데 장애를 가진 사람도 있고, 명확히 표현된 소망을 결정하거나 선택하는 데 장애가 있는 사람도 있다.

고립 개인 간의 고립은 자신과 타인 사이에 존재하는 심연을 말하고, 개인 내 고립은 우리가 자신의 부분들로부터 고립되어 있다는 사실을 말한다. 자기의 영역은 자각과 분리되어 있고, 심리치료의 목적은 개인이 자기의 분열된 부분을 재생하도록 돕는 것이다. 실존적 고립은 다른 개인이나 세계로부터의 근본적인 고립이다. 우리들 각각은 홀로 실존에 들어가야 하며 혼자서 그것에서 벗어나야 한다. 죽음에 직면하는 것보다 더 강하게 실존적 고립을 생각나게 하는 것은 없다. 죽음에 직면한 사람들은 반드시 갑작스럽게 고립을 자각하게 된다. 여기에서의 역동적 갈등은 근본적 고립에 대한 자각과 보호받고 싶은 소망 사이에, 그리고 더 큰 전체에 융화되고 그 부분이 되려는 소망 사이에 있다. 많은 대인 정신병리의 기저에는 실존적 고립에 대한 두려움이 있다. 인간은 자신의 자아경계를 누그러뜨리고 다른 사람의 일부가 되면서 개인적 성장을 피하고 성장에 수반되는 고립감을 피한다. 사랑에 빠지는 것이나 강박적인 성욕도 무서운 고립에 대한 일반적인 반응이다.

무의미성　모든 인간이 죽어야 하고, 자신의 세계를 구축하고, 상이한 우주 안에서 혼자 있어야 한다면, 인생이 지닐 수 있는 의미는 무엇이고, 왜 사는지, 어떻게 살아야 하는지에 대한 의문을 갖게 된다. 이는 '자기창조적 삶의 의미는 자신의 인생을 지탱할 수 있을 만큼 충분히 튼튼한가?' 하는 질문이다. 인간은 의미를 필요로 한다. 유형화되지 않은 세상에서 실존적 상황에 직면하면 개인은 대단히 불안정하게 되고, 존재의 패턴, 존재에 대한 설명, 존재의 의미를 찾는다. 또한 의미 도식에서 우리는 가치 위계를 만든다. 가치는 우리가 사는 이유와 사는 방법을 말해 준다.

역설적 의도　공포나 불안을 가진 집단구성원은 특정 사건의 재발을 두려워한다. 사건에 대한 두려운 기대는 그에게 기대불안을 야기한다. 이러한 기대불안은 지나친 주의(attention)나 '지나친 의도(hyperintention)'의 원인이 된다. 지나친 주의나 의도는 그로 하여금 자기가 원하는 것을 하지 못하도록 한다. 이러한 과정을 자세히 살펴보면, 집단구성원 자신의 불안이 가져올 잠재적 효과에 대한 걱정이 '불안에 대한 불안'으로 나타난다. 그러므로 불안이나 공포의 자기유지적인 악순환이 되풀이된다. 결과적으로 '공포에 대한 공포'는 공포를 증가시키고, '불안에 대한 불안'은 불안을 증가시킨다. 예를 들어, 당신이 엘리베이터 안에 갇혀 공포에 질린 경험이 있다고 가정하자. 당신의 엘리베이터 공포증은 다시 그런 일이 일어나지 않을까 하는 공포(즉, 예기불안)를 갖게 한다. 당신이 엘리베이터를 타려고 할 때마다 그러한 예기불안은 지나친 주의나 의도의 원인이 된다. 결국 당신은 엘리베이터를 타지 못하고 층계를 이용하게 된다.

집단구성원이 '공포에 대한 공포'에 대해 나타내는 가장 일반적인 반응은 '공포로부터의 도피'다. 즉 집단구성원은 자신에게 불안을 야기하곤 했던 상황을 피하려고 한다. 의미치료는 이러한 공포나 기대불안에 초점을 맞추는 방법으로 '공포에 대한 공포'는 '공포로부터의 도피'를 유도한다는 것을 가르친다. 집단구성원이 이러한 악순환으로부터 탈피하도록 하기 위해서는 불안이나 공포로부터 도피하는 것이 아니라 직면하도록 해야 한다. 즉 역설적 의도는 집단구성원이 두려워하는 그 일 자체를 하도록 하거나 일어나기를 소망하도록 촉진하는 과정이라고 정의할 수 있다.

집단상담자는 집단구성원이 두려워하는 그 일 자체를 하도록 하거나 일어나기를 소망하도록 격려함으로써 의도와 반대되는 결과를 생성하게 한다. 집단상담자는 집단구성원의 의도와 정반대인 불안을 야기하는 상황에 그를 직면하게 함으로써 공포증의 악순환에서 이탈하게 한다. 집단구성원은 역설적 의도를 통해 그가 두려워하는 것은 두려움 그 자체라는 것을 배우게 된다. 즉 역설적 의도를 통해 공포증의 돛에서 바람을 제거함으로써 공포의 악순환을 막는다.

탈숙고 이 기법은 '지나친 의도'처럼 '지나친 숙고(hyperreflection)'로 인한 기대불안의 악순환에서 벗어나게 하기 위해 사용된다. 프랭클이 소개한 다음의 이야기는 당신에게 지나친 주의나 숙고가 의미하는 바를 깨닫게 할 것이다. "지네가 있었는데 그의 적이 지네에게 '너의 다리들이 어떤 순서로 움직이는가?'라고 물었다. 지네가 그러한 질문에 주의를 기울였을 때, 지네는 전혀 움직일 수가 없었다." (Frankl, 1988, p. 100) 당신이 가진 문제에 대한 지나친 숙고는 당신의 자발성과 활동성에 방해가 된다. 탈숙고는 지나친 숙고를 상쇄시킴으로써 당신의 자발성과 활동성을 회복시켜 준다.

7. 요약

- 실존주의적 치료에서 기본적인 인간조건을 결정하는 범주에 속하는 것은 자각의 능력, 자유와 책임감, 자신의 정체성을 창조하고 다른 사람과 의미 있는 관계를 확립하는 것, 의미 · 목적 · 가치 · 목표의 탐구, 삶의 조건으로서의 불안, 죽음의 자각이다.

- 실존주의적 치료 집단상담자들이 가정하는 실존적 불안이나 갈등을 야기하는 궁극적 관심사와 관련된 주요개념으로 실존의 방식, 자유와 책임, 삶의 의미성, 죽음과 비존재, 진실성 등을 살펴보았다.

- 실존주의적 치료 집단상담자의 주요 역할은 집단구성원의 불일치적인 언행을 직면시키는 것이다. 더불어 자신이 실존적 존재로서 부딪혀 왔던 궁극적 관심사에 대한 본보기로서의 역할을 수행한다. 이러한 역할을 수행함으로써 집단구성원이 직면한 다양한 궁극적 관심사를 슬기롭게 해결할 수 있도록 조력한다.

- 실존주의적 치료 집단상담자는 집단구성원의 자각을 최대화함으로써 그가 삶의 의미와 목적을 스스로 발견하도록 돕고, 자기 인생에 대한 확고한 방향을 설정하고 결단을 내리도록 도와주는 것에 그 목적을 둔다.

- 실존주의적 치료 집단상담 과정은 집단상담자와 집단구성원 간의 실존 대 실존의 관계를 바탕으로 집단구성원 각각이 갖는 실존적 불안의 원천인 궁극적 관심사를 다루어 가는 것으로, 정형화된 과정이 있는 것은 아니다.

- 대표적인 실존주의적 치료 집단상담자인 얄롬이 제안한 네 가지 궁극적 관심사인 죽음, 자유, 고립 그리고 무의미성과 프랭클이 제안한 집단상담 기법인 역설적 의도와 탈숙고에 대해 살펴보았다.

효과적 조력을 위한

〈집단상담 연습 10〉: 실존적 존재로서 자기이해

연습 1

우리는 동시에 실존의 네 가지 방식인 주변세계, 공존세계, 고유세계, 영적 세계에 존재한다.

(1) 다음과 같은 네 가지 질문을 통해 먼저 당신의 문제가 어떤 세계와 관련이 있는지 확인해 보라.

- 나의 삶에 미치는 주변 환경이 어떠한가?
- 나의 대인관계는 원만한가?
- 나만이 알고 있는 어떤 고민이 있는가?
- 나는 믿고 의지하며 삶을 영위할 확고한 영적 믿음이 있는가?

(2) 위의 네 가지 질문에 대한 대답을 바탕으로 구체적으로 당신의 문제를 탐색하여 해결책을 모색해 보라.

연습 2

실존주의적 치료 집단상담에서는 개인에게 불안을 야기하는 궁극적 관심사를 중요하게 여긴다. 실존주의적 심리치료자인 얄롬이 제안한 네 가지 궁극적 관심사는 죽음, 자유, 고립, 무의미성이다. 이러한 궁극적 관심사를 바탕으로 당신의 삶을 정말 힘들게 하는 것을 탐색해 보라.

연습 3

인생을 흔히 배에 비유하곤 한다. 망망대해에 던져진 배처럼 우리도 이 세상에 던져졌다고 할 수 있다. 던져진 존재로서 당신이 슬기로운 인생항해를 하기 위해 어떤 태도로 삶에 임해야 할 것인가를 생각해 보라. 또한 인생항해의 책임자로서 현재 당신에게 가장 중요한 것이 무엇인지 세 가지만 들어 보라.

연습 4

죽음은 우리 모두가 성장의 마지막 순간에 맞이할 중요한 사건이다. 많은 심리학자들은 죽음의 주제를 이용하여 우리에게 주어진 삶을 보다 충만하게 영위하도록 촉진적인 집단상담 프로그램을 개발하곤 하였다. 집단상담자로서 당신이 집단구성원에게 도움이 되도록 죽음의 주제를 바탕으로 집단상담 기법을 개발해 보라.

연습 5

프랭클이 제안한 다섯 가지 의미의 원천은 일, 사랑, 고통, 과거, '최상의 의미' 다.

(1) 이러한 의미의 원천을 바탕으로 먼저 당신의 삶을 현재보다 충만하게 할 방법을 생각해 보라.
(2) 의미의 원천을 바탕으로 당신이 집단상담자라고 가정하고 심한 좌절감으로 고통받는 집단구성원을 조력하도록 시도하라.

제11장

교류분석에 근거한 집단상담

Winners know that for everything there is a season
and for every activity a time:
A time to be aggressive and a time to be passive,
A time to be together and a time to be alone,
A time to fight and a time to love,
A time to cry and a time to laugh,
A time to confront and a time to withdraw,
A time to speak and a time to be silent,
A time to hurry and a time to wait.

– James & Jongeward(1971, pp. 2-3) –

제11장의 목차

제11장 교류분석에 근거한 집단상담

인간은 언어적이거나 비언어적인 메시지를 상대방에게 전달하여 의사소통을 한다. 의사소통을 통한 인간의 교류는 우리 각자가 형성한 자아와 삶의 태도를 반영하여 나타난다. 버언(Eric Berne, 1910~1970)은 내담자가 갖는 자아상태를 바탕으로 의사소통의 교류가 어떻게 이루어지는가를 탐색하여 조력하는 교류분석(transactional analysis: TA)을 창시하였다. 버언은 정신분석 훈련을 받고 그것을 적용하면서 한계를 느끼고 보다 경험적이고 현실적인 접근에 대한 필요에 따라 1950년대 중반부터 교류분석을 제창하기 시작했다. 교류(transaction)란 말은 원래 '거래' '홍정하는 것'을 의미하는 상업용어이지만, 대화, 의사소통, 거래, 교류 등으로 번역된다. 버언은 자극과 반응으로 구성된 인간 의사소통의 가장 작은 단위를 교류라고 정의하였다. 따라서 교류분석은 '자신의 삶의 입장에 따라 서로가 주고받고 있는 의사소통을 이해하고 분석하는 방법'을 의미한다.

교류분석에서는 우리 각자가 세 가지 분리된 자아상태, 즉 부모(parent), 성인(adult), 아동(child) 자아상태를 가지고 있다고 가정한다. 이러한 세 가지 자아상태는 프로이트가 정신분석에서 제안한 성격의 구성요소인 초자아, 자아, 원초아와 비슷한 속성을 가진 개념이다. 하지만 버언은 자신이 제안한 자아상태는 경험적이고 사회적인 사실을 나타낸 반면, 프로이트가 제안한 자아는 추론적 개념이라고 주장하였다. 즉 두 접근 간의 명확한 차이는 정신분석은 무의식에 초점을 두는 반면, 교류분석은 관찰할 수 있는 의식적 행동에 초점을 둔다는 점이다.

교류분석 집단상담자가 사용하는 주요한 네 가지 분석방법은 구조분석(structural analysis), 교류분석(transactional analysis), 게임분석(game analysis), 각본분석(script analysis)이다. 간략하게 정의하면 다음과 같다. 교류분석 집단상담자는 구조분석을 통해 집단구성원의 성격을 구성하는 자아상태를 분석한다. 교류분석을 통해 집단구성원이 다른 구성원과의 교류에서 보이는 행동과 언어를 분석한다. 게임분석을 통해 집단구성원이 다른 사람과 하는 의사소통 중에서 부정적인 유형인 저의적 교류를 분석한다. 그리고 각본분석을 통해 집단구성원이 삶을 영위하면서 사용하는 구체적인 인생각본을 분석한다.

1. 기본원리

여기서는 저자가 2008년도 한국교류분석학회/(사)한국교류분석협회에서 '한국인: 문화 · 가치 그리고 TA'란 주제로 발표한 내용을 바탕으로 기본원리를 살펴보고자 한다.

교류분석 이론은 문화를 반영한 성격이론이다 교류분석에서 가장 기본적인 개념이 성격구조의 세 가지, 즉 부모 · 성인 · 아동 자아상태다. 특히 개인이 갖는 부모 자아상태는 그가 속한 문화 및 가치의 영향에 대한 반영이라고 할 수 있다. 교류분석 성격이론은 개인이 성장함에 따라 적절하게 부모 자아상태를 견지하면서 성인 및 아동 자아상태와 조화롭게 발달할 것을 강조한 점에서 다문화적 상담에 적합하다고 할 수 있다. 또한 버언이 인간의 심리적 욕구로서 제안한 자극갈망, 구조갈망, 입장갈망 역시 주로 사람들과의 관계에 따른 인정 · 교류 ·

태도에 초점을 맞추고 있다.

구조분석은 문화적 적응을 돕는 상담기법이다 교류분석에서는 개인의 행동을 이해하기 위해 개인의 자아상태를 철저히 분석할 것을 강조한다. 게슈탈트 실험을 적용한 교류분석에 관한 베스트셀러였던 『승리하려고 태어났다(*Born to win*)』의 저자 제임스와 존게워드(James & Jongeward, 1971)는 서문에서 교류분석은 사람들에게 인간행동을 분석하고 이해하기 위한 합리적(이성적) 방법을 제공한다고 지적하였다. 더불어 교류분석 방법이 자각, 자기책임감, 진솔성을 발견하고 육성하는 것과 현재 진행되는 일에 관심을 둔다고 하였다. 교류분석 상담자는 구조분석을 통해 내담자가 자신의 행동을 이해하도록 돕는다.

교류분석의 상담목표는 개인을 독특한 문화적 존재로 보고 그가 자율성을 성취하도록 돕는 것이다 교류분석을 통해 달성하려는 궁극적 목표는 개인으로 하여금 자율성을 성취하게 하는 것이다. 버언에 따르면 정말 자율적인 인간은 세 가지 능력, 즉 자각, 자발성, 친밀감을 생활을 통해 입증하는 사람이다(James & Jongeward, 1971, pp. 290-296). 자각은 지금 일어나고 있는 일을 아는 것이다. 자발성은 자신의 모든 자아에서 비롯된 모든 행동과 감정에서 어떤 행동이나 감정을 선택할 자유를 말한다. 친밀감은 타인에게 오염되지 않는 아동 자아가 지닌 온화함, 친숙함, 상냥함의 감정을 표현하는 것을 말한다. 교류분석 상담자는 다문화사회에서 한국인들이 문화적 민감성에 대한 자각을 통해 유연한 자발성을 갖고 친밀한 관계를 맺으며 살아가도록 조력할 수 있으리라 본다.

교류분석은 다문화사회에서 필요한 상호존중의 삶의 태도를 강조한다 교류분석의 이론적 입장을 일반인들에게 알리는 데 기여한 사람이 해리스(Thomas Harris)다. 그가 제안한 삶의 바람직한 태도인 '자기긍정-타인긍정'은 다문화사회에서 삶을 영위하는 데 우선시되는 교류분석의 중요한 철학이다. 이러한 교류분석의 인간관은 서구의 수평적 사고를 반영한 것으로 한국의 유교문화의 수직적 사고의 가치변화에 기여하리라 본다.

교류분석은 계약 기법을 통해 민주사회에서 자율적 인간으로서 책임감을 갖고 실천하게 한다 교류분석 상담에서 초기 과업은 상담자와 내담자 간 계약을 체결하는 것이다. 계약 확립은 내담자로 하여금 다루고자 하는 주제나 가치를 결정하도록 허용한다. 변화는 상담자와 내담자 간의 상호책임을 강조하는 양방적 계약으로 시작한다. 계약적 접근방식은 내담자의 자기결정을 존중하며 계약내용이 언제 충족되었는가를 내담자가 알도록 해 준다. 상담자와 내담자는 계약을 통해 전반적 상담과정을 정하고 변화를 위한 책임이 내담자에게 있다는 점을 명확히 한다. 또한 계약을 통해 정한 목표가 언제 끝날 것인가도 결정한다.

인생각본 분석은 문화환경의 영향을 받아 형성된 내담자의 생활양식을 재결단할 수 있는 토대를 제공한다 버언이 제안한 인생각본(life script)이란 개념은 아들러(Adler) 개인심리학의 주요개념인 생활양식과 유사개념이다. 우리는 대부분 어렸을 때의 가족환경, 특히 부모와의 관계를 바탕으로 인생각본을 만든다. 이러한 인생각본은 개인이 장차 자신의 삶을 영위하는 방식을 결정하는 패턴으로 나타난다. 인생각본 분석은 상담자가 내담자의 입장에서 이러한 인생각본을 분석하고 이해해서 그를 파악하는 것이다. 다문화적 상담 관점에서 교류분석 상담자는 한국인들이 어렸을 때 한국문화를 바탕으로 독특하게 형성한 인생각본을 잘 파악하여 바람직한 방향으로 각본이 변화될 수 있도록 조력할 필요가 있다.

자신을 변화시킬 재결단의 힘은 전적으로 내담자 내부에 있다 교류분석 이론에 근거한 재결단 치료는 내담자의 역기능적 행동을 이해하는 데 어린 시절에 만든 초기결정을 탐색하여 조력한다. 초기결정을 이해하기 위해 교류분석 상담자는 내담자의 문화환경(특히 가족과 사회)에 대해 이해해야 한다. 이런 점에서 교류분석 이론은 다문화적 상담에 부합하는 이론이다. 교류분석 발달을 다음과 같이 네 단계로 구분할 수 있다. 첫 번째 단계(1955~1962)는 버언이 세 가지 자아를 발견하고 명명한 시기다. 두 번째 단계(1962~1966)는 교류분석이 게임에 초점을 둔 시기다. 세 번째 단계(1966~1970)는 각본분석에 초점을 둔 시기다. 교류분석 발달의 네 번째 단계는 골딩 부부(Goulding & Goulding, 1978, 1979)에 의한 교류분석과 게슈탈트치료의 이종 혼합으로 비롯된 재결단 치료에 대한 강조다(James & Gilliland, 2003, pp. 134-135).

재결단은 이미 지적한 것처럼 어린 시절에 형성된 부적절한 인생각본, 즉 초기결정을 바꾸는 새로운 결단을 말한다. 골딩(Goulding, 1987)은 내담자가 초기결정이 현재 역기능적 행동을 야기한다고 느끼면 상담자는 내담자가 재결단하도록 유도한다고 지적하였다. 또한 골딩 부부(Gouldings & Goulding, 1979)는 "사람들이 그를 화나게 하는 것이 아니라, 그가 다른 사람의 자극에 대한 반응으로 화를 선택하는 것이다."(p. 6)란 진술로 개인의 감정에 대한 책임에 대해 기술하였다.

상보적(보완적) 교류는 다문화사회에서 필요한 공감적 대화다 우리 모두는 서로가 상대방의 욕구를 이해하면서 대화할 수 있는 관계를 원한다. 다문화사회를 살아가는 데는 상대방의 욕구에 대한 이해를 바탕으로 한 공감적 대화가 필요하다. 교류분석 이론에서 바람직한 대화로서 강조하는 상보적 교류는 상대방의 세 가지 자아상태의 요구에 따라 이루어지는 공감적 대화다. 상대방의 욕구를 제대로 파악하지 못해 대화가 중단되는 교차적 교류나 게임에서 비롯되어 보복의 감정을 초래하는 저의적 교류는 부적절한 관계로 귀결된다. 공감적 대화는 개인의 가치와 인권을 존중하는 자유민주주의를 지향하는 한국사회에서 상호존중과 이해에 기반한 인간관계를 위해 가장 요구되는 사항이다.

2. 주요개념

여기서는 교류분석에 근거한 집단상담을 이해하기 위해 필요한 주요개념으로 심리적 욕구, 시간 구조화 방법, 자아상태, 교류유형, 삶의 입장에 대해 살펴보고자 한다.

심리적 욕구

교류분석에서는 인간은 세 가지 심리적 욕구인 자극갈망(stimulus hunger), 인정갈망(cognition hunger), 구조갈망(structure hunger)에 의해 동기화된다고 보았다. 이러한 욕구에 대해 살펴보자.

자극갈망 우리가 다른 사람들로부터 신체적 접촉을 받고 싶어 하는 욕구를 의미한다. 인간은 기본적으로 신체적 접촉을 통한 친밀감을 갈망한다는 것이다. 생물학적 측면에서, 정서적 · 감각적 박탈은 유아의 신체적 기관의 변화에 영향을 가져온다. 죄수가 독방을 피하기 위해서 안간힘을 쓰는 이유는 자극갈망을 추구하기 때문이다. 버언은 자극갈망이 인간 유기체의 생존에 음식갈망처럼 필수적이라고 주장하였다.

인정갈망 다른 사람으로부터 제공될 수 있는 특별한 종류의 감각추구다. 모유를 먹는 유아는 엄마 품에서 신체적 접촉, 소리, 냄새, 온화함을 통한 교류를 통해 분유를 먹는 유아에 비해 보다 안정된 정서적 발달을 한다. 버언은 관계하는 다른 사람으로부터 받은 인정을 어루만짐(strokes)이라고 불렀다. 어루만짐의 주고받음은 사회적 상호관계의 최소 단위인 교류를 구성한다. 어루만짐은 긍정적이거나 부정적일 수 있다. 그리고 어루만짐은 조건적이거나 무조건적일 수 있다. 조건적인 어루만짐은, 그것이 부정적이든 긍정적이든, 타인의 어떤 행동에 대해서 하는 일종의 반응이다. 예를 들면, 부모로서 당신의 자녀가 하는 행동을 보고 칭찬하는 언어적 표현은 조건적인 긍정적 어루만짐이다. 당신의 자녀가 당신이 지시한 것을 듣지 않아 그를 때리는 것은 조건적인 부정적 어루만짐이다. 무조건적인 어루만짐은, 그것이 긍정적이든 부정적이든, 어떤 행동이 아니라 단순히 타인에 대해서 하는 일종의 반응이다. 예를 들어 당신이 관계하는 사람의 행동에 대한 평가와 관련 없이 단순히 그 사람을 좋아한다면, 그러한 당신의 반응은 무조건적인 긍정적 어루만짐이다. 그러나 당신이 누군가를 아무 이유 없이 싫어한다면, 그것은 무조건적인 부정적 어루만짐이다.

교류분석 상담자는 우리의 삶을 유지하는 데 적절한 어루만짐이 필요함을 강조한다. 또한 전혀 어루만짐이 없는 것보다 부정적인 어루만짐이 더 낫다고 주장한다. 그것은 당신에게 소중한 누군가에게 받은 부정적인 어루만짐은 당신에게 고통스러울 수 있지만, 아직 당신에 대한 관심이 남아 있다는 것을 나타내기 때문이다. 그러나 어루만짐이 전혀 없는 것은 관계가 끝난 상태이거나 무관심이다. 누군가에게 관심을 받고자 하는 욕구인 자극갈망은 우리 삶에 원동력으로 작용한다.

구조갈망 인간이 삶을 유지하는 동안 주어진 시간, 즉 인생을 어떻게 보낼 것인가의 방법을 우리 각자가 찾고 발달시키려는 욕구를 말한다. 교류분석에서는 각자가 자신의 독특한 삶의 방식을 발달시킬 수 있지만, 우리 모두가 공통적으로 어떤 유형을 발달시킨다고 본다. 교류분석 상담자는 우리가 공유하는 이러한 유형을 구조라고 부른다. 우리는 구조갈망을 통해 하루 24시간을, 일주일 168시간을 무엇을 할 것인가를, 더 나아가 인생이라는 시간을 어떻게 보낼 것인가의 딜레마를 인식한다. 구조갈망은 우리 삶에 필요한 어루만짐을 최대로 받기 위해 시간을 사용하는 수단이다. 사람들이 자신의 시간을 구조화하는 여섯 가지 방법은 철수(withdrawal), 의례적 행동(rituals), 활동(activities), 여흥(pastimes), 게임(games), 친밀성(intimacy)이다.

교류분석에서는 자극갈망, 인정갈망, 구조갈망 등의 세 가지 기본적 욕구에서 도출된 입장갈망(position hunger)을 가정한다. 입장갈망은 개인이 자신이 선택하여 확립된 삶의 입장을 가지려는 욕구를 말한다. 이러한 욕구는 개인의 시련 감정과 인생각본에 관련되어 있다. 당신이 아동기에 받았던 어루만짐의 유형은 당신이 채택한 삶의 입장, 인생각본, 게임에 영향을 준다. 우리가 자신과 타인에 대해 어떻게 느끼고 있는가가 자신이 선택한 삶의 입장에 반영된다. 입장갈망은 우리 각자가 계속적으로 자신의 선택을 다시 확인하려는 방식으로 행동하려는 욕구다. 버언은 개인이 자신의 세계에 대한 지각을 토대로 인생 초기에 이러한 결정을 한다고 주장했다. 버언은 "모든 인간의 운명은 자신의 생각 밖에서 진행되는 것에 직면할 때, 자신의 뇌 속에서 진행되는 것에 의해 결정된다."고 지적하였다. 인간의 기본적 가치에 대해 버언이 가졌던 이미지는 긍정적 입장이다. 그는 편집, 우울, 정신분열 경향 등 세 가지 부정적 삶의 입장을 제시하였다.

시간 구조화 방법

구조갈망에서 지적한 것처럼, 개인이 시간을 구조화하는 여섯 가지 방법은 철회, 의례적 행동, 활동, 여흥, 게임, 친밀성이다. 버언(Berne, 1972)이 제안한 이러한 시간 구조화 방법에 대해서 살펴보자(pp. 21-25).

철회 이 방식은 자기를 타인으로부터 멀리하고 대부분의 시간을 공상이나 상상으로 지내며 자기에게 어루만짐을 주려고 하는 것으로 자기애에 해당된다. 폐쇄의 대표적인 것은 백일몽이나 공상에 젖는 것이다.

의례적 행동 일상적인 인사에서부터 결혼식이나 종교적 의식에 이르기까지 전통이나 습관에 따름으로써 간신히 어루만짐을 유지하는 방법이다. 상호간의 존재를 인정하면서도 누구와도 특별히 친하게 지냄이 없이 일정한 시간을 보내게 되므로 의례적인 시간 구조화라고 한다.

활동 흔히 일이라고 불리며, 의례적 행동 다음으로 안전한 사회적 행동의 유형이 활동이다. 활동은 전형적으로 외적 현실에 지향된다. 풍부한 인간관계와 지금까지 말한 소극적 인간관계의 중간에 위치하는 방법이다. 이 방법은 밝고 무리가 없는 실용적인 형태를 취하면 건설적인 교류가 된다. 그러나 가족과 함께하는 시간이나 아이들의 문제를 피하기 위해서 일에 전념하는 경우에는 부정적인 교류가 된다.

여흥 이 방법은 사회적으로 수용될 수 있는 방식으로 수용되는 주제에 관해 이야기하며 시간을 보내는 것이다. 주부가 이웃 여자들과 어울려 이야기에 정신이 팔린다든가, 노인이 손자 자랑을 한다든가, 직장에서 특정 인물의 소문을 화제로 하여 시간을 보내는 방법이다. 이는 깊이 들어가지 않고 어루만짐을 주고받는다는 점에서 비교적 단순한 보완적 교류라고 할 수 있다

게임 심리적 대가를 치르는 반복되는 일련의 저의적 교류가 게임이다. 게임은 방어기제이며 일종의 필요악과 같은 교류로서 사람들은 상당한 시간을 게임으로 소비한다. 게임을 연출하는 사람은 어릴 때 부모와 자식 간의 교류에서 어딘가 잘 맞지 않는 데가 있기 때문에 순순히 어루만짐을 얻을 수 없었던 사람들이 많다. 어루만짐 면에서 게임은 어떤 이유로 신뢰와 애정이 뒷받침된 진실한 교류가 영위되지 않기 때문에 부정적 어루만짐을 교환하고 있는 것이다.

친밀성 두 사람이 서로 신뢰하며 상대방에 대하여 순수한 배려를 하는 진실한 교류라고 할 수 있다. 이 교류를 습관화하기 위해서는 '자기긍정-타인긍정(I' m OK, You' re OK)'이라고 하는 기본적인 자세를 몸에 익힐 필요가 있다. 친밀성은 교류분석에서 추구하는 이상적인 시간의 구조화 방법이다.

자아상태

버언은 우리가 욕구와 상황에 따라 사용하는 세 가지 자아상태가 있다고 가정하였다. 이 세 가지는 부모, 성인, 아동 자아상태다. 이러한 자아가 성격의 구성요소로서 각각 어떤 특성을 갖는가를 이해할 필요가 있다.

부모 자아상태 개인이 자신이나 타인에게 강요하는 당위적인 명령으로 구성되어 있는 자아상태다. 부모 자아상태는 아동이 대체로 초등학교에 입학할 때까지 형성되며, 개인이 생애를 통해 권위적 인물과 상호작용하면서 계속적인 적응이 이루어진다. 부모 자아는 아동 자신의 실제 부모의 양육태도, 제도적 혹은 사회적 가치에 의해 형성된 것으로 믿어진다. 즉 부모 자아상태는 우리가 의미 있는 권위적 인물, 특히 부모로부터 가르침을 통해 가치를 통합하는 방법이다. 부모 자아상태는 '비판적 부모 자아(Critical Parent ego)'와 '양육적 부모 자아(Nurturing Parent ego)'로 구성되어 있다.

성인 자아상태 개인이 현실세계와 관련해서 기능하는 성격의 부분이다. 이것은 성격의 합리적이고 객관적인 측면을 나타낸다. 성인 자아상태는 현재의 실재에 적용되는 자율적인 감정, 태도 그리고 행동유형으로 특징지어진다. 성인 자아상태는 현실을 검증하고 문제를 해결하며, 다른 두 자아상태를 중재한다. 그러므로 성인 자아상태는 성격의 균형을 위해 중심적 역할을 하며 성격의 전체적인 적응과정에 가장 기여하는 부분으로 여겨질 수 있다.

아동 자아상태 이 자아상태는 우리 각자의 아동기의 유물인 일련의 감정, 태도, 행동유형이다. 자발성, 창의성, 충동, 매력 그리고 기쁨 등이 아동 자아상태의 특성이다. 이것은 우리 안에 내재하는 성격 중 흥미를 추구하는 어린아이 같은 부분이다. 아동 자아상태는 우리의 성격통합과 효과에 기여한다는 점에서 매우 중요하다. 그것은 양육적 부모자아와 실제적 성인에 역작용하는 흥미 있는 생각, 충동, 행동의 원천이자 내적 강인함의 원천이다. 아동 자아상태는 '현실적 아동 자아(Adapted Child ego)'와 '자유분방한 아동 자아(Free Child ego)'로 구성되어 있다. 더 나아가 자유분방한 아동 자아를 '천진한 아동 자아(Natural Child ego)'와 '영악한 아동 자아(Little Professor)'로 구분한다.

교류유형

자아상태는 인간의 욕구에 부합되는 것으로 가정하는 적응양식이다. 교류는 사람들 간의 의사소통 과정이다. 어떤 주어진 시간에 이루어지는 교류는 세 가지 유형, 즉 '보완적 교류(complementary transactions)' '교차적 교류(crossed transactions)' '저의적 교류(ulterior transactions)' 중의 하나를 가정한다.

보완적 교류 이 교류는 당신의 어떤 자아상태가 상대방의 어떤 자아상태에 보낸 자극에 따라 원하는 반응을 하는 것이다. 즉 당신의 세 가지 자아상태와 상대방의 세 가지 자아상태가 서로의 욕구를 충족시키는 평행선을 이루는 교류다. 이러한 교류는 인정이나 어루만짐이 서로에게 보완적이기 때문에 대화가 계속된다.

교차적 교류 상대방이 원하는 욕구가 무시되거나 잘못 이해되어 나타나는 반응의 교류다. 당신이 원하지 않는 반응을 얻었을 때 당신은 당황할 것이다. 대화는 상대방의 욕구가 무엇인가를 파악한 후에 이루어져야 한다. 상대방의 욕구를 무시하고 엉뚱한 반응을 하면 대화가 중단된다. 상대방이 정보를 원하면 정보를 제공하는 대화는 지속된다. 당신의 직장상사가 권위적인 태도(그의 부모자아)로 당신의 아동 자아상태에 대화를 걸어오면 그 상황에 맞게 그의 태도를 파악하여 반응해야 한다. 만약 당신이 그의 욕구를 무시하고 당신의 부모 자아상태로 반응하면 당신은 그에게 '건방진 녀석'으로 비추어질 것이다.

저의적 교류 동시에 이중적인 메시지가 전달되는 교류를 말한다. 예를 들면, 당신의 언어적 메시지인 말의 내용과 비언어적 메시지인 음성이나 얼굴표정이 다른 경우다. 사회적으로 수용되는 의사소통 이면에 심리적인 의도가 깔려 있는 교류로, 대화하는 사람이 이중 메시지를 보내는 경우다. 말하는 내용과 다른 숨은 의도가 깔려 있기 때문에 이러한 교류를 저의적 교류라 한다. 저의적 교류는 동시에 두 가지 자아상태가 관여한다는 점에서 보완적 교류나 교차적 교류와 다르다. 우리 대부분이 숨겨진 의도로 하는 심리적 게임은 대표적인 저의적 교류다.

삶의 입장

부모의 양육태도, 가정환경, 출생순위 등으로 형성된 당신의 부모 자아상태, 당신이 현실 속에서 발달시킨 성인 자아상태, 당신이 아동기에 발달시킨 아동 자아상태는 당신의 기본적 욕구를 충족시키려는 노력과 결부되어 당신의 삶의 입장을 형성하게 된다. 삶의 바람직한 입장인 '자기긍정-타인긍정'과 그 밖에 세 가지 부정적 삶의 입장이 내포하고 있는 문제를 살펴보자.

자기긍정-타인긍정 이 입장은 상호존중을 나타내는 것으로 아이가 세상에 어떻게 왔는가를 반영하는 입장이다. 아이의 정서적 및 생리적 욕구가 사랑과 수용으로 충족되는 한 유아는 이러한 입장을 유지하고 승리자 각본을 유지한다. '나도 이만하면 괜찮고 당신도 그만하면 괜찮다.'는 긍정적 삶의 태도를 갖는다.

자기긍정-타인부정 삶의 태도가 투사적(projective)인 입장이다. 이것은 '나는 잘났고, 너는 별 볼 일 없다.'는 입장이다. 어린아이가 심하게 무시당하거나 비난이나 억압을 당할 때, 또는 부모의 체벌을 받았을 때, 나쁜 사람은 내가 아닌 다른 사람이라고 단정할 수 있다. 이러한 인생태도를 가진 사람은 다른 사람의 반응 없이도 생존할 수 있다는 강한 편집적 태도를 보인다. 다른 사람들에게 저항적인 태도를 가지기 때문에 자기도취적인 우월감에 사로잡힐 수 있다. 그렇기 때문에 타인에 대한 극단적인 불신, 증오, 비난, 양심부재의 현상이 나타날 수도 있다. 비행이나 범죄자들이 주로 이 자세를 갖고 있으며, 심하면 타살충동으로 연결될 수 있다.

자기부정-타인긍정 삶의 태도는 내사적(introjective)이며, 다른 사람과 비교해서 무력감을 느끼는 사람들이 공통적으로 취하는 입장이다. '나는 별 볼 일 없고, 너는 잘났어.' 하는 입장이다. 이것은 인생초기에, 즉 일반적으로 어린아이들이 취하는 최초의 자세다. 이 시기에 아이들은 부모의 애정 어린 존재의 인정자극을 경험하기 때문에 타인에 대한 긍정성을 인정한다. 그러나 한편으로는 욕구충족에 있어 거의 무능한 상태에 있기 때문에 다른 사람의 도움 없이는 생존의 위협을 느끼게 되고 많은 좌절감을 경험한다. 그 결과 어린아이는 '내가 별 볼 일 없다(I' m Not Ok).'는 자기부정적인 인생자세를 갖게 된다. 그리고 타인을 긍정적으로 평가하고 자기보다 우월한 것으로 지각한다. 이러한 자세는 자기비하와 우울증적인 태도를 초래할 수 있다. 즉 이러한 인생태도를 가진 사람은 열등감, 무가치감, 우울, 무력감과 같은 정서적 태도를 지니게 된다. 이러한 자세를 취하는 사람은 '희생자' 역할을 하며, 자기공격적 행동을 하며, 혹은 간접적 공격성을 표출하는 경향이 높다.

자기부정-타인부정 이러한 삶의 태도는 무용론 입장을 보이는 사람들에게 나타난다. 이것은 '나도 별 볼 일 없고, 너도 별 볼 일 없다.'는 입장으로 비관론적인 태도다. 부모에 의한 비판적, 부정적인 반응을 강하게 경험하면서 '나는 별 볼 일 없는 아이다.'라는 생각을 갖게 되며, 이러한 생각이 지배적일 때 부모의 어떤 반응도 부정적으로 보게 되어 부모의 반응을 거부하게 된다. 이러한 사람은 어떤 노력도 기울이지 않으며 만사를 부정적으로 여기게 된다. 이러한 인생자세를 취하는 사람은 삶의 의미를 상실하여 자포자기하고 극단적인 퇴행상태나 정신분열 상태에 빠지기도 하며 심한 경우에는 자살이나 타살의 충동을 느낄 수 있다. 나를 포함하여 모두가 별 볼 일 없다는 입장은 인생 자체에 대한 심한 회의감과 함께 인생의 막다른 골목에 와 있다는 부정적 태도에 빠져 있게 한다.

3. 집단상담자의 역할과 기능

교류분석 집단상담자는 교류분석이 무엇인지를 집단구성원에게 가르치는 교사 역할, 그들의 자아상태가 적절하게 기능하는가를 파악하는 분석자 역할, 타인과의 교류분석이 적절하게 이루어지는가를 판단하는 평가자 역할을 한다. 그리고 부적절한 인생각본을 새로운 각본으로 재구성해서 살아가도록 촉진하는 재결단의 촉진자 역할을 수행한다. 교류분석 집단상담자는 집단구성원이 대인관계에서 자신과 타인을 보는 긍정적 태도를 지니고 서로가 승리할 수 있는 의사교류를 하도록 조력한다.

교류분석 집단상담자의 상담목표는 이미 지적한 것처럼 집단구성원이 독특한 문화적 존재로서 자율성을 성취하도록 조력하는 것이다. 우리 모두는 급변하는 새로운 문화환경에 보다 건설적으로 적응하는 데 있어 어린 시절에 만든 초기결정을 적절하게 변화시킬 유연성을 갖는 게 필요하다. 집단상담자는 집단구성원이 재결단을 통해 경직되고 비합리적인 초기결정을 유연하고 합리적인 인생각본으로 바꾸도록 조력한다.

4. 집단상담 목표

교류분석 집단상담자는 집단구성원이 자각, 자발성, 친밀성의 능력을 회복하도록 조력한다. 이러한 자율성을 성취하기 위해 내담자는 자신이 어린 시절에 부모의 금지 명령에 대한 반응으로 형성한 초기결정을 이해하고 변화시킬 힘을 가졌다는 것을 깨달아야 한다. 재결단 과정에서 집단구성원은 초기결정을 다시 경험하고 보다 건전한 새로운 결정을 한다.

주어진 상황에서 적절하게 다른 사람과 의사소통을 하기 위해서, 우리의 성격을 구성하고 있는 세 가지 자아상태가 건전하게 발달되어야 한다. 만약 지나치게 부모 자아상태가 발달되어 다른 자아상태를 배제하고 명령과 비판적인 자세만 견지한다면 다른 사람과의 의사소통에 문제를 겪게 된다. 역시 성인 자아상태가 다른 자아상태를 배제하고 작동한다면 당신은 지나치게 현실적이고 논리적이라는 비판을 받을 것이다.

우리가 대하는 상대방이 어떤 자아상태에서 이야기하는가를 파악하여 그가 전달한 메시지에 따라 상보적인 교류가 될 수 있도록 해야 한다. 상황과 상대방의 욕구에 부응하여 대화하지 못한다면 우리의 대화는 계속되지 못한다. 지속적인 대화를 중단시키는 방식으로 당신이 상대방의 욕구를 무시하고 엉뚱하게 반응하는 교차적 교류를 한다면 문제가 된다. 당신이 원하는 방식으로 상대방이 반응하지 않을 때 상대방이 어떤 자아상태를 가지고 메시지를 전달하는가를 파악할 수 있는 현명함이 필요하다.

우리는 대부분 사람들과의 사회적 관계를 하면서 삶을 유지한다. 당신에게 주어진 시간을 어떻게 보내는가는 전적으로 당신에게 달려 있다. 길면서도 짧은 우리의 인생을 보람차게 보내는 방법은 시간에 대한 구조갈망을 적절한 방법으로 달성하는 것이다. 교류분석에서는 게임을 통해 상대방을 심리적으로 괴롭히거나 속이는 방식으로 의사소통을 하는 저의적 교류를 경계한다. 교류분석에서는 당신이 저의적 교류에 대한 대가를 반드시 치르게 된다고 본다. 현실 도피적인 삶을 추구하며 환상으로 도피하는 철회는 대인관계의 중단이다. 역시 버언(Berne, 1972)의 저서인 『당신은 안녕이라고 말한 후 무엇을 이야기하는가(*What do you say after you say hello?*)』에서 지적한 것처럼 의례적인 인사나 겉치레 행동만 하면서 대인관계를 하는 것도 문제다.

5. 집단상담 과정

교류분석을 적용한 집단상담자는 자기긍정-타인긍정에 가정한 교류를 강조한다. 집단상담자와 집단구성원은 계약을 통해 동등한 파트너가 된다. 집단구성원은 자신이 변화시키기를 원하는 것을 결정하고 집단상담자는 집단구성원이 변화를 달성하도록 전문적인 조력활동을 한다(Steiner, 1974). 교류분석의 일반적 집단상담 과정은 다음과 같은 여섯 단계를 거친다(강갑원, 2004, pp. 304-308).

- **첫 번째 단계**: 계약
- **두 번째 단계**: 구조분석
- **세 번째 단계**: 교류분석
- **네 번째 단계**: 게임분석
- **다섯 번째 단계**: 각본분석
- **여섯 번째 단계**: 재결단

교류분석 집단상담자는 관찰할 수 있는 인간관계를 토대로 집단구성원들이 바람직한 교류를 함으로써 서로가 승리할 수 있도록 조력한다. 우리가 인생초기에 주로 부모의 영향에 따라 형성한 자아상태는 교류에 영향을 준다. 교류를 통해 인정을 받으려는 욕구는 우리가 시간을 어떻게 보낼 것인가에 영향을 준다. 시간을 보내는 방법 중의 하나가 우리가 하는 심리적 게임이다. 우리가 타인과 함께 시간을 보내는 방법, 즉 교류는 우리의 인생각본을 결정하는 데 영향을 준다. 요약하면, 우리의 자아상태, 교류, 시간 구조화의 한 방법인 게임과 인생각본은 밀접하게 관련되어 순환적인 영향을 끼친다.

6. 집단상담 기법

변화를 위해서는 인간의 욕구와 순환적인 관계에서 삶에 영향을 주는 자아상태, 교류, 게임, 각본을 이해하는 것이 필요하다. 특히 문제를 가진 사람은 그가 하는 악순환 고리를 끊기 위해 자신의 행동이나 삶에 대한 입장을 철저히 이해하여야 한다. 치료적 변화를 달성하기 위해 교류분석 집단상담자는 네 가지 분석, 즉 구조분석, 교류분석, 게임분석, 각본분석을 통해 집단구성원을 조력한다. 여기에서는 이 네 가지 분석에 대해 살펴보고자 한다.

구조분석

우리가 대인관계에서 나타내는 언어적이거나 비언어적 메시지는 우리의 성격을 구성하고 있는 자아상태에서 비롯된다. 구조분석은 집단상담자가 세 가지 자아상태인 부모 · 어른 · 아동을 통해 집단구성원이 자신을 이해하도록 조력하는 것이다. 즉 세 가지 자아상태가 우리의 사고 · 감정 · 행동에 미치는 영향을 파악하는 것이다. 만약 당신이 형성한 세 가지 자아상태가 독립적이면서도 상호협조적인 전체로서 기능하지 못한다면, 다른 사람에게 부적절한 자극이나 반응을 주고받게 된다.

상황에 대한 객관적이고 현실적인 판단을 할 수 있는 성인 자아상태를 중심으로 부모나 아동 자아상태가 우리의 성장을 위해 적절히 기능해야 한다. 만약 어떤 자아상태가 다른 것을 배제(exclusion)하고 독단적으로 자극과 반응을 주고받는다면 문제다. 배제는 당신을 구성하고 있는 세 가지 자아 중 어느 하나에 에너지가 집중되어 에너지의 흐름이 차단되는 것을 말한다. 세 가지의 배제가 있다. 부모가 성인과 아동을 배제하는 경우, 성인이 부모와 아동을 배제하는 경우, 아동이 부모와 성인을 배제하는 경우다. 예를 들면, 부부관계에서 남편이 일관되게 권위를 내세우며 아내를 무시하고, 명령하고, 합리적인 대화를 나누지 않으면 부모가 성인과 아동을 배제하는 경우다.

역시 성인 자아상태 영역이 다른 자아상태의 영향으로 오염(contamination)되어 있다면 문제다. 오염은 부모나 아동 자아상태가 성인 자아상태를 침범하여 상황을 객관적으로 판단하는 것을 방해하는 것이다. 이는 객관성이 편견에 의해서 지배되는 경우다. 상담자는 부적절한 자아상태에 영향을 준 사회적 영향 혹은 부모의 영향이 무엇인가를 내담자가 찾아 이해하도록 한다.

듀세이 부부(Dusay & Dusay, 1989)는 에고그램(egogram)을 통해 다섯 가지 기능적인 자아상태, 즉 '비판적 부모 자아' '양육적 부모 자아' '성인 자아' '자유분방한 아동 자아' '현실적 아동 자아'가 어떻게 나타나는가를 막대그래프로 보여 주었다. 에고그램은 기본적으로 교류분석에서 가정하는 에너지 항상설 가설에 근거하여 다섯 가지 기능적 자아상태의 에너지 상태를 보여 준다. 바람직한 이상적인 에고그램 형태는 중앙에 있는 성인 자아가 가장 에너지가 많고, 다음으로 성인 자아 좌우로 양육적 부모 자아와 '자유분방한 아동 자아'가 많으며, 가장 적은 에너지는 비판적 부모 자아와 현실적 아동 자아가 가진 경우다. 선분으로 다섯을 연결한 경우 종형(∩)이 된다. 반대로 부적응적인 에고그램 형태는 이상적인 형태와 정반대인 유자형(∪)과 유사한 형태를 보인다.

교류분석

개인이 다른 사람과 교류하는 세 가지 방식은 보완적 교류, 교차적 교류 그리고 저의적 교류다. 인간은 인정받고 싶어 하고 긍정적 어루만짐을 받기 위해 노력한다. 서로를 인정하고 보완하는 교류인 바람직한 보완적 교류는 계속된다. 교류분석은 우리가 다른 사람에게 관계하는 방식을 설명하고, 어떤 교류가 효과적인지 혹은 비효과적인지를 알아보는 것이다. 또한 어떤 교류가 직접적이고 개방적인지, 방어적이고 폐쇄적인지 혹은 거짓인지를 설명하는 것이다. 교류분석 집단상담자는 세 가지 자아상태를 바탕으로 집단구성원의 다른 사람과의 교류가 어떻게 이루어지는가를 파악하여 부적절한 교차적 교류나 저의적 교류를 중단하도록 촉진시킨다.

게임분석

모든 사람은 심리적 게임을 한다. 많은 사람들은 자신이 하는 게임을 잘 인식하지 못한다. 게임은 우리가 인정이나 어루만짐을 보다 잘 이해하도록 도와준다.

게임은 나중에 대가를 치르게 되는 시련감정을 경험하게 하는 저의적 교류에서 비롯되는 시간 구조화의 한 가지 방법이다. 상담자는 내담자가 하는 게임이 어떤 종류의 게임인지를 파악하려고 시도한다. 게임은 깊은 수준의 현실적 상호작용의 의미를 감추기 위해 피상적 수준에서 협동적으로 상호작용하는 방법이다.

게임 당사자는 주로 세 가지 역할, 구조자, 박해자, 희생자의 역할을 수행하면서 악순화적인 게임을 계속한다. 심리적 게임을 중단하고 직접적이며 진솔한 친밀감을 교류할 수 있도록 시간을 구조화하는 게 필요하다.

각본분석

사람들은 그들이 수행하는 많은 게임을 통해 자신의 각본을 나타낸다. 인간이 표현하는 각본에는 항상 중심적 주제가 있다. 이러한 주제는 인간 생의 선택과 문제를 밝혀 준다. 의사소통의 중요성을 강조한 교류분석에서도, 정신분석과 마찬가지로, 인생초기의 경험이 각 개인의 현재 생활태도나 각본에 매우 중요한 영향을 준다고 가정한다. 그러나 교류분석에서는 사람들이 지닌 인생에 대한 기본적 태도를 성격발달과 관련해서 파악하기보다는, 일생을 통해서 개인이 대인관계를 맺으면서 자신과 타인에 대해서 취하는 기본적인 자세라는 관점에서 보고 있다.

교류분석에서는 인생의 네 가지 기본적 입장을 가정한다. 이러한 기본적 입장은 사람들의 삶이 인생초기에 부모로부터 어떻게 영향을 받았느냐에 따라 결정되는 경우가 대부분이라고 가정한다. 그리고 이러한 자세는 당신 자신의 대인관계 스타일과 인생각본의 형성에 지대한 영향을 준다. 여기서는 이러한 인생에 대한 네 가지 기본태도 중에서 '자기긍정-타인긍정'을 살펴보자.

긍정적 삶의 입장인 '자기긍정-타인긍정'은 교류에 참여하는 양자가 전체로서 상대방에 대해 긍정적 태도를 갖는 것을 의미한다. 이러한 입장은 '나도 당신도 이만하면 괜찮다'는 삶의 태도를 취하는 것이다. 이러한 인생태도를 가진 사람은 발전적 입장을 가진다. 이러한 자세는 자신의 가치와 타인의 가치를 인정하고 존중하는 건설적인 태도다. 이 자세를 갖고 살아가는 사람의 구조분석을 해 보면 양육적인 부모와 성인자아가 인격의 주도권을 장악하고 있다. 문제영역에서 설명한 세 가지 부정적 삶의 입장이 의식영역 밖에서 주로 감정에 기초해서 형성된 것인 데 비해, 이 인생자세는 개인의 결단에 의해서 의식적으로 선택한 것이라고 본다. 이러한 인생태도를 가진 사람은 타인과 심리적인 게임을 하지 않고 개방적인 태도에서 의사소통을 하고 있다. 즉 남과 함께 조화하며 살아가는 태도를 가지며 긍정적인 측면에서 모든 인간관계를 이끌어 간다. 교류분석을 통해 상담자는 부정적인 세 가지 삶의 입장을 '자기긍정-타인긍정'의 입장으로 변화시킨다.

7. 요약

- 교류분석 집단상담자가 사용하는 주요한 네 가지 분석방법은 구조분석, 교류분석, 게임분석 그리고 각본분석이다.

- 교류분석에 근거한 집단상담을 이해하기 위해 필요한 주요개념으로 심리적 욕구, 시간 구조화 방법, 자아상태, 교류유형, 삶의 입장에 대해 살펴보았다.

- 교류분석에서 가정하는 세 가지 주요한 심리적 욕구는 자극갈망, 인정갈망, 구조갈망이다. 그 밖에 이러한 욕구에서 비롯된 입장갈망이 있다.

- 개인이 시간을 구조화하는 여섯 가지 방법은 철회, 의례적 행동, 활동, 여흥, 게임, 친밀성이다.

- 버언은 인간이 성격을 구성하는 세 가지 자아상태인 부모, 성인, 아동 자아상태의 기능을 바탕으로 타인과 교류한다고 보았다. 사람들이 사용하는 세

가지 교류 유형에는 '보완적 교류' '교차적 교류' '저의적 교류'가 있다.

- 교류분석 집단상담자는 교류분석이 무엇인지를 집단구성원에게 가르치는 교사 역할, 그들의 자아상태가 적절하게 기능하는가를 파악하는 분석자 역할, 타인과의 교류분석이 적절하게 이루어지는가를 판단하는 평가자 역할을 한다.

- 교류분석 집단상담자는 집단구성원이 자각, 자발성, 친밀성의 능력을 회복하도록 조력한다. 또한 인생을 보람차게 보내기 위해 시간에 대한 구조갈망을 적절한 방식으로 달성하도록 한다.

- 상담자와 내담자는 계약을 통해 동등한 파트너가 된다. 집단구성원은 자신이 변화시키기를 원하는 것을 결정하고 집단상담자는 집단구성원이 변화를 달성하도록 전문적 조력 활동을 한다.

- 치료적 변화를 달성하기 위해 교류분석 집단상담자는 네 가지 분석인 구조분석, 교류분석, 게임분석, 각본분석을 통해 집단구성원을 조력한다.

효과적 조력을 위한

〈집단상담 연습 11〉: 상호승리와 변화를 위한 재결단

제임스와 존게워드(James & Jongeward, 1971)는 『승리하려고 태어났다(*Born to Win*)』에서 교류분석과 게슈탈트치료를 접목시켰다. 저자가 교류분석의 이론적 배경을 고려하여 2008년도 한국교류분석학회/(사)한국교류분석협회에서 주제 발표하면서 작성했던 '게슈탈트와 재결단 기도문(Gestalt and Redecision Prayer)'을 소개하면 다음과 같다.

Gestalt and Redecision Prayer

We are born to win.
I do my thing, and you do your thing.
I am not in this world to live up to your expectations.
And you are not in this world to live up to mine.
I am I, and you are you.
I see with the eyes of another,
I hear with the ears of another,
and I feel with the heart of another.
If by chance we find each other, it' s beautiful.
But if not, it can' t be helpful.
If we really want to change, we can be reborn by redecision.
I am OK, and you are OK.
For happiness we need strokes and encouragement.

연습 1

5명씩 조를 이루어 위의 '게슈탈트와 재결단 기도문'을 읽고 전달하는 메시지가 무엇인지에 대해 논의하라. 그리고 위의 기도문에 녹아 있는 최소 세 가지 주요한 상담이론이 무엇인가를 말해 보라.

연습 2

먼저 앞의 기도문에서 강조하는 삶의 입장이 무엇인가에 대해서 생각해 보라. 그런 다음 당신이 삶을 영위하면서 지배적으로 사용하는 인생각본을 확인해 보라. 그리고 당신이 타인과 교류하면서 '나도 당신도 이만하면 괜찮다.'는 입장으로 바꾸는 데 걸림돌이 되는 것이 무엇인지 찾아보라.

제12장

현실치료에 근거한 집단상담

The guiding principles of Reality Therapy are directed toward achieving the proper involvement, a completely honest, human relationship in which the patient, for perhaps the first time in his life, realizes that someone cares enough about him not only to accept him but to help him fulfill his needs in the real world.

- William Glasser(1965, p. 25) -

제12장의 목차

제12장
현실치료에 근거한 집단상담

인간은 누구나 자신의 욕구를 달성하고 싶어한다. 더불어 인간은 자신의 욕구를 충족시키려는 바람(want)에 따라 내적 세계를 창조한다. 현실치료(Reality Therapy)는 "당신은 정말 무엇을 원하십니까?" 라는 질문과 "현재 당신이 하고 있는 행동은 당신이 정말 원하는 것에 기여합니까?" 라는 질문을 바탕으로 성립되었다. 글래서(William Glasser, 1925~)는 1965년 '정신의학의 새로운 접근' 이란 부제하에 현실치료 이론을 제안하였다.

초창기부터 뚜렷한 이론적 체계가 없었던 현실치료의 이론적 틀을 제공한 책은 파워스(Powers, 1973)가 쓴 『행동: 지각의 통제(*Behavior: the control of perception*)』였다. 즉 글래서는 파워스의 자문을 받고 통제이론을 현실치료의 이론적 틀로 삼아 그의 입장을 더욱 발전시켜 왔다. 1996년 글래서는 현실치료의 기저가 되는 이론은 통제이론이라기보다 선택이론이라고 하였다. 하지만 현실치료에서 통제체계로서의 뇌에 관한 관점은 계속 유지되고 있다. 선택이론은 자신의 생각 · 감정 · 행동에 대한 사람들의 선택이 삶의 질을 결정한다는 것을 강조한다. 글래서(Glasser, 1998)는 집단상담자가 현실치료를 통해 집단구성원으로 하여금 보다 나은 선택을 해서 삶의 질을 향상하도록 조력할 수 있다고 믿었다.

현실치료에서는 인간이 보편적으로 추구하는 기본욕구를 가지고 있지만 이것을 충족시키는 방법에 대해 각자가 다양한 선택을 한다고 보았다. 당신과 똑같은 방식으로 자신의 욕구를 충족시키는 사람은 없다. 이것은 당신이 이 세상에서 독특한 존재임을 의미한다.

현실치료 집단상담자는 집단구성원이 효과적이고 책임질 수 있는 방법으로 행동하여 자신의 욕구를 충족시킬 수 있도록 조력한다. 당신의 욕구를 충족시키기 위해 당신은 어떤 행동을 선택한다. 당신이 어떤 행동을 선택할 것인가는 전적으로 당신에게 달려 있다. 당신이 선택한 행동은 당신을 행복하게 하거나 불행하게 할 것이다. 다시 말하면 당신의 삶과 행복을 통제하고 선택하는 사람은 당신 자신이라는 것이다.

1. 기본원리

현실치료의 주요한 이론인 통제이론은 인간의 뇌에서 진행되는 지각을 강조한다. 현실치료는 인간은 각자가 정말로 무엇을 원하는가를 파악해야 한다는 점에서 인지적 해석의 중요성을 강조한다. 또한 현실치료는 인간이 자신의 욕구나 바람에 따라 자신이 하고자 하는 행동을 결정하고 더 나아가 자신의 인생을 선택하고 결정한다는 점에서 표면적으로 실존주의적 입장을 취하고 있다.

현실치료는 객관적으로 관찰되는 자극-반응의 원리에 입각한 결정론적인 입장에서 인간행동을 설명하는 것을 반대하고, 개개인이 주관적으로 갖는 바람에 따라 행동이 수행된다고 본다. 행동치료 집단상담자처럼, 현실치료 집단상담자는 대체로 집단구성원이 하는 행동에 의해 그를 이해하려고 한다. 하지만 행동치료 집단상담자가 하는 것처럼 자극-반응 모델에 의해서 객관적으로 행동을 이해하고 변화시키려고 하지 않는다. 즉 현실치료 집단상담자는 행동을 평가의 객관적 표준에 입각해서 보는 것을 반대하고 집단구성원의 '현실'에 입각해서 생각한다. 이러한 현실은 실제적 현실이거나 도덕적 현실일 수 있다. 어떤 경우이든, 현실치료 집단상담자는 개인이 그러한 현실에 일치하거나 불일치하기 때문에 기능하는 것으로 본다.

글래서는 인간을 긍정적 관점에서 보았으며 결정론적 입장을 반대한다. 즉 인간의 행동과 정서에 대한 책임이 인간 스스로에게 있음을 강조하며 결정론을 반대한다. 그는 모든 개인이 건강이나 성장의 힘을 가지고 있다고 믿는다. 그리고 현실치료 집단상담자들은 기본적으로 우리 각자는 성공정체감을 통해 만족스럽고 즐거워지기를 바라며, 책임질 수 있는 행동을 보여 주고 싶어 하고, 의미 있는 인간관계를 가지고 싶어 한다고 본다. 글래서는 우리들 각자가 궁극적으로는 자기결정을 한다는 기본적인 신념을 가지고 있다. 현실치료 집단상담자는 집단구성원이 자신의 환경적인 여건에 의존하기보다 자신의 결정에 더 크게 의존함으로써 자신의 책임을 다할 수 있고, 성공적이며 만족스러운 삶을 살아갈 수 있다고 본다. 그는 또한 불만족스러운 현실상황에서 변화를 가져오게 하는 것은 행동을 바꾸려는 결심에서 비롯된다고 본다. 현실치료 집단상담자는 집단구성원이 자신의 정체감을 개발하려는 기본욕구를 지니고 있으며 그의 생애를 통해 성공정체감을 달성하려는 심리적 욕구를 가졌다고 생각한다.

우볼딩이 제시한 현실치료의 다섯 가지 원리를 살펴보면 다음과 같다(Wubbolding, 1988, pp. 3-7).

첫째, 인간은 욕구와 바람을 달성하도록 동기화되어 있다. 인간의 욕구는 모든 사람에게 보편적이다. 바람은 개개인에 따라 독특하다. 현실치료는 인간이 심리적 욕구(소속감, 힘, 흥미, 자유)와 생리적 욕구(생존)를 가지고 있으며 이러한 욕구를 개개인에 따라 특별한 방법으로 성취한다고 본다.

둘째, 바라는 것과 그가 환경으로부터 얻고 있다고 지각하는 것과의 차이나 불일치가 있기 때문에, 사람들은 각자에게 필요한 구체적 행동을 수행하게 된다. 이러한 불일치는 바람에 대한 좌절이다. 따라서 불일치 혹은 좌절은 성취되지 않은 바람을 성취하기 위한 구체적 행동을 생성한다.

셋째, 행동하기(doing), 생각하기(thinking), 느끼기(feeling) 그리고 생물학적 행동으로 구성되어 있는 인간행동은 목적이 있다. 즉 인간의 목적 행동은 개인의 바람과 얻고 있다고 지각하는 것의 차이를 줄이도록 계획된다.

넷째, 행동하기, 생각하기, 느끼기는 행동의 서로 분리될 수 없는 측면이며 내부로부터 생성된다. 대부분의 이런 행동은 선택되는 것이다.

다섯째, 인간은 지각을 통해서 세상을 본다. 일반적인 지각의 두 가지 수준, 즉 낮은 수준과 높은 수준이 있다. 지각의 낮은 수준은 사건 혹은 상황의 지식을 함축한다. 지각의 높은 수준은 그러한 사건이나 상황에 가치를 부여한다.

2. 주요개념

여기에서는 현실치료에 근거한 집단상담을 이해하는 데 필요한 주요개념으로 기본욕구, 통제이론, 전체행동, 선택이론의 원리 등을 살펴보고자 한다.

기본욕구

글래서가 가정하는 다섯 가지 기본욕구인 소속감, 힘, 즐거움, 자유 그리고 생존 욕구에 대해서 살펴보자.

소속감 욕구 인간은 소속감 욕구를 충족시키고자 한다. 소속감의 동의어는 사랑, 우정, 돌봄, 관심, 참여 등이다. 이것은 사회적 동물로서 가정 · 학교 · 직장 · 사회에 소속되어 다른 사람과의 관계를 유지하면서 사랑을 주고받고자 하는 인간의 속성을 말한다. 이 글을 읽는 독자로서 당신이 갈구하는 소속감의 욕구는 당신의 나이나 필요에 따라 그 내용과 정도에 차이가 있을 것이다.

글래서는 소속감 욕구를 세 가지 형태, 즉 사회집단에 소속하고 싶은 욕구, 직장에서 동료들에게 소속하고 싶은 욕구, 가족에게 소속하고 싶은 욕구로 분류하였다. 그 이유는 욕구의 충족은 여러 환경에서 일어나기 때문이다. 소속감 욕구는 생리적 욕구와 같이 절박한 욕구는 아니지만 인간이 살아가는 데 원동력이 되는 기본 욕구다. 누군가가 당신에게 갖는 사랑과 관심은 분명 삶의 원동력으로 작용한다. 아내의 사랑은 남편에게 원동력이다. 반대의 경우도 마찬가지다. 자녀에게는 부모의 사랑이 필요하다.

힘 욕구　인간은 힘에 대한 욕구를 충족시키고자 한다. 현실치료에서 말하는 힘에 대한 동의어는 성취감, 존중, 인정, 기술, 능력 등이다. 이러한 힘에 대한 욕구는, 우리 각자가 경쟁하고 성취하고 중요한 존재이고 싶어 하는 속성을 가지고 있다는 것을 의미한다. 학생은 좋은 성적으로 성취감을 느끼게 될 것이다. 직장인에게 승진은 자신의 능력이나 기술에 대한 인정을 반영한 것이다. 글래서는 인간으로서 우리는 각자의 입장에서 하는 일에 따라 칭찬이나 인정받고자 하는 기본욕구를 가지고 있다고 본다.

인간 개개인은 자신의 환경에 영향을 끼치며 적어도 어느 정도는 환경을 통제하고 싶어 한다. 우리는 만사가 우리의 뜻대로 되기를 바라며, 그러한 힘이 우리에게 있기를 바란다. 모든 살아 있는 피조물 중에서 인간만이 힘에 대한 욕구를 끝까지 포기하려 하지 않는다. 힘에 대한 매력을 느끼게 되면 종종 소속에 대한 욕구 등 다른 욕구와 직접적인 갈등의 원인을 경험하게 된다. 즉 사람들은 사랑과 소속에 대한 욕구를 얻으려고 결혼을 하지만 가끔 부부 사이에서 힘에 대한 욕구를 채우고 싶어 서로 통제하려고 하다가 결과적으로 부부관계가 파탄되는 원인이 되기도 한다. 청소년은 힘의 욕구를 성취하기 위해 독립성을 갖고 접근하기도 하지만 반항이란 부정적 접근방식을 사용하기도 한다.

즐거움 욕구　인간은 즐거움 욕구를 충족시키기를 원한다. 즐거움의 동의어는 흥미, 기쁨, 학습, 웃음 등이다. 이것은 인간이 새로운 것을 배우고 놀이를 통해 즐기고자 하는 속성을 가지고 있다는 것을 말한다. 글래서는 인간의 즐거움 욕구는 기본적이고 유전적인 지시라고 확신한다. 개인이 즐거움 욕구를 충족시키기 위해 때로는 생명의 위험도 감수하면서 자신의 생활방식을 과감히 바꾸어

나가는 것을 볼 수 있다. 예를 들면, 암벽 타기나 번지점프 등이다.

즐거움 욕구충족 활동의 유형에는 단순한 놀이도 있지만, 학습도 우리에게 매우 중요한 즐거움을 제공한다. 어린아이가 새로운 것을 학습하면서 느끼는 즐거움은 그에게 신기한 경험이다. 우리의 자녀가 학교에 입학하면서 공부가 그에게 일이 되어 버리기 때문에 학습이 즐거움이 아니라는 생각을 갖게 된다. 학생들에게 공부가 곧 놀이가 되는 교육을 위해 부모나 교사가 노력하는 것이 필요하다. 글래서는 만약 학생이 공부하기를 지겹게 느낀다면 이것은 확실히 교육자의 잘못에서 비롯된 것이라고 보았다. 이런 맥락에서 그는 1969년에 『낙오자 없는 학교(*Schools without Failure*)』란 책을 저술하게 되었다.

자유 욕구 인간은 자유 욕구를 충족시키기를 원한다. 여기서 말하는 자유의 동의어는 선택, 독립, 자율성 등이다. 이것은 인간이 이동하고 선택하는 것을 마음대로 하고 싶어 하고 내적으로 자유롭고 싶어 하는 속성을 말한다. 당신의 자유 욕구는 당신이 하는 선택을 통해 충족된다. 만약 당신이 선택하거나 당신의 인생을 다소라도 통제할 자유를 갖지 않는다면, 당신의 다른 욕구를 충족시킬 수 없다.

자유란 각자가 원하는 곳에서 살고 대인관계와 종교 활동 등을 포함한 삶의 모든 영역에서 어떠한 방법으로 삶을 영위해 나갈지 선택하고 자신의 의사를 마음대로 표현하고 싶어 하는 욕구를 말한다. 하지만 개인은 자신의 자유 욕구를 충족하기 위해 다른 사람의 자유를 침범하지 않도록 타협을 통하여 이웃과 함께 살 수 있는 절충안을 찾아내야 한다. 즉 우리의 모든 욕구를 충족시키려면 지속적으로 남의 권리를 인정해 주고 나의 권리를 인정받는 것에 대한 합리적인 이해와 자기 선택에 대한 책임을 지려는 의지가 필요하다.

생존 욕구 인간은 생리적 욕구가 충족되기를 원한다. 이것은 인간이 생물학적 존재로서 가지는 생존에 대한 욕구다. 생존 욕구는 먹고, 마시고, 안식처를 찾고, 질병으로부터 보호함으로써 자신을 돌보는 것을 말한다. 이것은 살고자 하고 종족보존을 통해 자기확장을 하고자 하는 속성을 말한다.

통제이론

통제이론은 우리 자신의 내적 동기가 우리의 행동을 통제한다는 심리학적 이론이다. 통제이론에 따르면, 모든 행동이 목적을 갖고 있으며 우리는 다른 사람을 통제할 수 없다. 모든 행동은 우리의 기본욕구를 충족시키려는 목적에서 비롯된다. 즉 통제이론은 우리가 우리의 욕구를 만족시키는 내적 세계인 지각 혹은 사진첩(picture album)을 창조하며 이러한 지각에 따라 행동이 생성된다고 가정한다. 그러므로 우리의 행동은 우리의 욕구를 최선으로 만족시키도록 세계와 세계의 부분으로서 우리 자신을 통제하려는 최선의 시도다.

글래서는 어떤 자극이 당신을 행동하도록 하는 게 아니라 당신의 내적 욕구나 바람이 행동을 생성한다고 주장한다. '당신이 말을 물가에 끌고 갈 수는 있지만, 물을 먹일 수는 없다.'는 격언이 품고 있는 진실이 통제이론의 내용을 함축하고 있다. 당신이 말의 욕구가 무엇인가를 파악했다면 물가에 말을 끌고 가는 헛된 노력을 할 필요가 없었을 것이다. 통제이론은 맞추어진 온도에 따라 자동온도조절기가 작동하는 것처럼 우리의 기본욕구에 따라 뇌의 통제체계가 기능한다고 본다. 글래서가 가정한 다섯 가지 기본욕구인 생존, 소속감 혹은 사랑, 힘 혹은 성취, 흥미, 자유의 욕구를 충족시키기 위해 우리는 뇌의 지시를 받아 행동한다. 인간은 누구나 보편적인 이러한 욕구를 충족시키기 원한다. 그리고 이러한 욕구충족의 바람은 개개인에 따라 독특한 사진첩으로 발달되어 개인의 행동을 통제한다.

전체행동

글래서는 모든 행동에는 목적이 있다고 주장했던 애들러의 영향을 받았다. 글래서는 인간의 전체행동(total behavior)은 네 가지, 즉 행동하기(doing), 생각하기(thinking), 느끼기(feeling) 그리고 생물학적 행동(biological behavior)으로 구성되어 있다고 보았다. 이러한 네 가지로 구성된 전체적인 인간행동에는 목적이 있다. 즉 인간행동의 목적은 개인의 기본욕구에 따른 바람과 얻고 있다고 지각하는 것의 차이를 줄이도록 계획된다. 글래서는 이러한 인간의 행동체계를 자동차의 네 바퀴에 비유하여 설명하고 있다. 앞의 두 바퀴는 행동하기와 생각하기이며 따르는 두 개의 뒷바퀴는 느끼기와 생리적 행동이다. 행동체계를 구성하는 전체행동의 네 가지 구성요소는 서로 유기적으로 관련되어 인간의 기본욕구를 충족시키려고 한다.

선택이론의 원리

선택이론은 개인의 자유를 강조하는 이론이다. 글래서(Glasser, 1998)는 저서인 『선택이론: 개인적 자유에 대한 새로운 심리학(*Choice Theory: A New Psychology of Personal Freedom*)』에서 우리는 우리가 하는 모든 것을 선택할 수 있다고 주장하였다. 따라서 선택이론에서는 개인이 느끼는 불행과 흔히 정신병으로 여겨지는 행동까지도 선택할 수 있다고 본다. 글래서는 우리가 외적 통제심리학을 선택이론으로 대체하면 훨씬 개인적 자유를 만끽할 수 있다고 주장한다. 외적 통제심리학은 현재 많은 사람들에게 지배적인 비판하기, 변별하기, 처벌하기, 보상하기, 강요하기, 불평하기, 비난하기 등과 같은 외적 통제전략의 사용을 다루는 심리학이다. 선택이론은 우리가 이러한 오래된 외적 통제심리학 기제를 관계를 유지, 향상, 강화시키는 행동과 전략으로 대체해야 한다는 것을 가르친다. 개인적 자유가 밝혀지고 촉진될 수 있는 선택이론의 열 가지 원리를 살펴보자(Glasser, 1998, pp. 332-336).

- **원리** 1: 우리의 행동을 통제할 수 있는 사람은 우리 자신이다. 누구도 우리에게 우리가 원하지 않는 것을 하게 할 수 없다. 우리가 처벌이나 강요로 위협받을 때, 우리는 잘 수행하지 못한다. 우리가 우리 자신의 행동을 통제할

수 있다는 것을 깨닫기 시작할 때, 우리는 곧바로 우리의 개인적 자유를 새롭게 정의하며 훨씬 많은 자유를 가진다는 것을 알게 된다.

- **원리** 2: 우리가 타인에게서 얻을 수 있는 모든 것은 정보다. 우리가 얻은 정보를 어떻게 처리할 것인가는 우리의 선택이다.
- **원리** 3: 지속되는 모든 심리적 문제는 관계문제다. 관계는 고통, 피로, 만성적 질병과 같은 다른 많은 문제의 부분적 원인이기도 하다.
- **원리** 4: 관계문제는 항상 개인이 현재 영위하는 삶의 일부분이다.
- **원리** 5: 과거에 일어난 고통스러운 일이 현재 우리 자신에게 많은 영향을 주고 있지만, 이러한 고통스러운 과거를 다시 들추어내는 것은 현재 우리가 할 필요가 있는 것에 거의 기여할 수 없다. 즉 중요한 관계를 향상시킬 수 없다.
- **원리** 6: 우리는 기본욕구인 생존, 사랑과 소속감, 힘, 자유, 즐거움에 의해 행동한다.
- **원리** 7: 우리는 단지 각자의 질적 세계에 있는 사진첩을 만족시킴으로써 이러한 기본욕구를 충족시킬 수 있다.
- **원리** 8: 평생 우리가 할 수 있는 모든 것은 행동이다. 모든 행동은 행동하기, 생각하기, 느끼기, 생물학적 행동으로 구성된 전체 행동이다.
- **원리** 9: 모든 전체 행동은 동사, 보통 부정사와 동명사로 나타낼 수 있으며 가장 쉽게 인식할 수 있는 용어로 표현된다. 예를 들면, "나는 우울로 고통받고 있다." 대신 "나는 우울해지기를 선택하고 있다."로 "나는 우울해졌다." 대신 "나는 우울해지고 있다."로 표현한다.
- **원리** 10: 모든 전체 행동은 선택되지만 우리는 단지 행동하기와 생각하기를 직접적으로 통제할 수 있다. 하지만 우리는 행동하기와 생각하기를 선택하는 방법을 통해서 간접적으로 우리가 느끼는 것과 생물학적 행동을 통제할 수 있다.

3. 집단상담자의 역할과 기능

현실치료 집단상담자는 집단구성원과 친밀한 관계를 맺고 적극적으로 그들의 생각하기와 행동하기를 변화시키려고 노력한다. 집단상담자는 온화한 관계를 바탕으로 직접적이고 배려하는 방식으로 집단구성원이 처한 현실을 지적해서 직면시키려고 노력한다. 글래서(Glasser, 1965)는 효과적인 현실치료 집단상담자를 위한 네 가지 준거를 다음과 같이 제시하였다.

첫째, 효과적인 집단상담자는 자신의 욕구를 충족시킬 수 있는 책임 있는 사람이어야 한다.

둘째, 효과적인 집단상담자는 정신적으로 강해서 집단구성원이 저지른 비생산적인 행동에 대한 동정과 핑계를 통한 호소에 저항할 수 있어야 한다.

셋째, 효과적인 집단상담자는 집단구성원에게 수용의 태도를 견지한다.

넷째, 효과적인 집단상담자는 집단구성원을 정서적으로 지지하고 그와 밀접한 정서적 유대관계를 맺어야 한다.

현실치료 집단상담자는 집단구성원에게 책임감 및 성공정체감을 가진 개인적 모델로서 자신이 선택한 것을 행동하기를 통해 실천하는 본보기 역할을 수행한다. 글래서(Glasser, 1965)가 제시한 현실치료 과정은 집단상담자가 집단구성원의 변화를 위해 수행하는 여덟 가지 역할과 기능을 명료하게 보여 주고 있다.

4. 집단상담 목표

현실치료에 근거한 집단상담의 목표는 집단구성원이 책임질 수 있고 만족한 방법으로 자신의 심리적 욕구인 소속감, 힘, 자유, 흥미를 달성하도록 조력하는 것이다. 글래서는 정신과 치료를 필요로 하는 모든 사람은 자신의 기본욕구를 충족할 수 없기 때문에 고통을 받는다고 지적하였다. 그리고 증상의 심각성은 개인이 자신의 욕구를 충족할 수 없는 정도를 반영하는 것으로 보았다(Glasser, 1965, p. 5). 현실치료 집단상담자는 집단구성원이 그의 기본욕구에서 비롯된 바람이 정말 무엇인가를 파악하지 못하거나 파악했다 하더라도 효과적으로 그러한 바람을 충족시키지 못하는 것을 문제로 본다. 따라서 현실치료 집단상담의 주요한 상담목표는 일차적으로 집단구성원의 기본욕구를 바탕으로 그가 정말 원하는 것이 무엇인지를 파악하도록 하는 것이다. 집단상담자는 집단구성원이 정말 원하는 바람이 무엇인지 파악한 후에 그가 바람직한 방법으로 이러한 바람을 달성할 수 있도록 조력한다.

집단구성원이 바람직한 방법으로 욕구를 달성할 수 있도록 하는 데 있어 현실치료에서는 3R, 즉 책임감(Responsibility), 현실(Reality), 옳거나 그름(Right or wrong)을 강조한다. 글래서에 의하면 모든 인간은 따뜻한 정을 주고받는 관계에 대한 욕구와 존경을 받고자 하는 욕구를 가진다. 프로이트가 개인의 성적 욕구와 공격의 욕구가 사회적 · 문화제도적 체제로 인하여 충족되지 못한 데에서 정신의학적 문제가 발생한다고 본 것과는 아주 대조적이다. 글래서는 관계와 존경에 대한 욕구가 현실적이고(realistic), 책임감 있게(responsible) 그리고 옳은(right) 방법으로 충족되는 길을 알지 못하거나 취하지 않을 때 정신의학적 문제를 일으킨다고 본다. 이러한 세 가지 내용에 대해서 좀 더 구체적으로 살펴보자.

책임감 현실치료 접근의 기본이 되는 것은 개인적 책임감이다. 즉 개인적 책임을 지지 않는 데서 개인에게 문제가 생긴다고 보고 있다. 글래서는 책임감이란 '개인이 타인의 욕구충족을 방해하지 않으면서 자신의 욕구를 충족시키는 능력'이라고 정의한다. 사람들은 자신의 행동에 대한 책임감과 자신의 욕구를 충족시킬 책임감이 있다고 보고 있으며, 어떠한 과거의 조건이나 현재의 여러 여건, 그리고 다른 사람의 행동도 자신의 무책임한 행동에 대한 구실로 사용될 수 없다. 따라서 어려서부터 책임감에 대한 교육을 하는 것이 중요하다고 보고 있다. 책임감이 있는 사람은 자신의 생활에서 무엇을 원하는지를 알며 자신의 욕구나 목표를 성취하기 위해 책임감 있는 계획을 세운다는 점에서 자율적이다. 즉 책임감은 사람들이 자신의 생활을 효과적으로 통제할 수 있다는 것을 의미한다.

현실치료에서는 정신건강과 책임감을 같은 것으로 본다. 즉, 책임을 잘 질수록 더 건강하고, 책임을 지지 않을수록 더 건강하지 않다. 글래서는 정신병과 정신병 분류체계를 버려야 한다고 주장하는데, 사람들이 스스로 자신을 병든 것으로 받아들이는 한 그들의 무책임에 대한 이미 마련된 이유를 가지게 되기 때문이다. 환자라는 딱지를 떼어 버리면 변명의 여지가 없어지고 환자에게 쉽게 책임감을 가르칠 수 있다는 것이다. 개인이 자신의 삶에 대한 책임감을 받아들이고 그러한 책임감에 따른 행동을 시작하기 전까지는 변화가 불가능하다.

현실 현실치료에서 책임을 받아들인다는 것은 바로 개인이 현실을 직면해야 함을 말한다. 책임은 현실의 직면과 직결된다. 때문에 현실세계를 정확하게 받아들여야 하고, 더 나아가 현실세계가 정해 주는 어떤 범위 내에서만이 자신의 욕구충족이 가능하다는 점을 이해해야 한다. 현재의 행동은 관찰될 수 있는 것이고 현실세계에서 일어나는 일이기 때문에 현실의 한 부분이다. 따라서 개인이 책임을 져야 하는 모든 행동은 현실에서 일어난다.

현재라는 말도 현실에서 중요하다. 우리는 과거를 바꿀 수 없고 과거를 이해하는 것은 우리의 관심을 지금의 현실로 돌리려는 것이다. 즉, 현재를 위해 과거에 대한 이해가 필요하다. 더욱이 사람들이 자신을 바꾸기 위해서는 과거를 이해해야 한다고 배우게 되면, 그들 자신에 있어 과거의 어떤 일은 그들의 무책임한 현재의 행동에 대해 하나의 구실을 제공하게 되는 것이다. 결국 현실치료를 적용하는 집단상담자들은 집단구성원이 현실, 즉 그들이 현재 행동을 직면해야 한다고 주장한다. 현실치료 집단상담자는 집단구성원이 더욱 책임 있는 행동을 함으로써 자신의 문제를 해결할 수 있는 현실을 직면하도록 돕는다.

옳거나 그름 개인의 기본욕구를 만족시키는 행동을 하는 데 있어 '옳거나 그름', 즉 도덕적 판단이 있어야 함을 의미한다. 개인은 사회 속에서 자신의 행동에 대한 가치판단을 통해 현실적으로 욕구충족을 한다. 현실치료 집단상담자는 집단구성원이 다른 사람들에게 해가 되지 않는 옳은 판단을 통해 자신의 욕구를 충족하도록 조력한다.

5. 집단상담 과정

현실치료 집단상담은 집단구성원의 기본욕구를 파악하여 그러한 욕구를 바람직한 방식으로 달성할 수 있도록 하는 상담 접근방식이다. 특히 현실치료 집단상담은 학교상황에서 학생들을 상담하는 데 매우 효과적임이 밝혀졌다. 글래서가 제안한 현실치료의 상담과정에는 집단상담자가 기본적으로 지켜야 할 원칙이 잘 제시되어 있다. 그가 제시한 상담과정은 다음과 같다.

첫째, 집단구성원과 관계형성 집단구성원이 상담관계에 자발적으로 참여하도록 원만한 관계를 형성한다. 먼저 집단구성원에게 열중하고, 친화관계를 수립하거나 단순히 친해지려고 노력한다. 강한 유대관계를 바탕으로 집단구성원이 집단상담자를 마음속으로 조력자로서 받아들이도록 한다. 그 후 집단상담자는 집단구성원이 무엇을 원하는지, 혹은 통제이론 용어로 지금 집단구성원이 무엇을 통제하고 있는지를 찾는다.

둘째, 집단구성원의 바람과 현재 하고 있는 행동의 파악 집단구성원의 바람, 욕구, 지각이 탐색된다. 더불어 그가 그러한 바람을 달성하기 위해 현재 하고 있는 행동이 탐색된다. 집단구성원이 현재 하고 있는 것, 즉 통제이론 용어로 지금 하기로 선택하고 있는 것에 초점을 맞추도록 하는 시도다. 여기서 집단상담자는 첫째 단계의 내용을 언급하면서 집단구성원에게 원하는 것을 얻기 위해 지금 무엇을 하고 있는가를 묻는다. 그러나 집단상담자는 가장 변화하기 쉬운 행동요소에 초점을 맞추고 우울이나 감정요소에는 초점을 맞추지 않는다.

셋째, 행동평가　집단구성원의 현재 행동이 그의 바람을 달성하는 데 도움이 되는가의 여부를 평가한다. 집단구성원이 스스로 선택한 것임을 알게 된 행동이 그가 원한다고 말한 것을 얻게 해 주는가를 평가하도록 하는 것이다. 또한 이 단계에서 문제가 많은 집단구성원에게 그들의 행동이 규칙에 어긋나지 않는가를 물을 수 있다. 만일 그들의 행동이 원하는 것을 얻게 해 주는가를 물으면 흔히 자기가 원하는 것은 싸움뿐이라는 식으로 대답하는 경우가 있다. 이를 예방하기 위해서는 무슨 행동을 하고 있는가를 물은 후 그 행동이 규칙에 어긋나지 않는가를 물어야 한다.

넷째, 책임질 수 있는 행동을 계획　집단구성원이 자신의 바람을 보다 효과적으로 성취할 수 있는 행동을 수행하기 위한 계획을 수립한다. 일단 집단구성원 편에서 자기가 하고 있는 행동이 소용없다고 판단되면, 다음 단계에서는 원하는 것을 얻을 수 있는 방법, 혹은 통제이론으로 말하면 그의 생활을 효과적으로 통제할 수 있는 더 좋은 방법을 생각해 내도록 돕는다. 이 단계는 계획하고, 조언하고, 조력하고, 격려하는 것이다. 집단상담자의 직무는 집단구성원이 더 효과적으로 작용할 수 있는 방법에 관한 지식을 갖는 것이며 그들이 스스로 좋지 못한 선택을 하고 있음을 인정할 때 더 나은 선택을 하도록 안내하는 것이다.

다섯째, 계획이행에 대한 약속　집단구성원이 자신이 수립한 계획에 따라 행동할 것에 대한 언약을 얻어 낸다. 일단 계획이 세워지면 집단상담자는 집단구성원에게 그 계획을 끝까지 수행하는 노력을 하겠다는 다짐을 요구해야 한다. 집단구성원이 언약을 할 때 그것이 확고해지는 이유는 그 언약 후 집단상담자가 집단구성원의 내부세계에서 욕구충족 지각의 대상이 되기 때문이다. 또한 약속은 집단상담자에 대한 것일 뿐만 아니라 집단구성원 자신에 대한 것이기 때문에 강력한 것이다. 확고한 언약은 끝까지 강력하게 수행하는 것을 의미한다.

여섯째, 변명에 대한 불수용　집단구성원이 계획에 대한 이행을 하지 않고 변명할 경우 이를 수용하지 않는다. 현실치료 집단상담자는 변명 혹은 계획이 수행되지 않은 이유에 열중하지 않는다. 인간의 모든 행동이 어느 정도까지는 효과가 있음을 기억해야 한다. 아무리 비참한 행동을 해도 집단구성원은 그런 행동으로 자기의 세계를 어느 정도 통제하고 있고 그는 또 이 약간의 통제를 포기하는 데 두려움을 느낀다. 그러나 집단상담자가 집단구성원을 이 단계로 인도하고 이미 집단구성원의 뇌 속에서 집단상담자가 자신을 도와주는 사람으로 인식될 때 "나는 왜 당신이 그것을 할 수 없는지는 관심이 없어요. 나는 당신이 그것을 언제 할 수 있을지…… 그리고 당신이 그것을 어떻게 할 수 있을지에 관심이 있어요."라고 말해야 한다. 이 방법을 사용하면 집단구성원은 점점 그가 할 수 있는 유일한 일, 즉 지금 바로 더 나은 행동을 선택하는 일에 초점을 맞출 것이고, 비효과적이고 비참하게 된 이유를 더는 찾지 않을 것이다.

일곱째, 처벌의 금지 집단상담자는 집단구성원을 비판하거나, 논쟁하거나, 처벌하지 않는다.

여덟째, 지속적인 조력 집단상담자는 결코 집단구성원을 포기하지 않고 지속적인 관심을 갖고 조력한다. 집단구성원이 스스로 효과적인 통제력을 얻을 수 있다는 것을 깨닫게 되기까지는 오랜 시간이 걸린다. 왜냐하면 그들은 비효과적인 방법으로 세상을 통제하는 데 익숙하기 때문이다. 좋은 친구는 결코 포기하지 않는다.

6. 집단상담 기법

현실치료 집단상담은 상담기법에 지향된 접근방식이 아니다. 따라서 선택이론에서 독창적으로 개발한 특별한 기법을 사용하기보다는, 집단상담자와 집단구성원의 친밀한 관계를 바탕으로 집단구성원이 자신의 바람을 바람직한 방법으로 달성할 수 있도록 조력한다. 여기에서는 현실치료 집단상담 기법으로 집단상담자 태도, 질문하기, 직면하기, 역설적 기법, 유머 사용하기 등을 살펴보고자 한다.

집단상담자 태도

현실치료 집단상담자들이 집단구성원에게 취하는 주요한 태도는 집단상담 활동을 위한 분위기에 기여하며 궁극적으로 집단구성원의 변화로 이끈다. 이미 글래서가 제안한 상담과정에서 지적한 것처럼 집단구성원과의 친밀한 관계형성을 바탕으로 집단상담자는 집단구성원의 변명을 수용하지 않으며, 처벌이나 비판을 하지 않으며, 또한 결코 포기하지 않고 조력하는 태도를 보인다.

질문하기

현실치료 집단상담에서 질문하기는 집단구성원의 전체 행동 탐색, 바람 파악, 현재 하고 있는 행동 파악, 구체적 계획 수립에서 중요한 역할을 한다. 우볼딩(Wubbolding, 1988)은 질문하기가 다음과 같은 네 가지 방식으로 현실치료 집단상담자에게 유용하다는 것을 제안하였다. 집단구성원의 내적 세계로 들어가기, 정보 얻기, 정보 주기, 집단구성원이 보다 효과적인 통제를 하도록 조력하기(pp. 162-164). 집단상담자의 질문하기는 집단구성원이 자신의 내적 세계(바람, 욕구, 지각)를 이해하도록 돕는다. 효과적인 질문은 집단구성원이 자신의 행동에 초점을 맞추고, 그러한 행동을 평가하고 계획하도록 한다. 또한 질문하기는 집단구성원에게 선택하도록 하며 선택을 통해 자신의 삶을 변화시키는 방법을 통제하도록 돕는다.

직면하기

현실치료 집단상담자는 기본적으로 집단구성원의 변명을 수용하지 않고 결코 포기하지 않는 태도를 취하기 때문에 직면하기는 상담과정에서 필요불가결하다. 집단상담자는 직면하기를 통해 집단구성원의 변명을 다룰 때 긍정적 태도를 유지하면서 변명을 수용하지 않는다. 집단상담자는 집단구성원을 비판하거나 그와 논쟁하지 않으면서 집단구성원이 자신의 전체 행동을 탐색해서 효과적인 계획을 수립하도록 한다. 집단상담자가 하는 중요한 일은 집단구성원이 정말 달성하기를 소망하는 바람과 그가 현재 하고 있는 행동이 그러한 바람을 달성해 주는지의 여부를 따지는 활동이다. 집단상담자는 바람의 달성에 역행하거나 불일치한 행동을 하는 집단구성원을 조력하는 데 있어 직면하기를 통해 그가 선택한 행동에 대해 책임을 지도록 한다.

역설적 기법

집단상담자는 집단구성원에게 모순된 요구나 지시를 주어 그를 딜레마에 빠지게 하는 역설적 기법을 사용한다. 예를 들면 실수하지 않으려고 강박적으로 생각하는 집단구성원에게 실수를 하도록 요구할 수 있다. 만약 집단구성원이 집단상담자의 제안대로 실수를 하려고 시도하면, 집단구성원은 문제에 대한 통제를 입증했다고 볼 수 있다. 만약 집단구성원이 집단상담자의 제안에 저항하면 그 행동은 통제되고 제거된다.

선택이론의 맥락에서 지각, 욕구, 전체 행동을 조사함으로써, 선택이론에 함축된 역설을 설명할 수 있다. 욕구를 충족시키는 데 역설이 있다. 욕구는 흔히 서로 갈등상태에 있다. 어떤 사람은 힘 욕구를 위해 소속감 욕구를 희생시킬 수 있다. 전체 행동에서 역설이 일어난다. 개인은 일상생활에서 느끼기와 생각하기에 많은 주의를 기울이지만, 변화를 가져오는 것은 행동하기다. 감정은 이야기함으로써가 아니라 행동하기에 의해 변화된다. 만약 우울한 개인이 다른 사람들에게 적극적으로 행동하면 우울 감정은 변화될 것이다.

역설의 두 가지 유형은 '틀 바꾸기(reframing)'와 처방(prescriptions)이다. 이러한 역설적 기법은 집단구성원이 통제에 있고 자신의 행동을 선택하는 것을 느끼도록 해 준다. 집단구성원이 우울하기를 보다 많이 선택하는 것은 우울하기를 덜 선택할 수도 있다는 것을 의미한다. 틀 바꾸기는 집단구성원이 어떤 상황이나 주제에 대해 생각하는 방식을 변화하도록 조력하는 것이다. 즉 집단구성원이 이전에 바람직하지 않았던 행동을 바람직한 행동으로 보도록 조력한다. 처방은 집단구성원이 증상을 선택하도록 지시하거나 요구하는 것을 말한다. 예를 들면, 얼굴이 붉어져 타인에게 말을 못하는 집단구성원에게 그가 얼마나 많이 그리고 자주 붉어지는가를 다른 집단구성원에게 말하도록 하는 것이다.

유머 사용하기

현실치료는 즐거움이나 흥미를 기본욕구로 강조한다. 집단상담자와 집단구성원이 농담을 공유한다는 것은 서로가 동등한 입장에서 흥미 욕구를 공유한다는 것을 의미한다. 집단상담자가 유머를 통해 집단구성원과 친근한 관계를 유지함으로써 그의 소속감 욕구를 충족시킬 수 있다.

7. 요약

- 현실치료의 다섯 가지 원리를 살펴보면 다음과 같다.
  첫째, 인간은 욕구와 바람을 달성하도록 동기화되어 있다.
  둘째, 바라는 것과 그가 환경으로부터 얻고 있다고 지각하는 것과의 차이나 불일치가 있기 때문에, 사람들은 각자에게 필요한 구체적 행동을 수행하게 된다.
  셋째, 행동하기, 생각하기, 느끼기 그리고 생물학적 행동으로 구성되어 있는 인간행동은 목적이 있다.

넷째, 행동하기, 생각하기, 느끼기는 행동의 서로 분리될 수 없는 측면이며 내부로부터 생성된다.

다섯째, 인간은 지각을 통해서 세상을 본다. 일반적인 지각에는 낮은 수준과 높은 수준의 두 가지가 있다. 지각의 낮은 수준은 사건 혹은 상황의 지식을 함축한다. 지각의 높은 수준은 그러한 사건이나 상황에 가치를 부여하는 것이다.

- 현실치료에 근거한 집단상담을 이해하는 데 필요한 주요개념으로 기본욕구, 통제이론, 전체 행동, 선택이론의 원리 등을 살펴보았다.

- 현실치료 집단상담자는 집단구성원과 친밀한 관계를 맺고 적극적으로 그들의 생각하기와 행동하기를 변화시키려고 노력한다.

- 현실치료에 근거한 집단상담의 목표는 집단구성원이 책임질 수 있고 만족스러운 방법으로 자신의 심리적 욕구인 소속감, 힘, 자유, 흥미를 달성하도록 조력하는 것이다.

- 글래서가 제안한 현실치료 집단상담 과정의 여덟 단계는 집단구성원과 관계형성, 집단구성원의 바람과 현재하고 있는 행동 파악, 행동평가, 책임질 수 있는 행동 계획, 계획이행에 대한 약속, 변명에 대한 불수용, 처벌의 금지, 지속적인 조력이다.

- 현실치료 집단상담 기법으로 집단상담자 태도, 질문하기, 직면하기, 역설적 기법, 유머 사용하기 등을 살펴보았다.

효과적 조력을 위한

〈집단상담 연습 12〉: 현명한 선택하기와 행동하기로 행복 달성하기

당신의 행복과 불행을 선택하는 사람은 당신 자신이다. 당신이 불행을 선택한다는 것을 믿기 어려울 수 있다. 보다 구체적으로 말하면, 당신은 당신을 불행하게 만드는 행동을 선택한다는 것이다. 우리는 매 순간 바람에 따른 기본욕구를 충족시키기 위해 우리의 행동을 선택한다. 당신이 우유부단해서 결정하지 않는 것도 결정을 의미한다. 마찬가지로 선택하지 않는 것도 선택을 의미한다.

연습 1

글래서가 제안한 집단상담 과정의 여덟 단계와 우볼딩이 제안한 WDEP를 비교 설명하라. 글래서가 현실치료 집단상담자가 가져야 할 태도로 강조한 내용의 중요성에 대해 당신의 삶이나 상담경험을 바탕으로 기술하라.

연습 2

먼저 3명씩 조를 만들어라. 그리고 글래서가 제안한 선택이론의 열 가지 원리에 대해 당신이 어떻게 생각하는지 서로 토의하라. 그리고 이러한 원리를 바탕으로 집단구성원 각자가 현재 자신의 기본욕구를 달성하기 위해 선택한 생각하기와 행동하기가 적절한지 서로에게 이야기해 보라.

연습 3

당신이 당신을 불행하게 만드는 어떤 행동을 하고 있는지를 당신이 선택한 바람을 바탕으로 탐색해서 그러한 행동을 바람직한 방향으로 변화시키도록 시도하라.

연습 4

당신이 집단상담을 운영해야 할 집단상담자라고 가정하고 현실치료의 기본원리, 주요개념 그리고 집단상담 과정을 숙지한 후 비행청소년을 조력하기 위한 8회기(16시간)로 구성된 현실치료 집단상담 프로그램을 개발해 보라.

제13장

인지 · 정서 · 행동치료에 근거한 집단상담

To accept yourself unconditionally, even though you have many failings.
To unconditionally accept other people with their short comings.
To accept the sinner but not the sin.
To accept the grim conditions of life when they cannot be changed.
To accept your dysfunctional feelings when you cannot change them.
To accept present restrictions and pains when they will produce future gains.
To accept the fact that your past history cannot be changed but your present reactions to it can be.
To accept your biological and socially learned limitations and not demand that they do not exist.
To accept your ultimate death, even if you would like to live forever.
To accept that you can change your thoughts, feelings, and behaviors
– but usually only with much work and practice.
To accept that few things are wholly good or wholly bad.
To accept that you and other people are often easily disturbable, and without trouble can act quite unreasonably and upsetting.

– Albert Ellis(2001, p. 224) –

제13장의 목차

제13장
인지 · 정서 · 행동치료에 근거한 집단상담

우리는 흔히 "인간은 이성적 동물이다."라고 말한다. 이 표현은 우리의 사고의 중요성을 강조한 말이다. "생각을 바꾸면 세상이 달라진다."는 표현도 우리가 세상을 어떻게 지각하는가의 관점을 강조한 말이다. 많은 사람들은 흔히 자신에게 일어난 크고작은 사건이 직접적으로 자신의 감정이나 행동에 영향을 미치고 있는 것으로 여긴다. 엘리스(Albert Ellis, 1913~2007)는 사건보다는 우리가 사건을 어떻게 생각하는가의 신념체계가 우리의 감정이나 행동에 영향을 끼친다는 가정하에 '인지 · 정서 · 행동치료(Rational-Emotive Behavior Therapy: REBT)'를 발달시켰다. 엘리스는 합리적 이성이 중요하다는 기본가정에서 1955년에 처음으로 그의 상담접근 방법을 '인지치료(Rational Therapy)'라고 불렀으나 1961년에 '인지 · 정서치료(Rational-Emotive Therapy)'로 변경한 후, 1993년에 인지 · 정서 · 행동치료로 바꾸었다.

엘리스는 인지 · 정서 · 행동치료의 최초의 주창자의 한 사람으로 스토아 철학자인 에픽테투스(Epictetus)의 말을 자주 인용한다. 에픽테투스는 "우리를 당황하게 하는 것은 우리에게 일어난 사건이 결코 아니다. 그것은 이러한 사건을 보는 우리의 관점이다."라고 주장하였다. 즉 우리의 생각 혹은 신념체계를 바탕으로 일어난 사건을 어떻게 해석하는가에 따라 삶이 달라진다는 것이다. 불교에서 강조하는 일체유심조(一切唯心造), 즉 세상사가 마음먹기에 달려 있다는 말도 생각을 강조한 내용이다. 당신이 어떻게 생각하고 마음먹느냐에 따라 세상이 달라진다는 것이다.

1. 기본원리

엘리스는 인지 · 정서 · 행동치료가 인본주의적 심리치료라고 주장한다. 인간이 합리적 삶을 이끌기 위한 기본원리는 자신의 어떤 수행에 의해서 자신을 평가하는 것이 아니라 자신의 실존적 존재를 있는 그대로 수용하는 것이다(Ellis, 1973). 따라서 엘리스는 인간이 가진 문제해결을 위한 가장 인본주의적 접근인 인지 · 정서 · 행동치료를 따른다면, 자신과 타인을 인간으로서 '무조건적으로 수용(unconditional acceptance)'하게 되는 것이라고 주장한다.

인지 · 정서 · 행동치료 집단상담자는 인간이 합리적 사고와 비합리적 사고의 잠재성을 가지고 태어났다고 가정한다. 즉 인간은 타고난 합리적 신념에 의해 자신을 성숙하게 하거나 자아를 실현할 수 있으며 동시에 타고난 비합리적 신념에 의해 자신의 성숙을 방해하거나 자신을 파괴할 수 있다고 본다. 인간이 생물학적 경향성으로 대립되는 합리적 사고와 비합리적 사고를 타고났다는 엘리스의 주장은 성선설과 성악설을 동시에 강조하고 있다고 볼 수 있다. 인간은 자신을 파괴할 수 있는 잠재적 경향성인 비합리적 신념을 갖고 태어났기 때문에 이것을 바꾸는 작업이 그렇게 용이하지 않다고 본다. 따라서 집단상담자가 인간으로서 집단구성원을 수용한 후 논리적인 칼날로 자기파괴적인 비합리적 신념을 잘라 낼 수 있는 예지가 필요하다.

엘리스는 인간은 끊임없이 자기대화와 자기평가를 하면서 자신의 삶을 유지한다고 본다. 합리적 신념에 의한 자기대화와 자기평가는 당신이 선택한 건전한 인생목표를 달성하게 해 줄 것이다. 그러나 비합리적 신념에 의한 자기대화와 자기평가는 당신이 부적절한 정서를 느끼고 역기능적 행동을 수행하도록 하게 만들 것이다.

2. 주요개념

여기에서는 인지 · 정서 · 행동치료 집단상담자가 알아야 할 주요개념으로 합리적 가치/태도, 당위주의, 비합리적 신념, ABC 이론, ABCDEF 모델 등에 대해 살펴보고자 한다.

합리적 가치/태도

엘리스는 사람들이 명확히, 유연하게 그리고 과학적으로 생각하도록 조력할 것을 강조한다. 다음의 가치와 태도는 인지 · 정서 · 행동치료에서 사람들이 자신의 삶 속에서 일반적 목표를 성취하기 위해 획득하고 내재화하도록 촉진하는 것이다(Bernard, 1991, pp. 17-20).

- **자기관심**: 정서적으로 건강한 사람은 우선 자기 자신에게 관심이 있고 진실하며 타인을 위하여 자기 자신을 자학적으로 희생시키지 않는다.
- **사회적 관심**: 건강한 사람은 소외된 실존을 택하지 않고 사회에서 다른 사람과 효과적으로 어울려 사는 데에 관심을 갖는다.
- **자기지향**: 정서적으로 건강한 사람은 다른 사람의 행동이나 지지를 좋아할 수는 있으나 그런 지지를 매번 요구하는 것은 아니다. 그들은 자신의 삶에 책임을 느끼며 자신의 문제를 독립적으로 해결할 수 있다.
- **큰 좌절감에 대한 인내**: 성숙한 인간은 모든 인간이 실수를 하며, 완전할 수 없다는 것을 알고 자신과 타인의 실수를 인정한다.

- **유연성**: 건강한 사람은 사고가 유연하며, 변화에 개방적이고, 무수히 다양한 사람들의 생각을 허용하고 수용 가능한 것으로 본다.
- **불확실성의 수용**: 정서적으로 성숙한 사람은 인간이 무한한 가능성과 기회를 가진 세계에 살고 있다는 것을 인정하나, 어떤 절대적인 확실성이 있는 것은 아님을 인정한다.
- **창조적 일에 대한 실행**: 건강한 사람은 자신을 둘러싸고 있는 일상적인 일뿐만 아니라, 최소한 한두 가지 정도의 창조적인 일에 몰두하며 관심을 가지고 있다.
- **과학적 사고**: 성숙한 사람은 객관적이고 이성적이다.
- **자기수용**: 건강한 사람은 자기가 살아 있다는 것 자체를 기뻐하며 끊임없이 삶을 즐기고 행복과 기쁨을 창조할 수 있는 능력이 자기에게 있다고 믿는다.
- **모험하기**: 정서적으로 건강한 사람은 모험을 할 수 있다. 그는 자신이 인생에서 진정으로 원하는 것이 무엇인가를 곰곰이 생각해 보고 모험을 시도하며 인생을 개척한다.
- **장기적인 만족 추구**: 건강한 사람은 순간적인 쾌락을 추구하기보다는 미래 지향적인 쾌락을 추구한다.
- **비이상주의**: 성숙하고 정서적으로 건강한 사람은 이 세상에서 자신이 얻고자 하는 모든 것을 다 얻을 수 없으며, 모든 고난을 완전히 회피할 수 없다는 사실을 인식한다.
- **정서적 장애에 대한 자기 책임**: 건강한 사람은 다른 사람이나 사회를 비난함으로써 자신을 방어하기보다는 자기 파멸적인 혼란을 느끼는 자신에게 책임이 있다고 느낀다.

당위주의

우리를 파멸로 몰아넣은 근본적인 문제는 우리가 지니고 있는 비합리적 신념이다. 우리가 주어진 상황을 긍정적으로 생각하느냐와 부정적으로 생각하느냐에 따라 엄청나게 다른 정서적 · 행동적 결과를 낳는다는 것을 흔히 경험한다. 마찬가지로 사고 · 감정 · 행동은 상호 밀접하게 관련되어 순환적인 관계를 이룬다. 비합리적 신념에 의해 야기된 부적절한 감정이나 역기능적 행동은 다시 또 다른 비합리적 생각을 촉발하는 악순환을 되풀이한다.

인간은 근본적으로 불완전한 존재다. 전지전능하지 않기 때문에 인간과 관련하여 당위성을 강조하는 것은 비합리적이다. 대체로 비합리적인 신념의 뿌리를 이루고 있는 것은 세 가지 당위성, 즉 '자신에 대한 당위성(I must)' '타인에 대한 당위성(Others must)' '조건에 대한 당위성(Conditions must)'과 관련되어 있다.

자신에 대한 당위성 우리 자신에 대해 당위성을 강조하는 것이다. 우리는 '나는 훌륭한 사람이어야 한다.' '나는 실수해서는 안 된다.' '나는 실패해서는 안 된다.' '나는 실직당해서는 안 된다.' '나는 항상 적절하게 행동해야 한다.' 등 수없이 많은 당위적 사고에 매어 있는 경우가 많다. 그리고 그러한 자신에 대한 당위적 사고가 이루어지지 않을 때 자기파멸이라는 생각을 가지게 된다.

타인에 대한 당위성 우리와 밀접하게 관련한 사람, 즉 부모, 자식, 부인이나 남편, 애인, 친구, 직장동료에게 당위적인 행동을 기대하는 것이다. '부모니까 나를 사랑해야 한다.' '자식이니까 내 말을 들어야 한다.' '부인이니까 정숙하게 행동해야 한다.' '애인이니까 자나 깨나 나에게 관심을 가져야 한다.' '친구니까 우정을 보여야 한다.' '직장동료니까 항상 일에 협조해야 한다.' 등 가까운 타인에게 바라는 당위적 기대가 이루어지지 않을 때 인간에 대한 불신감을 가지게 된다. 그리고 이러한 불신감은 인간에 대한 회의를 낳아 결국 자기비관이나 파멸을 가져오게 된다.

조건에 대한 당위성 우리에게 주어진 조건에 대해 당위성을 기대하는 것이다. '나의 가정은 항상 사랑으로 가득 차 있어야 한다.' '나의 방은 항상 깨끗해야 한다.' '나의 교실은 정숙해야 한다.' '나의 사무실은 아늑해야 한다.' '나에게 주어진 일은 3D(dangerous, dirty, difficult)가 아니어야 한다.' 등 자신에게 주어진 조건에 대해 당위적 사고로 임하는 것이다. 우리가 바라고 원하는 것처럼 지속되는 당위적인 조건은 거의 없다. 그런데도 많은 사람들은 흔히 이러한 당위적 조건을 기대하면서 그렇지 않은 경우에 화를 내거나 부적절한 행동을 한다.

비합리적 신념

엘리스(Ellis, 1962, pp. 60-88)가 정서장애의 원인이 되고 그것을 계속해서 유지시키는 비합리적인 생각으로 제시한 것은 다음과 같다.

① 알고 있는 모든 의미 있는 사람들에게 인정받고 사랑받은 것이 필연적이라는 생각
② 자신이 가치 있는 사람이 되기 위해서는 모든 측면에서 철저하게 능력이 있고, 적절하고, 성취적이어야 한다는 생각
③ 어떤 사람은 나쁘고 사악하기 때문에 가혹하게 비난받고 처벌받아야 한다는 생각
④ 자기가 원하는 대로 일이 되지 않을 때 이것은 끔찍하고 파국적이라는 생각
⑤ 인간의 불행은 외적인 사건에서 비롯되었고 사람들은 자신의 슬픔과 장애를 통제할 능력이 없다는 생각
⑥ 위험하거나 두려운 일이 있으면 그 일에 대해 몹시 걱정하고 그 일이 일어날 가능성을 계속해서 가져야 한다는 생각
⑦ 인생의 어려움이나 자기책임감을 직면하는 것보다 피하는 것이 보다 용이하다는 생각
⑧ 사람은 다른 사람에게 의지해야 하고, 자신보다 강하고 의지할 만한 누군가가 있어야 한다는 생각

⑨ 자신의 과거사가 현재 행동의 중요한 결정요인이며 일어났던 중요한 일이 자신의 인생에 영향을 미쳤던 것처럼 그것이 또한 유사한 영향을 미치리라는 생각
⑩ 타인의 문제나 장애로 인해 자신이 몹시 당황하거나 속상하다는 생각
⑪ 문제의 완전한 해결책이 항상 있고 만약 이러한 완전한 해결책을 찾지 못하면 파국이라는 생각

ABC 이론

엘리스는 신념체계를 합리적인 것과 비합리적인 것으로 분류하였다. 합리적 신념체계를 지닌 사람은 일어난 사건에 대해 합리적 해석을 하여 대처하기 때문에 바람직한 정서적 · 행동적 결과를 초래한다. 그러나 비합리적 신념체계를 가진 사람은 일어난 사건에 대해 비합리적으로 해석하여 바람직하지 않은 정서적 · 행동적 결과를 경험하게 된다. 그러므로 엘리스에 따르면 정신적으로 건강한 사람은 합리적 신념체계에 따라 행동하는 사람이며 건강하지 않은 사람은 비합리적 신념체계의 지배를 받는 사람이다. 우리의 정서적 · 행동적 결과에 영향을 미치는 원인으로 사건보다는 신념체계의 중요성을 강조한다는 점에서 인지 · 정서 · 행동치료를 ABC 이론이라고 한다. 여기서 A는 당신에게 의미 있는 '활성화된 사건(Activating events)'을, B는 '신념체계(Belief system)'를, 그리고 C는 정서적 · 행동적 '결과(Consequences)'를 의미한다.

엘리스는 내담자의 심리적 고통이나 문제는 그의 비합리적 신념체계에서 비롯된 것이라고 확고하게 믿는다. 따라서 인지 · 정서 · 행동치료에서는 내담자가 가진 비합리적 신념체계를 합리적 신념체계로 바꾸게 함으로써 문제해결을 할 수 있다고 본다. 상담자는 문제를 가진 내담자의 신념체계가 비합리적이라는 것을 설득력 있게 반박함(Disputing)으로써 변화를 유도한다.

ABCDEF 모델

엘리스는 비합리적 신념을 확인하고 반박하며 합리적 신념으로 수정하여 효과를 얻는 일련의 과정을 여섯 단계로 보여 주었는데, 이를 머리글자로 표현하여 ABCDEF 모델이라 하였다. 이러한 여섯 단계를 간략히 살펴보면 다음과 같다.

첫 번째 단계인 A는 활성화된 사건(Activating events)을 확인하고 기술하는 것이다.

두 번째 단계인 B는 활성화된 사건에 대한 개인의 신념(Belief)이다. 신념은 합리적이거나 비합리적일 수 있다.

세 번째 단계인 C는 신념에서 비롯된 결과(Consequences)이다. 합리적 신념은 합리적 결과를, 비합리적 신념은 비합리적 결과를 초래한다.

네 번째 단계인 D는 비합리적 결과를 야기한 비합리적 신념을 반박하기(Disputing)다.

다섯 번째 단계인 E는 반박하기의 결과로 나타난 효과(Effect)를 나타낸다. 이러한 효과는 반박하기를 통해 비합리적 신념이 효과적인 합리적 신념으로 바뀐 것을 의미한다.

여섯 번째 단계인 F는 효과적인 합리적 신념에서 비롯된 새로운 감정(Feelings)이나 행동을 나타낸다.

3. 집단상담자의 역할과 기능

인지 · 정서 · 행동치료 집단은 전형적으로 집단상담자 중심적인 방식에 의해 집단구성원의 비합리적 신념을 합리적 신념으로 바꾸는 것을 목적으로 한다. 따라서 집단상담자의 주요한 역할과 기능은, 냉철한 이성으로 집단구성원의 비합리적 신념을 찾아내 날카로운 반박하기를 통해 합리적 신념으로 변화시키는 것이다. 인지 · 정서 · 행동치료 집단상담자는 다양한 방식으로 집단구성원이 합리적 신념을 갖도록 촉진시킨다. 집단상담자의 목표는 집단구성원이 갖고 있는 완벽에 대한 요구를 포기시키는 것이다. 집단상담자는 집단구성원의 본보기로서의 역할을 통해 자신이 일상생활에서 어떻게 인지 · 정서 · 행동치료 방법을 적용하는가를 보여 준다. 집단상담자는 정서의 근원에 대해 집단구성원에게 가르치고, 도전하기와 탐색하기에 의해 집단과정에 적극적으로 참여하고, 집단구성원이 서로 합리적으로 생각하도록 조력하는 것을 격려한다. 또한 집단상담자는 집단 내에서는 활동지향적인 경험을 통해, 그리고 집단 밖에서는 숙제 주기를 통해 합리적 사고를 촉진시킨다.

4. 집단상담 목표

인지 · 정서 · 행동치료의 집단상담 목표는 집단구성원의 비합리적 신념을 합리적 신념으로 바꾸어 수용할 수 있는 합리적 결과를 갖게 하는 것이다. 집단상담자는 집단구성원이 정서적 장애를 최소화하고, 자기파괴 행동을 감소시키며, 보다 행복한 삶을 영위하도록 조력한다. 집단상담자는 개인을 파멸로 몰아넣은 근본적인 문제는 그가 갖고 있는 비합리적 신념이라고 본다. 우리는 주어진 상황을 긍정적으로 생각하느냐와 부정적으로 생각하느냐에 따라 엄청나게 다른 정서적 · 행동적 결과를 낳는다는 것을 흔히 경험한다. 마찬가지로 사고 · 감정 · 행동은 상호 밀접하게 관련되어 순환적인 관계를 이루고 있다. 비합리적 신념에 의해 야기된 부적절한 감정이나 역기능적 행동은 다시 또 다른 비합리적 생각을 촉발하는 악순환을 되풀이한다.

당신이 현재 정서적 혼란을 겪고 있거나 부적절한 행동으로 고통받고 있다면 이전에 제시한 비합리적 사고에 대해 하나하나 검토해 보기 바란다. 정서적 · 행동적 문제는 자기, 타인, 주변조건에 대한 당신의 비합리적 생각에서 비롯되기 때문이다. 우리가 당연하게 받아들이는 많은 비합리적 생각이 우리의 성숙을 방해하고 있다. 그러한 비합리적 생각은 우리의 정서를 혼란시키고 용기 있는 행동을 하지 못하도록 우리를 붙잡는다.

생각은 생각을 낳는다. 비합리적 생각은 꼬리를 물고 또 다른 비합리적 생각을 낳는다. 비합리적 생각 → 비합리적 정서 → 비합리적 행동 → 또 다른 비합리적 사고로 이어지는 악순환의 고리가 계속된다. 따라서 인지 · 정서 · 행동치료에서는 당신이 비합리적 생각을 바꾸지 않으면 당신의 문제는 계속된다고 본다.

5. 집단상담 과정

집단상담자는 먼저 집단구성원과 친밀한 상담관계를 형성한다. 집단구성원은 흔히 자신이 겪었던 사건으로 인해 정서적으로 고통을 받고 있다고 생각하는 경향이 있다. 집단상담자는 활성화된 사건(A)이 정서적 및 행동적 결과(C)를 가져온다고 믿는 집단구성원에게 그가 갖는 신념(B)이 개입한다는 것을 가르친다. 당신이 믿는 것처럼 느낀다. 당신이 자신, 타인, 주어진 조건에 대해 어떻게 생각하느냐가 당신의 감정과 행동에 영향을 준다. 따라서 당신의 정서와 행동에 부적절한 영향을 주는 비합리적 생각을 바꾸는 것이 필요하다.

일어난 사건이 아니라 우리의 생각이 우리를 화나게 한다. 일어난 사건에 대한 비합리적 생각이 우리를 괴롭힌다. 그러므로 합리적인 생각으로 비합리적 생각을 찾아 반박하여 바꾸는 것이 인지 · 정서 · 행동치료에서 강조하는 상담이다. 많은 경우 비합리적인 생각에 사로잡혀 있는 사람은 자신의 비합리적 생각을 쉽게 찾지 못한다. 반박해서 바꾸어야 할 비합리적 사고는 눈에 보이지 않기 때문에 찾기가 용이하지 않다.

당신의 비합리적 생각을 찾는 첫 번째 요령은, 먼저 당신이 느끼고 볼 수 있으며 당신을 지속적으로 괴롭히는 감정과 부적절한 행동에 초점을 두고 찾도록 시도하는 것이다. 왜냐하면 비합리적 정서와 행동 이면에 비합리적 생각이 숨어 있기 때문이다. 비합리적 생각을 찾는 두 번째 요령은 곧바로 자신의 생각 중에 스며 있는 비합리적 신념의 뿌리인 세 가지 당위성인 자신, 타인, 조건에 대한 당위성을 점검하는 것이다. 앞에서 지적한 것처럼 우리 사회가 단지 성공적 수행만을 높이 평가하는 경향이 강하기 때문에 우리는 자신에 대한 당위적 생각을 갖고 있다. 그리고 그러한 비합리적인 당위적 생각을 합리적이고 당연한 것처럼 여기고 있는 경우가 많다.

인지 · 정서 · 행동치료 집단상담의 핵심은 찾아낸 비합리적 신념을 합리적 신념으로 바꾸도록 반박하는 작업이다. 많은 경우에 집단구성원이 오랫동안 비합리적 신념을 당연하게 수용하고 살아왔기 때문에 그의 생각을 반박하는 것은 그렇게 용이하지 않다. 집단상담자는 날카로운 논리와 실증적 요구로 집단구성원의 비합리적 신념이 그에게 가져온 비합리적 결과를 끈질기게 반박함으로써 합리적 신념을 갖도록 유도해야 한다. 때론 집단구성원이 자신의 비합리적 신념을 스스로 반박하게 함으로써 그의 비합리적 신념을 버리고 합리적 신념을 갖도록 한다.

집단상담자의 반박이나 집단구성원의 자기반박을 통해 획득된 합리적 신념을 바탕으로 집단구성원은 바람직한 합리적인 정서적 · 행동적 결과를 경험하게 된다. 우리는 들어오는 많은 정보를 바탕으로 자기대화와 자기평가를 통해 일어난 사건을 합리적 신념 혹은 비합리적 신념으로 처리한다. 합리적 신념과 비합리적 신념 중에서 어느 것을 선택하는가는 우리에게 달려 있다. 그리고 우리가 선택한 신념에 따라 우리는 느끼고 행동하게 된다.

6. 집단상담 기법

인지 · 정서 · 행동치료 집단상담자는 집단구성원의 변화를 위해 그의 비합리적인 절대주의적 생각을 최소화하도록 조력한다. 여기서는 인지 · 정서 · 행동치료 집단상담자들이 사용하는 주요한 집단상담 기법을 크게 인지기법, 정서기법, 행동기법으로 나누어 살펴보고자 한다.

인지기법

인지 · 정서 · 행동치료의 핵심은 비합리적 신념을 합리적 신념으로 바꾸는 것이다. 따라서 인지기법은 이 접근방식에서 가장 중요하다. 인지기법이란 집단구성원의 생각 중 비합리적인 생각과 그에 근거한 집단구성원의 언어를 찾아서 이를 합리적 생각과 언어로 바꾸는 것이다. 이를 위해 집단상담자는 논박을 많이 사용한다. 논박은 집단상담 과정 중 집단구성원의 비합리적인 생각과 언어를 확인한 후 이를 합리적인 생각과 언어로 재구성하기 위해 사용되는 기술이다.

논박의 첫 번째 단계는 확인된 비합리적 생각과 그에 근거한 자기 언어에 대해 규정하여 다시 진술하도록 하는 것이다.

두 번째 단계는 규정하여 재구성한 생각이나 언어가 합리적인가를 묻고 답하는 것이다. 이것은 그러한 생각이나 언어가 타당한 근거를 가지고 있지 못함을 밝히는 데 목적이 있다.

세 번째 단계는 비합리적 생각이나 그 생각에 근거한 언어를 내담자가 하고자 하는 일에 도움이 되는 생각이나 언어로 대치하도록 하는 것이다.

이와 같은 논박을 보다 효과적으로 하기 위해서 인지과제나 독서법을 사용하기도 한다. 집단구성원의 비합리적 생각이나 자기언어를 논박하여 합리적 생각이나 자기언어로 대치하기 위해서 집단상담자는 집단구성원의 생각이나 자기언어가 왜 비합리적인지를 지적해 주고 이를 집단구성원 자신의 언어로 재구성하도록 도와주어야 한다.

정서기법

인지 · 정서 · 행동치료 집단상담자는 집단구성원이 선호하는 것과 당위적 사고를 구별할 수 있도록 정서적으로 이러한 사고 간의 차이를 극대화하는 다양한 수단을 이용한다. 몇 가지 정서기법을 살펴보면 다음과 같다.

인지 · 정서 심상 이 기법은 집단구성원으로 하여금 습관적으로 부적절한 느낌이 드는 장면을 생생하게 상상하도록 한 후 그러한 부적절한 느낌을 적절한 느낌으로 바꾸어 상상하면서 부적절한 행동을 적절한 행동으로 바꾸어 보는 것이다. 이를 통해 비합리적 생각을 버리거나 합리적 생각으로 대치시키는 계기를 마련할 수 있다.

- **역할연기**: 역할연기에는 정서적 요소와 행동적 요소가 있다. 이 기법은 그 장면과 관련한 불쾌감의 밑바탕이 되는 비합리적 생각을 알도록 하는 데 중점을 둔다.
- **수치공격 연습**: 이 기술은 주위 사람이 어떻게 생각할지에 대한 두려움 때문에 하고 싶은 행동을 하지 못하는 집단구성원에 대해 실제로 그 행동을 해보도록 하는 기술이다. 그 결과 주위 사람들이 집단구성원이 생각한 것보다는 관심이 없음을 알게 된다.
- **무조건적 수용**: 집단구성원의 어떤 말이나 행동을 무조건적으로 수용하는 기술이다. 이러한 수용은 집단상담자의 언어나 비언어적 표현을 통해 집단구성원에게 전해질 수 있다. 무조건적인 자기수용과 자기인정은 집단구성원이 자신을 완전하게 받아들이고자 하는 강한 결심을 전제로 한다.

행동기법

인지 · 정서 · 행동치료 집단상담자는 행동기법을 사용하여 집단구성원이 이전보다 효과적으로 수행하도록 할 뿐만 아니라 인지변화를 이루도록 조력한다. 인지 · 정서 · 행동치료는 인지행동치료의 한 형태이기 때문에 대부분의 행동기법을 거의 그대로 활용한다. 특히 조작적 조건형성, 자기관리, 체계적 둔감화, 자기표현훈련, 이완, 강화와 처벌 등의 기법이 사용된다. 인지 · 정서 · 행동치료에서의 행동기법과 행동치료에서의 행동기법은 그 기본가정이 다르다. 행동치료는 행동의 변화가 주요한 목적이지만 인지 · 정서 · 행동치료는 행동의 변화

뿐만 아니라 생각, 더 나아가 정서까지도 변화시키려는 데 더 강조점을 둔다. 행동의 변화를 통해 생각의 변화를 가져오게 하고 변화된 생각에 따라 정서와 행동을 더욱 확실하게 변화시킬 수 있다고 본다.

7. 요약

- 인지 · 정서 · 행동치료 집단상담자는 인간이 합리적 사고와 비합리적 사고의 잠재성을 가지고 태어났다고 가정한다. 즉 인간은 타고난 합리적 신념에 의해 자신을 성숙하게 하거나 실현시킬 수 있으며 동시에 타고난 비합리적 신념에 의해 자신의 성숙을 방해하거나 자신을 파괴할 수 있다고 본다.

- 인지 · 정서 · 행동치료 집단상담자가 알아야 할 주요개념으로 합리적 가치/태도, 당위주의, 비합리적 신념, ABC 이론, ABCDEF 모델 등에 대해 살펴보았다.

- 인지 · 정서 · 행동치료에서 가정하는 합리적 가치와 태도로는 자기관심, 사회적 관심, 자기지향, 큰 좌절감에 대한 인내, 유연성, 불확실성의 수용, 창조적 일에 대한 실행, 과학적 사고, 자기수용, 모험하기, 장기적인 만족추구, 비이상주의, 정서적 장애에 대한 자기책임 등이 있다.

- 비합리적인 신념의 뿌리를 이루고 있는 세 가지 당위성은 '자신에 대한 당위성' '타인에 대한 당위성' '조건에 대한 당위성'이다.

- 인지 · 정서 · 행동치료는 우리에게 발생한 중요한 사건이 정서적 및 행동적 결과를 초래하는 것이 아니라, 신념체계가 중재하여 결과를 초래한다는 ABC 이론을 강조한다.

▶ 인지 · 정서 · 행동치료에서 ABCDEF 모델은 활성화된 사건(A) → 신념(B) → 결과(C) → 반박하기(D) → 효과(E) → 감정(F)을 나타내는 과정을 잘 보여 준다.

▶ 집단상담자의 주요한 역할과 기능은, 냉철한 이성으로 집단구성원의 비합리적 신념을 찾아내 날카로운 반박하기를 통해 합리적 신념으로 변화시키는 것이다.

▶ 인지 · 정서 · 행동치료의 집단상담 목표는 내담자의 비합리적 신념을 합리적 신념으로 바꾸어 수용할 수 있는 합리적 결과를 갖게 하는 것이다. 비합리적 신념 변화를 위해 무엇보다 중요한 것은 반박하기다.

▶ 인지 · 정서 · 행동치료 집단상담자는 집단구성원과의 친밀한 상담관계와 냉철한 이성에 입각하여 집단구성원의 비합리적 신념을 반박하여 합리적 신념을 갖게 한다. 비합리적 신념을 찾는 두 가지 요령은 혼란스러운 감정과 부적절한 행동에 초점을 두고 찾는 것과 비합리적 신념의 근간인 내담자의 당위적 사고를 점검하는 것이다.

▶ 인지 · 정서 · 행동치료 집단상담자는 집단구성원의 비합리적인 신념을 합리적 신념으로 바꾸도록 조력하기 위해 다양한 인지기법과 정서기법, 그리고 행동기법을 사용한다.

효과적 조력을 위한

〈집단상담 연습 13〉: 비합리적 신념을 합리적 신념으로 바꾸기

연습 1

인지 · 정서 · 행동치료 집단상담자로서 가져야 할 합리적 가치/태도가 무엇이지 나열해 보라. 이러한 합리적 가치/태도를 바탕으로 당신이 가지고 있는 신념 중에서 비합리적 신념을 찾아서 논박해 보라.

연습 2

엘리스에 따르면 우리를 당황하게 하고 혼란스럽게 하는 것은 일어난 사건이 아니라 사건에 대한 우리의 생각이다. 합리적 생각은 합리적 결과를 초래하지만 일어난 사건에 대한 비합리적 생각은 비합리적 결과를 초래한다. 집단상담자의 주요한 역할은 집단구성원의 비합리적 신념을 논박하여 합리적 신념으로 바꾸는 것이다. 이 장에서 제시한 열한 가지 비합리적 신념이 비합리적인 이유를 설명해 보라.

연습 3

당신이 집단상담자라 가정하고 엘리스가 제안한 ABCDEF 모델에 의해 집단구성원의 비합리적 신념에서 비롯된 심한 발표불안을 개선하도록 시도하라.

연습 4

당신이 집단상담을 운영해야 할 집단상담자라고 가정하고 인지 · 정서 · 행동치료의 기본원리, 주요개념 그리고 집단상담 과정을 숙지한 후 시험실패로 심한 좌절감에 빠져 있는 청소년들을 조력하기 위한 8회기(16시간)로 구성된 인지 · 정서 · 행동치료 집단상담 프로그램을 개발해 보라.

제3부
집단상담의 실제

집단상담자는 집단상담 프로그램을 개발하고 집단을 구성해서 자신이 개발한 프로그램을 실제 운영해 봄으로써 성장한다. 카커프(Carkhuff, 1987)가 제안한 공감지향 상담과정에 따라 집단상담자와 집단구성원의 역할을 바탕으로 집단상담을 정의하면 다음과 같다. "집단상담자가 집단구성원에게 진솔한 돌봄의 관심을 보이면 집단구성원은 상담활동에 적극적으로 참여하게 된다. 집단구성원의 활성화된 동기유발을 바탕으로 집단상담자가 공감에 기초한 적절한 반응을 보이는 것은 집단구성원의 자기탐색을 촉진한다. 또한 집단상담자는 집단구성원에게 초점을 맞춤으로써, 집단구성원 자신이 문제해결의 책임자로서 문제에 대한 정확한 이해를 하도록 돕는다. 더 나아가 집단상담자는 집단구성원이 실행을 통해 문제해결을 할 수 있도록 선도하는 역할을 수행한다." 이 정의가 함축하고 있는 핵심은, 집단상담자가 집단구성원 스스로 문제를 해결할 수 있다는 확고한 태도에 따라 참여적 촉진자 역할을 한다는 점이다.

상담활동에서 분명한 사실은, 집단상담자의 진솔한 돌봄의 태도가 그의 집단지도력 기술보다 집단구성원에게 더 많은 영향을 준다는 점이다. 이런 점에서 초보집단상담자가 자신의 집단지도력 기술 부족으로 인해 집단상담을 잘못 진행하지는 않을까 하는 우려 때문에 집단상담 실습하기를 주저하지 않았으면 한다. '연습은 다르게 만든다(Practice makes different.).' 는 단순한 진리를 믿고 초보집단상담자들이 집단상담을 거듭해서 진행해 봄으로써 식견 높은 전문가로 거듭날 수 있다고 본다.

집단상담을 처음 실시해 본 경험을 진솔하게 기술한 14장 '초보상담자의 집단상담 진행경험'이 초보집단상담자에게 격려로 작용하길 소망해 본다. 더불어 저자가 개발해서 효과를 검증한 '게슈탈트치료와 禪에 근거한 집단상담 프로그램' (15장 참조)이 집단구성원을 조력하고 새로운 프로그램을 개발하는 데 기여하길 기대해 본다.

제14장

초보상담자의 집단상담 진행경험

Every individual was born with courage and beauty.
You need to be a certifier of the courageous and beautiful person.
Live by Forgiveness.
Live by Appreciation.
Live by Smile.
Live by Greeting.
Live by Confidence.
Live by Encouragement.
Live by Love.

제14장의 목차

제14장

초보상담자의 집단상담 진행경험

초보상담자들이 집단상담을 배우는 최선의 방법은 직접 집단상담을 진행해 봄으로써 체득하는 것이다. 게슈탈트치료를 개발한 펄스가 "학습은 발견이다."라고 지적한 것처럼 초보상담자들에게는 직접 집단상담을 진행해서 전반적인 집단상담 과정을 체득하는 학습이 필요하다. 저자는 지난 18년 동안 대학원에서 '집단상담 및 심리치료' 과목을 가르치면서 수강생들 스스로가 집단상담을 계획해서 자신이 개발한 집단상담 프로그램을 실시하도록 해 왔다. 대부분의 수강생들은 집단상담 이론과 실제를 동시에 요구하는 강의계획서를 보고 과목 수강에 많은 부담감을 느끼며 수업에 참여한다. 가르치는 사람으로서 저자는 수강생들이 집단상담 프로그램을 개발해서 실시하는 것을 가장 부담스럽게 느끼고 두려워한다는 사실을 잘 알고 있다. 하지만 수강생들은 수업이 끝나고 집단상담 진행결과 보고서를 제출한 후에 돌아오는 피드백을 통해 이러한 부담과 두려움이 새로운 도전에 대한 걱정이었을 뿐임을 깨닫게 된다.

수강생들은 두려움 속에서 처음 실시해 보는 집단상담 경험을 통해 자신이 갖고 있는 잠재력을 발견할 뿐 아니라 자신감을 갖게 된다. 더불어 집단상담에 참여한 집단구성원과의 만남경험을 통해 인간을 보는 새로운 관점을 형성하게 된다. 다음에 소개하는 '초보상담자의 집단상담 진행경험 숙고'는 2010년 가을학기에 대학원생이 제출한 보고서의 일부를 발췌한 내용이다. 보고서를 제출한 당사자가 경험을 통해 나름대로 배운 것처럼, 집단상담에 대해 배우려는 초보집단상담자에게도 도움이 될 것이라는 믿음에서 그의 허락을 받아 제시하고자 한다.

초보집단상담자의 집단상담 진행경험 숙고

1. 들어가는 글

나에게 집단상담은 새로운 도전이었으며, 이를 통해 경험과 의식의 확장을 경험하고, 무엇보다 상담자로서 진솔성을 내 안에서 찾을 수 있었던 소중한 시간이었다. 또한 집단상담을 무사히 마무리함으로써 상담에 대한 자신감을 갖게 되었다.

이번 집단상담의 주제는 아들러(Adler) 개인심리학 이론에 근거한 '열등감 해소를 위한 격려 집단상담 프로그램'이었다. 핵심은 열등감과 격려라고 할 수 있다. 대학생들이 상담을 통해 개선하기를 원하는 주요한 분야가 성격, 대인관계라고 할 때, 그 문제의 바탕에 자리 잡고 있는 것이 바로 열등감이기 때문이다. 아들러는 열등감을 향상의 근원이라고 보았으며, 개인의 삶에서 문제가 되는 것은 사회적 관심의 결여, 낙담, 상식의 결여라고 보았다. 변화를 위해 개인심리학에서 강조하는 것은 격려인데, 드레이커스(Dreikurs)는 식물에게 햇빛과 물이 필요하듯이 인간에게 격려가 필요하다고 하였다.

격려 프로그램은 인간중심치료와 같이 정서에 초점을 맞추어 관계를 형성하고, 인지·정서·행동치료처럼 인지에 초점을 맞추어 비합리적인 신념을 합리적 신념으로 바꾸며, 현실치료에서처럼 행동에 초점을 두고, 개인심리학 측면에서 개인 전체에 초점을 두어 내담자가 사고(thought), 행동(act), 감정(feeling)을 자각하고 변화시키도록 조력한다.

본 프로그램은 백도(전남대학교에 있는 흰색 건물의 도서관) 취업지원과 상담실에서 8주간 주 1회 2시간씩 진행하였다. 집단구성원은 선착순으로 10명을 선발하였으며, 예치금을 맡기고 수료 후 이를 돌려주는 방식으로 탈락을 방지하였다. 아래에서는 실제 실시했던 격려 집단상담의 내용을 집단상담의 단계에 따라 정리하였다. 이때 주요한 네 가지 요인은 집단상담 과정과 기법, 교수님의 슈퍼비전, 집단상담자(나), 집단구성원(10명) 등이다.

2. 초기단계: 도전과 불안

1회기, 열등감 이해하기: 2010년 10월 8일, 기대와 두려움을 안고 백도에 위치한 상담실을 찾아갔다. 심리학과 상담전공 대학원생으로서 집단상담 실습을 하기 위해서였다. 사실 집단상담과목을 수강하면서 실제 집단을 모집해 진행해야 한다는 말을 듣고는 가슴이 답답했다. 집단상담은 물론 개인상담도 받은 적이 없고 더군다나 지도를 해 본 경험도 없는 내가 집단상담을 지도한다는 것은 정말 말도 되지 않는 것이라고 생각했다. 그런데 교수님께서 집단상담을 진행하면서 많은 것을 경험하고 배우게 될 것이라 하시면서, 그동안 삶에서 얻은 경험과 요가 지도를 한 것이 도움이 될 거라고 격려해 주셨다.

다행히 수업시간에 미리 집단상담에 대해 배우고, 다음 회기의 계획과 전회기의 내용을 정리하는 시간이 있어서 미숙한 대로 최선을 다해 집단상담을 해보기로 했다. 자리를 정돈하고 기다리고 있으니, 집단구성원들이 속속 모여들기 시작했다. 대부분 처음 경험하는 집단에 대한 기대와 함께 어떻게 해야 할지 모르는 데서 비롯된 긴장감을 가지고 있는 것 같았다. 그런데 두 사람이 나를 알아보고 인사를 했다. 심리학과 1학년생들이었다. 전체 10명의 집단원 중 심리학과 1학년 3명, 3학년 1명, 경제학부 1학년 4명 그리고 그 이외의 학과 2명,

최악의 구성이었다. 미리 사전면접이나 확인을 해서 조정을 했더라면 좋았을 텐데, 이미 집단이 시작된 터라 어쩔 수 없었다. 주어진 조건을 잘 파악하고 최선을 다하기로 했다.

먼저 사전검사 등을 실시하고 프로그램의 목적 및 방법을 소개한 뒤 열등감을 이해하기 위한 동영상 시청과 강의를 실시하였다. 마지막은 주제에 맞게 격려하는 말로 마무리했다. "열등감을 극복하기 위해 자원한 여러분들의 모습이 참 아름답습니다. 격려 프로그램이 도움이 되도록 8회기 동안 함께 노력합시다."

집단구성원은 대부분 열등감의 긍정적인 부분을 알게 된 것을 중요하게 생각하였다. 그런데 한 집단구성원이 '다음에도 이런 식으로 진행되느냐' 고 물었다. 뒤에 경험보고서를 보니 구조화된 집단은 싫다는 것이었다. 앞으로 신경이 많이 쓰이겠지만, 다른 측면에서는 나를 더 공부시키는 집단구성원이라고 생각하기로 했다. 무엇보다 첫 회기를 마치고 나니 집단구성원에게 정말 도움이 되고 싶다는, 집단상담자로서 나의 순수한 열정을 느낄 수 있어서 좋았다.

다음 수업시간에 경험보고를 했더니, 교수님께서는 강의를 줄이고 집단구성원이 이야기할 수 있도록 충분한 시간을 주라고 말씀하셨다. 한편, 본질적으로 구조화되지 않은 집단이란 없으며, 문제가 되는 집단구성원은 따로 불러서 이야기하는 것도 한 방법이라고 말씀해 주셨다.

2회기, 집단의 역동 다루기: 집단상담의 핵심은 집단에서 자기 이야기를 함으로써, 집단구성원과의 관계 속에서 자신의 감정과 사고를 자각하고 이를 통해 새로운 선택과 변화를 이끌어 낸다는 것이다. 따라서 2회기에는 집단구성원이 구체적인 열등감을 이야기하도록 했다. 그런데 집단구성원이 너무 경직되어 있었다. 그때 문득 수업시간에 들었던 교수님의 다음과 같은 말씀이 떠올랐다.

"여러분들은 처음 집단을 지도하기 때문에 지도안을 철저히 짜야 합니다. 그러나 집단을 지도할 때는 언제나 유연성을 가지고 있어야 합니다."

나는 집단의 원리에 따라 지금-여기에서 일어나는 집단구성원들 사이의, 그리고 집단상담자와 집단구성원 간의 경직된 느낌을 함께 다루어 보기로 했다.

역시 처음에는 주저하던 집단구성원이 그 주제에 초점을 맞추자 조금씩 이야기를 털어놓기 시작했다. 집단이 편안하지 않아서 자기 이야기를 하기가 어렵다는 것이었다. 나도 초보집단상담자로서 미숙함과 두려움을 자기개방하며, 집단구성원을 격려했다. 그렇게 집단의 역동을 다루고 나서 자신의 열등감을 이야기하도록 했더니 훨씬 부드럽게 진행이 되는 것이었다.

이것이 이번 격려집단에서 가장 감동적인 순간 중 하나였다. 지금-여기에서 일어나는 일들을 다루고, 그때 나의 감정과 생각을 이야기하는 것이야말로 집단의 가장 중요한 포인트라는 것을 다시 한 번 느낄 수 있었다.

2회기가 끝나니 자신감이 생겼지만, 한편으로는 다음 회기에는 어떻게 더 잘할 수 있을까 걱정이 되었다. 교수님께서는 혹시 리더가 너무 잘하려고 하는 것이 문제가 되는 것은 아닌지 물어보셨다. 그 순간 내 자신의 모습이 그대로 드러났다. 이게 바로 '나는 잘해야 하고, 너는 나를 인정해야 하고, 조건은 내가 생각한 대로 되어야 한다.'는 당위적 사고가 아닌가!

3. 전환단계: 저항과 신뢰

3회기, 생활양식 이해하기: 지난 회기에서 집단의 역동을 다룬 후 분위기가 좋았었는데 1주일이 지나고 나니 다시 처음으로 돌아간 것 같았다. 2박 3일로 집중적으로 하는 집단이 아니라면 이러한 한계를 고려해야 할 것이다. 이번 회기에는 진행을 좀 더 부드럽게 하기 위해 생활양식 조사에 있어 다섯 가지 항목 중 집단구성원이 하나를 선택하도록 자율성을 부여하였다. 그랬더니 집단구성원이 출생순위를 선택했다. 나는 제이콥스 등(Jacobs, Masson, & Harvill, 2009)의 책에 나와 있는 '2인 모둠' 방법을 사용해 보기로 했다. 출생순위에 따라 2명씩 짝을 지어 이야기를 하도록 했다. 집단구성원은 예상대로 활발하게 이야기를 시작했다.

전체 집단에서 이야기할 때는 코리(Corey, 2008)의 책에서 보았던 집단구성원 간 연결짓기 기법을 주로 사용하였다. 집단상담자와 한 집단구성원이 대화를 하는 것이 아니라, 집단구성원 간에 서로 공통된 부분을 찾아보고, 서로 다른 부분을 인식하고 대화를 듣고 말을 하는 가운데 피드백을 하는 연습을 하도록 했더니 집단의 집중도가 더 높아지는 느낌이 들었다. 그전까지 집단상담자의 리더십에 대해 평가적인 반응을 하던 한 집단구성원은 자신이 다른 사람의 말을 듣지 않고 있었다는 고백을 하기도 했다. 3회기 때는 집단의 전체적인 과정과 여러 가지 기법을 살펴서 적용함으로써 집단이 보다 제대로 기능하기 시작하였다.

4회기, 비합리적 신념 파악하기: 4회기 전반부에서는 아직 남아 있는 집단구성원의 불안을 드러내도록 해서 다루고자 하였는데, 오히려 분위기가 경직되고 말았다. 주 1회 만나는 집단에서 참만남 집단과 같은 깊은 수준의 작업을 기대한 것이 무리였나 보다.

조금 더 자기 이야기하기를 강조하고 있는데, 집단경험이 많다고 했던 집단구성원이 용기를 내서 그동안 드러내지 않았던 열등감을 이야기했다. 문제는 다른 집단구성원도 집단상담자인 나 자신도 작업을 할 수 있는 준비가 되어 있지 않다는 것이었다. 나는 정중하게 다음 시간에 그 문제를 다루자고 말하고, 다음 활동인 비합리적 신념 파악하기로 넘어갔다.

이 주제는 집단구성원이 가장 활발하게 참여한 주제 중 하나다. 자신의 평소 생각이 비합리적 신념에 해당한다는 것을 발견한 것이 새롭고 재미가 있었다고 했다. 수업시간에 경험보고를 했더니, 교수님께서는 집단상담자의 판단에 따라 진행하는 것이 기본이지만, 집단구성원은 자기의 이야기를 다룰 권리가 있으며, 집단구성원이 어렵게 자기개방을 했을 때 그것을 다룰지 어떨지는 집단구성원에게 물어보고 결정하는 것이 좋은 방법이라고 말씀해 주셨다.

4. 작업단계: 감정과 신념

5회기, 격려하기: 5회기부터는 집단구성원의 열등감을 직접적으로 다루기 위해서 각 집단구성원의 특징과 예상문제, 이야기했던 주요 내용을 정리해서 준비를 했다. 주제에 따라 격려하기를 하기 전에 낙담사례를 먼저 이야기하는데, 한 집단구성원이 자기가 재수한 이야기를 꺼냈다. 순간적으로 지금이 바로 작업을 해야 할 때임을 알 수 있었다. 나는 서두르지 않고 그 집단구성원에게 자신의 감정과 사고를 더 깊이 탐색해 보지 않겠느냐고 물었다. 그리고 다른 집단구성원에게 동의를 구했다.

'김c'는 공군사관학교에 들어가지 못하고 재수를 했는데, 다시 해군사관학교에 지원을 했다가 또 낙제를 했다고 했다. 나는 감정을 탐색하기 위해 시험에서 떨어졌던 그 순간으로 함께 이동을 했다. 그리고 당시의 상황과 느낌을 계속 물으며 감정을 이끌어 냈다. 어느 덧 '김c'가 '패배감'이라는 말을 직접 이야기했다. 그렇게 감정을 명료화한 후, 다시 한 단계 더 깊이 사고를 탐색하는 작업을 제시했다. 처음에는 웃으며 이야기하던 '김c'와 집단구성원이 조금씩 몰입하는 것을 느끼며, 역할극은 저절로 이중자아기법으로 연결되었다.

"나는 정말 열심히 했어. 그런데 왜 떨어져?" 상황을 여러 번 반복하고 상대를 바꿔 역할을 시행하는 과정에서, 드디어 패배감과 부정적 사고의 근원이 되는 비합리적 신념이 드러났다. 열심히 공부하는 것과 객관적인 기준은 다르다는 것, 필요한 노력이 100이라면 그는 80 정도밖에 노력을 안 한 것이라는 점이 집단구성원과의 피드백 속에서 구체화되었다.

마지막으로 '김c'는 최선을 다했다는 점 그리고 전남대에 들어올 정도면 뭐든 할 수 있다는 점, 이렇게 용기를 낸 것이 대단하다는 점을 강조하며 격려해 주었다. 그리고 전체적으로 칭찬과 격려의 차이를 알아보고 격려하는 반응을 연습했다. 이것은 내가 상담자로서 처음으로 깊게 탐색했던 작업으로 평생 잊지 못할 기억이 될 것이다.

한 가지 이상한 점은 작업을 바라보는 집단구성원의 태도였다. 집단구성원들은 리더가 심했다, 무섭게 보였다는 반응과 동의를 구했음에도 불구하고 한 사람과 작업한 것에 대한 불만을 이야기했다. 역시 집단에는 다양한 요인이 함께 작용한다는 것과 깊은 수준의 작업은 그리 쉬운 일이 아니라는 것을 느낄 수 있었다.

6회기, 용기 있게 살기: 지난 회기에 깊은 작업을 한 뒤 나는 집단상담에 대해 어느 정도 자신감을 가지게 되었다. 그 흐름을 이어 가기 위해 대부분의 사람들이 가지고 있는 신체적 열등감 탐색하기와 그에 따라 드레이커스가 이야기했던 '불완전할 용기'에 대해 다루기로 했다. 2인 모둠에서 신체적 열등감을 탐색하고 용기 있게 지원한 '개'와 피부에 관한 열등감에 대해 작업을 실시했다. 여러 번 다음과 같은 문장 완성 기법을 반복하게 했다.

"나는 피부가 안 좋아서, 이성 앞에 가면 ○○○해요!"

결론은 '수치심'이었다. 처음에는 아무렇지 않은 듯 시작했지만, 작업을 하면서 '개'는 거의 울상이 되어 뛰쳐나가고 싶다고 했다. 하지만 한편으로는 회피하고 있었던 자신의 열등감을 발견하고 직면한 것에 대해 놀라워하고 있었다. 나는 용기 있게 자신을 만난 '개'를 격려해 주고, 다음 단계로 넘어가려 했다.

이때 5회기 때 자신의 열등감을 드러내고 작업하지 못했던 '거북이'가, 혼란스러워하는 같은 과 후배인 '개'를 두둔하면서, 꺼내놓은 것을 닫아 주지 않고 그냥 끝내느냐며 항의를 했다. 그러고는 분명 피드백할 시간을 주었는데도 불구하고, 자신이 하고 싶은 말을 할 시간이 없었다고 했다. 지금이라도 해 주고 싶은 말이 있으면 하라고 했더니 '거북이'는 집단이 끝나고 따로 하겠다며 더욱 부정적인 분위기를 만들어 냈다. 나는 무엇 때문에 여기서 이야기할 수 있는 것을 밖에서 이야기하려고 하는지 물어보고, 여기서 이야기하기 힘들게 만드는 그 부분에 대해 함께 작업해 보는 게 좋겠다고 부드럽게 마무리를 지었다.

오늘 작업을 통해 '지지한 만큼 직면할 수 있다'는 말의 의미를 깊이 새겨보았다. 저항하는 집단구성원을 어떻게 다루어야 할지 고민스러웠다. 나는 감정과 역할 사이에서 상담자의 역할을 선택했다. 그리고 다음 회기부터 나오지 않겠다고 통보한 집단구성원에게 문자를 보냈다. "초라한 이 느낌은 뭘까 저도 많이 힘드네요. 거북이님, 도움이 되지 못해 미안해요. 힘내세요." 잠시 후 답장이 왔다. "버릇없게 군 건 죄송합니다. 여전히 시간 제한에 쫓기고 답답해서 못 견디겠더라고요. 제가 진행하는데 저 같은 집단구성원이 있었다면 화가 났을 것 같아요. 리더님이 싫어서 그런 게 아니라 좀 더 나은 집단이 되었으면 해서 그런 거니까. 상처 받지 마시고 좋은 밤 되세요."

며칠 뒤 이 집단구성원과 만나서 이야기를 해 보려고 전화를 했는데 시간이 없다고 했다. 깊이 있는 대화를 나누지 못한 게 끝내 아쉬웠지만, 이 집단구성원은 이후 두 회기에 참석을 해서 최소한의 규칙을 지켰다.

7회기, 책임지기: 7회기에는 격려치료의 결과에 해당하는 책임지기에 대해 다루기로 했다. 먼저 자신의 선택에 대한 경험을 탐색하게 한 뒤 자신에게 책임이 있음을 선언하도록 계획을 세웠다. 마침 여러 명이 작업을 지원했는데, 집단구성원의 동의를 받아 '만두'와 무의미한 공감반응에 대해 작업을 했다. 다른 사람들은 공감이라고 느끼지 않는데, 자신은 공감이라고 생각하며 누가 무슨 말을 하든 건성으로 동의를 표하는 것이 문제였다. 여러 가지 방식으로 접근했는데, '만두'는 문제를 받아들이려고 하지 않았다. 어느덧 시간이 다 되어 작업을 멈출 수밖에 없었다.

교수님께서는 리더의 생각보다 집단구성원 사이의 피드백 속에서 상담을 이끌어 나가도록 방향을 제시해 주셨다.

5. 종결단계: 정리와 목표

8회기, 목표 세우기와 자신감: 길게만 느껴지던 8주간의 집단상담이 드디어 마무리 단계에 접어들었다. 마지막 회기에서는 집단구성원 10명이 모두 모였고, 집단구성원 간에 긍정적인 피드백과 격려가 많아서 좋았다. 먼저 목표 세우기와 자신감 갖기에 대해 활동을 실시하였다. 그리고 전체 집단상담의 원리와 8회기 핵심을 요약한 뒤, 사후검사, 설문지 등을 작성하고 집단상담의 경험을 나누도록 하였다.

다음은 자신의 변화된 점과 좋았거나 아쉬웠던 점에 대한 설문지 및 경험나누기 자료를 요약한 것이다.

• 김c: 생각이 한층 더 밝아졌다. 5회기 나의 열등감을 드러내고 작업을 함으

로써 부정적 마인드가 많이 사라졌고, 앞으로 나아갈 수 있다는 자신감이 생겼다.

- 랄리: 생각을 다양하게 하게 되었다. 5회기 칭찬과 격려의 차이를 알 수 있어 좋았다. 리더님의 진솔한 태도가 마음에 와 닿았다.
- 양군: 성격이 소심해서 소극적인 태도를 갖게 된 것이 아니라, 과한 동적 경향을 어떤 부정적인 경험에 의해 억제함으로써 소극적이 되었다는 것을 깨닫게 되었다. 4회기 비합리적인 신념을 배우면서 이런 변화가 생겼다.
- 나주배: 처음에는 집단이 좀 딱딱하게 느껴졌는데, 아니었다. 다른 집단에도 참여해 보고 싶다. 8회기는 마지막 회기라 그런지 마음이 가볍고 편안했다. 5회기에 다른 사람 작업하는 것을 보는 것이 지루했다.
- 거북이: 내 스스로 열등감을 부정하려 한다는 것을 알게 되었다. 트러블이 많아서 불편하게 했던 점 죄송하다. 집단 안에서 좀 더 편안한 분위기 속에서 나를 내려놓고 참만남을 할 수 있도록 자유로운 분위기를 형성해 주었으면 좋았을 텐데 하는 아쉬움이 남는다.
- 런종: 나의 열등감을 긍정적으로 생각해 볼 수 있었다. 5회기에 나를 격려해 주는 사람들에게 감사하는 마음이 생겼다. 전체적으로 좋은 내용이 많았지만, 체계적 시스템이 조금 미미했던 것 같다.
- 만두: 자신이 참여하고 활동하는 만큼 얻어 갈 수 있다는 걸 알았다. 7회기에 내가 작업대상이 되어서 좀 더 폭넓은 심리세계를 탐방할 수 있었다.
- 개: 내 열등감이 생각보다 심하다는 것을 알게 되었다. 힘들었지만 보람이 있는 시간이었다. 무례한 부분도 있었는데 잘 이해하고 이끌어 주셔서 감사하다.
- 아둥: 4회기에 비합리적 신념을 알아가면서 나에 대해 더 깊이 알게 되었다. 1~2회기 때는 초반이라 어색해서 힘들었던 것 같다.
- 짜순: 예전에는 잘 알지 못했던 나의 열등감을 깨닫게 되었다. 이제는 그 부분을 사람들에게 말할 수 있게 되었다. 3회기 때 출생순위에 대해서 일대일로 이야기 나누는 것이 좋았고, 리더님의 유도하는 기법은 조금 부족한 부분이 있었지만, 우리들의 이야기를 들어 주고 수용하려는 모습이 참

보기 좋았다.

마지막으로 나에게 집단상담은 도전이었으며 동시에 경험과 의식의 확장, 차원변화의 기회였음을 이야기하고, 함께 해 준 것에 대해 고맙다는 말과 함께 상담을 마무리했다.

6. 나가는 글

이번 집단상담은 나와 집단원의 열등감을 탐색하고, 타인에 의한 격려와 자기격려의 효과를 경험할 수 있었다는 점에서 인상적이었다. 앞으로 이번의 경험을 토대로 격려 집단상담 프로그램을 더 발전시키고 싶다.

돌이켜보면, 인생길에서 요가를 만났고, 심리학을 만났다. 그것은 의식 확장과 자기이해의 맥락에서 하나로 연결되었다. 특히 집단상담은 나에게 가능성의 빛으로 가득 찬 새로운 영역으로 들어가는 문을 열어 주었다. 그 길에서 관심과 격려, 경험과 통찰로써 안내를 해 주신 교수님과 함께 수업을 받았던 동료들 그리고 집단구성원에게 감사의 말씀을 전한다. 앞으로 삶의 경험과 특기인 요가를 살리고, 심리학적 이론과 훈련을 통해서 진솔하고 유능한 상담자가 되어 공동체에 기여하는 삶을 살아가고 싶다.

효과적 조력을 위한

〈집단상담 연습 14〉: 성공을 위한 여덟 가지 조건 알아보기-쌍기역(ㄲ)으로 시작하는 한글 외자 단어

우리 각자는 삶의 여행을 통해 나름대로 성공을 위해 노력하고 있다. 그리고 수많은 사람들이 성공에 대해서 나름대로 견해를 표현해 왔다. 당신은 어떻게 성공을 정의하고 그것을 달성하기 위해 어떤 노력을 하고 있는가? 달라이 라마(Dalai Lama)는 "당신이 성공하기 위해서 포기해야 했던 것에 의해 당신의 성공을 판단하라."고 했다. 여기서는 인구에 회자되는 일반적인 내용을 중심으로 성공을 위해 필요한 조건을 살펴보고자 한다. 특히 쌍기역(ㄲ)으로 시작하는 순수한 한글 외자 단어로 성공을 위한 여덟 가지 조건에 대해 살펴보고 어떤 조건이 강하고 약한가를 스스로 자기평가해 보도록 하자.

첫 번째 조건은 목표(dream of purpose)다. 성공을 위해 나름대로 달성하고자 하는 분명한 목표의식이 필요하다는 것이다. 즉 '꿈'을 가져야 한다는 것이다.

두 번째 조건은 인간관계(human relationship or friendship)다. 성공을 위해서는 독불장군식이 아니라 좋은 인간관계가 필요하다. 즉 '끈'을 가져야 한다는 것이다.

세 번째 조건은 재치(artful talent)다. 성공을 위해서는 유머감각과 더불어 어느 정도 예술적 재능이 필요하다. 즉 '끼'가 있어야 한다는 것이다.

네 번째 조건은 외모(appearance)다. 성공을 위해서는 다른 사람들에게 잘 보일 수 있는 모양새, 즉 외모가 어느 정도 필요하다. 즉 '꼴'(값)을 갖추어야 한다는 것이다.

다섯 번째 조건은 재능(intellectual talent)이다. 성공을 위해서는 제갈공명과 같은 지적 능력은 아니더라도 어느 정도 문제해결을 위한 재능이 있어야 한다. 즉 '꾀'가 있어야 한다는 것이다.

여섯 번째 조건은 민감성(sensitivity or acuity)이다. 성공을 위해서는 주어진 상황파악을 잘할 수 있는 민첩한 센스가 있어야 한다. 즉 '낌'(새)을 빨리 알아차릴 줄 알아야 한다는 것이다.

일곱 번째 조건은 인내심(patience or endurance)이다. 성공을 위해서는 수없이 많은 좌절과 어려움을 참으며 헤쳐 나갈 수 있는 인내가 있어야 한다. 즉 '깡'이 필요하다는 것이다.

여덟 번째 조건은 마무리(good result or end)다. 일에는 항상 시작과 끝이 있다. 성공을 위해서는 시작한 일에 대해 분명하게 마무리를 짓는 것이 필요하다. 즉 '끝'이 좋아야 한다는 것이다.

성공을 위한 여덟 가지 조건에 대해 자기평가를 해 보면서 자신이 어떤 조건에서 부족한가를 탐색하여 보충하기를 바란다.

⇒ 당신의 이러한 성공조건이 어느 정도인지 알아보고 싶지 않습니까? 알아보고 싶으시면, 아래에 있는 '성공조건 자기평가 질문지'로 평가하여 자기점검을 해 보시기 바랍니다.

성공조건 자기평가 질문지

다음의 내용에 대해 당신이 주관적으로 어떻게 생각하는가를 표시하십시오. 만약 '매우 그렇다'면 '7'에, '전혀 그렇지 않다'면 '1'에, 그리고 '그저 그렇다'고 생각하면 '4' 등으로 표시하시기 바랍니다.

1. 나는 이루고자 하는 구체적인 꿈이나 소망이 있다.

1	2	3	4	5	6	7
전혀 그렇지 않다			그저 그렇다			매우 그렇다

2. 나는 인간관계가 원만하다.

1	2	3	4	5	6	7
전혀 그렇지 않다			그저 그렇다			매우 그렇다

3. 나는 집단 속에서 사람들을 웃기거나 재미있게 할 수 있는 능력이 있다.

1	2	3	4	5	6	7
전혀 그렇지 않다			그저 그렇다			매우 그렇다

4. 나는 나의 외모에 대해 만족한다.

1	2	3	4	5	6	7
전혀 그렇지 않다			그저 그렇다			매우 그렇다

5. 나는 문제해결을 할 수 있는 능력이 있다.

1	2	3	4	5	6	7
전혀 그렇지 않다			그저 그렇다			매우 그렇다

6. 나는 상황파악에 민감하다.

1	2	3	4	5	6	7
전혀 그렇지 않다			그저 그렇다			매우 그렇다

7. 나는 아무리 어려운 상황에서도 좌절하지 않는다.

1	2	3	4	5	6	7
전혀 그렇지 않다			그저 그렇다			매우 그렇다

8. 주위 사람들이 나에 대해 마무리를 잘한다는 평가를 한다.

1	2	3	4	5	6	7
전혀 그렇지 않다			그저 그렇다			매우 그렇다

9. 나는 달성하고자 하는 구체적인 목적이 있다.

1	2	3	4	5	6	7
전혀 그렇지 않다			그저 그렇다			매우 그렇다

10. 나는 사람들을 좋아하고 쉽게 낯선 사람들과 친해질 수 있다.

1	2	3	4	5	6	7
전혀 그렇지 않다			그저 그렇다			매우 그렇다

11. 나는 이성관계에서 상대방을 리드할 능력이 있다.

1	2	3	4	5	6	7
전혀 그렇지 않다			그저 그렇다			매우 그렇다

12. 나는 외모가 성공을 위해 중요하다고 본다.

1	2	3	4	5	6	7
전혀 그렇지 않다			그저 그렇다			매우 그렇다

13. 나는 어려운 상황을 헤쳐 나갈 수 있는 능력이 있다.

1	2	3	4	5	6	7
전혀 그렇지 않다			그저 그렇다			매우 그렇다

14. 주위 사람들이 나에 대해 둔하다고 한다.

1	2	3	4	5	6	7
전혀 그렇지 않다			그저 그렇다			매우 그렇다

15. 나는 인내심이 매우 강한 사람이다.

1	2	3	4	5	6	7
전혀 그렇지 않다			그저 그렇다			매우 그렇다

16. 나는 맺고 끝는 것을 확실히 한다.

1	2	3	4	5	6	7
전혀 그렇지 않다			그저 그렇다			매우 그렇다

성공을 위한 여덟 가지 조건 채점판

성공 조건	꿈 (Dream or purpose for Outcome)		끈 (Human Relationship or Friendship)		끼 (Artful Talent)		꼴(값) (Appearance)	
문항 번호	1	9	2	10	3	11	4	12
체크 점수								
점수 합계								
성공 조건	꾀 (Intellectual Talent)		낌(새) (Sensitivity or Acuity)		깡 (Patience or Endurance)		끝 (Good result or End)	
문항 번호	5	13	6	14*	7	15	8	16
체크 점수								
점수 합계								

※ 14번은 1 → 7, 2 → 6, 3 → 5, 4 → 4, 5 → 3, 6 → 2, 7 → 1로 바꾸어서 채점한다.

〈해석 요령〉

1. 가장 높은 점수를 받은 항목은?

☞ 아, 당신은 그런 몇 가지(2~3) 점에서는 성공의 조건이 비교적 갖추어져 있군요!

2. 그렇다면 가장 낮은 점수를 받은 항목은?

☞ 아, 당신은 그런 몇 가지 조건이 아직 부족하군요!
그 항목들에 대해 조금 더 관심을 갖고 준비해 나간다면,
당신의 삶이 성공적이 될 수 있겠네요!

제15장

게슈탈트치료와 禪에 근거한 집단상담 프로그램

十牛圖

1. 尋牛(심우): 소를 찾는다.
2. 見跡(견적): 소의 발자취를 본다.
3. 見牛(견우): 소를 본다.
4. 得牛(득우): 소를 붙잡는다.
5. 牧牛(목우): 소를 먹인다.
6. 騎牛歸家(기우귀가): 소를 타고 집으로 돌아온다.
7. 忘牛存人(망우존인): 소는 없고 사람만 있다.
8. 人牛俱忘(인우구망): 사람도 소도 없다.
9. 返本還源(반본환원): 본래로 돌아간다.
10. 入鄽垂手(입전수수): 거리로 나와 중생을 교화하다.

제15장의 목차

제15장
게슈탈트치료와 禪에 근거한 집단상담 프로그램

게슈탈트치료는 실존적 만남을 통해 자각을 확장하는 것이다. 게슈탈트치료는 대립되는 심리적 기능의 이해를 통해 전체성과 자각을 강조한다는 측면에서, 그리고 정서적 · 행동적인 면을 강조한다는 측면에서 동양의 음양이론과 禪 및 요가와 유사성을 가지고 있다. 다른 치료기법에 비해 게슈탈트치료 기법이 매우 직접적이고 효과적이라는 것이 많이 알려져 국내에서 많은 집단상담자들이 단편적으로 게슈탈트치료 기법을 사용하고 있다. 이러한 실정에서 동양정신의 정수라 할 수 있는 禪을 이용한 체계적인 게슈탈트치료 집단상담 프로그램의 개발은 집단상담자들이 용이하게 다양한 게슈탈트치료 기법을 활용할 수 있도록 기여하리라고 본다.

1. 禪과 게슈탈트치료

게슈탈트치료의 창시자인 펄스(Perls)가 지적한 것처럼 게슈탈트치료는 동양의 음양이론, 禪과의 유사성을 갖는다. 그러므로 문화적 관점에서 서구 사람들에게는 어렵게 느껴진 게슈탈트치료를 禪道에 익숙한 국내 내담자들에게 적용하는 데 유용하리라 본다.

펄스가 주장한 많은 내용이 서양문화에서는 이해하기 힘들고 혁신적인 것으로 여겨지기도 한다. 이는 禪과 유사한 내용이 그의 철학과 방법의 기저를 이루고 있기 때문이라고 감히 말할 수 있다. 서구의 이원론적인 입장에서 볼 때 일원론적인 입장을 취하는 禪과 게슈탈트치료(전체주의)를 이해하기 위해서는 사고의 전환이 필요하다.

많은 禪師와의 禪問答을 통해 수도승이 '갑자기 깨달음(頓悟)'을 얻는 것과 같이 상담자는 상담(相談)을 통해 내담자에게 그가 미처 발견하지 못한 자신의 잠재력과 새로운 삶의 지혜를 터득하도록 조력해야 한다. 이러한 관점에서 여기에서는 禪과 게슈탈트치료와의 관계를 살펴보고자 한다.

게슈탈트치료

인간은 경험하는 유기체로서 사고 · 감정 · 행동을 통해 내적으로 그리고 외적으로 야기되는 사건과 접촉을 하며 살아간다. 자신이 접촉하여 경험하는 현상을 있는 그대로 매 순간 자각하여 수용하며 살아가는 것이 유기체의 지혜를 신뢰하는 것이다. 게슈탈트치료를 시작하여 발달시킨 펄스(Perls, 1893~1970)는 우리가 실존적 주체로서 책임을 회피하는 환경적 지지를 버리고 자기지지를 바탕으로 자신을 신뢰하고 책임지며 살아갈 것을 강조하였다.

펄스는 초기에는 프로이트의 정신분석에 매료되어 훈련을 받았으나 프로이트학파가 쌓아 온 자기보호 방벽에 그가 발견한 이론을 접목하는 데 한계를 느꼈다. 펄스는 과거를 중심으로 지나치게 해석(interpretation)을 강조하는 정신분석을 비판하여 경험을 통한 자각을 통해 통합(integration)을 강조하는 게슈탈트치료를 발전시켰다. 프로이트와의 가상적 자기대화에서 펄스는 심리적 갈등이나 문제해결을 위해 통합을 강조한 반면, 프로이트는 해석을 통한 이해를 주장하였다.

게슈탈트치료에서 펄스가 강조한 기본철학은 상태주의(isism)에 자각(awareness)을 가미한 입장이다. 그는 자신이 조어한 용어, 즉 계산주의(aboutism), 강박주의(shouldism), 상태주의(isism)를 통해 철학적 입장을 설명하였다. 게슈탈트치료는 유기체의 지혜(wisdom of organism)와 자발성(spontaneity; nature; self-so-ness)을 믿으며 유기체에 의한 경험주의와 실험주의를 바탕으로 다양한 치료기법을 사용한다.

게슈탈트치료는 경험적이며, 실존적이며, 실험적인 접근이다. 언어를 통해 정신적 조작을 하는 것보다 행동을 강조한다는 점에서 경험적이다. 개인의 독립적 선택과 책임을 강조한다는 점에서 실존적이다. 그리고 개인이 매 순간에 느끼는 감정을 표현하도록 촉진한다는 점에서 실험적이다. 펄스는 인간을 현상학적이며 실존적 존재로서 자신에게 가장 긴급하게 필요한 게슈탈트를 끊임없이 완성해 가며 살아가는 유기체로 보았다. 인간은 매 순간에 경험하는 유기체로서 환경적 장에서 살아간다는 점에서 현상학적이다. 따라서 게슈탈트치료 집단상담은 집단구성원이 지각하는 현실에 초점을 둔다. 유기체의 긴급한 욕구인 게슈탈트 형성은 일차적인 생물학적 현상이다. 그리고 인간은 각기 독특한 유기체로서 필요한 욕구를 선택하여 게슈탈트를 형성하면서 자신의 삶에 대한 책임을 진다는 점에서 실존적이다. 따라서 게슈탈트치료 집단상담은 현재에 초점을 두며 각 집단구성원이 자신의 운명에 책임이 있다는 것을 강조한다.

게슈탈트치료는 우리가 주어진 상황에서 자신에게 일어난 일을 충분히 자각하면 그 상황에서 필요한 게슈탈트를 형성하므로 적절하게 주어진 문제를 처리할 수 있다고 가정한다. 우리가 오관을 통해 주어진 상황에서 매 순간 경험하는 것을 충분히 자각하여 처리할 수 있을 때 유기체로서 바람직한 적응이 이루어진다고 본다.

우리가 환경과의 접촉(contact)을 통해 가장 시급하게 필요한 게슈탈트를 완성하지 못하면 문제가 된다. 원만하고 건강한 삶을 유지하기 위해서는 가장 시급한 게슈탈트의 완성이 필요하고, 이를 위해서는 우리의 에너지가 봉쇄되지 않고 사용될 필요가 있다. 접촉이 단절되고 에너지의 흐름이 끊기면 우리가 지닌 잠재력을 충분히 발휘하지 못하게 되고 게슈탈트의 완성에 지장이 생긴다. 즉 학교나 직장에서 자신이 해야 할 일을 수행하는 데 집에서 있었던 좋지 않았던 일이 계속해서 당신을 괴롭힌다면 문제가 된다. 건강한 삶을 위해 시급한 게슈탈트의 완성을 얻고자 한다면 '게슈탈트 순환(cycles of gestalts)'이 계속되는 것이 필요하다.

게슈탈트치료 집단상담자는 유기체가 자기조절 기능을 수행할 수 있다는 유기체의 지혜를 믿는다. 타인과 관계를 맺으며 살아가면서 너무 계산적이거나 강박적으로 빠지지 않고, 있는 그대로 자신을 수용하면서 살아갈 것을 강조한다. 같은 차원의 양극적인 상반된 힘의 마찰에 따른 자기고문 게임을 멈추고 서로를 인정하고 수용하여 통합을 이룰 것을 강조한다.

게슈탈트치료 집단상담자는 집단구성원이 환경적 지지를 버리거나 탈피하고 자신의 삶을 책임지는 자기지지에 의해서 살아가도록 조력한다. 당신의 모든 실제적 행위에 대한 책임은 바로 당신에게 있다는 것을 강조한다. 당신이 인지적으로 고려하는 모든 생각에 대한 책임 역시 당신에게 있다는 것을 강조한다. 그리고 당신의 모든 감정에 대한 책임도 당신에게 있다는 것을 강조한다. 비록 어떤 사람이나 사건이 당신에게 부분적으로 영향을 미칠지언정 누구도 그리고 어떤 외적 환경도 당신의 사고·감정·행위에 대해 책임지는 것은 아니다. 당신은 주체자로서 자신의 삶에 대한 모든 책임을 져야 한다.

나는 나이고 당신은 당신이다. 나의 인생에 대한 책임은 나에게, 당신의 인생에 대한 책임은 당신에게 있다. 이런 점에서 펄스는 "미친 사람은 '내가 에이브러햄 링컨이다.'라고 말하고, 신경증적인 사람은 '내가 에이브러햄 링컨이라면 좋겠다.'고 말하고, 건강한 사람은 '나는 나이고 당신은 당신이다.'라고 말한다."고 지적하였다.

집단상담자는 게슈탈트치료 집단상담을 통해 집단구성원이 에너지의 집중을 통해 하고자 하는 일을 성취할 수 있도록 조력한다. 심리적 문제를 가진 집단구성원의 에너지 집중을 방해하는 주요한 요인이 이전에 완성하지 못한 '미해결된 일'이다. 이러한 미해결된 일이 과거에 일어났지만 당신에게 중요한 사건이었다면 아직도 당신의 삶에 영향력을 행사하고 있다고 볼 수 있다. 집단상담자는 집단구성원이 과거에 있었던 미해결된 일을 현재로 가져와 그것을 충분히 이해하고 해결하게 함으로써 그가 과거의 어떤 일에 집착하지 않고 자신의 현재의 일에 집중할 수 있게 한다.

게슈탈트치료 집단상담자는 역시 집단구성원이 가진 다양한 양극성(polarities)에 대한 자각의 확장을 촉진한다. 집단상담자는 양극성의 어느 한쪽을 지나치게 의식하거나 강조하는 집단구성원을 돕기 위해 그가 자각하지 못한 다른 한쪽을 알아차리도록 한다. 그리고 집단구성원이 행하는 강자-약자의 자기고문 게임이나 반복적인 갈등을 멈추게 하고 서로가 화해와 이해를 통해 통합을 이루도록 한다. 펄스가 양극성에서 비롯된 갈등을 해결하기 위해서 제기한 상담기법인 '빈 의자기법'은 집단구성원이 가진 내적 갈등과 대인관계 갈등을 해결하는 데 유용하게 사용되고 있다. 빈 의자기법을 통한 대화는 자신의 다른 면과 상대방을 이해하는 데 필수적이다. 훌륭한 대화자는 경청을 잘하는 사람이다. 빈 의자기법을 통해 양극성을 이루는 양쪽이 계속해서 대화하도록 하라. 대화를 통해 상대방을 경청하는 것은 자기고문이나 대인관계의 갈등을 극복하게 한다. 경청은 상대방을 이해하기 때문에 싸움을 중단시킨다. 펄스는 "우리는 이 세상에서 특이한 양극성을 가진다. 그것은 '경청' 대 '싸움'이다. 경청하는 사람은 싸우지 않고, 싸우는 사람은 경청하지 않는다."(Perls, 1969a)고 지적하였다.

禪에서 直指人心 見性成佛을 강조한 것처럼, 게슈탈트치료의 주요기법은 유기체가 직접적으로 접촉하여 하나의 자각(awareness) 혹은 하나의 게슈탈트(gestalt)를 갖는 것에 근거한다. 게슈탈트치료를 지탱하는 가장 중요한 두 가지 지지기반이 현재(now, present)와 과정(how, here)이라고 한다. 지금-여기에서 진행되는 것에 집중하여 유기체가 가장 필요한 게슈탈트를 완성하는 것이 삶에 충실한 방법이다. 유기체가 필요로 하는 이러한 게슈탈트의 출현과 완성은 삶이 진행되는 동안 계속된다. 과거의 미해결된 일이 현재의 게슈탈트의 완성에 방해가 된다면, 그리고 미래의 일에 대한 걱정이 현재의 게슈탈트의 완성에 장애가 된다면 유기체의 지금-여기에서 진행되는 게슈탈트 완성을 위한 집중력이 감소된다. 펄스가 자신의 권태를 해결하기 위해 시도한 내용을 담은 자서전적인 저서에서는 게슈탈트치료의 기본적 입장을 잘 설명해 주고 있다(Perls, 1969b; 노안영 역, 1996).

禪이 게슈탈트치료에 미친 영향

게슈탈트치료의 창시자인 펄스는 웨이즈(Paul Weisz)를 통해 禪에 대해 알게 되었다. 웨이즈는 의사로서 禪을 수도하였으며 펄스와 그의 부인 로라(Laura Perls)에게 禪을 가르쳤다. 웨이즈는 펄스에게 인정받는 재능 있는 게슈탈트치료자가 됐으며 禪과 게슈탈트치료를 통합하려고 시도하였다. 펄스는 禪의 아이디어를 자신의 게슈탈트치료의 철학과 방법에 통합하고자 했다. 펄스는 禪의 지혜와 비도덕적 태도에 매력을 느꼈으며, 禪이 추구하는 바는 그가 이미 주장했던 강박적(shouldistic) 행동에 대한 반대를 강화시켰다.

특히 禪이 강조하는 현재지향성은 펄스가 게슈탈트치료에서 강조하는 현재의 자각과 유사성을 가진다. 나란조(Naranjo, 1970)는 禪이 게슈탈트치료에서 현재를 중시하는 데 기여했다고 지적한다.

禪에서 사용되는 역설의 개념은 우리가 우리 자신을 변화시키려고 노력하는 것을 멈출 때 변화가 일어난다는 펄스의 역설적 개념과 부합한다. 펄스는 禪에 매력을 느꼈을 뿐만 아니라 자신의 '자각연습'이 서양인들에게 일종의 禪과 유사한 자기변형을 제공한다고 믿었다. 禪에 대해 펄스가 느낀 매력은 그가 일본 도쿄를 방문하여 禪을 공부하게 이끌었다. 역시 펄스는 1950년대와 1960년대에 禪에 대해 탁월한 경지에 도달한 와츠(Alan Watts)에 의해 영향을 받았다.

禪과 게슈탈트치료의 관계성

禪과 게슈탈트치료는 모두 급진적 경험주의(radical empiricism)이자 급진적 실존주의(radical existentialism)로 간주될 수 있다는 주장이 있다(Joslyn, 1975). 게슈탈트치료의 주요한 기법에서 사용되는 '빈 의자'는 禪道 수행 중인 명상자(meditator)가 직면한 텅 빈 벽이나 마루와 같다. 게슈탈트치료와 禪의 모든 기법은 단순히 '지금-여기'의 과정으로서 자신과 세계에 대한 자각을 유도하기 위한 것이다. 법정 스님은 "삶은 영원한 현재가 아니겠습니까. 우리는 어떤 환경이나 상황에 놓여 있든 간에 언제나 지금 이 자리에서 그리고 이렇게 살아가고 있습니다."(법정 스님, 1997, pp. 55-56)라고 지적한다.

조슬린(Joslyn, 1977)은 배경의 통일적 관점으로부터 전경과 배경의 과정을 지각하는 것이 禪의 방법이라고 지적한다. 펄스(Perls, 1969b)는 일본의 禪師가 그에게 물었던 "바람의 색깔이 무엇인가?"란 화두(話頭)에 대한 답변으로 禪師에게 다가가 그의 얼굴에 대고 입으로 불었다. 펄스는 이러한 그의 답변이 "바람의 색깔은 당신이 느끼는 것이다."라는 의미임을 지적하며 그의 답변이 게슈탈트적이라고 설명하였다. 즉 이러한 펄스의 답변은 "조작된 신념을 버리고 감각으로 돌아오라(Lose your mind, come to your senses)."는 지금-여기의 과정에서의 자기자각을 강조한 것이라 본다.

게슈탈트치료 집단상담자는 집단구성원이 자기조절과정으로 접촉하도록, 그러한 자기조절과정으로서 자신과 세계를 실현하도록, 그러한 과정을 방해하는 것을 멈추도록, 강박적인 생각이 명백히 존재하는 상태의 자각을 방해하는 것을 멈추도록 한다. 게슈탈트치료 집단상담자는 禪師처럼 가르칠 것이 없다는 것보다 다른 사람을 가르칠 아무것도 가지지 않는다고 말한다. 왜냐하면 그는 학습은 발견이고 집단구성원 각자가 자기조절할 수 있다는 것과 유기체의 지혜를 믿기 때문이다. 모든 게슈탈트치료와 禪의 기법은 지금-여기(here-and-now) 과정으로서 단순히 자기 자신의 실현을 야기하기 위한 것이다.

'만약 당신이 거리에서 부처를 보면, 그를 죽여라(If you see the Buddha on the street, kill him).'라는 관점은 대승불교적인 입장을 이야기한 것이다. 즉 禪과 게슈탈트치료에서 강조한 자신 내부에 있는 잠재력을 개발하는 것이 중요하다는 것으로, 환경적 지지보다는 자기지지의 중요성을 강조한 내용이다. 자기를 이해하고 찾는 노력이 문제해결의 주요한 방법이다.

펄스가 게슈탈트치료 기도문에서 지적한 '나는 나이고, 너는 너다(I am I, and You are you).'나 '장미는 장미이고, 장미는 장미다.'라는 표현은, 한편으로 그가 많은 사람들에게 구루(Guru, 禪師)로 불렸던 점을 고려하면 禪道의 입장에서 이해하는 것이 바람직하게 여겨진다.

동양철학은 분석적이기보다 직관적이며 관조적이다. 우주의 원리를 이해하는 데 전체적인 질서와 조화를 강조한다. 동양의 음양이론이 보여 주는 것처럼 상반되는 반대 원리를 통해 역동적으로 작용하여 조화와 통합을 이루는 전체성을 중요시한다. 禪師들이 삶을 지혜롭게 이끌기 위해 강조하는 禪問答의 내용도 전체로서 나를 이해하고 찾는 과정이라고 할 수 있다. 그들은 역설을 통해 궁극적으로 전체적인 조화를 이룰 것을 주장한다.

심리학파 중에서 게슈탈트 심리학보다 전체성의 입장을 두드러지게 강조한 학파는 찾아보기 힘들다. 게슈탈트 심리학의 기본적 공리인 '전체는 부분의 합 이상이다.'는 게슈탈트치료의 근간을 이루고 있다. '숲을 보고 나무를 보느냐, 나무를 보고 숲을 보느냐?'와 같은 사물을 보는 단순한 관점 이상으로 게슈탈트치료는 개체적 요소보다 요소들이 서로 작용하는 역동성을 중요시한다. 그런 점에서 결과로서 나타나는 전체를 이루는 장(field) 속에서의 과정을 이해하는 데 주력한다.

게슈탈트치료와 禪은 모두 합자연(合自然)적인 동양사상을 근간으로 하고 있다. 왜냐하면 게슈탈트치료와 禪은 모두 통합과 전체성을 강조하기 때문이다. 게슈탈트치료에서는 전경과 배경의 원리를 통해 전체를 통한 이해와 통합을 이룰 것을 주장한다. 배경은 필요에 따라 항상 전경이 될 수 있다. 전경 역시 배경으로 물러난다. 그러나 더욱 중요한 것은 전경과 배경은 역동적으로 작용하여 전체를 결정한다는 점이다. 禪에서는 나 자신이 부처라는 관점에서 '원래의 자신의 모습(眞我)'을 찾을 것을 주장한다. 이성철 스님(1993)이 지적한 것처럼 '내가 자연이고 자연이 나다.'라는 표현은 동양사상에 나타난 합자연의 원리를 반영하고 있다.

禪의 中道와 게슈탈트치료의 통합

中道는 禪에서 강조하는 가장 중요한 개념이다. 게슈탈트치료에서 강조하는 가장 중요한 개념은 통합(integration)이다. 禪과 게슈탈트치료의 핵심적 개념인 중도와 통합에 대한 이해는 양극적인 대립으로 자기고문 게임(self-torture game)을 하며 갈등하는 내담자들의 문제를 돕는 데 기여하리라 본다.

> 우주의 실상은 진공(眞空)인 동시에 바로 묘유(妙有)입니다. 공(空)인 동시에 가(假)요, 공도 아니고 가도 아니기 때문에 중도(中道)입니다(성륜불서간행회, 1995). 중도는 상대양변을 떠나서 그 상대양변이 융합하는 것이며, 바로 모순이 융합되는 세계를 중도의 세계라고 합니다. 흔히 '중도를 중간이다' 하는데 중도는 중간이 아닙니다. 선과 악이 대립되어 있는데 중도법문에 의하면 그 선악을 떠나서 선악이 융통되는 것입니다. 선과 악이 서로 통해 버리는 것입니다. 중도란 모든 대립을 떠나서 그 대립이 융화되어 서로 합하는 것입니다. 그러므로 유무합고(有無合故)로 명위중도(名爲中道), 즉 유와 무가 서로 합하는 것을 중도라 이름한다고 부처님께서 말씀하셨습니다(이성철 스님, 1993).

禪 훈련에서 중요한 측면은 자각을 위한 훈련으로, 그것은 현재 진행되는 것을 항상 자각할 수 있도록 실제로 중도(center)를 갖는 것을 포함한다. 궁극적인 자각은 계산 기능(사고)이 사라지고, 직관이나 자각이 실제로 감각으로 느껴질 정도로 밝고 명료할 때만 일어날 수 있다. 동양철학에서 空心(empty mind)은 최고의 찬사를 받을 만한 가치가 있다. 그러므로 "당신의 정신을 버리고 당신의 감각에 귀를 기울여라." (Perls, 1970) 펄스의 이 말은 당신이 세계와 자신에 대해서 가장하고 사려하는 것을 포기하고 지금과 여기의 즉각적인 경험으로 돌아와야 한다는 의미다. 게슈탈트치료에서는 게슈탈트 순환을 통해 끊임없는 통합이 자연스럽게 이루어지는 유기체의 지혜를 강조한다. 통합되지 않아 '미해결 과제'로 남아 있는 문제들은 한국 사람들이 恨이라고 하는 것과 유사하다고 볼 수

있다.

모든 심오한 종교, 특히 禪불교 혹은 훌륭한 치료의 과업은 자신의 꿈, 특히 악몽으로부터 깨어나는 깨달음(great awakening: 자신의 감각에 돌아오는 것)이다. 배우고 성장하는 禪道에 초점을 둔 게슈탈트치료는 서양인들에게 자신들의 환경에서 찾기 힘든 과정의 가치를 경험하게 하는 딜레마를 제공한다. 게슈탈트치료는 서구문화에서 성취하기 힘든 통합, 자유 그리고 깨달음(사토리)을 얻게 할 수 있다(Shepherd, 1970, p. 238).

禪과 게슈탈트치료는 변화의 역설로 무위와 자연을 강조한다. 현재에 진행되는 삶에 충실할 것을 강조한다. 현재는 과거와 미래의 중앙에 있다. 시간이라는 차원에서 볼 때 현재는 중도라고 할 수 있다.

우리 모두는 변화의 생각에 골몰한다. 신중한 변화의 생각은 결코, 결코, 결코 기능하지 않는다는 것이다. 당신이 "나는 변하기를 원한다."고 말하고 프로그램을 만들자마자, 당신이 변하지 못하도록 방해하는 반대 힘이 생성된다. 변화는 스스로 일어나고 있다. 만약 당신이 당신의 본성으로 돌아가면, 당신이 있는 그대로를 수용하면, 변화 그 자체는 자동적으로 일어난다. 인생각본의 구조는 업보(karma)라든가 운명으로 보통 말해지지만 그 대부분은 어떻게 자학적이었는가, 얼마나 무익한 자기개조 게임을 해 왔는가, 또 얼마나 업적을 쌓는 데 안달해 왔으며 흥미를 가졌는가 하는 것과 관계가 있다. 게슈탈트치료의 목적은 이 엉망진창이 된 인생각본의 줄거리를 본 상태로 재조직화하는 것이다(Perls, 1973).

이러한 게슈탈트치료의 변화의 역설과 유사하게 깨달음을 얻기 위해 노력하는 수행자에게 법정 스님(1997)은 다음과 같이 말하고 있다. "현재를 최대한으로 사는 것이 수행자의 삶임을 잊지 말라. 행여나 깨달음을 얻기 위해서 수행을 한다고 생각하지는 말라. 도대체 깨달음이란 무엇인가? 누가 깨닫는다고 했는가? 깨닫겠다고 하는 그 사람이 문제다. 깨달으려고 해서 깨달음에 이른 사람은 아무도 없다. 깨달음은, 굳이 말을 하자면 보름달처럼 떠오르는 것이고 꽃향기처럼 풍겨오는 것. 그러니 깨닫기 위해서 정진한다는 말은 옳지 않다."(법정 스

님, 1997, p. 85)

禪과 게슈탈트치료는 합자연적인 입장에서 유기체의 지혜를 믿고 강조한다. 禪이 보다 직관적이고 관념론적 입장에서 깨달음을 강조한 반면, 게슈탈트치료는 보다 분석적이고 실용적인 입장에서 자각의 중요성을 지적하고 있다고 볼 수 있다. 이러한 차이를 깨닫기 위해서는 인간의 탐구와 이해를 추구하는 두 입장의 근간이 되는 동양정신과 서양정신의 영향을 고려하는 것이 필요하다. 하지만 앞에서 지적한 것처럼 禪이 게슈탈트치료에 준 영향을 바탕으로 볼 때 발달된 정신적 토양은 다를지라도 두 접근이 추구하는 여러 가지 핵심적인 공통점을 찾아볼 수 있다.

첫째, 禪과 게슈탈트치료는 자연성과 자발성을 강조한다. 동양철학이 합자연성을 강조한 것처럼 禪은 인간이 자연의 일부이며 더 나아가 자연 자체임을 강조한다. 역시 게슈탈트치료는 강박주의를 반대하여 실존 그 자체로서 있는 것이 가장 자발성을 보이는 것이며 자연적인 것으로 여긴다.

둘째, 禪과 게슈탈트치료는 전체성과 통합을 강조한다. 禪은 중도를 강조함으로써 음이 양이 되고 양이 음이 되는, 그리고 그것이 균형을 통해 하나가 되는 전체성을 강조한다. 역시 게슈탈트치료는 양극성을 가정하고 서로 이해하고 화해하여 양극이 통합되는 것을 문제해결로 보고 있다.

셋째, 禪과 게슈탈트치료는 깨달음과 자각을 강조한다. 禪은 깨달음을 강조한 반면, 게슈탈트치료는 자각을 강조한다. 깨달음과 자각은 개념의 뉘앙스에서 다소 다르지만 그 본질에 있어서는 같다고 여겨진다. 펄스가 깨달음에 이르기 위해 수십 년이 걸린다면 禪이 비효과적이라고 비판하였지만, 禪師는 禪道를 통해 오관이 개방된 상태에서 수없는 자각을 이루며 보다 큰 깨달음에 이른다고 볼 수 있다. 게슈탈트치료는 실존으로서 오관이 개방되어 자각하며 살아가는 상태를 바람직한 적응으로 보며 유기체의 지혜를 신뢰하는 것으로 생각한다.

넷째, 禪과 게슈탈트치료는 현재를 바탕으로 한 개방성과 충실성을 강조한다. 우리가 생각하는 시간의 개념으로 볼 때 현재는 과거와 미래의 중간에 있다. 그러나 두 접근은 우리가 현재에 충실하며 살아갈 것을 강조한다. 그리고 필요하면 과거와 미래를 현재로 가져와 다룰 것을 주장한다. 삶을 영원한 현재로 보고 현재에 개방적이고 충실할 것을 강조한다.

다섯째, 禪과 게슈탈트치료는 에너지의 집중력을 강조한다. 禪은 좌선과 명상을 통해 깨달음에 이르기 위해 모든 에너지를 한곳에 집중할 것을 강조한다. 역시 게슈탈트치료는 펄스가 초기에 그의 접근방식을 집중력 치료라고 불렀던 것처럼 미해결 과제는 에너지의 집중을 방해한다고 본다.

여섯째, 禪과 게슈탈트치료는 변화의 역설을 강조한다. 모든 상담 및 심리치료가 문제해결을 위해 역설적이라고 할 수 있지만, 禪과 게슈탈트치료는 보다 직접적으로 역설을 통해 깨달음과 자각에 이르게 한다고 볼 수 있다. 두 접근은 있는 그대로에 충실하게 사는 것을 강조하며 억지로 변화하려고 노력하는 것을 반대한다.

이처럼 禪과 게슈탈트치료는 많은 공통적인 관점을 갖고 있다는 것을 알 수 있다. 禪에서는 禪師가 十牛圖의 과정(尋牛, 見跡, 見牛, 得牛, 牧牛, 騎牛歸家, 忘牛存人, 人牛俱忘, 返本還源, 入鄽垂手)을 거쳐 있는 그대로의 세계를 깨달아 중생을 교화한다는 깨달음의 과정을 잘 보여 준다. 역시 十牛圖는 수행을 통해 원래 우리 자신에게 내재해 있는 불심을 발견해 성불할 수 있다는 直指人心 見性成佛을 잘 나타내 주고 있다. 이러한 禪修道의 과정은 나와 소가 통합되는 과정을 잘 보여 준다. 게슈탈트치료에서 강조하는 게슈탈트 순환의 과정(휴식 상태, 욕구의 출현, 자각 또는 알아차림, 선택, 에너지 동원, 접촉, 동화 또는 거부, 만족, 철회)는 현재에 충실한 삶의 과정을 잘 나타내 주고 있다. 게슈탈트치료에서는 가장 시급한 게슈탈트를 완성하는 것이 유기체의 지혜임을 강조한다. 시간이 걸려 게슈탈트 순환이 완성되는 인생의 중요한 문제가 있는 반면, 상황에 따라 게슈탈트 순환이 짧은 시간에 완성되는 것도 있다. 이러한 점에서 禪을 통해 깨달음에 이르는 과정은 개인 차가 있다 하더라도 시간이 걸리는 게슈탈트 완성의 과정이라고 할 수 있다.

2. 게슈탈트치료와 禪에 근거한 집단상담 프로그램

여기에서는 먼저 게슈탈트치료와 禪에 근거한 집단상담 프로그램의 전반적 개요를 먼저 살펴보고 집단상담자들이 실제 프로그램을 사용할 수 있도록 세부적인 프로그램의 내용을 제시하고자 한다.

프로그램의 개요

게슈탈트치료는 언어적인 것이 아니라 행위를 강조한다는 점에서 경험적이고, 개인의 독립적 선택과 책임을 강조한다는 점에서 실존적이며, 개인이 가진 감정의 새로운 표현을 시도하도록 촉진한다는 점에서 실험적이다. 본 연구에서는 이러한 게슈탈트치료의 강조점에 근거하여 禪을 이용한 게슈탈트치료 집단상담 프로그램 개발에 주력하였다. 특히 게슈탈트치료 기법이 강조하는 지금과 여기에서 접촉과 자각을 통해 집단구성원이 문제해결과 인간성장을 도모하도록 프로그램을 구성하였다.

프로그램의 총 소요시간은 20시간으로, 일주일에 1회(2시간)를 만나면 2개월 반(1회에 2시간 30분이면 2개월)의 기간이 요구되며 집중적으로 실시하면 2박 3일에 걸쳐 실시할 수 있도록 프로그램을 구성하였다. 그리고 프로그램을 진행할 집단상담자가 상담을 공부하는 대학원생들이기 때문에 쉽게 실시할 수 있는 기법으로 내용을 구성하였다.

역시 집단 프로그램의 효율적 · 실용적 측면을 고려하여 회기마다 전체 구성원이 실시된 기법을 경험할 수 있는 구조화된 禪을 이용한 게슈탈트치료 집단상담 프로그램을 개발하였다.

구성된 프로그램의 내용과 기법은, 저자가 그동안 청소년, 상담자원봉사자, 대학생들을 대상으로 그 효과가 있는 것으로 확인한 게슈탈트치료 집단상담 프로그램을 禪의 十牛圖에 접목시킨 것이다. 禪의 十牛圖 중에서 여덟 번째까지의 그림은 게슈탈트 순환과 유사한 과정으로 문제해결과 통합에 의한 프로그램의 기본적 과정을 이룬다. 간략하게 개발된, 禪을 이용한 게슈탈트치료 집단상담 프로그램의 개요를 소개하면 다음과 같다.

- **제1회**: 집단 참여동기, 十牛圖의 尋牛를 통해 동기유발, 과제물 주기
- **제2회**: 문제 탐색, 十牛圖의 見跡을 통해 문제 탐색, 과제물 주기
- **제3회**: 문제 확인, 十牛圖의 見牛를 통한 문제 확인, 과제물 주기
- **제4회**: 문제해결을 위한 저항 및 갈등의 처리, 十牛圖의 得牛를 통한 저항과 갈등의 처리, 과제물 주기
- **제5회**: 문제 이해 및 저항과 갈등의 해소, 十牛圖의 牧牛를 통한 문제 이해 및 갈등 해결, 과제물 주기
- **제6회**: 문제해결을 위한 나와 문제 통합의 1단계, 十牛圖의 騎牛歸家를 통한 나와 문제 통합의 1단계, 과제물 주기
- **제7회**: 문제해결을 위한 나와 문제 통합의 2단계, 十牛圖의 忘牛存人을 통한 나와 문제 통합의 2단계, 과제물 주기
- **제8회**: 문제해결을 위한 나와 문제 통합의 3단계, 十牛圖의 人牛俱忘을 통한 나와 문제 통합의 3단계, 집단상담 경험평가 및 종결

프로그램의 내용

제1회 집단상담: 집단참여 동기, 十牛圖의 尋牛를 통해 동기유발, 과제물 주기

1. 환영 및 자기소개
   ① 환영사 및 집단상담자 소개
   ② 집단구성원 소개 및 집단상담에 대한 기대 확인
   ③ 집단구성원의 기대 및 동기와 연관지어 프로그램 효과에 대한 확신감 부여

2. 프로그램에 대한 소개 및 목적

① 禪을 이용한 게슈탈트치료에 대한 간략한 설명: 禪의 十牛圖와 펄스에 의해 창시된 게슈탈트치료는 현상학적-실존적 형태의 상담형태라고 설명하고, 게슈탈트치료의 핵심에 대해 간단히 설명

② 8회의 집단활동에 대한 간단한 구조화: 각 회의 활동에 대한 간단한 언급과 함께 집단활동에 적극적으로 참여하면 결국 자기에 대한 개념을 확고히 할 수 있고 충분히 기능할 수 있는 내가 될 수 있다고 설명

3. 별칭 짓기 및 별칭 외우기 연습(준비물: 펜, 종이)

① 종이와 펜을 나눠 주고 별칭을 짓는 이유를 설명하고 별칭을 쓰게 함

② 집단지도자가 본보기를 보여 준 후, 구성원의 별칭 소개

③ 별칭 외우기 연습

4. 집단의 규칙 설명(준비물: 자료 I)

① 유인물 배포

② 집단구성원의 의무 설명

③ 집단구성원의 권리 설명

5. 禪의 十牛圖와 '게슈탈트 순환'에 대한 강의 및 토의

禪의 十牛圖를 보여 주고 건강한 사람은 다음과 같은 게슈탈트 순환을 자연스럽게 반복하면서 성장한다는 것을 설명

① 휴식의 상태(배경): 변별되지 않은 상태

② 욕구의 출현: 감각을 통해서

ex) 배가 고프거나 목이 마르다.

③ 자각 또는 알아차림, 사고

ex) '아! 내가 목이 마르구나!'

④ 선택 ⇒ 에너지의 이동: 여러 가지 욕구가 동시에 출현할 수 있는데 이 중에서 우선적인 것을 선택

ex) 목이 마를 때, 전화가 온 경우 ⇒ 물을 먼저 마심

⑤ 에너지 동원

⑥ 접촉(contact): 움직임과 행동

ex) 자신의 목마름과 접촉

⑦ 동화 또는 거부: 다시 알아차림
⑧ 만족: 목마름에 대한 만족
⑨ 철회: 에너지 철회(그리고 그다음 단계의 게슈탈트가 형성되고, 출현한다)

6. 집단구성원이 해결하고 싶은 가장 중요한 문제를 찾아서 한 가지씩 생각하여 발표하도록 한다.
7. 게슈탈트치료선서와 더불어 문제 탐색과 문제해결을 위한 자기선서를 구성하도록 유도(준비물: 자료 II)
   ① 유인물 배포
   ② 따라 읽게 함 ⇒ 큰 소리로!
   ③ 선서내용에 대해 집단구성원 각자가 어떻게 생각하는지에 대한 그룹 토의: 평소 자신의 생각과 선서 내용을 비교해서 소신 있게 자기입장을 표현하도록 촉진
   ④ 요약 및 선서에 대한 논의: 집단구성원의 집단토의 내용을 요약하고 논의, 집단상담자가 개입할 때는 만남에 초점을 두고, 자기지지에 대한 강조
8. 소감 나누기
   ① 소감 나누기: 오늘 프로그램에 대한 피드백이나 구성원끼리 피드백 나누기
   ② 과제물 주기와 종결: 게슈탈트선서처럼 자기성장과 문제해결을 위한 자신의 의지를 반영한 자신의 선서를 작성하도록 함

〈1회 집단상담 자료〉

자료 I: 집단구성원의 의무와 권리

집단구성원의 의무

① 나는 결석을 하지 않는다.

② 나는 시간을 엄수한다.

③ 나는 집단에서 이루어진 이야기에 대해 비밀을 지킨다.

④ 나는 상대방에게 인신공격을 하지 않는다.

⑤ 집단에서 내준 숙제는 충실히 한다.

⑥ 나는 집단에 적극적으로 참여한다.

집단구성원의 권리

① 나는 표현하고 싶지 않을 때 표현하지 않을 권리가 있다.

② 나는 집단원의 허락을 받아 내 문제에 대해서 개인적으로 탐색해 볼 권리가 있다.

③ 나는 자기성장을 위해 행동할 권리가 있다.

자료 II: 게슈탈트 선서

게슈탈트 선서

나는 나의 일을 하고 당신은 당신의 일을 합니다.
나는 당신의 기대에 부응해서 살기 위해 이 세상에 존재하는 것이 아니며,
당신은 나의 기대에 부응해서 살기 위해 이 세상에 존재하는 것이 아닙니다.
나는 나이고 당신은 당신입니다.
만약 우리가 서로를 발견한다면 그것은 아름다운 일이고,
그렇지 못한다면 서로에게 아무런 도움이 되지 않을 것입니다.

제2회 집단상담: 문제 탐색, 十牛圖의 見跡을 통해 문제 탐색, 과제물 주기

1. 과제 확인 및 토의

- 일주일 동안 생활에 대해 묻기
- 과제 확인: 작성해 온 선서를 각자 발표하도록 함

- 발표된 내용에 대한 토의

2. **게슈탈트치료에 대한 강의**(준비물: 자료 III)

① 유인물 배포

② 게슈탈트치료에 대한 강의: 게슈탈트치료는 경험적 · 실존적 · 실험적 상담이라는 것을 설명하고, 게슈탈트치료의 주요개념 및 목표 설명

3. **현재에서 느끼는 자신의 감정 표현하기**(지금-여기의 중요성에 대한 자료 활용. 준비물: 자료 IV)

4. **禪과 게슈탈트치료에 관한 관계성 이해**

배경의 통일적 관점으로부터 전경과 배경의 과정을 지각하는 것이 禪의 방법(Joslyn, 1977)이라는 것을 설명한다.

'조작된 신념을 버리고 감각으로 오라.'를 강조한다.

'만약 당신이 거리에서 부처를 보면 그를 죽여라.' : 자신 내부에 있는 잠재력을 실현시키는 것이 중요하다. 외적 지지보다 자기지지의 중요성을 강조한다. 자기를 이해하고 찾는 노력이 문제해결의 핵심이라는 것을 강조한다.

나는 나, 너는 너/ 장미는 장미고, 장미는 장미다(Perls).

산은 산이고, 물은 물이로다(이성철 스님).

계산주의(aboutism)와 강박주의(shouldism), 그리고 '상태주의(isism)+자각(awareness)'에 대한 이해를 통해 게슈탈트치료 집단상담에서 강조하는 건강한 삶을 설명한다.

5. **감정 · 사고 · 행동의 세 가지 자각을 통한 문제 탐색 훈련**

지금과 여기를 중심으로 집단구성원 각자가 다음과 같은 질문을 통해 자신의 문제를 탐색하도록 한다.

① 당신은 지금 무엇을 하고 있습니까?

② 당신은 지금 무엇을 느끼십니까?

③ 당신은 지금 무엇을 생각하고 있습니까?

④ 당신은 지금 무엇을 회피하거나 두려워합니까?

⑤ 당신은 지금 무엇을 자각하고 있습니까?

6. **집단구성원 각자가 정말 자신의 문제라고 여기는 것을 발표하고 논의**

집단지도자는 집단구성원이 지켜야 할 비밀 원칙을 재언급하면서 집단구성원이 자신의 문제를 찾고 노출할 수 있도록 서로 신뢰하는 집단분위기를 조성한다.

7. 마무리 및 과제물 주기
   ① 마무리: 집단경험을 자연스럽게 표현하고 소감 말하기
   ② 과제물 주기: 집단구성원이 집단상담을 통해 꼭 다루고 싶은 자신의 문제를 최소 한 가지씩 찾아서 가져오기

〈2회 집단상담 자료〉

자료 Ⅲ: 게슈탈트치료에 대한 강의 내용

1. 게슈탈트치료는 경험적 · 실존적 · 실험적 상담이다.
   언어적인 것보다는 행동(행위)을 강조한다는 점에서 경험적이다. 또한 개인의 독립적 선택과 책임을 강조한다는 점에서 실존적이다. 그리고 개인이 가진 감정의 새로운 표현을 시도하도록 촉진한다는 점에서 실험적이다. 역시 게슈탈트치료에서는 과거도 미래도 아닌 바로 지금 '지금-여기' 를 가장 중요시한다. 그리고 성숙된 인간이 되기 위해 개인은 자신을 자각하고 수용하고 자신의 정체성을 이해해야 하며, 책임감을 가져야 한다. 만약 우리가 자신의 감정을 표현하지 않음으로써 그리고 미해결된 일을 축적하게 되면 곤란에 빠지게 된다.
2. 게슈탈트치료에서의 주요 초점은 크게 다섯 가지로 나뉜다.
   ① 성숙은 환경적 지지보다 자기지지가 이루어질 때 성취된다. 즉 개인이 자신의 행동과 경험에 책임지는 것을 수용할 때 성취된다.
   ② 이전에 자신의 부정된 부분을 직면하고 수용함으로써 전체로서의 자신을 자각하고 회피 행동을 감소시킨다. ⇒ 자각 강조
   ③ 변화는 사람들이 자신에 대한 책임감을 가정할 때, 그리고 그들이 미해결 과제를 종결할 때 일어난다.

④ 치료의 초점은 개인의 현재의 사고와 감정에 있다.

⑤ 개인이 사회에 적응하는 것보다는 그의 직관적 감각을 신뢰하도록 촉진한다. ⇒ 접촉 강조

그러므로 게슈탈트치료 집단상담의 목표는 '알아차림 혹은 자각'을 하고 환경적 지지 혹은 외적 지지보다는 '자기지지'를 할 수 있도록 하는 것이다. 이는 각 개인이 환경과의 만남에서 자신의 사고와 감정, 욕구, 상상, 신체 감각 그리고 환경에 대한 지각을 넓히고 접촉하는 한편, 이러한 것을 타인에게 상처를 주지 않으면서 자연스럽게 표현하여 자신의 욕구를 충족하는 방법을 배우기 위해서다.

3. 게슈탈트치료에서의 주요개념

① 게슈탈트라는 말은 '전체' '형태' '모습' 등의 뜻을 지닌 독일어이고 여기에서는 '개체에 의해 지각된 자신의 행동동기'를 뜻한다. 즉 개체가 자신의 유기체 욕구나 감정을 하나의 의미 있는 행동동기로 조직화하여 지각한 것을 뜻한다. 개체는 단순히 객관적으로 존재하는 게슈탈트를 지각하는 것이 아니라 어떤 상황 속에서 자신의 욕구나 감정, 그리고 환경조건과 맥락 등을 고려하여 가장 매력 있는 혹은 절실한 행동을 게슈탈트로 형성하는 것이다. 건강한 삶이란, 바로 분명하고 강한 게슈탈트를 형성할 수 있는 능력과 같다고 할 수 있다.

② 전경과 배경

어느 한순간에 관심의 초점이 되는 부분을 전경(figure)이라 하고, 관심 밖에 놓여 있는 부분을 배경(ground)이라 한다. 건강한 개체는 매 순간 자신에게 중요한 게슈탈트를 선명하고 강하게 형성하여 전경으로 떠올릴 수 있는데 반해, 그렇지 못한 개체는 전경을 배경으로부터 명확히 구분하지 못한다.

③ 미해결 과제

개체가 게슈탈트를 형성하지 못했거나 혹은 게슈탈트를 형성하긴 했으나 이의 해소를 방해받았을 때 그것은 배경으로 사라지지 못한다. 그렇다고 전경으로 떠오르지 못하므로 그것은 중간층에 남아 있게 된다. 이러한 완결되지 않은 혹은 해소되지 않은 게슈탈트를 '미해결 과제' 혹은 '미해결 게슈탈트'라

고 한다. 미해결 과제가 쌓이는 이유는 개체가 자연스런 유기체의 활동을 인위적으로 차단하기 때문이다. 따라서 게슈탈트치료는 미해결 과제를 완결짓는 일을 매우 중요한 목표로 생각한다. 미해결 과제를 해결할 수 있는 방법은 '지금과 여기'에서 알아차리는 것이다.

자료 IV: 지금-여기에 대한 이해

① 현재에서 살아라. ⇒ 과거나 미래보다는 현재의 일에 관심을 두어라.
② 여기에서 살아라. ⇒ 존재하지 않는 것보다는 현재 존재하는 문제를 다루어라.
③ 상상하는 것을 멈춰라. ⇒ 실제적이고 현실적인 것을 경험하라.
④ 불필요한 생각을 멈춰라. ⇒ 차라리 접촉하고 보라.
⑤ 조작하고 설명하고 판단하고 정당화하는 것보다는 표현하라.
⑥ 만족을 느끼는 것처럼 불만족과 고통을 느껴라. ⇒ 당신의 자각을 제한하지 말라.
⑦ 당신 자신을 있는 그대로 수용하고 강박적으로 되지 말라. ⇒ 지나친 상상에 빠지지 말라.
⑧ 당신의 행동·감정·사고에 대해서 완전히 책임을 져라.
⑨ 당신의 있는 그대로를 수용하라.

제3회 집단상담: 문제 확인, 十牛圖의 見牛를 통한 문제 확인, 과제물 주기

1. 과제 확인 및 토의

집단구성원이 가져온 문제를 발표 및 논의하게 하고 문제영역별로 유사한 문제들을 범주화한다.

2. 문제 확인과 문제에 대한 책임감 갖기 훈련(순회 및 책임감 게임)

① 집단지도자의 본보기
② 구성원의 순회 ⇒ 각 구성원을 똑바로 쳐다보면서 "나는 ~에 대해 나에게 책임이 있습니다."라고 표현하도록 한다.

③ 책임감 게임에 대한 경험 발표 및 논의

3. 마무리 및 과제물 주기

① 마무리: 집단경험을 자연스럽게 표현하고 소감 말하기

② 과제물 주기: 집단구성원 각자가 가지고 있는 크고 작은 문제를 타인이나 환경 탓으로 돌리지 말고 "나는 ~한 문제를 가집니다. 그리고 이러한 나의 ~한 문제에 대해 나에게 책임이 있습니다."라는 문장을 최소 다섯 가지 적어 오기

제4회 집단상담: 문제해결을 위한 저항 및 갈등 처리, 十牛圖의 得牛를 통한 저항과 갈등의 처리, 과제물 주기

1. 과제물 확인 및 토의

① 지난 시간에 미흡했던 점에 대한 토의 및 집단 전반에 대한 질의응답

② 과제물 확인: 집단구성원 각자가 해 온 과제물을 큰 소리로 발표하게 함

2. 확인된 문제에 대한 자기 책임감에 따른 저항 및 갈등의 처리 훈련

3. 양극성에 대한 이해 및 자신의 문제와 관련한 양극성의 탐색

양면적인 사물의 위치나 사람의 양면성에 대한 토의

① 포괄적인 양극성의 이해

② 자신의 문제와 관련한 양극성의 탐색

4. 양극성에 대한 활동 및 실습

① 자신의 이기적인 면과 이타적인 면을 생각해 보고 상황을 설정하여 이야기해 보기

② 자신의 열등한 면과 우등한 면을 생각해 보고 이야기해 보기

5. 마무리 및 과제 주기

① 마무리: 집단경험을 자연스럽게 표현하고 소감 말하기

② 과제물 주기: 자신의 문제와 관련되어 겪는 갈등과 양극성의 원리를 바탕으로 첫째, 나와 타인 간의 갈등, 둘째, 자신의 내면적인 갈등이 무엇

인가를 구체적으로 탐색하여 적어 오기

제5회 집단상담: 문제 이해 및 저항과 갈등의 해소, 十牛圖의 牧牛를 통한 문제 이해 및 갈등 해결, 과제물 주기

1. 지난주 미흡한 점에 대한 토의 및 과제물 확인
   ① 지난 시간에 미흡했던 점에 대한 토의 및 집단 전반에 대한 질의응답
   ② 과제물 확인: 집단구성원 각자가 해 온 과제물을 바탕으로 자신이 겪는 심리적인 갈등에 대한 경험을 표현하고 논의함
   ③ 집단상담자는 집단구성원의 갈등의 내용을 나와 타인 간의 갈등과 자신의 내면적인 갈등을 구분함
2. 바보와 로봇 놀이를 통한 양극성의 이해
   ① 집단구성원을 두 팀으로 나눠서 교대로 역할연기
   ② 소감 나누기: 로봇이 되었을 때와 바보가 되었을 때의 경험에 대한 각자의 소감을 발표

* 로봇은 철저히 통제되어 행동하는 기계적인 인간이고, 바보는 철저히 이성적이지 못하고 본능적으로 행동하는 인간인데, 이를 비언어적으로 시행해서 연극적인 행동을 해 보는 것

3. 빈 의자기법을 통한 뜨거운 자리
   ① 강자와 약자에 대한 강의
   ② 집단상담자의 본보기
   ③ 강자, 약자에 해당하는 두 개의 의자를 통한 집단구성원의 대화체험
   - 강자, 약자와의 대화체험 후에 소감 나누기
     ㉠ 체험 후 자신의 기분 묻기
     ㉡ 구성원들의 피드백
     ㉢ 피드백을 받고 나서의 소감
     ㉣ 피드백을 종합해서 집단상담자가 언급하고 정리

4. **회기종결 및 과제 내기**
   ① 오늘 활동 요약 및 정리
   ② 과제 내기
      - 자신의 다양한 강자, 약자의 측면을 생각해 보고, 이를 체험해 볼 것

제6회 집단상담: 문제해결을 위한 나와 문제 통합의 1단계, 十牛圖의 騎牛歸家를 통한 나와 문제 통합의 1단계, 과제물 주기

1. **과제 확인**
   ① 과제 확인
   ② 지난 회기에 뜨거운 자리에 앉아 보지 않은 집단구성원 중 1~2명을 두 개의 빈 의자에 앉게 하고 강자와 약자의 대화를 하게 한다.
2. **미해결 과제와 회피에 대한 강의**
3. **과거의 미해결 과제 찾기**
   과거사건 중에서 자신에게 상처를 주었던 사건이나 자신이 회피하는 사람을 기억해 보고 이야기하기. 즉 현재 두려워하고 회피하는 것 추적해 보기
   - 나는 ~(상황)을 피합니다.
   - 나는 ~을 생각하면 기분이 안 좋아집니다.
4. **역할연기**(빈 의자기법)
   과거의 상황을 설명하고, 그 상황으로 돌아가 그 사람과의 관계를 역할연기한다.

(집단지도자는 구성원이 자발적으로 참여하도록 유도)

5. **마무리 및 과제 주기**
   ① 역할연기 및 오늘 활동에 대한 소감 나누기
   ② 과제 내기

※ 다음 중 선택하도록 하기
   ㉠ 자기와 부모와 가장 기분 나빴던 일 또는 가장 상처받았던 일 또는 아직도 자신을 괴롭히는 상황을 역할연기하기

㉡ 친구나 애인, 교수와의 사이에서 가장 기분 나빴던 일, 상처받았던 일, 아직도 나를 괴롭히는 상황을 역할연기해 보기 ⇒ 대인관계적 상황

제7회 집단상담: 문제해결을 위한 나와 문제 통합의 2단계, 十牛圖의 忘牛存人을 통한 나와 문제 통합의 2단계, 과제물 주기, 접촉의 중요성과 접촉의 체험, 불편한 정서(불안, 두려움) 과장하기

1. 과제 확인

① 과제 확인

② 빈 의자기법을 통한 역할연기(1~2명 정도)

③ 요약 및 정리

2. 접촉의 중요성과 접촉의 체험

① 접촉과 그것의 중요성에 대한 강의

② 대인관계 중 불편한 정서 확인하기

"여러분이 타인과의 관계 속에서 불편하게 느끼는 정서가 무엇이냐?"

- 정서에 초점을 둘 것

리더는 구성원들이 이야기한 내용을 자세히 파악하여 8회와 연결시킬 것

③ 접촉 경험하기

- 과장하기

- 반복하기

이들 기법을 통해서 현재의 정서를 경험하도록 한다.

3. 마무리 및 과제 주기

① 질의응답 및 소감 나누기

② 과제 내기(지난 시간에는 역할연기를 통해 혼자 해 보는 것이었음)

자신이 표현하고 싶은 내용을 상대방에게 직접적으로 표현해 보기

⇒ 나-전달법을 통해 상대방에 직접 표현

제8회 집단상담: 문제해결을 위한 나와 문제 통합의 3단계, 十牛圖의 人牛俱忘을 통한 나와 문제 통합의 3단계, 집단상담 경험평가 및 종결

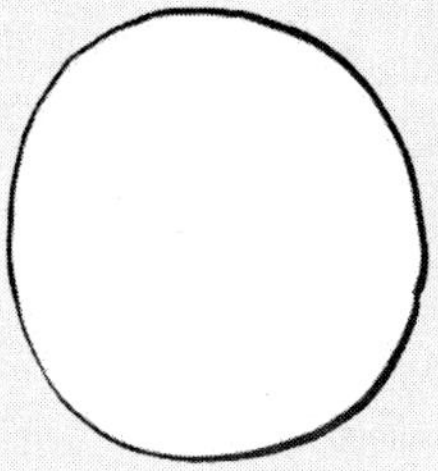

1. 지난 시간 미흡한 내용 토의 및 과제 확인

2. 성장을 방해하는 요소 탐색(준비물: 종이)

- 지금 여기에서, 또는 최근, 자기가 싫어하고, 회피하고, 고치고자 하는 사고 · 행동 · 감정을 써 본 후 발표하기

① 문장으로 써 보기

② 2~3단어로 요약하게 한다. ⇒ 만약 이것을 못한다면 리더와 구성원들이 돕는다.

③ 발표하기

※ 유의할 점: 눈은 똑바로 상대방을 보고, 목소리는 크게 할 것! 〈휴식〉

3. 평가시간

① 사후 검사

② 프로그램 평가 20분

4. 마무리(이별 의식)

8주 동안의 활동에 대해 토의 후 종결

3. 十牛圖와 집단구성원들의 경험

여기에서는 집단구성원들이 집단상담 마지막 회기에 표현한 소감과 자신의 변화를 十牛圖의 여덟 번째까지의 내용과 관련하여 작성하여 집단상담 후 우편으로 회수한 내용을 제시하고자 한다. 집단상담 프로그램에 참가한 여덟 명의 집단구성원들(아래 이름은 집단에서 사용한 별칭임)이 진솔하게 기술한 자료를 제시하면 다음과 같다.

기가막혀 집단상담 과정 중에 대학원에 합격하여 많은 자신감을 갖게 되었다. 정말 자신감이 내 안에 있다는 것을 발견해서 기쁘다. 十牛圖를 통한 나의 변화를 이렇게 기술하고 싶다. 나는 빛의 충만함에 있기를 바란다. 그대는 어둠을 제거하려고 근심하며 돌아다닐 필요가 없다. 그저 불을 켜기만 하라. 우리는 이미 받은 은혜에 감사하기보다는 은혜를 청하는 습관이 배어 충분한 감사를 드리지 못한다. 尋牛: 변해 가는 마음, 남은 자 그리고 떠나는 자 누구인지…… Who am I here? 見跡: 함께한 시간들……, 아련함, 허전함, 아픔, 힘듦, 헤쳐 나가야 할 프로젝트, 지표선상의 나의 위치. 見牛, 得牛, 牧牛: 거의 포기상태에서 찾아오는 평화, 전혀 기대치 못한 곳에서 찾아오는 만남, 기쁨, 함께함에 한 걸음 또 한걸음의 내딛음. 騎牛歸家, 忘牛存人: 현실 안의 원상복귀, 있는 모습 그대로 보는 것, 힘듦에서 벗어나 그 아픔까지도 수용하는 한 사람. 人牛俱忘: 뗏목을 타고 와 이제 그 뗏목을 버리고 보니 아, 새로운 세상! 감사하는 마음 참 기쁨.

박사 집단경험을 통해 나를 직시하게 되었다. 나를 소심하고 무계획적이라고 생각해 왔는데 은행행보를 쓰는 나의 업무수행과 관련하여 볼 때 그렇지 않다는 것을 깨달았다. 나 자신의 진로와 관련하여 깨달음을 얻었다. 十牛圖와 관련한 변화와 나의 해석은 다음과 같다. 尋牛: 마음속으로 승진을 기원했다. 見跡: 승진하는 방법을 전해 들었다. 見牛: 승진 자격자가 되었다. 得牛: 드디어 승진을 했다. 牧牛: 승진해서 6개월을 근무했다. 騎牛歸家: 비교적 적응을 잘 해내고 있다는 생각으로 살았다. 忘牛存人: 그러나 주변 환경의 악화로 인하여 대우는 별로 달라진 것이 없다. 人牛俱忘: 문득 생각이 났다. 나의 무거운 30대 중반의 나이가…… 하지만 포기는 빠를수록 좋은 것 같다. 이런 경우에는 말이다. 나이와 직급을 다 잊고 사람 XXX(참가자 이름)으로 새롭게 태어났다.

땅콩 통합적인 삶을 영위하는 것이 무엇인지 조금이나마 알게 된 것 같다. 항상 양극적인 문제로, 예를 들면 안정 대 혼란, 열등감 대 우월감 등으로 갈등을 겪었는데 다소 그러한 문제가 해결된 것 같다.

바람 대학교수로서 자존감이 낮고 열등감이 많았는데 집단경험을 통해 어느 정도 나에 대한 통찰을 한 것 같다. 十牛圖와 관련하여 집단경험을 통한 나의 상태와 소감을 표현하면 다음과 같다. 나는 왜 하고 싶은 것이 많을까? (하나의 단어: 바람). 나는 늘 남편, 자식, 친구, 대인, 학생들과의 관계뿐만 아니라 이 사회, 나라, 전 세계가 나의 생각처럼 되었으면 하고 바란다. 그러나 현실은 언제나 다른 방향으로 가고 있어 그 물길을 혼자서 잡을 수 없기 때문에 항상 불만스럽고, 무엇에든 예쁘고 고운 눈길을 주지 못하는 것 같다. '나처럼'이라는 것이 절대적이 될 수 없음에도 불구하고, 또한 그것을 깨닫고 있으면서 그것을 놓지 못하는 이유를 찾고 싶다. 때론 네가 뭔데! 네가 뭘 안다고? 나 같은 것이 하면서 자조적이 되었다가 일순간 나의 판단이 그 이상도 그 이하도 없다는 듯 다른 이의 생각을 비웃고, 때론 나보다 상대적으로 약자일 경우 소리소리 지르면서 내가 옳다고 우겨 댄다. 그런 나를 객관적인 시각에서 가끔 바라본다. 웃기는 모양새다. 가끔은 그래 너희들끼리 잘 놀아 봐라 하면서 방관자가 되었다가 한심한 생각에 끼어든다. 그리고 곧 후회한다. 내가 다른 이들에게 또 그들이 나를 보았을 때, 만났을 때 여름날 무더위에 시원한 나무그늘 밑을 지나가는 상쾌한 바람이고 싶다.

길손 나 자신이 너무 완벽하게 나 자신을 통제하려 한다는 것을 깨달았다. 죽음에 대한 두려움이 역시 강한 삶의 애착이라는 사실도 알게 되었다. 또한 나 자신이 식욕을 통제하려는 것과 욕구충족 간의 관계에 대해서도 어렴풋이 이해하게 되었다. 집단경험을 통해 통제 대 자연성, 강함 대 약함, 불편 대 유쾌 등의 양극성에 대한 이해를 바탕으로 나 자신이 마음이 약하다는 것에 대한 집착이 한쪽으로 치우쳐 있음을 알게 되었다. 이제 포기하고 억압된 감정을 좀 더 자연스럽게 표출할 수 있게 된 것 같다.

소나무 집단경험을 통해 나 자신에 대한 이해를 확장하였다. 十牛圖를 보고 자신의 이야기를 엮는다는 것이 어렵게 느껴진다. 다만 20대에 죽음까지도

불사하겠다는 생각을 가지고 처절하게 고민한 결과, 왜 사는가의 문제를 해결했다. 그리고 났더니(인생의 큰 고민이 단번에 끝나 버리니) 소와 사람 둘 다를 잊은 상태가 되었고 지금은 자잘한 문제들을 스스로 해결할 수 있는 능력이 있다고 생각한다. 아울러 나 자신만이 아니라 다른 사람의 문제해결도 적극적으로 도와주고 싶고 또 그래서 상담을 공부하기 원한다. 이번 집단상담 때 타인의 눈에 비친 나의 모습을 다시 한 번 깨닫게 되었고 그것을 어떻게 개선할 것인가에 대해 생각해 보아야겠다.

옹달샘 타인을 조력하기 위해 먼저 나 자신이 성숙된 인간이 되어야 한다는 것을 절실하게 깨달았다. 양극성의 이해를 통한 통합과 회피와 도피보다는 접촉을 통해 미해결 문제를 해결하려는 노력을 게을리하지 않겠다. 내용적으로 다소 어렵기는 했지만 十牛圖 과정과 게슈탈트 순환에 대한 이해는 나의 성숙에 도움이 되었다.

멋쟁이 중도와 통합의 의미를 어느 정도 알게 되어 기쁘다. 집단을 지도한 선생님께 감사드린다. 群盲撫象, 삶은 영원한 현재다, 내가 관계하는 사람은 나다, 풀포기가 나다, 살아 있는 것은 문제를 소유하는 것이다, 문제를 피하지 말라 등 삶의 깊이와 맛을 다르게 할 소중한 가르침을 얻은 것에 대해 집단구성원들과 선생님께 감사드린다.

효과적 조력을 위한

〈집단상담 연습 15〉: 十牛圖를 통한 자기이해와 문제해결

十牛圖

1. 尋牛(심우): 소를 찾는다.
2. 見跡(견적): 소의 발자취를 보다.
3. 見牛(견우): 소를 본다.
4. 得牛(득우): 소를 붙잡는다.
5. 牧牛(목우): 소를 먹인다.
6. 騎牛歸家(기우귀가): 소를 타고 집으로 돌아온다.
7. 忘牛存人(망우존인): 소는 없고 사람만 있다.
8. 人牛俱忘(인우구망): 사람도 소도 없다.
9. 返本還源(반본환원): 본래로 돌아간다.
10. 入鄽垂手(입전수수): 거리로 나와 중생을 교화하다.

禪에서는 禪師가 十牛圖의 과정(尋牛, 見跡, 見牛, 得牛, 牧牛, 騎牛歸家, 忘牛存人, 人牛俱忘, 返本還源, 入鄽垂手)을 거쳐 있는 그대로의 세계를 깨달아 중생을 교화한다는 깨달음의 과정을 잘 보여 준다. 역시 十牛圖는 수행을 통해 원래 우리 자신에게 내재해 있는 불심을 발견해 성불할 수 있다는 直指人心 見性成佛을 잘 나타내 주고 있다. 이러한 禪修道의 과정은 나와 소가 통합되는 과정을 잘 보여 준다.

연습 1

곽암선사는 진아(眞我)을 찾아 깨달음에 이르는 과정을 열 장의 그림인 十牛圖로 묘사하였다. 산중에서 수도하는 선사들처럼 당신도 十牛圖에 있는 소를 진아라고 생각하고 자신을 찾아 떠나는 여정을 시작해 보라.

연습 2

게슈탈트치료 집단상담자의 역할은 집단구성원이 자각을 통한 통합을 이루도록 조력하는 것이다. 개인은 누구나 문제를 가지고 있으며 해결할 능력도 가지고 있다. 당신의 문제해결을 위해 十牛圖를 적용해 보라. 十牛圖에 있는 소를 당신의 문제라 생각하고 당신과 당신의 문제가 통합되는 경험을 느끼기 위한 노력을 해 보라.

참고문헌

강갑원(2004). 알기 쉬운 상담이론과 실제. 서울: 교육과학사.

강진령(2005). 집단상담의 실제. 서울: 학지사.

김용정 역(1992). 선과 정신분석. 서울: 원음사.

김정규(1995). 게슈탈트치료심리치료. 서울: 학지사.

김정규, 정연옥, 오강섭(1994). 대인공포증 집단의 게슈탈트치료심리치료. 학생생활연구, 제17권, 성신여자대학교 학생생활연구소.

노안영(1996). 게슈탈트 집단상담 프로그램의 개발과 효과검증. 대학상담연구, 7(1), 79-106.

노안영(1998). 상담자와 함께하는 삶의 여행. 서울: 중앙적성출판사.

노안영(2002). 101가지 주제로 알아보는 상담심리. 서울: 학지사.

노안영(2005). 상담심리학의 이론과 실제. 서울: 학지사.

노안영(2011). *Becoming a wise counselor*. 서울: 학지사.

노안영 역(1996). 펄스의 게슈탈트적 자기치료: 쓰레기통의 안과 밖. 서울: 학지사.

노안영, 강만철, 오익수, 김광운, 송현종, 강영신 역(2001). 애들러 상담이론: 기본 개념 및 시사점. 서울: 학지사.

노안영, 강만철, 오익수, 김광운, 송현종, 강영신, 오명자 역(2005). 아들러 상담이론과 실제. 서울: 학지사.

노안영, 강영신(2003). 인간 이해와 성장을 위한 성격심리학. 서울: 학지사.

노안영, 송현종(2006). 상담의 원리와 실제. 서울: 학지사.

법정 스님(1997). 새들이 떠나간 숲은 적막하다. 서울: 샘터.

법정 스님(1998). 산에는 꽃이 피네. 서울: 동쪽나라.

성륜불서간행회 편(1995). 청화선사 법어집 I: 정통선의 향훈. 전남: 성륜각.

윤관현, 이장호, 최송미(2006). 집단상담: 원리와 실제(제2판). 파주: 법문사.

이성철 스님(1993). 산은 산 물은 물. 서울: 도서출판 밀알.

이장호(1975). 게슈탈트치료의 이론적 배경에 관한 고찰. 학생연구, 제12권 제1호, 서울대학교 학생생활연구소.

이형득, 김성회, 설기문, 김창대, 김정희(2002). 집단상담. 서울: 중앙적성출판사.

이희익(1985). 깨달음에 이르는 열 가지 시리즈 十牛圖. 서울: 경서원.

이희익(1972). 선종사부록. 서울: 보연각.
일지(1996). 선 이야기. 서울: 운주사.
정방자(1998). 정신역동적 상담. 서울: 학지사.
천성문, 박명숙, 박순득, 박원모, 이영순, 전은주, 정봉희(2009). 상담심리학의 이론과 실제(2판). 서울: 학지사.
최윤미(1996). 무대 위로 뛰어올라 간 우리들의 이야기: 심리극. 서울: 중앙적성출판사.
한기백(1995). 게슈탈트 자각증진 집단상담에 의한 내담자 체험수준과 자아정체감의 변화. 학생생활연구 제 15집, 부산교육대학교 학생생활연구소.
주은선 역(2001). 성공적인 탐색 · 통찰 · 실행 상담을 위한 상담의 기술. 서울: 학지사.
최경환(1993). 실존주의 집단상담이 중년기 여성의 삶의 목적의식 수준 향상에 미치는 효과. 계명대 석사학위 청구논문.
한기태 역(1990). 상담과 심리요법의 이론과 실제. 서울: 성광문화사.
홍경자(1984). Gestalt Workshop을 위한 치료기법. 전국대학카운슬러 연구협의회 자료집, 32-48
홍경자(1986). Gestalt Workshop 축어록. 학생생활연구, 제18집, 전남대학교 학생생활연구소.
홍경자(1988). 실존주의적 상담사례보고. 학생생활연구, 제20집, 전남대학교 학생생활연구소.
홍경자(2001). 상담의 과정. 서울: 학지사.
홍경자, 김태호, 남상인, 오익수(1996). 청소년 집단상담. 서울: 청소년대화의광장.
황성기(1978). 불교학개론. 서울: 법문사.

Adler, A. (1930). *The education of children.* Indiana: Gatewat Editions.
Adler, A. (1937). *What life should mean to you.* Boston: Little, Brown, and Company.
Adler, A. (1946). *Understanding human nature.* New York: Greenberg.
Adler, A. (1964). *Superiority and social interest: A collection of later writings* (H. L. Ansbacher & R. R. Ansbacher, Eds.). New York: Norton.
Adler, A. (1979). *Superiority and social interest.* New York: Norton & Company.
Alberti, R. E., & Emmons, M. L. (1970). *Your perfect right.* San Luis Obispo, CA: Impact.
Allen, R. D. (1931). A group guidance curriculum in the senior high school. *Education, 2,* 189.
Ansbacher, H. L. (1968). The concept of social interest. *Journal of Individual Psychology, 24,* 131-141.
Ansbacher, H. L., & Ansbacher, R. R. (Eds.). (1964). *The individual psychology of Alfred Adler.* New York: Harper & Row.
American Counseling Association. (1990). ASGW ethical guidelines for group counselors. *Journal for Specialists in Group Work, 15*(12), 119-126.
American Psychiatric Association. (1994). *Diagnostic and statistical manual of mental disorders (DSM-IV)* (4th ed.). Washington, DC: American Psychiatric Association.
Association for Specialists in Group Work. (1991). *Professional standards for the training of group workers.* Alexandria, VA: Author.

Bandura, A. (1997). *Self-efficacy: The exercise of control.* New York: W. H. Freeman and Company.

Barrs, B. J. (1986). *The cognitive revolution in psychology.* New York: The Guilford Press.

Bates, M., Johnson, C. D., & Blaker, K. E. (1982). *Group leadership: A manual for group counseling leaders* (2nd ed.). Denver, CO: Love.

Belkin, G. S. (1988). *Introduction to counseling* (3rd ed.). Dubuque: Wm. C. Brown.

Bernard, M. E. (1991). *Staying rational in an irrational world: Albert Ellis and Rational Emotive Therapy.* New York: A Lyle Stuart Book.

Berne, E. (1961). *Transactional analysis in psychotherapy.* New York: Grove Press.

Berne, E. (1972). *What do you say after you say hello?: The psychology of human destiny.* New York: Grove Press.

Beugental, J. F. (1990). *Intimate journey: Stories from life-changing therapy.* San Francisco, CA: Jossey-Bass.

Blatner, A. (2005). Psychodrama. In R. J. Corsini & D. Wedding (Eds.), *Current psychotherapies* (7th ed., pp. 405-438). Belmont, CA: Brooks/Cole.

Blatner, A., & Blatner, A. (1988). *The art of play.* New York: Human Sciences Press.

Borgen, F. H. (1992). Expanding scientific paradigms in counseling psychology. In S. D. Brown, & R. W. Rent (Eds.), *Handbook of counseling psychology* (2nd ed.). New York: Wiley.

Boy, A. V., & Pine, G. J. (1999). *A person-centered foundation for counseling psychotherapy* (2nd ed.). Springfield, IL: Thomas.

Brammer, L. M., & MacDonald, G. (1999). *The Helping Relationship: Process and skills.* Neeham Heights, MA: Allyn & Bacon.

Brems, C. (2001). *Basic skills in psychotherapy and counseling.* Belmont, CA: Wadsworth.

Buber, M. (1965). *Between man and man.* New York: Macmllan Publishing.

Buber, M. (1987). *I and thou* (2nd ed.). New York: Collier Books.

Bugental, J. F. T. (1990). *Intimate journeys.* San Francisco, CA: Jossey-Bass.

Byrne, R. H. (1995). *Becoming a master counselor: Introduction to the profession.* New York: Brooks/Cole Publishing Co.

Carkhuff, R. R. (1987). *The art of helping IV* (6th ed.). Amherst, MA: Human Resource Development Press.

Catania, A. C. (1988). The operant behaviorism of B. F. Skinner. In A. C. Catania & S. Harnad (Eds.), *The selection of behavior: The operant behaviorism of B. S. Skinner* (pp. 3-8). New York: Cambridge University Press.

Catania, A. C. (1998). *Learning* (4th ed.). Upper saddle River, NJ: Prentice-Hall.

Catania, A. C., & Harnad, S. (Eds.). (1988). *The selection of behavior: The operant behaviorism of B. S. Skinner.* New York: Cambridge University Press.

Chance, P. (1994). *Learning & Behavior* (3rd ed.). CA: Brooks/Cole Publishing Co.

Clarkson, P. (1992). *Transactional analysis psychotherapy: An integrated approach*. London: Routledge.

Clarkson, P., & Mackewn, J. (1993). *Fritz Perls*. London: SAGE Publications.

Compton, W. C. (2005). *Introduction to positive psychology*. Belmont, CA: Wadsworth.

Corey, G. (1996). *Theory and practice of counseling and psychotherapy* (5th ed.). Pacific Grove: Brooks/Cole.

Corey, G. (1985). *Theory and practice of group counseling* (2nd ed.). Belmont, CA: Brooks/Cole Publishing.

Corey, G. (2000). *Theory and practice of group counseling* (5th ed.). Belmont, CA: Thomson Brooks/Cole.

Corey, G. (2004). *Theory and practice of group counseling* (6th ed.). Belmont, CA: Thomson Brooks/Cole.

Corey, G. (2005). *Theory and practice of counseling and psychotherapy* (7th ed.). Belmont, CA: Thomson Brooks/Cole.

Corey, G. (2008). *Theory and practice of group counseling* (7th ed.). Belmont, CA: Thomson Brooks/Cole.

Corey, M. S., & Corey, G. (2006). *Groups: Process and practice* (7th ed.). Belmont, CA: Thomson Brooks/Cole.

Corey, G., Corey, M. S., Callanan, P. J., & Russell, J. M. (1982). *Group Technique*. Belmont, CA: Brooks/Cole Publishing.

Corey, M. S., Corey, G., & Corey, C. (2010). *Groups: Process and practice* (8th ed.). Belmont, CA: Thomson Brooks/Cole.

Corsini, R. J., & Wedding, D. (Eds.). (2005). *Current psychotherapies* (7th ed.). Belmont, CA: Brooks/Cole.

Craighead, W. E., & Nemeroff, C. B. (Eds.). (2004). *The concise Corsini encyclopedia of psychology and behavioral science* (3rd ed.). Hoboken, NJ: John Wiley & Sons.

Dagley, J., Gazda, G. M., & Pistole, M. C. (1986). Groups. In M. O. Lewis, R. Hayes, & J. A. Lewis (Eds.), *The counseling profession*. Itasca, IL: Peacock.

Day, S. X. (2004). *Theory and design in counseling and psychotherapy*. New York: Houghton Mifflin Company.

Day, B., & Matthes, W. A. (1992). Comparison Jungian, Person-Centered, and Gestalt Approaches to Personal Growth Groups. *The Journal for Specialists in Group Work*, Vol. 17, Num. 2.

Dinkmeyer, D. C., Dinkmeyer, D. C. JR., & Sperry, L. (1987). *Adlerian counseling and psychotherapy* (2nd ed.). Columbus, OH: Charles E. Merrill.

Dinkmeyer, D., & Dreikurs, R. (1963). *Encouraging children to learn.* Philadelphia, PA: Brunner-Routledge.

Dinkmeyer, D. C., & Muro, J. J. (1971). *Group counseling: Theory and practice.* Itasca, IL: F. E. Peacock Publisher, Inc.

Dinkmeyer, D. C., & Muro, J. J. (1979). *Group counseling: Theory and practice* (2nd ed.). Itasca, IL: F. E. Peacock Publisher, Inc.

Dinkmeyer, D. C., & Sperry, L. (2000). *Counseling and psychotherapy: An integrated, individual psychology approach* (3rd ed.). New Jersey: Prentice-Hall.

Donigian, J., & Malnati, R (1987). *Critical incidents in group therapy.* Pacific Grove, CA: Brooks/Cole Publishing.

Dreikurs, R. (1967). *Psychodynamics, psychotherapy, and counseling. Collected papers.* Chicago: Alfred Adler Institute.

Dusay, J. M., & Dusay, K. M. (1989). In R. J. Corsini & D. Wedding (Eds.), *Current psychotherapies* (4th ed.) (pp. 405-453). Itasca, IL: F. E. Peacock.

Ellis, A. (1962). *Reason and emotion in psychotherapy.* Secaucus: The Citadel Press.

Ellis, A. (1973). *Humanistic psychotherapy.* New York: McGraw-Hill Book Company.

Ellis, A. (1975). *How to live with a neurotic.* Hollywood: Wilshire Book Company.

Ellis, A., & Haroer, R. A. (1977). *A new guide to rational living.* Hollywood: Wilshire Book Company.

Ellis, A. (2001). *Overcoming destructive beliefs, feelings, and behaviors.* Amherst, NY: Prometheus Books.

Evans, D. R., Hearn, M. T., Uhleman, M. R., & Ivey, A. E. (1989). *Essential interviewing: A programmed approach to effective communication* (3rd. ed.). Pacific Grove: Brooks/Cole Publishing.

Fabry, J. B. (1968). *The pursuit of meaning: Logotherapy applied to life.* Boston: Beacon Press.

Fagan, J., & Shepherd, I. L. (Eds.). (1971). *Gestalt therapy now: Theory, technique, applications.* New York: Harper & Row.

Feder B., & Ronall, R. (Eds.). (1980). *Beyond the hot seat: gestalt approaches to group.* New York: Brunner/Mazel.

Feist, J., & Feist, G. J. (2006). *Theories of personality* (6th ed.). New York: McGraw Hill.

Forsyth, D. R. (1990). *Group dynamics* (2nd ed.). Belmont, CA: Wadsworth.

Forsyth, D. R. (1999). *Group dynamics* (3rd ed.). Belmont, CA: Wadsworth.

Frankl, V. E. (1959). *From death camp to existentialism.* Boston: Beacon Press.

Frankl, V. E. (1963). *Man's search for meaning: An introduction to logotherapy.* New York: Washington Square Press.

Frankl, V. E. (1975). *The unconcious god.* New York: Simon and Schuster.

Frankl, V. E. (1978). *The unheard cry for meaning*. New York: Washington Square Press.

Frankl, V. E. (1988). *The will to meaning: Foundations and applications of logotherapy*. New York: Meridian Printing.

Fromm, E., Suzuki, D. T., & de Martino, R. (1970). *Zen Buddhism and psychoanalysis*. New York: Harper Colophon Books.

Gadban, P. P. (1990). *Understanding group psychotherapy*. Belmont: Wadsworth.

Gaomes. K., & Perls, F. S. (1979). *Here and now*. Cali.: Celestial Arts.

Gardner, H. (2007). *Five minds for the future*. Boston, MA: Harvard Business School Press.

Gazda, G. M., Ginter, E. J., & Horne, A. M. (2001). *Group counseling and group psychotherapy: Theory and practice*. Needham Heights, MA: Allyn & Bacon.

Gazda, G. M., Duncan, J. A., & Meadows, M. E. (1967). Counseling and group procedures: Report of a survey. *Counselor Education and Supervision, 6*, 305.

Gelso, C. J., Fretz, B. R. (1992). *Counseling psychology*. New York: Harcourt Brace College Publishers.

George, R. L., & Cristiani, T. S. (1995). *Counseling theory and practice* (4th ed.). Boston: Allyn & Bacon.

Gibson, R. L., & Mitchell, M. H. (1986). *Introduction to counseling and guidance* (2nd ed.). New York: Macmillan Publishing.

Gladding, S. T. (1996). *Counseling: A Comprehensive profession* (3rd ed.). Englewood Cliffs, NJ: Prentice-Hall.

Gladding, S. T. (2003). *Group work: A counseling speciality* (4th ed.). Upper Saddle River, NJ: Pearson Education, Inc.

Glasser, W. (1965). *Reality therapy: A new approach to psychiatry*. New York: Harper & Row.

Glasser, W. (1969). *Schools without failure*. New York: harper & Row.

Glasser, W. (1976). *Positive addiction*. New York: Harper & Row.

Glasser, W. (1981). *Stations of the mind: New directions for reality therapy*. New York: Harper & Row.

Glasser, W. (1998). *Choice theory: A new psychology of personal freedom*. New York: HarperCollins.

Goldstein, A. P., Krasner, L., & Garfield, S. L. (1989). *Gestalt therapy* (2nd ed.). New York: Pergamon Press.

Goleman, D. (1995). *Emotional intelligence*. New York: Bantam Books.

Goulding, M. M. (1987). Transactional analysis and redecision therapy. In J. K. Zeig (Ed.), *The evolution of psychotherapy*. New York: Brunner/Mazel.

Goulding, R. L., & Goulding, M. M. (1978). *The power is in the patient: A TA/Gestalt approach to psychotherapy*. San Francisco, CA: TA Press.

Goulding, M. M., & Goulding, R. L. (1979). *Changing lives through redecision therapy*. New York: Brunner/Mazel, Publishers.

Hill, C. E. (1985). *Manual for the Hill counselor and client verbal response modes category system* (rev. ed.). Unpublished manuscript, University of Maryland.

Hill, C. E. (1993). Editorial. *Journal of Counseling Psychology, 40*(2), 252-256.

Hill, C. E., & O'Brien, K. M. (1999). *Helping skills: Facilitating exploration, insight, and action.* American Psychological Association.

Howatt, W. A. (2000). *The human services counseling toolbox: Theory, development, technique, and resources.* Belmont, CA: Wadsworth/Thomson.

Idstein, A. P., Krasner, L., & Garfield, Sl. L. (Eds.). (1988). *Gestalt therapy* (2nd ed.). New York: Pergamon Press.

Jacobs, Ed E., Masson, R. L., & Harvill, R. L. (2006). *Group counseling: Strategies and skills* (5th ed.). Belmont, CA: Thomson Brooks/Cole.

Jacobs, Ed E., Masson, R. L., & Harvill, R. L. (2009). *Group counseling: Strategies and skills* (6th ed.). Belmont, CA: Thomson Brooks/Cole.

James, R. K., & Gilliland, B. E. (2003). *Theories and strategies in counseling and psychotherapy* (5th. ed.). Boston, MA: Allyn and Bacon.

James, M., & Jongeward, D. (1971). *Born to win: Transactional analysis with gestalt experiments.* New York: New American Library.

Joslyn, M. (1975). Figure/ground: gestalt/zen. In J. O. Stevens (Ed.), *Gestalt is.* New York: Bantam Books.

Kanfer, F. H., & Schefft, B. K. (1988). *Guiding the process of therapeutic change.* Champaign, IL: Research Press.

Karp, M., Holmes, P., & Tauvon, K. B. (Eds.). (1998). *The handbook of psychodrama.* New York: Routledge.

Kazdin, A. E., & Wilson, G. T. (1978). *Evaluation of behavior therapy: issues, evidence, and research strategies.* Cambridge, MA: Ballinger.

Kinnie, E. K., & Kelley, J. (1976). *The magic theater: the psychology of adjustment.* New York: Harper & Row.

Kirschenbaum, H., & Henderson, V. L. (Ed.). (1989). *The Carl Rogers: dialogues.* Boston: Houghton Mifflin Company.

Kitchener, K. S. (1984). Intuition, critical evaluation, and ethical principles: The foundation for ethical decisions in counseling psychology. *Counseling Psychologist, 12*(3), 43-45.

Kolk, C. J. V. (1985). *Introduction to group counseling and psychotherapy.* Columbus: Charles E. Merrill Publishing.

Kottler, J. A. (1994). *Advanced group leadership.* Pacific Grove, CA: Brooks/Cole.

Kottler, J. A. (1994). Working with difficult group members. *Journal for Specialist in Group Work, 19,* 3, 10.

Kottler, J. A. (2002). *Theories in counseling and therapy: An experiential approach.* Boston: Allyn and Bacon.

Krumboltz, J. D. (1966). Behavioral goals for counseling. *Journal of Counseling Psychology, 13*, 153-159.

Kuhn, T. S. (1970). *The structure of scientific revolutions* (2nd ed.). The University of Chicago Press.

Kutash, I. L., & Wolf, A. (Eds.) (1990). *Group psychotherapist's handbook: Contemporary theory and technique*. New York: Columbia University Press.

Lazarus, A. A. (1989). *The practice of multimodal therapy* (2nd. ed.). Baltimore: Johns Hopkins University Press.

Leahey, T. H. (1997). *A history of psychology: Main currents in psychological thought*. Upper Saddle River, NJ: Prentice-Hall.

Levin, L. S., & Shepherd, I. L. (1974). The role of the therapist in Gestalt Therapy. *The Counseling Psychologist, 4*, 27-30.

Lewis, E. C. (1970). *The psychology of counseling*. New York: Holt, Rinehart and Winston.

Lindsey, C. (1998). *Toward an integration of narrative approaches into therapeutic encounters*. Lubbock, TX: Unpublished manuscript.

Lyddon, W. J. (1995). Forms and facets of constructivist psychology. In R. A. Neimeyer & M. J. Mahoney (Eds.), *Constructivism in psychotherapy* (pp. 69-92). Washington, DC: American Psychological Association.

Luft, J. (1970). *Group Processes: an introduction to group dynamics* (2nd ed.). CA: Mayfied Publishing.

Luft, J. (1969). *Of Human interaction*. CA.: National Press Books.

Luft, J., & Ingham, H. (1955). The Johari Window, a graphic model of interpersonal awareness. University of California, Los Angeles, Extension Office, *Proceedings of the Western Training Laboratory in Group Development*, August.

Mackewn, J. (1997). *Developing gestalt counseling*. London: Sage.

Mahoney, M. J., & Patterson, K. M. (1992). Changing theories of change: recent developments in counseling. In S. D. Brown, & R. W. Rent. (Eds.), *Handbook of counseling psychology* (2nd ed., pp. 665-689). New York: Wiley.

Manaster, G., & Corsini, R. J. (1982). *Individual psychology*. Itasca, IL: F. E. Peacock.

Martin, G., & Pear, J. (1992). *Behavior modification* (4th ed.). Englewood Cliffs: Prentice Hall.

May, R. (1961). The emergence of existential psychology, In R. May (Ed.), *Existential psychology* (pp. 11-51). New york: Random House.

May, R. (1975). *The courage to create*. New York: W. W. Norton & Company.

May, R. (1979). *The meaning of anxiety*. New York: Washington Square Press.

May, R. (1980). *Psychology and the human dilemma*. New York: W. W. Norton & Company.

May, R., Angel, E., & Ellenberger, H. F. (1958). Existence. In L. Binswanger, & E. Angel (Eds.), *The existential Analysis school of thought* (pp. 191-213). New York: Basic Books.

Mayeroff, M. (1990). *On caring*. New York: HarperPerennial.

Meichenbaum, D. (1979). *Cognitive behavior modification: An integrative approach* (2nd ed.). New York: Plenum Press.

Meier, S. T., & Davis, S. R. (1997). *The elements of counseling* (3rd ed.). New York: Brooks./Cole Publishing Company.

Morran, D. K., Stockton, R., & Bond. L. (1991). Delivery of positive and corrective feedback in counseling groups. *Journal of Counseling Psychology, 38*(4), 410-414.

Moreno, J. L. (1977). *Psychodrama: Volume one* (4th ed.). Beacon, NY: Beacon House.

Mosak, H. H., & Dreikurs, R. (1967). The life task III, the fifth life task. *Individual Psychologist, 5*, 16-22.

Mosak, H. H., & Maniacci, M. P. (1999). *A primer of Adlerian psychology.* Braun-Brumfield, MI: Taylor & Feansis.

Moxnes, P. (1999). Understanding roles: A psychodynamic model for role differentiation in groups. *Group Dynamics: Theory, Research, and Practice, 3*, 99-113.

Nelson-Jones, R. (1995). *The theory and practice of counseling* (2nd ed.) London: Cassell.

No, A. Y. (1993). *Wisdom as defined and perceived by counseling psychologists.* Univ. of Kentucky, Unpublished dissertation.

Nolan, E. J. (1978). Leadership interventions for promoting personal mastery. *Journal for Specialists in Group Work, 3*, 132-138.

Nugent, F. A. (1981). *Professional counseling: An overview.* Monterey, CA: Brooks/Cole Company.

Nystul, M. S. (2006). *Introduction to counseling: An art and science perspective* (3rd ed.). Boston, MA: Allyn and Bacon.

Okun, B. F. (1990). *Seeking connections in psychotherapy.* San Francisco, CA: Jossey-Bass Inc.

Okun, B. F. (2002). *Effective helping: Interviewing and counseling techniques* (6th ed.). Pacific Grove, CA: Brooks/Cole.

Orgler, H. (1965). *Alfred Adler: The man and his work.* New York: Capricorn Books.

Passons, W. R. (1975). *Gestalt approaches in counseling.* New York: Holt, Rinehart and Winston.

Patterson, C. H. (1973). *Theories of counseling and psychotherapies* (2nd ed.). New York: harper & Row.

Patterson, C. H. (1974). *Relationship counseling and psychotherapy.* Upper Saddle River, NJ: Prentice-Hall.

Patterson, L. E., & Welfel, E. R. (2000). *The counseling process* (5th ed.). Belmont, CA: Thomson Brooks/Cole.

Patterson, C. H., & Watkins, C. E. (1996). *Theories of psychotherapy* (5th ed.). New York: HarperCollins Publishers.

Pederson, P. (1988). *A handbook for developing multicultural awareness.* Alexandria, VA: American

Association for Counseling and Development.
Pederson, P. B. (1991). Multiculturalism as a generic approach to counseling. *Journal of Counseling & Development, 70*, 6-19.
Pederson, P. (1988). *A handbook for developing multicultural awareness.* Alexandria, VA: American Association for Counseling and Development.
Perls, F. S. (1969a). *Gestalt therapy verbatim.* New York: Real People Press.
Perls, F. S. (1969b). *In and out the garbage pail.* New York: Bantam Books.
Perls, F. S. (1970). Four lectures. In J. Fagan & I. L. Shepherd (Eds.), *Gestalt therapy now: theory/techniques/applications.* New York: Harper & Row.
Perls, F. S. (1973). *The gestalt approach and eye witness to therapy.* NY: Science and Behavior Books.
Perls, F. S., Hefferline, R. F., & Goodman, P. (1977). *Gestalt therapy.* New York: Bantam Books.
Peterson, J. V., & Nisenholz, B. (1999). *Orientation to counseling* (4th ed.). Needham Heights, MA: Allyn & Bacon.
Polster, E. (1987). *Every person's life is worth a novel.* New York: W. W. Norton Company.
Polster, E., & Polster, M. (1974). *Gestalt therapy intergrated.* Toronto: Vintage Book Edition.
Posthuma, B. W. (2002). *Small group in therapy settings: Process and leadership* (4th ed.). Boston: Allyn & Bacon.
Presbery, J. H., Echterling, L. G., & McKee, J. E. (2002). *Ideas and tools for brief counseling.* Upper Saddle River, NJ: Merrill Prentice-Hall.
Prochaska, J. O., & Norcross, J. C. (1999). *Systems of psychotherapy: A transtheoretical analysis* (4th ed.). Pacific Grove, CA: Brooks Cole Publishing Company.
Rogers, C. R. (1951). *Client-centered therapy: Its current practice, implications, and theory.* Boston: Houghton Mifflin Company.
Rogers, C. (1961). *On becoming a person: A therapist's view of psychotherapy.* Boston: Houghton Milfflin.
Rogers, C. R. (1970). *Carl Rogers on encounter groups.* New York: Harper & Row.
Rogers, C. R. (1977). *Carl Rogers on personal power.* New York: Dell Publishing.
Rogers, C. R. (1981). *A way of being.* Boston: Houghton Mifflin Company.
Rogers, C. R., & Stevens, B. (1971). *Person to person: The problem of being human.* New York: Pocket Books.
Rosenblatt, D. (1975). *The gestalt therapy primer.* New York: Harper & Row.
Schiffman, M. (1971). *Gestalt self therapy.* CA.: Wingbow Press.
Schutz, W. (1967). *Joy: Expanding human awareness.* New York: Grove Press.
Seligman, L. (2001). *Systems, strategies, and skills of counseling and psychotherapy.* Upper Saddle River, NJ: Merrill Prentice-Hall.

Seligman, L. (2006). *Systems, strategies, and skills of counseling and psychotherapy.* Upper Saddle River, NJ: Merrill Prentice-Hall.

Sharf, R. S. (1996). *Theories of psychotherapy and counseling: Concepts and cases.* Pacific Grove: Brooks/Cole Publishing Company.

Sharf, R. S. (2000). *Theories of psychotherapy and counseling: Concepts and cases* (2nd ed.). Pacific Grove: Brooks/Cole Publishing Company.

Sharf, R. S. (2004). *Theories of psychotherapy and counseling: Concepts and cases* (3rd ed.). Pacific Grove: Brooks/Cole Publishing Company.

Shepherd, I. L. (1970). Limitations and cautions in the gestalt approach. In J. Fagan, & I. L. Shepherd (Eds.), *Gestalt therapy now: Theory, techniques, applications* (pp. 234-238). New York: Harper & Row.

Shulman, I. (1984). *The skills of helping: Individuals and groups* (2nd ed.). Itasca, IL: F. E. Peacock.

Simikin, J. S. (1974). *Mini-lectures in gestalt therapy.* CA: Wordpress.

Skinner, B. F. (1953). *Science and human behavior.* New York: Free Press.

Sommers-Flanagan, J., & Sommers-Flanagan, R. (1993). *Foundations of therapeutic interviewing.* Boston: Allyn & Bacon.

Sonstegard, M. A., & Bitter J. R. (2004). *Adlerian group counseling and therapy: Step by step.* New York: Brunner-Routledge.

Spiegler, M. D., & Guevremont, D. C. (2003). *Contemporary behavior therapy* (4th ed.). Belmont, CA: Wadsworth.

Steiner, C. (1974). *Scripts people live: Transactional analysis of life scripts.* New York: Grove Press.

Stevens, J. O. (Ed.). (1977). *Gestalt is.* New York: Bantam Books.

Stevens, J. O. (1973). *Awareness: exploring, experimenting, experiencing.* New York: Bantam Books.

Stoller, F. H. (1972). Marathon groups: Toward a conceptual model. In L. N. Solomon & B. Berzon (Eds.), *New perspectives on encounter groups.* San Francisco: Jossey-Bass.

Strong, S. R. (1968). Counseling: An interpersonal influence. *Journal of Counseling Psychology, 15,* 215-224.

Sweeny, T. J. (1998). *Adlerian counseling: A practitioner's approach* (4th ed.). Philadelphia, PA: Accelerated Development.

Tauvon, K. B. (1998). Principles of psychodrama. In M. Karp, P. Holmes, & K. B. Tauvon, *The handbook of psychodrama* (pp. 29-45). New York: Routledge.

Taylor, J. F. "Encouragement vs. Praise." *Unpublished manuscript presented at a workshop in Portland,* Oreg., January, 1979.

Tillich, P. (1952). *The courage to be.* New Haven: Yale University Press.

Trotzer, J. (1999). *The counselor and the group* (3rd ed.). Philadelphia: Taylor & Frances.

Van Deurzen-Smith, E. (1998). *Paradox and passion in psychotherapy: An existential approach to therapy and counseling*. Chichister, UK: Wiley.

Van Houten, R. (1983). Punishment: From the animal laboratory to the applied setting. In S. Axelrod & J. Apsche (Eds.), *The effects of punishment on human behavior*. New York: Academic Press.

Waldo, M. (1985). A curative factor framework for conceptualizing group counseling. *Journal of Counseling and Development, 64*, 52-58.

Watts, A. W. (1957). *The way of Zen*. New York: Vintage Books.

Watts, R. E. (Ed.). (2003). *Adlerian, cognitive, and constructivist therapies: An integrative dialogue*. New York: Springer Publishing Company.

Watts, R. E., & Pietrzak, D. (2000). Adlerian "encouragement" and the therapeutic process of solution-focused brief therapy. *Journal of Counseling and Development, 78*(4), 442-447.

Watts, R. E., & Shulman, B. H. (2003). Integrating Adlerian and constructive therapies: An Adlerian perspective. In R. E. Watts (Ed.), *Adlerian, cognitive, and constructivist therapies: An integrative dialogue* (pp. 9-37). New York: Springer.

Weiner, M. F. (1984). *Techniques of group psychotherapy*. Washington, DC: American Psychiatric Press.

Welfel, E. R., & Patterson, L. E. (2005). *The counseling process: A multitheoretical integrative approach* (6th ed.). Belmont, CA: Thomson Brooks/Cole.

Welwood, J. (Ed.). (1979). *The meeting of the ways: Explorations in east/west psychology*. New York: Schocken Books.

Wolpe, J. (1958). *Psychotherapy by reciprocal inhibition*. Stanford: Stanford University Press.

Woolfe, R., Dryden, W., & Strawbridge, S. (Eds.). (2003). *Handbook of counseling psychology* (2nd ed.). London: Sage Publications.

Wubbolding, R. E. (1988). *Using reality therapy*. New York: Harper & Row.

Wubbolding, R. E. (1991). *Understanding reality therapy: A metaphorical approach*. New York: Harper Perennial.

Yalom, I. D. (1981). *Existential psychotherapy*. New York: Basic Books.

Yalom, I. D. (1985). *The theory and practice of group psychotherapy* (3rd ed.). New York: Basic Books.

Yalom, I, D. (1995). *The theory and practice of group psychotherapy* (4th ed.). New York: Basic Books.

Yalom, I, D. (with Leszcz, M.) (2005). *The theory and practice of group psychotherapy* (5th ed.). New York: Basic Books.

Yang, J., Milliren, A., & Blagen, M. (2010). *The psychology of courage: An Adlerian handbook for healthy social living*. New York: Routledge.

Yontef, G. M. (1995). Gestalt therapy. In A. S. Gurman & S. B. Meisser (Eds.), *Essential psychotherapies: Theory and practice* (pp. 261-303). New York: Guilford.

Zinker, J. (1977). *Creative process in gestalt therapy*. New York: Vintage Books.

찾아보기

인명

내 용

저자소개

노안영

전남대학교 사범대학 교육학과 졸업(1978)

서울대학교 대학원 심리학 석사(상담심리학 전공, 1983)

미국 켄터키 대학교(University of Kentucky) 대학원 철학박사(상담심리학 전공, 1993)

전 서울대학교, 서강대학교, 전남대학교 학생생활연구소 카운슬러

미국 LA 주립 정신병원(Coastal Pacific-Asian Mental Health Center) 인턴십

미국 LA 한국청소년센터(Korean Youth Center) 카운슬러

홍사단 광주지부 청소년연구원 원장

전남대학교 카운슬링센터 소장

광주 · 전남상담학회 회장

전남대학교 입학관리본부장

현 전남대학교 사회과학대학 심리학과 교수

한국상담심리학회 상담심리사 1급, 한국상담학회 수련감독 전문상담사

적극적 부모역할 훈련 트레이너, 한국상담심리학회 이사

한국상담심리학회, 한국상담학회 편집위원

한국아들러연구회 회장

〈저서 및 역서〉

청소년 상담 수퍼비전(청소년대화광장, 1996)

펄스의 게슈탈트적 자기치료(역, 학지사, 1996)

상담의 기본요소(역, 중앙적성출판사, 1997)

상담자와 함께 하는 삶의 여행: 상담이론의 개관(중앙적성출판사, 1998)

성상담의 원리와 실제: 성상담 가이드(한국성문화연구소, 1999)

청소년 성상담(한국청소년상담원, 1999)

학교상담(역, 학지사, 2000)

애들러 상담이론(공역, 학지사, 2001)

101가지 주제로 알아보는 상담심리(학지사, 2002)

인간이해를 위한 성격심리학(학지사, 2003)

상담심리학의 이론과 실제(학지사, 2005)

아들러 상담이론과 실제(공역, 2005)

상담실습자를 위한 상담의 원리와 기술(학지사, 2006)

Becoming A Wise Counselor(학지사, 2011)

집단상담

이론과 실제

2011년 6월 14일 1판 1쇄 발행
2023년 4월 20일 1판 13쇄 발행

지은이 • 노 안 영
펴낸이 • 김 진 환
펴낸곳 • (주) 학지사
04031 서울특별시 마포구 양화로 15길 20 마인드월드빌딩 5층
대표전화 • 02) 330-5114 팩스 • 02) 324-2345
등록번호 • 제313-2006-000265호

홈페이지 • http://www.hakjisa.co.kr
페이스북 • https://www.facebook.com/hakjisabook

ISBN 978-89-6330-667-4 93180

정가 **18,000원**